中华国学文库

列子集释

杨伯峻 撰

中华书局

图书在版编目(CIP)数据

列子集释/杨伯峻撰.—北京:中华书局,2012.3
(2025.1重印)
(中华国学文库)
ISBN 978-7-101-08529-7

Ⅰ.列… Ⅱ.杨… Ⅲ.①道家②列子-注释
Ⅳ.B223.22

中国版本图书馆 CIP 数据核字(2012)第 018489 号

书　　名	列子集释
撰　　者	杨伯峻
丛 书 名	中华国学文库
责任编辑	张　巍
责任印制	管　斌
出版发行	中华书局
	(北京市丰台区太平桥西里38号　100073)
	http://www.zhbc.com.cn
	E-mail:zhbc@zhbc.com.cn
印　　刷	河北新华第一印刷有限责任公司
版　　次	2012年3月第1版
	2025年1月第6次印刷
规　　格	开本/880×1230 毫米　1/32
	印张 11⅛　插页 2　字数 260 千字
印　　数	15501-16400 册
国际书号	ISBN 978-7-101-08529-7
定　　价	48.00 元

中华国学文库出版缘起

《中华国学文库》的出版缘起，要从九十年前说起。

1920年，中华书局在创办人陆费伯鸿先生的主持下，开始编纂《四部备要》。这套汇集三百三十六种典籍的大型丛书，精选经史子集的"最要之书"，校订成"通行善本"，以精雅的仿宋体铅字排印。一经推出，《四部备要》即以其选目实用、文字准确、品相精美、价格低廉的鲜明特点，最大限度地满足了国人研治学问、阅读典籍的需要，广受欢迎。丛书中的许多品种，至今仍为常用之书。

中华人民共和国成立之后，党和国家倡导系统整理中国传统文献典籍。六十馀年来，在新的学术理念和新的整理方法的指导下，数千种古籍得到了系统整理，并涌现出许多精校精注整理本，已成为超越前代的新善本，为学界所必备。

同时，随着中华民族以前所未有的自信快速发展，全社会对中国固有的学术文化——国学，也表现出前所未有的关注和重视。让中华文化的优秀成果得到继承和创新，并在世界范围内进行传播和弘扬，普惠全人类，已经成为中华民族的历史使命。当此之时，推出符合当代国民阅读需要的权威的国学经典读本，实为当务之急。于是，《中华国学文库》应运而生。

《中华国学文库》是我们追慕前贤、服务当代的产物，因此，它自当具备以下三个基本特点：

一、《文库》所选均为中国学术文化的"最要之书"。举凡哲学、历史、文学、宗教、科学、艺术等各类基本典籍，只要是公认的国学经典，皆在此列。

二、《文库》所选均为代表当代学术水平的"最善之本"，即经过精校精注的整理本。其中既有传统旧注本的点校整理本，如朱熹《四书章句集注》，也有获得学界定评的新校新注本，如余嘉锡《世说新语笺疏》。总之，不以新旧为别，惟以善本是求。

三、《文库》所选均以新式标点、简体横排刊印。中国古籍向以繁体竖排为标准样式。时至当代，繁体竖排的标准古籍整理方式仍通行于学术界，但绝大多数国人早已习惯于现代通行的简体横排的图书样式。《文库》作为服务当代公众的国学读本，标准简体字横排本自当是恰当的选择。

中华书局自1912年成立，至今已近百岁。我们将《中华国学文库》当作向中华书局百年诞辰敬献的一份贺礼，更是向致力于中华民族和平崛起、实现复兴大业的全国人民敬献的一份厚礼。我们自当努力，让《中华国学文库》当得起这份重任，这份荣誉。

中华书局编辑部
2010年12月

目 录

前言 ·· 1
例略 ·· 1
征引诸家姓氏及其著述表 ·· 4
卷第一　天瑞篇 ··· 1
卷第二　黄帝篇 ··· 37
卷第三　周穆王篇 ·· 86
卷第四　仲尼篇 ··· 109
卷第五　汤问篇 ··· 140
卷第六　力命篇 ··· 183
卷第七　杨朱篇 ··· 206
卷第八　说符篇 ··· 229
附录一　张湛事迹辑略 ·· 263
附录二　重要序论汇录 ·· 265
　（一）刘　向　列子新书目录 ······································ 265

（二）张　湛　　列子序 …………………………………… 266

（三）卢重玄　　列子叙论 ………………………………… 268

（四）陈景元　　列子冲虚至德真经释文序 ……………… 270

（五）任大椿　　列子释文考异序 ………………………… 271

（六）秦恩复　　列子卢重玄注序 ………………………… 272

（七）汪继培　　列子序 …………………………………… 273

附录三　辨伪文字辑略 …………………………………… 275

（一）柳宗元　　辨列子 …………………………………… 275

（二）朱　熹　　观列子偶书（摘钞）…………………… 276

（三）高似孙　　子略（摘钞）…………………………… 276

（四）叶大庆　　考古质疑（摘钞）……………………… 276

（五）黄　震　　黄氏日钞（摘钞）……………………… 278

（六）宋　濂　　诸子辨（摘钞）………………………… 279

（七）姚际恒　　古今伪书考（摘钞）…………………… 280

（八）钱大昕　　十驾斋养新录（摘钞）………………… 282

（九）姚　鼐　　跋列子 …………………………………… 282

（十）钮树玉　　列子跋 …………………………………… 283

（十一）吴德旋　　辨列子 ………………………………… 283

（十二）俞正燮　　癸巳存稿（摘钞）…………………… 284

（十三）何治运　　书列子后 ……………………………… 284

（十四）李慈铭　　越缦堂日记（摘钞）………………… 285

（十五）光聪谐　　有不为斋随笔（摘钞）……………… 285

（十六）陈三立　　读列子 ………………………………… 286

（十七）梁启超　古书真伪及其年代（摘钞） …… 287

（十八）马叙伦　列子伪书考（节录） ………… 288

〔附〕日本武义内雄　列子冤词（节录） …… 293

（十九）顾　实　汉书艺文志讲疏（摘钞） ……… 295

（二十）吕思勉　列子解题 …………………… 296

（二十一）刘汝霖　周秦诸子考（摘钞） ………… 296

（二十二）陈　旦　"列子杨朱篇"伪书新证（节录）

………………………………………… 299

（二十三）陈文波　伪造"列子"者之一证（节录）

………………………………………… 305

（二十四）杨伯峻　"列子"著述年代考 ………… 310

后记 …………………………………………… 333

前　言

（一）

　　列子其人，在庄子书中屡次出现，有时尊称他为子列子，还专有列禦寇一篇。"禦寇"也作"御寇"或"圄寇"。禦、御、圄三字古音全同，自然可以通假。这个人实有其人，因为提到他的不止庄子一书。然而庄子逍遥游却把列子写成神仙：

　　　　列子御风而行，泠然善也，旬有五日而后反。

　　但同一庄子，在让王篇又说：

　　　　子列子穷，容貌有饥色。

便又是凡人，要吃要喝。吃喝不够，面黄肌瘦。这自相矛盾的情况，倒并不是由于庄子全书非出于一人手笔，而是庄周把实际存在的人物寓言化。庄子天下篇说，"以寓言为广"，寓言篇说，"寓言十九"，庄子中把实际人物寓言化的例证很多，这只是其一。把列子神化，也许意在说明列子虽然是"有道之士",能凭空飞翔,还有待于风,并非真能"逍遥游"。

列子的学说近于庄周,在当时影响却未必很大很深,因为庄子天下篇评论过墨翟、宋钘、尹文、田骈、慎到、惠施等人,赞美了关尹、老聃,也叙述了自己,却不涉及列御寇。荀子非十二子篇也不提列子,司马迁作史记更没有一字涉及列御寇,高似孙子略因此怀疑此人的存在,但论证还不足以使人信服。列子必有其人,其主张正如庄子应帝王中所叙:

> 然后列子自以为未始学而归,三年不出。为其妻爨,食豕如食人。于事无与亲,雕琢复朴,块然独以其形立。纷而封哉,一以是终。无为名尸,无为谋府,无为事任,无为知主。体尽无穷,而游无朕。尽其所受乎天,而无见得,亦虚而已。

尔雅释诂邢昺疏引尸子广泽篇及吕氏春秋不二篇也都说"列子贵虚",和庄子所说相合。看来这个列御寇心情上摆脱了人世的贵贱、名利种种羁绊,任其自然,把客观存在看作不存在,因之一切无所作为。庄子所叙,自有所本,未必是故意塑造。至于战国策韩策二说史疾治列子圉寇之言而"贵正",则近于儒家的正名,不可能认为是列子的正宗,只能估计是战国说客因列子已不被人所真知,假借其名,以为游说的招牌而已。

(二)

汉书艺文志著录列子八篇，那是经过刘向、刘歆父子整理的，已不知在什么时候散失了。今天流传的列子八篇，肯定不是班固所著录的原书，历来的考辩文字可以参见本书附录三。据张湛在序中说，他所注释的列子，由他祖父在东晋初从外舅王宏、王弼等人家里发现，经过拼合、整理、校勘，"始得全备"。而王宏、王弼家的书又属王粲旧藏，假若博物志的话可信，可能还是蔡邕旧藏，好像流传有绪。但过去许多学者却从反面看问题，认为张湛序是欲盖弥彰，作伪者就是张湛本人。我则同意另一部分人意见，以为此书虽属伪书，而作伪者不是张湛。如果是张湛自作自注，那就应该和王肃伪作孔子家语又自作注解一样，没有不解和误解的地方。现在张湛注列子，有的地方说"未详其义"，有的简直注释错了。还有纠正正文之处，如力命篇说子产杀邓析，张注便据左传纠正它。还有批评正文处，如杨朱篇讥刺伯夷和展禽，张注便说它是"此诬贤负实之言"，由此也可见张湛思想和伪作列子者有所不同。此书伪作于张湛以前，张湛或者也是上当受骗者之一。马叙伦列子伪书考说：

盖列子晚出而早亡，魏、晋以来好事之徒聚敛管子、晏子、论语、山海经、墨子、庄子、尸佼、韩非、吕氏春秋、韩诗外传、淮南、说苑、新序、新论之言，附益晚说，假为向序以见重。

这是比较符合客观事实的论断。至于它所"聚敛"的原始材料,除了马氏所列举之外,还有一些当时所能看到而今已亡佚的古籍,例如汤问、说符的某些章节,既不见于今日所传先秦、两汉之书,也不是魏晋人思想的反映,而且还经魏晋人文辞中用为典故,所以只能说作伪列子者袭用了别的古书的某些段落。至于所谓"附益晚说",比较明显的例子是周穆王篇第一章,那是在汲冢书穆天子传被发现后写出的;力命、杨朱两篇更是晋人思想和言行的反映。也许作伪者自己感到需要弥缝,所以在那篇伪造的刘向列子新书目录中加以掩饰地说:

> 至于力命篇,一推分命;杨子之篇,唯贵放逸。二义乖背,不似一家之书。

在我们知道列子是赝品之后,这几句话就颇有"此地无银"的味道了。

（三）

现在略谈我对力命、杨朱二篇的看法。

由于生产水平和阶级的局限性,古代的人们不能科学地解释必然和偶然这两个哲学范畴。按照辩证唯物主义的认识,偶然中存在必然,而必然又通过偶然而表现。古代的唯心主义者认为偶然性的出现是一种非人类所能宰制的力量,即一种无可奈何的力量,这叫做命,也叫天命。唯心主义者说"死生有命,富贵在天",唯物主义者说人定胜天。这个天、人之争,即是力、命之争,在魏晋六朝表现得相当激烈。试看文选所收的李康运命论和嵇康集内的答张邈(辽叔)诸信,便可以窥测其大概。力命篇可以说是这一场斗争在寓言的外衣掩盖下的反映,作者的立场是唯心主义的。

至于杨朱篇的"唯贵放逸",并不是战国时代那个杨朱的主张。先秦、两汉古籍中讲到杨朱的地方不多,粗略统计一下,仅有孟子滕文公下、尽心上、下,庄子骈拇、胠箧、天地、徐无鬼、山木,韩非子说林下、八说,吕氏春秋不二,淮南子俶真和氾论,说苑权谋,法言五百和吾子,论衡对作诸篇,而且所记多属一鳞半爪,不成体系。归纳起来,大致可以看出杨朱之学是"为我",就是吕氏春秋的"贵己"。所以孟子、庄子、韩非子、淮南子以及论衡诸书都以杨、墨并称,因为为我和兼爱两种主张正是一对尖锐的对立物。鲁迅在魏晋风度及文章与药及酒之关系中说:

> 诗文也是人事,既有诗,就可以知道于世事未能忘情。譬如墨子兼爱,杨子为我,墨子当然要著书,杨子就一定不著,这才是"为我"。因为若做出书来给别人看,便变成"为人"了。

汉书艺文志也没有著录杨朱的任何著述,鲁迅的那段议论是极为精辟的。晋朝人不懂得这一点,硬要在列子中炮制杨朱一篇,画出一个他们心目中的杨朱,为自己的放荡和纵欲搜寻出理论根据。

既然力命篇和杨朱篇是玄学清谈和放荡纵欲的曲折反映,而并没有什么"二义乖背",就无妨把它们作为两晋风俗史和思想史的资料来看待。除此而外,列子还保存了一些可贵的古代材料。毛主席所讲的"愚公移山",就出自列子汤问篇。汤问篇还讲到宇宙万物的原始,宇宙的无限,在一定程度上反映了那个时代对宇宙的认识所能达到的科学水平。有些小故事,在寓言中有深意,或者对某些人物的深刻讽刺,这都应该说是这部书的价值所在。

列子集释是我在二九年至三二年的旧作,在编撰过程中曾得到杨树达教授和许维遹教授的鼓励和帮助。一九五八年曾由龙门联合书局排印出版。现在看来,虽然值不得敝帚自珍,却也不必悔其少作,因为究竟还付出过一定劳动,于读者多少有可以参考之处。

杨伯峻
一九七八年五届人大开幕之夜

例　略

（一）　本书除列子正文外，其注释考证分为四类，依次排列：（甲）晋人张湛之注；（乙）唐人卢重玄之解；（丙）有关列子本文以及张注、卢解之校勘、训诂与考据；（丁）唐人殷敬顺所纂与宋人陈景元所补之释文以及有关释文之考证。除张注、卢解外，各说皆冠以圆圈"〇"。

（二）　列子版本甚多，而元明以后之刊本多以释文入注，遂使张注与释文不相别白。清人汪继培始为厘正，并取影宋本、纂图互注本、明世德堂本、虞九章王震亨同订本参订缺误，刻入湖海楼丛书，余取之为底本。但汪校仍有可商，乃复取瞿氏铁琴铜剑楼所藏之北宋本，即四部丛刊之底本。吉府本、铁华馆影宋本、道藏诸本、白文本、宋徽宗义解本、林希逸口义本、江遹解本、高守元集四解本。元本、明世德堂本参校，于汪本颇有订正。至卢重玄之解，则以道藏四解本为依据，而用秦恩复石研斋刻本参校，择善而从。若诸本皆有脱误,虽考证明确,仍不敢辄改。其他文字异同,除参校诸本之显然误刻以及脱漏者外,其可资参考者,亦择尤注出。王重民敦煌古籍叙录有列子数条,亦加采录。

（三）　北堂书钞、群书治要、艺文类聚、初学记、太平御览、白孔六帖、锦绣万花谷、事文类聚等类书以及其他古籍所征引之列子正文与张湛注,共计不下二三千条,文字之出入有颇大者。盖古人引书率多臆改,未必全可凭信。本书只择其有助于校勘训诂者录之。

（四）　列子之为晋人所伪,殆无疑义。汪继培谓"依采诸子而稍附益之,其会稡补缀之迹,诸书见在者可覆按也"。本书虽不为之疏通证明,但于其可资覆按之处,必藉校勘训释之便为之注出,亦隐示作伪之所本耳。

（五）　清代以来之学者于"先秦古籍"率多有校勘训释,但于列子,除卢文弨、任大椿、俞樾、陶鸿庆以及今人王重民、王叔岷诸家外,专著不多。列子之文既多因袭,则不得不广为采摘,故凡有关古籍之考证训释足为读者之一助者,悉加甄录。至于附会释氏空谈玄理者则概加屏弃。

（六）　张湛其人与列子之关系甚密,而行事已不可得详。兹亦略加辑录,是为附录一。

（七）　伪刘向之目录、张湛之序、卢重玄之叙论、陈景元（碧虚子）之序、任大椿之序、秦恩复之序、汪继培之序,都与本书所录有关,有助于读者对本书之了解,故悉载其全文,是为附录二。

（八）关于列子之辨伪文字，黄云眉之古今伪书通考补证与张心澂之伪书通考虽均有辑录，然皆缺略甚多。余故重加荟萃，并附己见，是为附录三。

（九）凡所征引，多经覆核。惟有少数校说，犹未能一一比勘。如有差失，深冀指正。

（十）集释运用引号，或者标明引文起讫，或者钩注重要词语，皆所以助文意之显豁，求一目能了然。然用之太勤，则失之细碎。故或用或否，制于所宜。故征引某家之言，于某某曰下之引号概从省略，一则以起讫易明，毋烦标注，且以其中又有征引，宜加识别；如此，则可免于复用夹引号，不致有混淆之病。又如敬顺释文，自有体例，易于理解，如无必要，引号亦从省略。馀可类推。此乃自定条规，幸勿绳以常律。

征引诸家姓氏及其著述表

（一）只限于列子八篇集释校说内所征引之姓氏。

（二）略依其生卒年次排列，生卒年有可考者亦为注出。

沈　括（一〇三〇——一〇九四）　梦溪笔谈

王观国宋人　学林

顾炎武（一六一三——一六八二）　唐韵正

黄　生（一六二二——　？　）　字诂义府

何　琇　　樵香小记

惠　栋（一六九七——一七八五）　松崖笔记

卢文弨（一七一七——一七九五）　群书拾补　锺山札记

钱大昕（一七二八——一八〇四）　十驾斋养新录

毕　沅（一七三〇——一七九七）　吕氏春秋新校正　山海经新校正

段玉裁（一七三五——一八一五）　经韵楼集　说文解字注

任大椿（一七三八——一七八九）	列子释文考异
汪　中（一七四四——一七九四）	经义知新记　旧学蓄疑
王念孙（一七四四——一八三二）	读书杂志　广雅疏证
沈赤然（一七四五——一八一六）	寄傲轩随笔
梁玉绳（一七四五——一八一九）	吕子校补、续补
梁履绳（一七四八——一七九三）	有校说，见吕子校补。
刘台拱（一七五一——一八〇五）	荀子补注从王念孙读书杂志录出
孔广森（一七五二——一七八六）	大戴礼记注
郝懿行（一七五七——一八二五）	荀子补注
牟　庭（一七五九——一八三二）	雪泥书屋杂志
庄逵吉（一七六〇——一八一三）	有校说，见其所刻淮南子。
王绍兰（一七六〇——一八三五）	说文段注订补
秦恩复（一七六〇——一八四三）	有校说，见所刻列子卢重玄注。
严可均（一七六二——一八四三）	铁桥漫稿
焦　循（一七六三——一八二〇）	易馀籥录
洪颐煊（一七六五——一八三七）	读书丛录
王引之（一七六六——一八三四）	经传释词
汪　莱（一七六八——一八一三）	列子卢注考证附见秦恩复列子刻本
朱　珔（一七六九——一八五〇）	小万卷斋文稿
黄承吉（一七七一——一八四二）	字诂义府合考
沈钦韩（一七七五——一八三一）	汉书疏证

俞正燮(一七七五——一八四〇)	癸巳存稿
梁章钜(一七七五——一八四九)	退庵随笔
钱 绎	方言笺疏
江有诰(？——一八五一)	先秦韵读
宋翔凤(一七七六——一八六〇)	小尔雅训纂
冯登府(一七八三——一八四一)	三家诗异文疏证
许 槤(一七八六——一八六二)	读说文记
朱骏声(一七八八——一八五八)	说文通训定声
沈 涛	交翠轩笔记 铜熨斗斋随笔
苏时学	爻山笔话
光聪谐	有不为斋随笔
徐时栋(一八一四——一八七三)	烟屿楼读书志
蒋超伯 道光二十五年(一八四五)会试会元	南漘楛语
俞 樾(一八二一——一九〇六)	诸子平议
王先谦(一八四二——一九一七)	荀子集解 庄子集解
郭庆藩(一八四四——一八九七)	庄子集释
孙诒让(一八四八——一九〇八)	札迻 墨子间诂
皮锡瑞(一八五〇——一九〇八)	今文尚书考证
陶鸿庆(一八六〇——一九一八)	读列子札记
奚 侗	庄子补注
梁启超(一八七三——一九二八)	某氏转录手批本,现藏于北京大学图书馆。

吴闿生（一八七七——一九四八）	文史甄微稿本
曾广源	戴东原转语释补
胡怀琛	列子张湛注补正载一九三四年大陆杂志二卷八期
马叙伦（一八八四——一九七〇）	庄子义证　读书续记
王重民（一九〇二——一九七五）	列子校释　敦煌古籍叙录
许维遹（一九〇四——一九五一）	有校说抄示。
刘　武	庄子集解内篇补正
王叔岷	列子补正
岑仲勉	两周文史论丛

又称"仲父曰"者，杨树达教授于其所读书笺识之校说也。

列子集释卷第一

天瑞第一〔注〕夫巨细舛错,修短殊性,虽天地之大,群品之众,涉于有生之分,关乎动用之域者,存亡变化,自然之符。夫唯寂然至虚凝一而不变者,非阴阳之所终始,四时之所迁革。〔解〕夫群动之物,无不以生为主。徒爱其生,不知生生之理。生化者,有形也;生生者,无象也。有形谓之物,无象谓之神。迹可用也,类乎阴阳。论其真也,阴阳所不测。故易曰:"阴阳不测之谓神。"岂非天地之中大灵瑞也? 故曰天瑞。○释文云:夫音符,是发语之端;后更不音。舛,昌兖切。分,符问切,下同。

子列子〔注〕载子于姓上者,首章或是弟子之所记故也。○释文云:冠子氏上者,著其为师也。**居郑圃,**〔注〕郑有圃田。○释文云:圃音补。圃田,郑之薮泽也,今在荥阳中牟县。伯峻案:郑之圃田,一作甫田,见诗经、左传、尔雅诸书。今河南中牟县西南之丈八沟及附近诸陂湖,皆其遗迹。**四十年人无识者。**〔注〕非形不与物接,言不与物交,不知其德之至,则同于不识者矣。○"無"汪本作"无",今从世德堂本、四解本作"無",下同。○释文"無"作"无",云:无或作亡,同音無。**国君卿大夫际之,犹众庶也。**〔注〕非自隔于物,直言无是非,行无轨迹,则物莫能知也。○释文"际"作"眹",云:眹,古视字也。行,下孟切。**国不足,**〔注〕年饥。**将嫁于卫。**〔注〕自家而出谓之嫁。〔解〕不足,年饥也。嫁者,往也。伯峻案:四库全书总目提要尔雅注疏云:"释诂云,'嫁,往也',此取列子之文也。"若如此,则列子在尔雅之前。其实未必然,或今本列子有所因袭,或列子袭尔雅也。**弟子曰:"先生往无反期,弟子敢有所谒;**〔解〕谒,请也。○释文云:谒,请也。**先生将何以教?先生不闻壶丘子林之言乎?"**〔注〕壶丘子林,列子之师。○释文云:壶丘子林,司马彪注南华真经云,名林,郑人也。**子列子笑曰:"壶子何言哉?**〔注〕四时行,百物生,岂假于言哉?仲父曰:论语,孔子曰:天何言哉?四时行焉,百物生焉,天何言哉?**虽然,夫子尝语伯昏瞀人。**○释文云:语,一本作诏;诏,告也。瞀,莫侯切;后伯昏无人者亦音谋。**吾侧闻之,试以告女。**〔注〕伯昏,列子之友,同学于壶子。不言自受教于壶子者,列子之谦者也。○卢文弨曰:张注"列子之谦者也""者"字疑当作"言"。○释文云:女音汝。**其言曰:有生**〔注〕今块然之形也。○释文云:块,口对切。**不生,**〔注〕生物而不自生者也。**有化**〔注〕今存亡变改也。**不化。**〔注〕化物而不自化者也。〔解〕不因物生,不为物化,故能生于众生,化于群化者矣。**不生者能生生,**〔注〕不生者,固生物之宗。**不化者能化化。**〔注〕不化者,固化物之主。**生者不能不生,化者不能不化。**〔注〕生者非能生而生,化者非能化而化也,直自不得不生、不得不化者也。〔解〕凡有生则有死,为物化者常迁,安能无生无死、不化不迁哉?**故常生常化。**〔注〕涉于有动之分者,不得暂无也。**常生常化者,无时不生,无时不化。**〔注〕生化相因,存亡复往,理无间也。○卢文弨曰:注"复往"二字当依后文乙正。**阴阳尔,四时尔,**〔注〕阴阳四时,变化之物,而复属于有生之域者,皆随此陶运;四时改而不停,万物化而不息者也。〔解〕为阴阳所迁顺时转者,皆有形之物也。念念迁化,生死无穷,故常生常化矣。○注"四时"下各本皆有"节"字,今依四解本删。○释文云:而复之复,扶又切。**不生者疑独,**〔注〕不生之主,岂可实而验哉？疑其冥一而无始终也。〔解〕神无方比，故称独也。老子曰"独立而不改"也。疑者不敢决言以明深妙者也。○注"不生之主"各本作"不生之生"。**不化者往复。**○释文云：复依字音服。后不音者，皆是入声。**往复，其际不可终；**〔注〕代谢无间，形气转续，其道不终。○世德堂本、藏本、北宋本皆不重"往复"两字。○卢文弨曰："往复"二字当叠。○陶鸿庆曰：张注云"代谢无间形气转续"正释往复之义，是其所见本未误。○王重民曰：卢陶二说是也。吉府本正叠"往复"二字。伯峻案：王说是也。今从吉府本增。**疑独，其道不可穷。**〔注〕亦何以知其穷与不穷哉？直自疑其独立而不改，周行而不殆也。〔解〕四时变易，不可终也；神用变化，亦不可穷也。○陶鸿庆曰：疑者止也。尔雅释言：疑，戾也。郭注云：戾，止也。疑者亦止。诗桑柔，"靡所止疑"，孙卿解蔽篇"而无所疑止之"，皆与"止"连文，是疑与止同义。此云疑独，亦谓止于独。道德经所谓"天得一以清，地得一以宁"也。张云"独立而不改"，正得其旨。乃释"疑"为"疑惑"，望文生训，失之。○许维遹曰：疑读为拟，儗也，比也。管子君臣篇云，"内有疑妻之妾，此宫乱也；庶有疑适之子，此家乱也；朝有疑相之臣，此国乱也"。(吕氏春秋知度篇、慎子内篇文略同。)韩非子说疑篇"疑"作"拟"。又汉书食货志云"远方之能疑者"，颜师古注，"疑读为拟"。并其证也。此文"疑独"犹言"比独"，与下文"往复"相对为义。○仲父曰：终穷为韵，古音同在冬中部。○释文云：殆音待。**黄帝书曰：**○惠栋曰：此老子所述也。老子之学盖本黄帝，故汉世称黄老。○释文云：黄帝姓公孙，名轩辕，得长生之道，在位一百年。按汉书艺文志有黄帝书四篇，黄帝君臣一篇，黄帝铭六篇，与道经相类。伯峻案：今本艺文志黄帝书作黄帝四经，黄帝君臣作十篇，班自注云，起六国时，与老相似也。又有杂黄帝五十八篇，班自注云，六国时贤者所作。**谷神不死，**〔注〕古有此书，今已不存。夫谷虚而宅有，亦如庄之称环中。至虚无物，故谓谷神；本自无生，故曰不死。伯峻案：此老子第六章文。**是谓玄牝。**

〔注〕老子有此一章,王弼注曰:"无形无影,无逆无违,处卑不动,守静不衰;谷以之成而不见其形,此至物也。处卑而不可得名,故谓之玄牝。"○俞正燮曰:牝者,古人以为谿谷;所谓虚牝者,如今言空洞。朱子语类云,"牝只是木孔受枘能受的物事。元牝者,至妙之牝,不是那一样的牝。"其言若即若离。尝深思之,元者,白虎通五行篇云,元冥者,入冥也。是元为入牝者。唐律卫禁上释文云,有穴而可受入者为牝。则元牝之为古语可知。为表出之,儒者可勿复道矣。伯峻案:张注所引老子王弼注"故谓之玄牝",今本作"故谓之天地之根"。○释文"无影"作"无景",云:牝,毗忍切。景音影。**玄牝之门,是谓天地之根。绵绵若存,用之不勤。**〔注〕王弼曰:"门,玄牝之所由也。本其所由,与太极同体,故谓天地之根也。欲言存邪?不见其形;欲言亡邪?万物以生,故曰绵绵若存。无物不成而不劳也,故曰不勤。"〔解〕谷虚而气居其中,形虚而神处其内。玄者,妙而无体;牝者,应用无方。出生入死,无不因之,故曰门也。有形之本,故曰根也。视之不见,用之无穷,故曰若存者也。○解"玄者"秦刻本作"元者",清康熙帝名玄烨,盖避其二名而改之也,今从四解本正。○许维遹曰:勤当训尽。淮南子原道训"纤微而不可勤",高诱注:"勤犹尽也。"同篇,用之而不勤,高又注:"勤,劳也。"误与张注同。○仲父曰:牝门根勤为韵,古音同在魂痕部。○释文云:绵,武延切。邪,以遮切,下同。**故生物者不生,化物者不化。**〔注〕庄子亦有此言。向秀注曰:吾之生也,非吾之所生,则自生耳。生生者岂有物哉?故不生也。吾之化也,非物之所化,则化自化耳。化化者岂有物哉?无物也,故不化焉。若使生物者亦生,化物者亦化,则与物俱化,亦奚异于物?明夫不生不化者,然后能为生化之本也。〔解〕此神为生之主,能生物化物,无物能生化之者。○王叔岷曰:注"故不生也""故"上疑挩"无物也"三字。"无物也,故不生也"与下文"无物也,故不化焉"相对而言。○释文云:向秀,向音饷,字子期,晋常侍,注南华真经二十八篇。**自生自化,自形自色,自智自力,自消自息。**〔注〕皆自尔耳,岂有尸而为之者哉?○仲父曰:色力息

为韵,古音同在职德部。**谓之生化形色智力消息者,非也。**〔注〕若有心于生化形色,则岂能官天地而府万物,赡群生而不遗乎?〔解〕神之独运,非物能使;若因情滞有同物生化,皆非道也。○俞樾曰:"谓"当作"为",古书"谓""为"通用,说详王氏引之经传释词。上文云"自生自化,自形自色,自智自力,自消自息",故此云"为之生化形色智力消息者非也"。张湛注上文云,"皆自尔耳,岂有尸而为之者哉",正得其义。○陶鸿庆曰:俞氏平议读谓为为,非也。谓读如道德经"同谓之元"之谓,此言万物根于无形,无形则无名,而强为之名者非矣。下文子列子曰"非其名也",注云,"事有实著,非假名而后得也",正合此旨。读谓为为,义反浅矣。伯峻案:注"赡群生而不遗乎","赡"藏本、宋本、四解本皆作"瞻",释文世德堂本皆作"赡",作"赡"者是也。说文"瞻,临视也。"又新附,"赡,给也。"孟子公孙丑篇注云:"赡,足也。"此当训给训足。又"遗",释文及世德堂本作"匮",作"遗"者是也。其意谓若有心生化,则必有所偏;今官天地府万物而无所遗失,则知是自生自化,非被生被化。俞读谓为为,其义较顺。陶驳疑未审。○释文"智"作"知","遗"作"匮",云:知音智,下同。赡,时艳切。匮音馈,竭也。

子列子曰:"昔者圣人因阴阳以统天地。〔注〕天地者,举形而言;阴阳者,明其度数统理。〔解〕夫有形之物,皆有所生以运行之;举其所大者,天地也。运天地者,阴阳也。阴阳,气之所变,无质无形;天地因之以见生杀也。阴阳易辩,神识难明,借此以喻彼,以为其例,然后知神以制形,无以有其生也。**夫有形者生于无形,**〔注〕谓之生者,则不无;无者,则不生。故有无之不相生,理既然矣,则有何由而生?忽尔而自生。忽尔而自生,而不知其所以生;不知所以生,生则本同于无。本同于无,而非无也。此明有形之自形,无形以相形者也。○注"谓之生者则不无","无"世德堂本作"死",盖因"无""死"形近,又涉生字义而误。**则天地安从生?**〔注〕天地无所从生,而自然生。〔解〕天地,形之大者也。阴阳者,非神识也。有形若生于无形者,天地岂有神识心性乎?若其无者,从何而生耶?假设此问者,将明万物者有生也。○注"而自然生"御览一引作"自然而生"。**故曰：有太易，有太初，有太始，有太素。**〔注〕此明物之自微至著，变化之相因袭也。○注文御览一引作"此明有物始之自微至著变化自相因袭也"。○释文"太"作"大"，云：大音太，下同。**太易者，未见气也；**〔注〕易者，不穷滞之称。凝寂于太虚之域，将何所见耶？如易系之太极，老氏之浑成也。○注"何所见耶"，"耶"北宋本、四解本作"即"，属下句读；世德堂本作"也"。○释文"浑"作"混"，云：见，贤遍切，注同。称，尺证切，下同。系，胡计切。混，胡本切。○任大椿曰：山海经"浑敦无面目"，庄子"混沌为儵忽所凿"，浑敦即混沌。汉书刘向传"贤不肖浑淆"，浑读为混，则混浑通。**太初者，气之始也；**〔注〕阴阳未判，即下句所谓浑沦也。**太始者，形之始也；**〔注〕阴阳既判，则品物流形也。**太素者，质之始也。**〔注〕质，性也。既为物矣，则方员刚柔，静躁沉浮，各有其性。**气形质具而未相离，**〔注〕此直论气形质，不复说太易；太易为三者宗本，于后句别自明之也。○路史前纪一引"气"下有"与"字。○释文云：离，力智切，去也。或作平声读。近曰离，远曰别，后以意求之也。别，彼列切。**故曰浑沦。**○释文云：浑音魂，沦音论，下同。**浑沦者，言万物相浑沦而未相离也。**〔注〕虽浑然一气不相离散，而三才之道实潜兆乎其中。沦，语之助也。○释文云：散，先汗切，卷内同。**视之不见，听之不闻，循之不得，故曰易也。**○王重民曰：循当读如揗。说文：揗，摩也。汉书高帝纪，"因拊其背"。颜注，"拊谓摩揗之也"。后拊揗字皆作循。史记晋世家"子反收馀兵，拊循欲复战"，汉书赵充国传"拊循和辑"是也。揗，正字；循，假字。○释文云：循音旬。**易无形埒，**〔注〕不知此下一字。老子曰，"视之不见名曰希"，而此曰易，易亦希简之别称。太易之义如此而已，故能为万化宗主、冥一而不变者也。○"埒"，北宋本作"畔"，汪本作"哶"，今从四解本改正。○释文"埒"作

"畴",云:淮南子作形埒,谓兆朕也;乾凿度作形畔。今从乎者转谓误也。○任大椿曰:淮南子本经训"合气化物,以成埒类",高诱注:"埒,形也。"要略训"形埒之兆",缪称训"道之有篇章形埒者",兵略训"夫有形埒者,天下公见之",凡形埒字皆作埒。说文、玉篇、广韵有埒字,无畴字;类篇有畴字,云,"耕田起土也"。与"王耕一墢"之墢同意。"埒""畴"异义,埒之作畴,盖假借字。又敬顺释文云,"今从乎者,转谓误也",考淮南子要略训"嬴埒有无之精",类篇"垺,埒也",即敬顺所谓从乎者也。垺之义同乎,埒则从乎,义自可通,而敬顺云转谓误也,未详其说。**易变而为一**,〔注〕所谓易者,窈冥惚恍,不可变也;一气恃之而化,故寄名变耳。○注"恃之"御览一引"恃"作"持"。○释文"恍"作"怳",云:自一经九,大衍之数。惚音忽。怳,况往切。**一变而为七,七变而为九。九变者,究也**;〔注〕究,穷也。一变而为七九,不以次数者,全举阳数,领其都会。○胡怀琛曰:张注不甚明了。中国数目系统,或曰,一生二,二生三,三生万物。语见老子。或曰,一而二,二生四,四生八。所谓太极、两仪、四象、八卦是也。说见易系辞。一变七,七变九,其说出周易乾凿度。(张注有"此章全是周易乾凿度"云云。)然一变七,七变九,其理终不可解。○释文云:数,色主切。**乃复变而为一**。○俞樾曰:上"变"字衍文,本作"九者究也,乃复变而为一"。因涉上文"一变七变"而误为"九变",则于词赘矣。○孙诒让曰:此章与易纬乾凿度文同。"九变者究也"纬作"九者气变之究也",与下"一者形变之始也"文正相对,此书当亦与彼同。今本变字误移著者字上,又脱气之二字耳。○王重民曰:孙说是也。御览一引"九变者之究也",亦有舛误。盖御览所据本已脱气字,又因"一变七变"而误移变字于者上,后人以之字为赘,遂以意削之也。幸所引尚存之字,足证列子原文当同于易纬。俞氏以变字为衍文,误矣。○王叔岷曰:孙说是也。法苑珠林七引作"九者变之究也",仅挩一气字。○释文"乃"作"迺",云:迺古乃字。**一者,形变之始也**。〔注〕既涉于有形之域,理数相推,自一之九。九数既终,乃复反而为一。反而为一,归于形变之始。此盖明变化往复无穷极。**清轻者上为天,**○释文云:上,时掌切。**浊重者下为地,**〔注〕天地何耶,直虚实清浊之自分判者耳。此一章全是周易乾凿度也。○文选潘安仁西征赋注引"清轻""浊重"作"轻清""重浊"。**冲和气者为人;**○文选西征赋注引作"冲和之气"。○陶鸿庆曰:冲读为中。文子九守篇"故三皇、五帝有戒之器,命曰侑卮,其冲即正,其盈即覆"。冲即中也。又精诚篇"执冲含和",淮南泰族训冲作中,皆冲中通用之证。中与上文"上为天,下为地"相对成义。中和气者,宅和气之中也。文子上德篇云:"万物负阴而抱阳,冲气以为和,和居中央",义与此同。**故天地含精,万物化生。"**〔注〕推此言之,则阴阳气遍交会而气和,气和而为人生,人生则有所倚而立也。〔解〕一三五七九,阳之数也。极则反一,运行无穷。易曰,"本乎天者亲上,本乎地者亲下"。亲下者,草木之类是也;亲上者,含识之类是也。故动物有神,植物无识。无识者为气所变,有神者为识所迁,故云太易太初以至浑沦,言气之渐也。其中精粹者,谓之为神。神气精微者为贤为圣,神气杂浊者为凡为愚,乃至含生差别,则多品矣。○仲父曰:易系辞下云:"男女媾精,阴阳化生"。伯峻案:解所引易,见乾文言。又精、生为韵,古音同在庚青部。○释文云:倚,於绮切。

子列子曰:"天地无全功,圣人无全能,万物无全用。〔注〕全犹备也。**故天职生覆,地职形载,圣职教化,物职所宜。**〔注〕职,主也。生各有性,性各有所宜者也。**然则天有所短,地有所长,圣有所否,**○释文作"天地所否",云:否,蒲鄙切,塞也。**物有所通。**〔注〕夫体适于一方者,造馀涂则阂矣。王弼曰:"形必有所分,声必有所属;若温也,则不能凉;若宫也,则不能商。"○仲父曰:群书治要引"体"作"职","阂"作"罔"。伯峻案:庄子天下篇述彭蒙、田骈、慎到之言曰:"天能覆之而不能载之,地能载之而不能覆之,大道能包之而不能辩之;知万物皆有所可,有所不可",亦即此意,而其所从言不同,故结论各异矣。○释文云:造,七到切。阂音碍。属音烛。**何则？生覆者不能形载，形载者不能教化，教化者不能违所宜，**〔注〕顺之则通也。**宜定者不出所位。**〔注〕皆有素分，不可逆也。伯峻案："不出所位"不下疑脱"能"字。"不能出所位"与"不能形载"等三句句法一律。下句"不能出所位者也"，有能字，可证。张注云云，似其所见本尚未误捝。○释文云：分，符问切，下"名分""形分"同。**故天地之道，非阴则阳；圣人之教，非仁则义；万物之宜，非柔则刚：此皆随所宜而不能出所位者也。**〔注〕方员静躁，理不得兼；然寻形即事，则名分不可相干；任理之通，方员未必相乖。故二仪之德，圣人之道，焘育群生，泽周万物，尽其清宁贞粹而已。则殊涂融通，动静澄一，盖由圣人不逆万物之性，万物不犯圣人之化。凡滞于一方者，形分之所阂耳。道之所运，常冥通而无待。〔解〕气运者能覆载，神运者能教化，然则天地生万物，圣人随状而用之。○仲父曰：注"静躁"治要引作"靖躁"。○释文云：焘音蹈，覆也。粹音遂。**故有生者，有生生者；有形者，有形形者；有声者，有声声者；有色者，有色色者；有味者，有味味者。**〔注〕形、声、色、味皆忽尔而生，不能自生者也。夫不能自生，则无为之本。无为之本，则无当于一象，无係于一味；故能为形气之主，动必由之者也。〔解〕有形之始谓之生，能生此生者谓之形神。能形其形，能声其声，能色其色，能味其味者，皆神之功，以无制有。○注"无当于一象"，"当"世德堂本作"留"。○汪莱曰：卢解"谓之形神""形"字衍。○释文云：係音计。**生之所生者死矣，而生生者未尝终；形之所形者实矣，而形形者未尝有；声之所声者闻矣，而声声者未尝发；色之所色者彰矣，而色色者未尝显；味之所味者尝矣，而味味者未尝呈：**〔注〕夫尽于一形者，皆随代谢而迁革矣；故生者必终，而生生物者无变化也。○释文云：呈，示见也。**皆无为之职也。**〔注〕至无者,故能为万变之宗主也。〔解〕神所运用,有始必终。形声色味,皆非自辩者也;所以潜运者,乃神之功高焉,无为而无不为也。伯峻案:淮南精神训云,"化者复归于无形也,不化者与天地俱生也。夫木之死也,青青去之也。夫使木生者,岂木也?犹充形者之非形也。故生生者未尝死也,其所生则死矣;化物者未尝化也,其所化则化矣",可为此文注解。**能阴能阳,能柔能刚,能短能长,能员能方,能生能死,能暑能凉,能浮能沉,能宫能商,能出能没,能玄能黄,能甘能苦,能羶能香。**○江有诰曰:阳刚长方凉商黄香为韵,古音同在阳部。○释文云:羶,式连切。**无知也,无能也,而无不知也,而无不能也。**"〔注〕知尽则无知,能极则无能,故无所不知,无所不能。何晏道论曰:"有之为有,恃无以生;事而为事,由无以成。夫道之而无语,名之而无名,视之而无形,听之而无声,则道之全焉。故能昭音响而出气物,包形神而章光影;玄以之黑,素以之白,矩以之方,规以之员。员方得形而此无形,白黑得名而此无名也。"〔解〕老子曰:"吾不知谁之子,象帝之先",言此神也。先天先地,神鬼神帝,无能知者,无能证者。若能体证兹道,则天地之内无不知,无不能矣。○注"恃无以生"北宋本、藏本同,而世德堂本作"待",形近误也。又卢解"则天地之内"秦刻本"天"误作"夫",今从四解本正。○释文"响"作"响","影"作"景",云:论,卢困切。恃音市。名,弥正切,与诺同。响,许两切。景音影。

子列子适卫,食于道,从者见百岁髑髅,○陶鸿庆曰:列子因见髑髅,攓蓬而指,以示弟子百丰,不当言"从者"。庄子秋水篇作"从见百岁髑髅",无"者"字,当从之。从见者,蒙上之辞,言从道上见之也。(庄子释文以道从连文,引司马云,"从,道旁也。"非是。)后人误读从去声,而臆增者字,则与下文意不相属。伯峻案:陶以"从见"训"从道上见",增字为训,似不确。从当依释文作徒,字之误也。诗王风中谷有蓷笺云:"徒用凶年深浅为厚薄",释文引沈注云,"徒当作从"。又齐风载驱笺云,"徒为淫乱之行",释文,

"徒,一本作从",皆其例也。徒与涂通,古同音也。食于道徒,即食于道路。(或训道旁,于古无征。)郭庆藩庄子集释至乐篇注云"列子天瑞篇正作食于道徒",是郭所见列子有作徒者矣,当据改。者字后人所加,陶说是。惟陶误庄子至乐篇为秋水篇,偶疏。○释文作"食于道徒",云:司马彪云,徒,道旁也;一本或作从。髑髅音独娄。**攓蓬而指**,〔注〕攓,拔也。○类聚八二引作"搴蓬而指之"。○释文"蓬"作"逢",云:攓音蹇。逢音蓬,蒿也。拔,皮八切。○任大椿云:九叹"登逢龙而下隕兮"注:"本作蓬","飘风蓬龙"注:"一作逢",则逢蓬通。**顾谓弟子百丰曰:"唯予与彼知而未尝生未尝死也。**〔注〕俱涉变化之涂,则予生而彼死;推之至极之域,则理既无生,亦又无死也。〔解〕形则有生有死,神也无死无生。我如神在,彼如神去。髑髅与我生死不同,若悟其神,未尝生死。**此过养乎?此过欢乎?**〔注〕遭形则不能不养,遇生则不能不欢,此过误之徒,非理之实当也。〔解〕既受其形,则欢养失理,以至于死耳。○洪颐煊曰:庄子至乐篇两"过"字皆作"果"。国语晋语"知果",汉书古今人表作"知过"。过即果,假借字。○俞樾曰:养当读为恙。尔雅释诂:恙,忧也。恙与欢对,犹忧与乐对也。恙与养古字通。诗二子乘舟篇"中心养养",传训养为忧,即本雅诂矣。○释文云:过,古卧切。当,丁浪切。**种有幾:**〔注〕先问变化种数凡有幾条,然后明之于下。○陶鸿庆曰:幾当读为机,黄帝篇之"杜德幾""善者幾""衡气幾"诸幾字,庄子皆作机,即其例也。机即下文"万物皆出于机皆入于机"也。张注殷释皆读幾上声,而以为问辞,非。○释文云:种,章勇切。幾,居岂切。**若䵷为鹑**,〔注〕事见墨子。○王叔岷曰:尔雅翼十五、玉海急就篇四补注引"䵷"并作"蛙"。"蛙"下并有"化"字。蛙即䵷之俗。○释文云:鹑音淳。见,贤遍切。墨子曰:"夫物或有久,或无久。始当无久。化,若鼀为鹑"也。伯峻案:墨子经说上云:"始(句),时或有久,或无久。始当无久。"孙诒让间诂云,列子释文引"始"作"夫物",疑误。**得水为㠔,**○王先谦曰:释草:"蕢,牛唇。"郭注引毛诗传曰:"水舄也,如续断,寸寸有节,拔之可复。"说文:"䔇,水舄也。"郝懿行云:"今验马舄生水中者,华如车前而大,拔之,节节复生。"据此,即䔖也。拔之寸节复生,故以䔖为名。其或作断,又作续断者,䔖或误断,后人又妄加续字耳。䔇如续断,与生山谷之续断判然二物。节节复生,无根著土,故名水舄,与本文"得水为䔖"合。〇释文云:䔖音计。司马彪云:万物虽有兆朕,得水润之气,乃相继而生也。**得水土之际,则为䵷蠙之衣。**

〔注〕衣犹覆盖。〇王先谦曰:释草:"藬蕍。"郭注,"今泽蕍",案即泽泻也。本草云:一名水泻。(即水舄。)陶注,叶狭而长,丛生浅水中。苏颂图经,叶似牛舌草,独叶而长,秋开白花作丛,似谷精草。秋末采根暴乾。案此"得水土之交",故有根可采也。〇马叙伦曰:尔雅释草:"藫,石衣。"郝懿行曰:"藫苔声相转。说文曰,'䈞,水衣。'䈞即苔也。水衣即石衣,一曰鱼衣。周礼醢人曰,'加箧之实有箈菹。'郑众注曰:'箈,水中鱼衣也(据先郑解,字当作"䈞",后郑作"笞",故解作箭萌。今本周礼作"箈"者,后人误合落笞为一字。段玉裁说)'。然则䵷蠙之衣即鱼衣。蠙,说文作蚍,尔雅释鱼作蚌,山海经西山经作魽。说文云,'蠯,陛也。'陛借为蚌,蚌即蚌也。"〇释文曰:蠙,步田切。司马彪云:物根在水土际,布在水中,就水上视之,不见,钞之,可得;如张绵在水中矣。楚人谓之䵷蠙之衣。伯峻案:今庄子释文"钞"作"按"。**生于陵屯,**〔注〕陵屯,高洁处也。〇释文洁作结,云:屯音豚,阜也。处,昌据切,下同。**则为陵舄。**〔注〕此随所生之处而变者也。〇王先谦曰:诗芣苢释文引陆玑云,"牛舌又名当道。"韩诗说云,"直曰车前,瞿曰芣苢",乃就直道而生及生道两旁析言之。直道即当道,皆与此生于陵屯合。〇释文云:陵舄,舄音昔,一名泽舄,随燥湿之变也。伯峻案:此亦引司马文。**陵舄得郁栖,则为乌足。**〔注〕此合而相生者也。〇注中"者"字依藏本、四解本增。〇释文云:郁栖,粪壤也。乌足,草名也。**乌足之根为蛴螬,**〇御览九四五引作"乌足以其根为蛴螬"。王先谦曰:释虫"蟦,蛴螬"。郭注:"在粪土中。"

蟦疑粪之音转字。乌足系陵舄在粪壤所化，其根在粪土中，而出为蛴螬。本草，"蟦蛴生河内平泽及人家积粪草中，反行者良。"陶注，"蛴亦作蠐"。方言，"蠐螬谓之蟦"。蛴蟦双声。○马叙伦曰：蛴螬非蟦蛴。韩保昇、苏颂、陈藏器均辨之。论衡无形篇曰，"蛴螬化而为复育，复育转而为蝉。"陈藏器曰，"蛴螬居粪土中，身短足长，背有毛筋，但从夏入秋蜕而为蝉。"李时珍曰："蛴螬状如蚕而大，身短节促，足长有毛。生树根及粪土中者外黄内黑，生旧茅屋上者外白内黯。"○释文云：郭注尔雅云，"在木中。今虽通名为蝎，所在异。"

其叶为胡蝶。〔注〕根，本也；叶，散也。言乌足为蛴螬之本，其末散化为胡蝶也。○注"其末"北宋本作"其未"，汪本从之，今依四解本正。○释文云：蝶音楪，即蛺蝶也。蛺音颊。**胡蝶胥也**〔注〕胥，皆也，言物皆化也。**化而为虫，**俞樾曰："胥也"当属下句读之，本云"胡蝶胥也化而为虫"，与下文"鸲掇千日为鸟"两文相对。"千日为鸟"，言其久也；"胥也化而为虫"，言其速也。○释文云：师说云，胥，少也；谓少去时也。**生灶下，**○释文云：得热气生。**其状若脱，**○释文云：脱，他括切。郭注尔雅云，脱谓剥皮也。**其名曰鸲掇。**〔注〕此一形之内变异者也。○释文云：鸲音衢。掇，丁括切。鸲掇，虫名。**鸲掇千日**〔注〕千日而死。**化而为鸟，其名曰乾馀骨。乾馀骨之沫为斯弥。**〔注〕沫犹精华生起。○释文"骨"作"肾"，云：沫音末。肾，南华真经作骨。李颐云，沫，口中汁也。斯弥，虫名。**斯弥为食醯颐辂。**○释文云：醯，许兮切，苦酒上蠛蠓也。亦曰醯鸡，下同。颐辂，上怡下路。**食醯颐辂生乎食醯黄軦，**○释文云：軦音况。颐辂黄軦，皆虫也。**食醯黄軦生乎九猷。**○俞樾曰："颐辂食醯黄軦食醯"八字皆衍文。庄子至乐篇止作"颐辂生乎食醯，黄軦生乎九猷"，无此八字。○王叔岷曰：俞说非也。此文以"斯弥为食醯颐辂"为句，"食醯颐辂生乎食醯黄軦"为句，"食醯黄軦生乎九猷"为句。御览八八七引庄子"黄軦生乎九猷"上"黄軦食醯"四字尚未捝。此当据列子以补庄子，不当据庄子捝误之文以删列子也。〇释文云:李云,九当作久;久,老也。兽,虫名。**九兽生乎瞀芮**,朱骏声曰:瞀芮即蠛蠓也。瞀蠛一声之转。〇释文云:瞀,茂谋二音。芮音蚋,小虫也,喜去乱飞。**瞀芮生乎腐蠸**。〔注〕此皆死而更生之一形者也。〇释文云,腐音辅。蠸音权,一音欢,谓瓜中黄甲虫也。**羊肝化为地皋**,伯峻案:刘汝霖曾语我曰:"地皋"应作"地膏",膏血连文,故地膏即地血。说文及尔雅翼,茹藘,人血所生,故一名地血。本草,茜根可以染绛,一名地血。盖古人以茜根可染红色,遂以为动物膏血所化。**马血之为转邻也**,〇胡怀琛曰:"转"字疑在"为"字上。转为邻与上文化为地皋对文。〇释文云:皋音高。顾胤汉书集解云,如淤泥。邻,说文作㷠,又作燐,皆鬼火也。淮南子云血为燐也。音吝。**人血之为野火也。**〔注〕此皆一形之内自变化也。**鹞之为鹯**,〇释文云:鹞音曜。鹯音毡。**鹯之为布谷**,〇释文作"布榖",云:本又作谷。陆机毛诗鸟兽疏云,鹯似鹞,黄毛,鹞头,苍身皆相似,其飞急疾,取鸠、鸽、燕、雀食之。布谷,鸤鸠也,一名尸鸠,一名挈谷,一名乘鸠。仲春雀、鹞、鹰、鹯之化为鸱也,音掬。〇秦恩复曰:"榖""谷"古字通,老子"不谷"亦作"不榖"。**布谷久复为鹞也,鹫之为蛤也**,〇"鹫"各本作"燕"。〇王叔岷曰:御览八八七引庄子有此文,"久"作"之"。当从庄子作"之"。宋徽宗义解,"或因性而反复,则鹞之为鹯,鹯之为布谷,布谷之复为鹞是也",是所见本正作"之"。〇释文"鹫"作"燕",云:蛤音閤。家语云,冬则燕雀入海化为蛤。燕或作雀。周书云,雀入大水化为蛤。**田鼠之为鹑也**,〇释文云:鹑音淳,与蛙化同。说文云,鹑,鷻也。大戴礼,三月田鼠化为鴽,周书云化鴐。郭注尔雅云,鴐亦鹑也。鹑音谆。鴐音如。伯峻案:今本说文隹部作"雔",云,"雔,離属。"与敬顺所见本不同。**朽瓜之为鱼也**,〇释文"朽"作"殇",云:殇音朽。**老韭之为苋也**,〇释文"苋"作"莞",云:韭,举有切。莞音官,似蒲而圆,今之为席是也。杨承庆字统音关，一作苋，侯辨切，转写误也。○任大椿曰：李氏易传"苋陆夬夬"，虞翻曰，"苋，说也。苋读夫子苋尔而笑之苋"。易夬释文，"苋三家音期练反，一本作莞"。论语释文，"苋尔，华版切，今作莞"。楚辞渔父"莞尔"一作"苋尔"，故莞苋通。管子地员篇"叶下于虋，即下于苋，苋下于蒲。"山国轨篇"有莞蒲之壤"，大戴礼劝学篇"莞蒲生焉"，然则苋与莞皆近于蒲，故老韭为莞，莞一作苋也。**老羭之为猨也**，〔注〕羭，牝羊也。○"牝"北宋本、藏本作"牡"，世德堂本作"牝"。案说文云，"夏羊牝曰羭"，段注引师古急就篇注曰，"羭，夏羊之牝也"，则作牝者是。○释文云：羭音俞，牝羊也，又黑羊也。猨音猿。**鱼卵之为虫**。〔注〕此皆无所因感自然而变者也。○王叔岷曰："虫"下当有"也"字，乃与上文句法一律。御览八八七引庄子正有"也"字。○释文云：卵，来短切。**亶爰之兽自孕而生曰类**。〔注〕亶音蝉。山海经云，"亶爰之山有兽，其状如狸而有发，其名曰类，自为牝牡相生也。"○卢文弨曰：注"而有发"山海经作"髦"。○任大椿曰：山海经郭注云，"髦或作发"，然则今本髦作发，即郭注所云或作本也。○释文"发"作"髦"，云：亶爰，上蝉下袁。狸，力之切。髦音毛，垂发也。牝，毗忍切。牡音某。**河泽之鸟视而生曰鹢**。〔注〕此相视而生者也。庄子曰，"白鹢相视，眸子不运，而风化之也"。伯峻案：注引庄子，是天运篇文。"之也"两字，今本无，恐是张湛所加。○释文云：鹢，五历切。三苍云：鸽，鹢也。司马彪云：鸟子也。眸音谋。**纯雌其名大腰，纯雄其名稺蜂**。〔注〕大腰，龟鳖之类也。稺，小也。此无雌雄而自化。上言虫兽之理既然，下明人道亦有如此者也。○黄承吉曰："蜂"乃"锋"之通用。锋者，芒也，即势也。"稺锋""大腰"对文，非虫名。○释文云：稺古稚字也。蜂音丰。司马彪云：稚蜂，细腰者，取桑虫祝之，使似己之子也。**思士不妻而感，思女不夫而孕**。〔注〕大荒经曰，"有思幽之国，思士不妻，思女不夫。精气潜感，不假交接而生子也。"此亦白鹢之类也。○释文云，孕，以证切。**后稷生乎巨迹，**

〔注〕传记云,高辛氏之妃名姜原,见大人迹,好而履之,如有人理感己者,遂孕,因生后稷。长而贤,乃为尧佐。即周祖也。○释文"生"作"长",云:好,呼报切。长,丁丈切。注同也。伊尹生乎空桑。〔注〕传记曰:伊尹母居伊水之上,既孕,梦有神告之曰:"臼水出而东走,无顾!"明日视臼出水,告其邻,东走,十里而顾,其邑尽为水,身因化为空桑。有莘氏女子采桑,得婴儿于空桑之中,故命之曰伊尹,而献其君。令庖人养之。长而贤,为殷汤相。○注"十里而顾"事文类聚前集四四、楚辞天问洪兴祖补注引"顾"下并有"视"字。以文义论,亦宜有"视"字。○释文云:臼音舅。莘,疏臻切。婴或作缨,非。相,息亮切。厥昭生乎湿。〔注〕此因蒸润而生。○释文云:厥昭,曾子云,孤藜一名厥昭,恒翔绕其木,不能离之。师说云,孤藜,蜻蛉虫也。蜻蛉音青零。湿,失入切。蒸音证。醯鸡生乎酒。〔注〕此因酸气而生。○释文云:醯鸡,蠛蠓也。羊奚比乎不笋。〔注〕此异类而相亲比也。○"笋"世德堂本作"荀"。秦恩复曰:"荀"庄子作"箰",合下句读。○释文云:比音毗。笋音笋。久竹生青宁,〔注〕因于林薮而生。王叔岷曰:御览八八七引庄子叠"不箰久竹"四字。"羊奚比乎不箰久竹"为句,"不箰久竹生青宁"为句,文理甚明。此"生青宁"上盖亦挩"不笋久竹"四字也。○释文云:南华真经从羊奚至青宁连为一句。司马彪云,羊奚,草名,根似芜菁,与久竹比合,皆生非类。青宁,虫名也。青宁生程,〔注〕自从鹽至于程,皆生之物,蛇、鸟、虫、兽之属,言其变化无常,或以形而变,或死而更生,终始相因,无穷已也。○释文云:尸子云,程,中国谓之豹,越人谓之貘。按尔雅,熊虎丑,其子豹。豹,熊虎之子也。山海经云,南山多貘豹。郭注云,貘是豹之白者,豹即虎生非类也。据程是貘之别名也。按貘似熊,毛又黄而黑,有光泽者。貘音陌。伯峻案:尔雅释兽:"熊虎丑,其子狗。"敬顺引作"其子豹",不详其故。程生马,○沈括曰:尝观文字注,"秦人谓豹曰程。"予至延州,人至今谓虎豹为"程",盖言"虫"也。方言如此,抑亦旧俗也?马生人。○

蒋超伯曰：疑皆草木异名，如黑鹅马夫之类。○释文云：搜神记云，秦孝公时有马生人，刘向以为马祸。**人久入于机。**○王叔岷曰：庄子"久"作"又"，当从之。"久"乃"又"之误，"又""久"形近易混。下文"进乎本不久"，"久"亦"又"之误。**万物皆出于机，皆入于机。"**〔注〕夫生死变化，胡可测哉？生于此者，或死于彼；死于彼者，或生于此。而形生之生，未尝暂无。是以圣人知生不常存，死不永灭，一气之变，所适万形。万形万化而不化者，存归于不化，故谓之机。机者，群有之始，动之所宗，故出无入有，散有反无，靡不由之也。〔解〕种之类也。言种有类乎？亦互相生乎？设此问者，欲明神之所适则为生，神之所去则为死；形无常主，神无常形耳。神本无期，形则有凝。一受有形之质，犹机关系束焉，生则为出，死则为入。○注文"形生之生"四解本、世德堂本作"形生之主"。○解"设此问"秦刻本"设"作"杀"，今从四解本正。○卢文弨曰：注"死不永灭"下藏本有"而"字。注末无"也"字。○汪莱曰：卢解"种之类也"，"种"上当有"幾"字。

黄帝书曰："形动不生形而生影，声动不生声而生响，〔注〕夫有形必有影，有声必有响，此自然而并生，俱出而俱没，岂有相资前后之差哉？郭象注庄子论之详矣。而世之谈者，以形动而影随，声出而响应。圣人则之以为喻，明物动则失本，静则归根，不复曲通影响之义也。○释文云：响，许两切，后同。应，於证切。复，扶又切。**无动不生无而生有。"**〔注〕有之为有，恃无以生；言生必由无，而无不生有。此运通之功必赖于无，故生动之称，因事而立耳。〔解〕形有所生，不能生无，影响是也；神而无形，动则生有，万类是也。○卢文弨曰：注"而无不生有""不生"下当有"于"字。伯峻案：卢说不可信。此言有非无所生，不过由无而生耳。文意甚明，增"于"字反失之。○释文云：称，尺证切。**形，必终者也；天地终乎？与我偕终。**〔注〕料巨细，计修短，则与我殊矣；会归于终，理固无差也。〔解〕大小虽殊，同归于尽耳。○释文云：偕音皆。料音聊。**终进乎？不**

知也。〔注〕进当为尽。此书尽字例多作进也。聚则成形,散则为终,此世之所谓终始也。然则聚者以形实为始,以离散为终;散者以虚漠为始,以形实为终。故迭相与为终始,而理实无终无始者也。〔解〕进当为尽。假设问者,言天地有终尽乎? 为复不知乎? 其下自答也。○陶鸿庆曰:"不知"二字无义,注亦弗及,疑知为始字之误。庄子列御寇篇云,"归精神乎无始,而甘冥乎无何有之乡。""终尽乎不始"者,即"归精神乎无始"也。张注云,"迭相与为终始,而理实无终无始",盖其所见本正作"不始"。此承上言"我与天地同体,天地与我偕终,而终则尽不始,未尝有始,则亦未尝有终矣。"下云"道终乎本无始,进乎本不有",即申言此义。○吴闿生读"终进乎不知也"为句,言"终进于不可知之数之数也"。伯峻案:吴说与上下文意不合。○释文云:进音尽,下同。漠音莫。迭音姪。**道终乎本无始,进乎本不久。**〔注〕"久"当为"有"。无始故不终,无有故不尽。○卢重玄本"进乎"下无"本"字。○王叔岷曰:注"久当为有",其说是也。"久"盖"又"之形误,古多以"又"为"有"。○释文云:久音有。**有生则复于不生,有形则复于无形。**〔注〕生者反终,形者反虚,自然之数也。〔解〕凡有始有终皆本乎无始,归于不有。今从太初浑沦而言之,是有始也;安得不终乎? 安得不尽乎? **不生者,**〔注〕此不生者,先有其生,然后之于死灭。○释文云:先,悉荐切,下同。**非本不生者也;**〔注〕本不生者,初自无生无灭。**无形者,**〔注〕此无形亦先有其形,然后之于离散。**非本无形者也。**〔注〕本无形者,初自无聚无散者也。夫生生物者不生,形形物者无形,故能生形万物,于我体无变。今谓既生既形,而复反于无生无形者,此故存亡之往复尔,非始终之不变者也。〔解〕所言神之不生者,非本不曾生也。万物所以生,群品所以形,皆神之所运也。以其能生生,而即体无生灭耳。是非都无形生,同夫太虚之气。○释文云:而复之复扶又切。**生者,理之必终者也。终者不得不终,亦如生者之不得不生。**〔注〕生者不生而自生,故虽生而不知所以生。不知所以生,则生不可绝;不知所以死,则死不可御也。**而欲恒其生,画其终,惑于数也。**〔注〕画,亡也。〔解〕有生之物,必有终极,亦如和气萌达,草木不得不生;而欲令长生者,迷于至数者也。○卢文弨曰:"画"张本作"尽",注,"尽,亡也。"○俞樾曰:画者,止也。论语雍也篇"今女画",孔注曰:"画,止也。""画其终"者,止之使不终也。上文云,"生者理之必终者也",然则生固不可得而常,终固不可得而止矣。"而欲恒其生、画其终",故曰惑也。张注曰"画,亡也"疑本作"画止也",以形似而误。吕氏春秋本味篇"道者亡彼正己",今误作"止彼在己",与此正可互证。殷敬顺释文曰,"画亦作尽",此乃字误。卢氏文弨群书拾补谓"张本作尽,注云尽亡也",非是。伯峻案:俞说是也。藏本、北宋本、卢重玄本作"尽",今从世德堂本正。○释文云:画,胡麦切,计策也。一本作尽,于义不长。**精神者,天之分**;释文"分"作"久",云:久音有,下同。本作篆文,与久字相类。按汉书杨王孙曰精神者天之有,骨骸者地之有。王孙常读此经,今国子监本作分。○任大椿曰:今本有作分,即释文所云国子监本也。考淮南子精神训"是故精神者天之有也,而骨骸者地之有也";又"壶子持以天壤",高诱注,"精神天之有也,形骸地之有也",与杨王孙所云皆本列子此文,然则汉人所见之本并作"有",不作"分"。敬顺释文谓久应作有,于古本犹可见。○孙诒让曰:释文谓"久当作有",是也。但"有"篆文与"久"字不甚相类,疑殷所据别本"有"当作"又",篆文又作𠬛,久作𠁼,正相类。"又""有"古通,故殷氏径定为有字也。**骨骸者,地之分。属天清而散,属地浊而聚。精神离形,各归其真**;〔注〕天分归天,地分归地,各反其本。**故谓之鬼。鬼,归也,归其真宅。**〔注〕真宅,太虚之域。〔解〕神明离于形,谓之死也。归真宅,反乎太清也。以太清为真宅者,明此形骸而为虚假耳。○王重民曰:下"鬼"字下本有"者"字,今本脱之。韩诗外传:"死者为鬼。鬼者,归也。"论衡论死篇:"人死精神升天,骸骨归土,故谓之鬼。鬼者,归也。"风俗通:"死者,澌也;鬼者,归也。精神消越,骨肉归于土也。""鬼"下并有"者"字可证。意林引正作"鬼者归也。"**黄帝曰:"精神入其门,骨骸反其根,我尚何存?"**〔注〕何生之无形,何形之无气,何气之无灵?然则心智形骸,阴阳之一体,偏积之一气;及其离形归根,则反其真宅,而我无物焉。〔解〕凡人以形为我,缘我则有情。情多者爱溺深,而情少者嗜欲薄。唯至人无我,了识其神;凡人不知,封执弥厚。令神归乎真,形归乎地,向时之我,竟何在耶?伯峻案:根存为韵,古音同在文部。又解"封执"当作"封殖",封殖见左氏传昭二年。

人自生至终,大化有四:〔注〕其间迁易,无时蹔停,四者盖举大较而言者也。〔解〕夫婴儿者,是非未生乎心也,故德厚而志专矣。及欲虑充起,攻之者必多;衰老气柔,更近于道;命之终极,乃休息焉。○卢文弨曰:注"蹔停"藏本作"暂停",下同。伯峻案:原本不提行,今依文义分段。○释文"大较"作"本较",云:较音角。**婴孩也,少壮也,**○释文云:少,诗照切,下同。**老耄也,**○释文云:耄,莫报切。**死亡也。其在婴孩,气专志一,和之至也;物不伤焉,德莫加焉。**〔注〕老子曰,"含德之厚,比于赤子。"**其在少壮,则血气飘溢,**○释文云:飘音漂。**欲虑充起;物所攻焉,德故衰焉。**〔注〕处力竞之地,物所不与也。○释文"故"作"殷",云:殷,正也。一本作故。**其在老耄,则欲虑柔焉;体将休焉,物莫先焉。**〔注〕休,息也。己无竞心,则物不与争。○释文云:争音净。**虽未及婴孩之全,方于少壮,间矣。**伯峻案:间,息也,安也。见国语晋语注及楚辞招魂注。言人在老耄,比于少壮之血气飘溢欲虑充起为安静也。或曰,当读为论语子罕"病间"之间。○释文云:间,古苋切,隔也。**其在死亡也,则之于息焉,反其极矣。**〔解〕近于性则体道,惑于情则丧真,故含德之厚比于赤子。倦而不作,犹为次焉。方之驰竞,大可知也。

孔子游于太山,○释文"太"作"大",云:大音泰。**见荣启期行**

乎郕之野，伯峻案：淮南子主术训云，"夫荣启期一弹而孔子三日乐感于和"，盖即此荣启期。○释文云：郕音成，鲁之邑名。伯峻案：郕，亦作成，本国名，周武王封其弟叔武于此。春秋时属鲁，为孟氏邑。在今山东泰安地区宁阳县东北九十里。鹿裘带索，○沈涛曰：鹿裘乃裘之麤者，非以鹿为裘也。鹿车乃车之麤者，非以鹿驾车也。麤从三鹿，故鹿有麤义。吕氏春秋贵生篇，颜阖鹿布之衣，犹言麤布之衣也。伯峻案：韩非子五蠹篇云："冬日麑裘，夏日葛衣，虽监门之服养不亏于此矣"（鹿本作麑，今依李斯传及御览二十七又八十又六百九十四所引订正）。史记自序云"夏日葛衣，冬日鹿裘"。淮南子精神训云，"文绣狐白，人之所好也；而尧布衣揜形，鹿裘御寒"，则鹿裘为冬日恶服。○释文云：索，先各切。鼓琴而歌。孔子问曰："先生所以乐，何也？"○王重民曰：御览四六八引"以"作"为"，类聚四十四引作"先生为乐何也"，"以"亦作"为"。○释文"以乐"作"为乐"，云：乐音洛，下同。对曰："吾乐甚多：天生万物，唯人为贵。而吾得为人，是一乐也。〔注〕推此而言，明人之神气，与众生不殊；所适者异，故形貌不一。是以荣启期深测倚伏之缘，洞识幽显之验，故忻过人形，兼得男贵，岂孟浪而言？伯峻案：御览四六八引作"吾既得为人"，与下"吾既得为男""吾既已行年九十"句法一律，说苑杂言篇作"吾既已得为人"，家语六本篇作"吾既得为人"，疑当从家语。男女之别，○释文云：别，彼列切。男尊女卑，故以男为贵；吾既得为男矣，是二乐也。〔注〕人之将生，男女亦无定分，故复喜得男身。○释文云：分，扶问切。复，扶又切。人生有不见日月、不免襁褓者，○释文"襁褓"作"繦保"，云：繦，居两切；本或作襁褓，博物志云，织缕为之，广八寸，长尺二，以约小儿于背上。吾既已行年九十矣，○王重民曰：类聚四十四作"吾年九十有五矣"，疑今本列子"九十"下挩"有五"二字。说苑杂言篇、御览五百零九引圣贤高士传并作"九十有五"。高士传所据当为列子古本,则"九十"下本有"有五"二字明矣。伯峻案:高士传有二,一为皇甫谧作,晋书谧传载其释劝论云,"荣期以三乐感尼父",即此事。一为嵇康作,名曰圣贤高士传,亦有此人,见太平御览五〇九引。艺文类聚三六引孙楚荣启期赞,皆本于先秦两汉书,非用列子。陶潜饮酒"九十行带索",即用此事,可见亦有作"九十"者。是三乐也。贫者士之常也,死者人之终也,伯峻案:御览四六八引作"贫者人之常,死者命之终"。类聚四四引作"贫者士之常,死者生之终"。处常得终,〇卢文弨曰:"得"说苑杂言篇作"待"。〇王重民曰:作"待"是也。盖荣启期乐天知命,既明贫者士之常,死者人之终,故自谓处常以待终,当有何忧。若作得,则非其旨矣。御览四六八引正作"待"。类聚四十四引作"居常以待终",文虽小异,"待"字固不误也。伯峻案:卢王说是也。下章张注云:"乐天知命,泰然以待终。"待终之语即袭此文,可见张所见本犹作"待"也。当何忧哉?"伯峻案:当读为尚。史记魏公子列传:"使秦破大梁,而夷先王之宗庙,公子当何面目立天下乎?"当亦应读为尚,可以互证。孔子曰:"善乎!能自宽者也。"〔注〕不能都忘忧乐,善其能推理自宽慰者也。〔解〕夫大冶铸金,依范成质;故神为其范,群形以成。男女修短,阴阳已定矣。何者?神运其功,形为功报耳。形既不能自了,神者未形已知。启期暮年方始为乐,是知道之晚。情滞于形,夫子但善其自宽,未许其深达至道。

林类年且百岁,〔注〕书传无闻,盖古之隐者也。伯峻案:且,将也。〇释文云:类音泪,或本作颎者误认。**底春被裘**,〔注〕底,当也。〇注末"也"字依四解本增。伯峻案:说文:裘,皮衣也。重文作求。求即象裘形,盖本字。凡皮衣皆曰裘,固无美恶之别。后之为文,或以为美服,如吕览"孟冬天子始裘",淮南子氾论训"世以为裘者,难得贵贾之物也",公羊桓八年传"则冬不裘,夏不葛"注,"裘葛者,御寒暑之美服",皆其例也。又可以为恶服,如庄子天下篇"使后世之墨者多以裘褐为衣,以跂蹻为服",成玄英疏云:

"裘褐,粗衣。"新序杂事五"昔者楚丘先生行年七十,披裘带索,往见孟尝君",及此篇"底春被裘",皆其例也。○释文云:底,都礼切。被音备。**拾遗穗于故畦,**〔注〕收刈后田中弃谷捃之也。○释文云:穗音遂。畦音携。捃,居运切。**並歌並进。**伯峻案:並歌並进犹言且歌且进。○释文云:並,蒲浪切,下同;谓旁畦而行。**孔子适卫,望之于野。顾谓弟子曰:"彼叟可与言者,**○释文云:叟,西口切。**试往讯之!"**○释文作"有试往讯之",云:讯音信,一本无有字。**子贡请行。逆之垄端,**○释文云:垄,力踵切。**面之而叹曰:"先生曾不悔乎,**○释文云:曾音层。**而行歌拾穗?"林類行不留,歌不辍。**○释文云:辍,丁劣切,止也。**子贡叩之不已,**○释文云:叩,丘候切。**乃仰而应曰:**○释文云:应,於证切。**"吾何悔邪?"子贡曰:"先生少不勤行,**○释文云:少,诗照切。行,下孟切,下同。**长不竞时,**○释文云:长,丁丈切,下同。**老无妻子,死期将至:亦有何乐而拾穗行歌乎?"**○释文云:乐音洛。**林類笑曰:"吾之所以为乐,人皆有之,而反以为忧。**〔注〕我所以为乐者,人人皆同,但未能触事而夷,故无慜欢。〔解〕仁者不忧,智者不惧,不受形也。生分己随之,是以君子不戚戚于贫贱,不违违于富贵。人不达此,反以为忧,汝亦何怪于我也?**少不勤行,长不竞时,故能寿若此。**〔注〕不勤行,则遗名誉;不竞时,则无利欲。二者不存于胸中,则百年之寿不祈而自获也。〔解〕勤于非行之行,竞于命外之时,求之不跋,伤生夭寿矣。吾所以乐天知命,而得此寿。○汪莱曰:卢解"求之不跋","跋"字当作"获"。○释文云:寿音受。**老无妻子,死期将至,故能乐若此。"**〔注〕所谓乐天知命,故无忧也。〔解〕妻子适足以劳生苦心,岂能延人寿命?居常待终,心无忧戚,是以能乐若此也。**子贡曰:"寿者人**

之情,死者人之恶。伯峻案:汉书董仲舒传云:"情者人之欲也。"又云:"人欲之谓情。"后汉书张衡传注云:"情者,性之欲。"古人多以欲恶对文,如吕览论威篇"人情欲生而恶死"是也。则此情字当训欲。○释文云:恶,乌路切。子以死为乐,何也?"林类曰:"死之与生,一往一反。故死于是者,安知不生于彼?○梁章钜曰:轮回之说,盖出于此。故吾知其不相若矣。○俞樾曰:"吾"下脱"安"字。上云"死之与生,一往一反",故云"安知其不相若",言死生一致也。下云"吾又安知营营而求生非惑乎",正承此而言。若作"知其不相若",则于语意大背矣。浅人见下两言安知,句末并用乎字,而此是矣字,疑其不协,遂妄删"安"字。不知"矣"犹"乎"也,语有轻重耳。古书多以矣字代乎字,说详王氏经传释词。○吴闿生谓故读为固,言吾固知也,与俞说相反,俞说较长。吾又安知营营而求生非惑乎?亦又安知吾今之死不愈昔之生乎?"〔注〕寻此旨,则存亡往复无穷已也。〔解〕知形有代谢,神无死生,一往一来,犹朝与暮耳,何故营营贪此而惧彼哉?○王叔岷曰:"求生"下当有之字。文选鲍明远行药至城东桥诗注引正有"之"字。○释文云:愈音与。子贡闻之,不喻其意,还以告夫子。○释文云:告,古沃切,下章同。夫子曰:"吾知其可与言,果然;然彼得之而不尽者也。"〔注〕卒然闻林类之言,盛以为已造极矣;而夫子方谓未尽。夫尽者,无所不尽,亦无所尽,然后尽理都全耳。今方对无于有,去彼取此,则不得不觉内外之异。然所不尽者,亦少许处耳。若夫万变玄一,彼我两忘,即理自夷,而实无所遣。夫冥内游外,同于人群者,岂有尽与不尽者乎?〔解〕死此生彼,必然之理也。林类所言"安知"者是疑似之言耳,故云未尽。○注"冥内游外"北宋本"游"作"逆",汪本从之,误,今依道藏本、世德堂本订正。○释文云:卒,仓没切。造,七到切。去,丘吕切。处,昌据切。

子贡倦于学,告仲尼曰:"愿有所息。"〔注〕学者,所以求复其初,乃至于厌倦,则自然之理亏矣。○锦绣万花谷前集二十、合璧事类前集四三引作"告于仲尼曰"。○释文云:厌,於艳切。**仲尼曰:"生无所息。"**〔注〕劳知虑,役支体,此生者之事。庄子曰:生为徭役。**子贡曰:"然则赐息无所乎?"**○王叔岷曰:"息无所"疑原作"无所息",即本上文"生无所息"而言。今本"息"字误错在"无所"上。伯峻案:据下答语,"息无所"不误。**仲尼曰:"有焉耳。望其圹,**○释文云:圹音旷,墓穴也。荀卿有此篇。**睪如也,**伯峻案:荀子大略篇作皋如也。刘台拱曰:睪即皋。王念孙曰:家语困誓篇亦作睪如也。王肃曰:睪,高貌。○释文云:睪音皋。**宰如也,**○释文云:言如冢宰也。**坟如也,**○卢文弨曰:坟如,如大防也。○释文云:如坟墓也。**鬲如也,**○郝懿行曰:鬲如,盖若覆釜之形,上小下大,今所见亦多有之。○释文云:鬲音历,形如鼎;又音隔。**则知所息矣。"**〔注〕见其坟壤鬲异,则知息之有所。庄子曰,死为休息也。**子贡曰:"大哉死乎!君子息焉,小人伏焉。"**〔注〕乐天知命,泰然以待终,君子之所以息;去离忧苦,昧然而死,小人之所以伏也。伯峻案:荀子大略篇、家语困誓篇皆有此文。○释文云:伏焉,荀卿作休焉。乐音洛,下同。去,丘吕切。离,力智切。昧音妹。○吴闿生曰:息伏为韵,作"休"非是。**仲尼曰:"赐!汝知之矣。人胥知生之乐,未知生之苦;知老之惫,**○释文云:惫,蒲界切,疲也。**未知老之佚;**○释文云:佚音逸。**知死之恶,未知死之息也。"**〔注〕庄子曰:大块载我以形,劳我以生,佚我以老,息我以死耳。〔解〕夫生者,动用之质也,唯死乃能休息耳。亦犹太阳流光,群物皆动。君子徇名,小人徇利,未尝休止也。伯峻案:注所引庄子乃大宗师篇文。**晏子曰:**○释文云:晏子,齐大夫晏婴。**'善哉,古之有死也!**〔注〕生死古今所同,而独善古之死者,明古人不乐生而恶死也。○释文云:乐音洛。恶,乌路切。**仁者息焉,不仁者伏焉。'**〔注〕修身慎行,恒怀兢惧,此仁者之所忧;贪欲纵肆,常无厌足,此不仁者之所苦;唯死而后休息寝伏之。伯峻案:此晏子春秋内谏篇上文。○释文云:行,下孟切。厌,一盐切。**死也者,德之徼也。**〔注〕德者,得也。徼者,归也。言各得其所归。○释文云:徼音叫。**古者谓死人为归人。夫言死人为归人,则生人为行人矣。行而不知归,失家者也。一人失家,一世非之;天下失家,莫知非焉。**〔注〕此众寡相倾者也。晏子儒墨为家,重形生者,不辨有此言,假托所称耳。〔解〕老子曰:"归根曰静,静曰复命,复命曰常,知常曰明。不知常,妄作,凶。"神之有形,一期之报。迷本执有,劳神苦心,疲亦极矣。唯死也乃归乎真,犹脱桎梏而舍负担也。贪生恶死者苟恋乎有,曾不知归于本焉,而天下不以为非,迷者多矣。伯峻案:庄子齐物论云,"终身役役而不见其成功,苶然(依卢文弨说正)疲役而不知其所归,可不哀耶?"正是此意。又案:今晏子春秋内谏上云:晏子曰,"昔者上帝以人之没为善(没字依王念孙说正),仁者息焉,不仁者伏焉。"列子所引亦仅此三句。第一句文稍变者,古人引书原不拘本文也。玩处度此注,似以莫知非焉以上皆晏子语,故注列此下,而评谓假托,不知晏子实有此语,处度未尝见晏子书耳。**有人去乡土、离六亲、废家业、游于四方而不归者,何人哉?**○释文"哉"作"才",云:才音哉,下同。**世必谓之为狂荡之人矣。又有人锺贤世、**〔注〕锺贤世宜言重形生。○释文"锺"作"种",云:种贤世音重形生。○任大椿曰:考荀子议兵篇,"按角鹿埵陇种东笼而退耳",杨倞注:或曰即龙锺。新序作龙锺。今本种之作锺,盖通用字。**矜巧能、修名誉、**○释文云:誉,余據切。**誇张于世而不知已者,**○释文"誇"作"跨",云:跨,口花切。已音以。**亦何人哉?世必以为智谋之士。此二者,胥失者也。**〔注〕此二者虽行事小异,而并不免于溺丧也。○卢文弨:"溺"当作"弱",语见庄子,下同。伯峻案:庄子齐物论"予恶乎知恶死之非弱丧而不知归者邪",此卢氏所本。**而世与一不与**

一,唯圣人知所与,知所去。"〔注〕以生死为痛痒者与之,溺丧忘归者去之。〔解〕夫弃本逐末,劳神苦心,顺情之与求名,逐欲之与徇利,二者俱失也。何厚何薄哉?而群所谓,则举世为是也;凡执所滞,则举世为非矣。唯有道者知去与焉。故庄子云:臧与穀二人俱牧羊,俱亡羊。一则博塞问,一则读书。善恶虽殊,亡羊一也。苟失道,则游方之与修学,夫何远哉?○秦恩复曰:庄子,问臧奚事?一曰博塞。问穀奚事?一曰读书。卢注"博塞"下多一"问"字,当是衍文。伯峻案:与即论语"吾与女弗如也",左传僖廿八年"子与之"之与,许也。而列子书常用以训取,义得相通也。下章云:"静也虚也,得其居矣;取也与也,失其所矣。"静虚同义,则取与亦同义。又杨朱篇云:"名者固非实之所取也,实者固非名之所与也。"取与互文,皆其证也。○释文云:去,丘吕切,注同。瘏音悟。

或谓子列子曰:"子奚贵虚?"○许维遹曰:吕氏春秋不二篇云:子列子贵虚。列子曰:"虚者无贵也。"〔注〕凡贵名之所以生,必谓去彼而取此,是我而非物。今有无两忘,万异冥一,故谓之虚。虚既虚矣,贵贱之名,将何所生。○释文云:去,丘吕切。子列子曰:"非其名也,〔注〕事有实著,非假名而后得也。莫如静,莫如虚。静也虚也,得其居矣;取也与也,失其所矣。〔注〕夫虚静之理,非心虑之表,形骸之外;求而得之,即我之性。内安诸己,则自然真全矣。故物所以全者,皆由虚静,故得其所安;所以败者,皆由求动,故失其所处。〔解〕或问贵虚。答曰:无贵。吾所以好虚者,非为名也。夫虚室生白,吉祥止耳。唯静唯虚,得其居矣。若贪求取与,神失其安;然后名利是非,纷竞交凑,将何以堪之?故虚非我贵耳。○注"故物所以全者",本无"所"字,今从藏本增。○秦恩复曰:解"吉祥止耳"据庄子当作"止止"。伯峻案:庄子作"止止",乃"止之"之误。此作"止耳",淮南子俶真训作"止也",皆可通。说详俞氏庄子平议。事之破碼而后有舞仁义者,弗能复也。"〔注〕当为之于未有,治之于未乱;

乃至亏丧凋残,方欲鼓舞仁义,以求反性命之极者,未之得也。礘音毁。〔解〕吾所言虚,是修于未乱耳。若使真性破毁,心神汩昏,更弄仁义之辞教,易情之波荡,故不能克复矣。○陶鸿庆曰:张注解"舞仁义"为"鼓舞仁义",非也。舞读为舞文之舞。仲尼篇"为若舞,彼来者奚若?"张注释为舞弄,是也。言事已破礘而后为仁义以补苴之,则毁者不能复全也。道德经上篇云"大道废,有仁义",庄子马蹄篇云,"圣人蹩躠为仁,踶跂为义,而天下始疑",皆此旨也。注未达。○释文云:礘音毁。丧,息浪切。

鬻熊曰:○梁章钜曰:诸子书以鬻子为最古,然其书有二。汉书艺文志道家鬻子说二十二篇,又小说家鬻子说十九篇。列子所引鬻子凡三条,皆黄老清净之说,与今本不类,疑即道家二十二篇之文。伯峻案:今本鬻子一卷,自宋人叶梦得以来多疑其伪,而四库全书提要疑其为"唐以来好事之流,依仿贾谊所引,撰为赝本",盖可信。○释文云:鬻音育。鬻熊,周文王师,封于楚,著子书二十二篇。**"运转亡已,**○释文云:已音以。**天地密移,畴觉之哉?**〔注〕此则庄子舟壑之义。孔子曰:"日夜无隙,丘以是徂。"夫万物与化为体,体随化而迁。化不蹔停,物岂守故?故向之形生非今形生,俯仰之间,已涉万变,气散形朽,非一旦顿至。而昧者操必化之器,托不停之运,自谓变化可逃,不亦悲乎?伯峻案:本不提行,今依文义分段。○释文云:操,七刀切。**故物损于彼者盈于此,成于此者亏于彼。**〔注〕所谓川竭谷虚,丘夷渊实也。**损盈成亏,随世随死。**〔注〕此世亦宜言生。伯峻案:庄子大宗师云,"无不毁也,无不成也",亦是此意。○释文云:世音生,下同。**往来相接,间不可省,畴觉之哉?**〔注〕成者方自谓成,而已亏矣;生者方自谓生,潜已死矣。○释文云:省,上声。**凡一气不顿进,**伯峻案:进本训登,见说文。又训前,见诗常武笺、士冠礼注及公羊庄十三年传注。引伸为增长之义,故周礼小司寇"以图国用而进退之",郑注云:"进退犹损益也"。此文进与亏相对,下文亦不觉其成,承不顿进而言;亦不觉其亏,承不顿亏而言,则进犹成也。○释文云:进音尽。**一形不顿亏;亦不觉其成,亦不觉其亏。**〔注〕皆在冥中而潜化,固非耳目所瞻察。○卢文弨曰:注"耳目"下藏本有"之"字。伯峻案:"亦不觉其亏"本无"亦"字,今从四解本、秦刻本增。○释文瞻作矏,云:矏音烛,一本作瞻。**亦如人自世**〔注〕音生。○释文云:世音生。**至老,貌色智态,亡日不异;皮肤爪发,随世随落,非婴孩时有停而不易也。**〔注〕形色发肤,有之麤者,新故相换,犹不可识,况妙于此者乎?伯峻案:注"之麤"或作"精粗",非。又卢抱经以形色发肤有之为句,亦非。**间不可觉,俟至后知。"**〔解〕夫心识潜运,阴阳鼓作,故形体改换,天地密移,损益盈虚,谁能觉悟?所以贵夫道者,知本而不忧亡也。

杞国有人忧天地崩坠,身亡所寄,废寝食者;○初学记一"有人"引作"昔有人"。○释文"坠"作"隧",云:杞音起。系本云:殷汤封夏后于杞,周又封之,今在陈留雍丘县;武德年曾置杞州地是也。隧音坠。○任大椿云:考楚辞九歌"矢交坠兮",坠作隧。荀子儒效篇,"至共头而山隧",杨倞注:"隧读为坠。"淮南子说林训"县垂之类有时而隧",注云:"隧,坠也。"汉书王莽传"不隧如发",叙传"厥宗不隧",不隧即不坠。隶释西狭颂横海将军吕君碑賨隧即賨坠。樊安碑失隧即失坠。敬顺释文犹存古字。伯峻案:武德为唐高祖年号。黄尧圃疑释文为宋人伪托(见北宋本列子跋),即此可见其非。又杞国,周初所封,即今河南开封地区杞县。史记有世家。**又有忧彼之所忧者,因往晓之,**〔注〕彼之所忧者惑矣,而复以不惑忧彼之所惑,不忧彼之所忧,喻积惑弥深,何能相喻也。○道藏本注文"也"下有"哉"字。伯峻案:注"不忧彼之所忧"当作"以不忧忧彼之所忧"。**曰:"天,积气耳,亡处亡气。若屈伸呼吸,终日在天中行止,奈何忧崩坠乎?"**〔注〕夫天之苍苍,非铿然之质;则所谓天者,岂但远而无所极邪?自地而上则皆天矣。故俯仰喘息,未始离天也。○合璧事类前集一引作"奈何忧其崩坠乎"。**其人曰:"天果积气,日月星宿,不当坠耶?"** ○释文云:宿音秀,下同。**晓之者曰:"日月星宿,亦积气中之有光耀者;**〔注〕气亦何所不胜,虽天地之大,犹自安于太虚之域,况乃气气相举者也?○御览二引宿作辰。○王重民曰:"晓"下"之"字蒙上文"因往晓之"句而衍。御览二引作"晓者云",无"之"字。下文"晓者曰地积块耳"云云,亦无"之"字,可证。"积气中之有光耀者"御览三又六引并"中之"互倒,疑御览所引近是。○释文云:胜音升。**只使坠,亦不能有所中伤。"** ○艺文类聚一、初学记一、事文类聚前集二"只使坠"作"正复使坠"。○吴闿生曰:只使,藉使也,然非三代语。○释文云:中,丁仲切。**其人曰:"奈地坏何?"晓者曰:"地积块耳,**○释文云:块,口对切。**充塞四虚,** ○释文云:塞,苏则切。**亡处亡块。** 伯峻案:颜氏家训归心篇云:"天为积气,地为积块",似用此文。**若躇步跐蹈,** ○释文云:躇音除。跐音此。蹈,徒到切。四字皆践蹈之貌。**终日在地上行止,奈何忧其坏?"其人舍然大喜,**〔注〕舍宜作释,此书释字作舍。○释文云:舍音释,下同。**晓之者亦舍然大喜。**〔注〕此二人一以必破为忧,一以必全为喜。此未知所以为忧喜也,而互相慰喻,使自解释,固未免为大惑也。〔解〕天为积气,何处无气也?地为积块,何处无块也?块无所隐,气无所崩,日月是气中有光者,汝何忧于崩坠乎?○注"必破"道藏本、世德堂本作"必败"。**长庐子闻而笑之曰:** 伯峻案:御览二引无"之"字,是也,当删。下文"子列子闻而笑曰"亦无"之"字,可证。○释文作长卢子,云:史记云,楚有长卢子。汉书云,长卢子著书九篇,属道家流。○任大椿云:考荀子富国篇"君卢屋妾",杨倞注训卢屋作庐屋。庄子让王篇"庐水",释文音闾,司马本作卢水。淮南子说林训"陶者用缺盆,匠人处狭卢",卢即庐也。国语晋语"侏儒扶卢",韦昭注,

"卢,矛戟之柲"。考工记"秦无庐",注,"矛戟柄,竹欑柲也",则卢庐一也。吴越春秋"吴子柯卢",史记卢作庐,左传桓十三年释文"庐戎如字,本或作卢,音同。"又左传成十三年释文"伯庐,力吴反,本一作卢。"则卢庐通。与释文庐之作卢,可以互证。又考史记慎到传"楚有尸子长卢",索隐曰"长卢,未详。"盖未考列子此文耳。"虹蜺也,○释文云:虹蜺音红倪。云雾也,风雨也,四时也,此积气之成乎天者也。山岳也,河海也,金石也,火木也,此积形之成乎地者也。知积气也,知积块也,奚谓不坏?〔注〕夫混然未判,则天地一气,万物一形。分而为天地,散而为万物。此盖离合之殊异,形气之虚实。夫天地,空中之一细物,有中之最巨者。○释文云:最,子外切。难终难穷,此固然矣;难测难识,此固然矣。伯峻案:终穷为韵,古音同在冬中部。测识为韵,古音同在职德部。忧其坏者,诚为大远;○释文云:大音泰。言其不坏者,亦为未是。天地不得不坏,则会归于坏。遇其坏时,奚为不忧哉?"〔注〕此知有始之必终,有形之必坏;而不识休戚与阴阳升降,器质与天地没没也。〔解〕积气积块,以成天地。有积有成,安得无坏耶?但体大难终,不可则见。若遇其坏时,不得不忧。○注"必坏"本作"必败",依藏本改。又解"不得不忧"四解本作"何得不忧"。"不可则见",当作"不可测见"。子列子闻而笑曰:"言天地坏者亦谬,言天地不坏者亦谬。坏与不坏,吾所不能知也。虽然,彼一也,此一也。〔注〕彼一谓不坏者也,此一谓坏者也。若其不坏,则与人偕全;若其坏也,则与人偕亡。何为欣戚于其间哉?○释文云:偕音皆。故生不知死,死不知生;来不知去,去不知来。坏与不坏,吾何容心哉?"〔注〕生之不知死,犹死之不知生。故当其成也,莫知其毁;及其毁也,亦何知其成?此去来之见验,成败之明征,而我皆即之,情无彼此,何处容其心乎?〔解〕夫天地者,物之大者也;形体者,物之细者也。大者亦一物也,细者亦一物也。有物必坏,何用辩之哉?且人生不知死,死不知生;来去不自知,成坏不能了。近取诸己,且未能知;亦何须用心于天地而忧辩于物外耶?○释文云:见,贤遍切。处,昌據切。

舜问乎烝曰:○皮锡瑞曰:烝当作丞。伯峻案:皮说是。庄子知北游篇作丞,御览五一九引亦作丞。○释文"烝"作"丞",云:丞谓辅弼疑丞之官;一本作烝。○任大椿云:考汉书王子侯表"承阳侯景",师古曰:"承音烝,字或作丞。"翟方进传"太保后丞丞阳侯甄邯",师古曰:"丞音烝。"又丞阳侯后汉书郡国志作烝阳侯。盖承丞皆有烝音,故通作烝。敬顺释文丞之作烝,犹存古读。**"道可得而有乎?"**〔注〕舜欲明群有皆同于无,故举道以为发问之端。○卢文弨曰:注末藏本有"也"字。**曰:"汝身非汝有也,汝何得有夫道?"**〔注〕郭象曰:夫身者非汝所能有也,块然而自有耳。有非所有,而况无哉?〔解〕夫汝我者,自他形称耳,非谓神明也。俗以己身为我,前人为汝;欲有其道,安可得乎?故曰汝身非汝有,安得有夫道?○释文云:夫音符。**舜曰:"吾身非吾有,孰有之哉?"**〔注〕据有此身,故重发问。○释文云:重,柱用切,下同。**曰:"是天地之委形也。**〔注〕是一气之偏积者也。○俞樾曰:国策齐策"愿委之于子高",注曰:"委,付也。"成二年左传"王使委于三吏。"杜注曰:"委,属也。"天地之委形,谓天地所付属之形也。下三委字并同。**生非汝有,是天地之委和也。**〔注〕积和故成生耳。**性命非汝有,是天地之委顺也。**〔注〕积顺故有存亡耳。郭象曰:若身是汝有,则美恶、死生当制之由汝。今气聚而生,汝不能禁也;气散而死,汝不能止也。明其委结而自成,非汝之有也。**孙子非汝有,是天地之委蜕也。**〔注〕气自委结而蝉蜕耳。若是汝有,则男女多少亦当由汝也。伯峻案:六帖十、御览五一九引"孙子"作"子孙",疑当从之。张注下文云"子孙何所委蜕",似其所见本亦作"子孙"。○释文云:蜕音税。

故行不知所往,处不知所持,食不知所以。〔注〕皆在自尔中来,非知而为之也。○俞樾曰:庄子知北游篇作"食不知所味"。○王叔岷曰:宋徽宗义解:"食不知所味",范致虚解:"食安知所味",是所见本"以"并作"味",与庄子同。天地强阳,气也;又胡可得而有邪?"〔注〕天地即复委结中之最大者也。今行处食息,皆强阳气之所运动,岂识其所以然?强阳犹刚实也。非刚实理之至,反之虚和之极,则无形无生,不死不终,则性命何所委顺?子孙何所委蜕?行处何所止泊?饮食何所因假也?〔解〕既不知神明之为道也,故假天地以言之。天主神用,地主形物。涉有者,委形也;体和者,生性也;应用者,委顺也;情育者,委蜕也。汝今行止食息,但知强阳之所运,而不知神明之真宰也。亦可得有夫道者邪?或曰:虞舜圣人也,安得不知道乎?答曰:夫假宾主辩惑,岂可玄默而已耶?然庄子曰:"卜梁倚有圣人之才,而无圣人之道;我有圣人之道,而无圣人之才。"是知有济物之才,居君极之位者,未必能知道。处山林之下有独善之名者,未必能理人。是故黄帝即位三十年,然后梦华胥之国;放勋见乎四子,然后窅然汾水之阳,舜之未寤,亦何足怪之也。○注"非刚实"四解本作"而非刚实"。○王重民曰:庄子知北游篇"天地"下有"之"字,此不可省。疑列子本有"之"字,而今本脱之也。郭注云:强阳犹运动耳。又寓言篇"彼来则我与之来,彼往则我与之往,彼强阳则我与强阳"郭注云,"直自强阳运动相随往来耳",是强阳有运动义,盖与徜徉、襄羊等字同为叠韵连绵字。此谓身生性命子孙非人所有,均是天地之委结,更不知天地之旋转运动亦一气耳。若明天地之旋转乃气之运动,则天地间一切将胡可得而有耶?天地之强阳句当逗,若无"之"字,则语不明晰。张注曰"强阳犹刚实也",失之。○释文云:复,扶又切。

齐之国氏大富,宋之向氏大贫;○释文云:向音嚮。自宋之齐,请其术。国氏告之曰:"吾善为盗。始吾为盗也,一年而给,二年而足,三年大穰。○"穰"本作"壤"。○洪颐煊曰:庄子庚桑楚篇"居三年畏垒大壤",释文"崔本作穰",古穰字皆作壤。○王重民曰:说文,穰,黍䴚已活者。又秧字下云,禾若秧穰也。秧穰叠韵字,犹穰穰也。是穰有二义,秧穰即此大穰义所本。又按说文,壤,柔土也。则壤为古字,于古无征,疑后人乱之也。穰义当为近之。许氏又曾用以解字,则穰字较古。庄子崔本及陆氏所见别本作穰,列子吉府本御览四百八十五引亦并作"穰"。伯峻案:王说是也,今从吉府本作"穰"。○释文穰作壤,云:壤,如掌切,又作穰。**自此以往,施及州闾。**○伯峻案:施,惠也(晋语夫齐侯好示务施注)。○释文云:施,以智切,延也。**向氏大喜。喻其为盗之言,而不喻其为盗之道,**○六帖九一引上"喻"字作"闻","道"作"意"。**遂逾垣凿室,手目所及,亡不探也。**○六帖九一引"凿室"作"穿宇","探也"作"探取"。○释文云:亡音无,下同。**未及时,**○六帖九一引"未及时"作"俄而"。**以赃获罪,**○释文云:赃音臧。**没其先居之财。**○俞樾曰:居犹蓄也,谓其先所蓄之财也。论语公冶长篇"臧文仲居蔡",皇侃义疏曰:"居犹蓄也",是其义。○吴闿生曰:居读曰贮。○王重民曰:御览四百八十五引作先君,于义较善。伯峻案:周穆王篇云,"以居产之半请其方",居亦训蓄。俞说与吴说实同,皆可用。御览不得其义,妄改作"君",不可凭信。○释文云:先,悉荐切。**向氏以国氏之谬己也,**○钱绎曰:谬,诈也。**往而怨之。国氏曰:"若为盗若何?"向氏言其状。国氏曰:"嘻!**○释文云:嘻音熙,哀痛之声。**若失为盗之道至此乎?今将告若矣。吾闻天有时,地有利。**〔注〕谓春秋冬夏,凡土出所有也。○注"出"下各本无"所"字,今依四解本增。**吾盗天地之时利,**○释文云:句绝。**云雨之滂润,**○释文云:滂,普郎切。**山泽之产育,以生吾禾,殖吾稼,**○六帖九一引作"生吾禾黍,殖吾穜稑"。**筑吾垣,**○释文"殖"作"植",云:筑音竹。垣音袁。植,时职切。伯峻案:释文植字之音在垣字下,疑敬顺所见本作"筑吾垣,建吾舍,生吾禾,植吾稼。"

建吾舍。陆盗禽兽,水盗鱼鳖,○释文云:鳖,并列切。亡非盗也。夫禾稼、土木、禽兽、鱼鳖,皆天之所生,岂吾之所有?〔注〕天尚不能自生,岂能生物?人尚不能自有,岂能有物?此乃明其自生自有也。然吾盗天而亡殃。〔注〕天亡其施,我公其心,何往而有怨哉?○阴符经疏中引作"吾盗天地而无殃咎"。○释文云:施,尸智切。夫金玉珍宝,谷帛财货,○秦刻本"金玉珍宝"作"禾土稼宝"。人之所聚,岂天之所与?〔注〕天尚不能与,岂人所能聚?此亦明其自能自聚。伯峻案:注"自能自聚"当作"自与自聚"。若盗之而获罪,孰怨哉?"〔注〕人有其财,我犯其私,所以致咎。〔解〕夫天地不仁,以万物为刍狗。既无情于生育,岂有心于取与哉?小大相吞,智愚相役;因时以兴利,力制以徇私;动用取与,皆为盗也。人财则不尔,主守以自供,取之获罪,此复怨谁也。向氏大惑,以为国氏之重罔己也,伯峻案:罔读为论语雍也篇"不可罔也"之罔。汉书扬雄传"不可奸罔",注:罔,诬也。○释文云:罔,文两切。过东郭先生问焉。○"过"北宋本作"遇",汪本从之,今从藏本、四解本、世德堂本改正。○释文云:过音戈,一作遇字。东郭先生曰:"若一身庸非盗乎?盗阴阳之和以成若生,载若形;○俞樾曰:载亦成也。尚书皋陶谟篇"乃赓载歌曰",枚传,"载,成也",是其义。况外物而非盗哉?〔注〕若其有盗耶?则我身即天地之一物,不得私而有之。若其无盗耶,则外内不得异也。○注"不得私而有之"四解本作"不得不私有之"。诚然,天地万物不相离也;○释文云:离,力智切。仞而有之,皆惑也。〔注〕夫天地,万物之都称;万物,天地之别名。虽复各私其身,理不相离;仞而有之,心之惑也。因此而言,夫天地委形,非我有也;饬爱色貌,矜伐智能,已为惑矣。至于甚者,横仞外物以为己有,乃标名氏以自异,倚亲族以自固,整章服以耀物,藉名位以动众,封殖财货,树立权党,终身欣玩,莫由自悟。故老子曰:"吾所以有大患,为吾有身";庄子曰:"百骸六藏,吾谁与为亲?"领斯旨也,则方寸与太虚齐空,形骸与万物俱有也。○卢文弨曰:注藏本"饬"作"饰","吾所以有大患"下有"者"字,"太虚"作"大虚"。伯峻案:"忉而有之",藏本作"认而有之",忉即认。本书周穆王篇"梦忉人鹿",释文云,"忉一本作认",可证。○释文"太"作"大",云:忉音忍。称,尺证切。复,扶又切。吾之为,为,于伪切。藏,才浪切。大音泰。**国氏之盗,公道也,故亡殃;若之盗,私心也,故得罪。**〔注〕公者对私之名,无私,则公名灭矣。今以犯天者为公,犯人者为私,于理未至。〔解〕天地无私,取之无对,故无殃也,人心有私,取之有情,故为盗也。以有私之心,取有私之物;私则有对,得罪何疑? 故法者,禁人之私;无对,无禁也。伯峻案:解"取之有情","情"当作"对"。对犹今言对方。**有公私者,亦盗也;**〔注〕直所犯之异耳,未为非盗。**亡公私者,亦盗也。**〔注〕一身不得不有,财物不得不聚,复欲遣之,非能即而无心者也。〔解〕圣人设法教化不害人不侵众者,皆非盗也。不违法者,则为公道;违于法者,则为私道焉。虽不违于公而封于己者,亦为盗也,况违法封己乎? ○解"况违法封己"秦本作"违法教化",今从四解本正。**公公私私,天地之德。**〔注〕生即天地之一理,身即天地之一物。今所爱吝,便是爱吝天地之间生身耳,事无公私,理无爱吝者也。○释文云:吝,良刃切。**知天地之德者,孰为盗耶? 孰为不盗耶?"**〔注〕天地之德何耶? 自然而已,自然而已。何所厝其公私之名? 公私之名既废,盗与不盗,理无差也。〔解〕知公知私而无私焉,与物同例而不怪者,是天地之德也。若知天地之德,取而无私心者,是不欺乎天,取之不殊于众人,得之无私,不为盗。若然者,谁为盗耶? 谁为不盗耶? 唯了神悟道者知之矣。○注"厝其公私之名"各本"厝"作"历",今从藏本改正。解"若知天地之德",秦本"若"作"万",今从四解本正。○卢文弨曰:注"自然而已"藏本不叠此四字。○释文云:厝音措。

列子集释卷第二

黄帝第二〔注〕禀生之质谓之性,得性之极谓之和;故应理处顺,则所适常通;任情背道,则遇物斯滞。〔解〕此明忘形养神,从玄、默以发真智。始其养也,则遗万有而内澄心;发其智,则化含生以外接物。故其初也,则斋心服形,不亲政事;其末篇也,则赞孔墨以济人焉。此其大旨。

黄帝即位十有五年,喜天下戴己,〔注〕随世而喜耳。○王叔岷曰:路史后纪五注引"戴"上有"之"字,当从之。"喜天下之戴己"与下文"忧天下之不治"句法一律。艺文类聚十一引"戴"上亦有"之"字。**养正命,**〔注〕正当为性。○俞樾曰:正当为生。古字生与性通,周官大司徒职"辨五地之物生",杜子春读生为性,是其例也。列子原文本作"养生命",盖叚生为性,因误为正耳。张注曰,"正当为性",虽得其字,而古字亡矣。又胡怀琛说同。○释文云:正音性。**娱耳目,供鼻口,焦然肌色皯黣,**○"焦",世德堂本作"燋"。○释文"焦"作"燋",云:燋音焦。肌色一作颜色。皯,古旱切。黣音每。诸书无此字,埤苍作䨲,同音每,谓木伤雨而生黑斑点也。皯黣亦然也。○秦恩复曰:䨲,说文无此字。黣俗霉字,当作霉。楚辞渔父"颜色憔悴",王逸注,皯霉黑也。**昏然五情爽惑。**〔注〕役心智未足以养性命,只足以焦形也。〔解〕举代之人咸以声色饮食养其身,唯丰厚者则为富贵矣。而圣人知此道足以伤生,故焦然不乐也。第一篇知神为生主,第二篇欲明道以养身,故先示众人之所溺,然后渐次而进之。伯峻案:卢解"举代"即"举世",下文"代谓之君子"即"世谓之君子"。唐太宗名世民,唐人多以"代"代"世"。**又十有五年,忧天下之不治,**〔注〕随世而忧耳。○释文云:治,直吏切;下致治同。**竭聪明,进智力,**○释文"进智"作"进治",云:进音尽。**营百姓,焦然肌色皯黣,昏然五情爽惑。**〔注〕用聪明未足以致治,只足以乱神也。〔解〕代谓之君子,理人之士也。皆劳生苦己,以身徇物,以求其名,以嚅其利耳。而不知役神以丧实,去道斯远矣。○解"劳生"四解本作"劳心"。**黄帝乃喟然赞曰:**〔注〕赞当作叹。○释文云:赞音叹。**"朕之过淫矣。**〔注〕淫当作深。○释文云:淫音深。**养己其患如此,治万物其患如此。"**〔注〕惟任而不养,纵而不治,则性命自全,天下自安也。〔解〕淫者,失于其道也。含生之物咸知养己自私以为生,不知所生生而之死也。操仁义者咸知徇名以取利自私以为能,亦不知所以丧神伤生而知死也。徇己自私以为小人,济物无私代以为君子。善之以恶,约外则有殊;求名丧实,约内则俱失。方明大道,故双非之也。○汪莱曰:解"不知所生""所"下脱落"以"字。又"伤生而知死也""知"当作"之"。**于是放万机,舍宫寝,**○"宫"秦刻卢解本作"官",世德堂本亦作"官",非也。御览七十九引正作宫,类聚十一引同。○释文云:舍音捨。**去直侍,**○释文云:去,丘吕切。**彻钟悬,**○王叔岷曰:彻借为劙。说文,"劙,发也",引申有除去义。书钞十二、御览七九引彻并作撤。撤即劙之俗。○释文"悬"作"县",云:县音玄。**减厨膳,退而閒居大庭之馆,**○释文云:閒音闲。**斋心服形,**〔注〕心无欲则形自服矣。○释文"斋"作"齐",云:齐音斋,下同。**三月不亲政事。**〔解〕放万机者,非谓都无所行也。事至而应,如四时焉。故曰:"天何言哉?四时行焉,百物生焉。"不劳焦思以邀虚名,不想能于千载,欲垂芳于竹帛耳。但冥冥然应用,不得已而运之。不封崇其身名,不增加其嗜欲,不丰厚其滋味,不放肆于淫声。斋肃其心,退伏其体。三月者,一时也。孔子曰"颜回三月不违仁"是也。择贤才而责成,赏罚无私焉,是不亲政事也。**昼寝而梦,**〔注〕将明至理不可以情求,故寄之于梦。圣人无梦也。**游于华胥氏之国。华胥氏之国在弇州之西,台州之北,**〔注〕不必便有此国也,明至理之必如此耳。淮南云,正西曰弇州,西北曰台州。伯峻案:注引淮南见地形训。○释文云:弇音奄。**不知斯齐国幾千万里;**〔注〕斯,离也。齐,中也。○类聚十一、天中记二三引"斯"并作"距",当是臆改。○释文云:幾,居岂切。**盖非舟车足力之所及,神游而已。**〔注〕舟车足力,形之所资者耳。神道恍惚,不行而至者也。**其国无师长,**○世德堂本"师"作"帅"。○俞樾曰:释文,"帅"或作"师",当从之。周官太宰职"以九两系邦国之民","二曰长以贵得民,三曰师以贤得民",此师长二字之义。其国无师长,见其无贵贱无贤愚也。若作帅长,则止是无贵贱耳,于义转有所不尽矣。卢重玄本正作"师长"。○王重民曰:俞说是也。北宋本及御览七十九又三百九十七引并作"师"。○释文"师"作"帅",云:帅,所类切,或作师。长,丁丈切。帅长,首主也。**自然而已。其民无嗜欲,**○释文云:嗜,常二切。**自然而已。**〔注〕自然者,不资于外也。**不知乐生,不知恶死,故无夭殇;不知亲己,**○释文云:己音纪。**不知疏物,故无爱憎;不知背逆,**○释文云:背音佩。**不知向顺,故无利害:**〔注〕理无生死,故无所乐恶;理无爱憎,故无所亲疏;理无逆顺,故无所利害也。**都无所爱惜,**○王重民曰:惜当作憎,字之误也。上文云不知亲己,不知疏物,故无爱憎,此正承以为说。若作惜,则非其义矣。御览七十九引正作憎。○王叔岷曰:范致虚解,"都无所爱惜,故其心无所知",是所见本"惜"亦作"憎"。**都无所畏忌。入水不溺,入火不热。斫挞无伤痛,**○释文云:斫音酌。挞,打也。**指擿无痟**

痒。〔注〕至和者无物能伤。热溺痛痒实由矜惧,义例详于下章。痟痒,酸痟也;义见周官。○卢文弨曰:注"痟痒"之"痒"衍文。"酸痟"之"痟"当作"削"。伯峻案:周礼天官疾医郑玄注,"痟,酸削也",此卢义所本。○释文云:摘音倜,搔也。痟音消。痒,馀两切。痟痒谓疼痒也。周礼,春时有痟首疾,夏时有痒疥疾。郑玄云:痟,酸削也。说文云:疢,疼痛也。见,贤遍切。○任大椿云:说文有痟字,相邀切,云:酸痟,头痛,从疒,肖声。而无疢字。敬顺释文引说文作疢,云疼痛。今说文亦无此语。考玉篇,疢,先丸切,疼痛。敬顺乃误引玉篇为说文耳。**乘空如履实,寝虚若处床。云雾不硋其视,**○胡怀琛曰:硋,碍也。段玉裁注说文碍字云:列子作硋,是也。○许维遹曰:硋与阂通。○释文云:硋,五盖切。**雷霆不乱其听,**○释文云:霆音廷。**美恶不滑其心,**○王叔岷曰:御览七九引"滑"作"汩"。范致虚解:"刳心无物,美恶不能汩也",是所见本亦作"汩"。"滑""汩"古通。庄子齐物论:"置其滑涽",释文引向秀滑作汩。荀子成相篇:"吏谨将之无铍滑"。注,"滑与汩同",并其比。○释文云:滑音骨。**山谷不踬其步,**○释文云:踬音致。**神行而已。**〔注〕至顺者无物能逆也。〔解〕寄言也。斋心服形,神与道合,则至其大国矣。夫神者,生之主也。既为生主,则役神以养生,养之失理,却成于损也。俗以益嗜欲者为养生,适为丧年之本矣。故君子养于性,小人养于情。养性者,无嗜欲,保自然,不乐生,不恶死,无向背憎爱,无畏忌自然。神行者,神合于道也。非是别有一国、别类之人耳。故曰,仁道不远,行之则至。一言契者,交臂相得焉。**黄帝既寤,**〔注〕亦寄之眠寤耳,圣人无眠觉也。**怡然自得,**○"怡"世德堂本作"悟"。○王重民曰:作"怡"者近是。北宋本、吉府本并作"怡",御览三九七引作"悟"。伯峻案:秦刻卢解本亦作"怡"。作"悟"者,字之误也。○释文云:怡,与之切。**召天老、力牧、太山稽,**〔注〕三人,黄帝相也。○卢文弨曰:"太"藏本作"大"。○释文"太"作"大",云:大音泰。稽音鸡。汉书云:大山稽,黄帝师也。相，息亮切。○任大椿曰：路史前纪，大填为黄帝师，大山稽为黄帝司徒，唐渤海姓大。大山稽世音为泰，误。考广韵十四泰，大字下列复姓曰大狐氏，曰黄邑大夫大心子成，曰秦将军大罗洪，曰大罗氏，曰大庭氏，曰大叔氏。信如路史所云，则广韵大字下不列大山稽于复姓之前，是有遗也。姓氏急就篇大氏，唐渤海大祚荣，又大门艺，宋有大周仁焉，与路史所云渤海姓大，可以互证，而不及大山稽。告之，曰："朕闲居三月，斋心服形，思有以养身治物之道，弗获其术。〔注〕身不可养，物不可治，而精思求之未可得。疲而睡，○释文云：句绝。所梦若此。今知至道不可以情求矣。朕知之矣！朕得之矣！而不能以告若矣。"〔注〕不可以情求，则不能以情告矣。又二十有八年，○"二十有八年"路史后纪五注引作"四十八年"，事文类聚后集二一引作"二十有九年"。○释文云：一本作三十有八年。天下大治，○释文云：治，直吏切。几若华胥氏之国，○释文云：几音祈。而帝登假。〔注〕假当为遐。伯峻案：礼记曲礼下"告丧曰天王登假"，假亦作遐。登假乃帝王死亡之词，犹言升天。○释文云：假音遐。百姓号之，○伯峻案：左宣十二年传"号而出之"，注：号，哭也。○释文云：号，户刀切。二百余年不辍。〔解〕既痟于道也，自不因外物以得之。疲而睡者，冥于理，去嗜欲也。识神归性，不可以情求也。不能以告若者，心澄忘言也。凡以数理天下者，但成其空名。数极则迹见，虚而不能实也。上以虚名责于下，下以虚名应于上，上下相蒙，积虚以为理；欲求纯素，其可得乎？夫道者，神契理合，应物以真。非偏善于小能，不暴怒于小过，如春之布，万物皆生。俗易风移，自然而化；不知所以化，不觉所以成，故百姓思之不知其极也。

列姑射山在海河洲中，〔注〕见山海经。○释文云：射音夜。山海经曰：姑射国在海中，西南环之。从国南水行百里，曰姑射之山。又西南行三百八十里，曰姑射山。郭云：河水所经海上也。言遥望诸姑射山行列在海、河之间也。按西域传,黄河东注蒲昌海,潜行地下,入中国。蒲昌海一名盐泽,在交河郡。见,贤遍切。○秦恩复云:释文所引与今本山海经不同。姑射山,山海经凡两见。东山经云:"卢其之山又南三百八十里曰姑射之山,无草木,多水。又南水行三百,流沙百里,曰北姑射之山。无草木,多石。又南三百里,曰南姑射之山,无草木,多水。"海内北经云:"列姑射在海河洲中。"郭璞注:"山名也。山有神人。河洲在海中,河水所经者,庄子所谓藐姑射之山也。"经又曰:"姑射国在海中,属列姑射,西南山环之。"考东山经之姑射在临汾县,见隋书地理志,即今平阳府西之九孔山。左右前后并无所谓南北姑射者,则东山经之北姑射、南姑射二条当在海内北经西南山环之之下。敬顺所引山海经乃唐时之本,且言诸姑射山行列在海、河之间,解列字之义尤为明据。又云:此章与山海经略同,据此则列子之吸风饮露云云,山海经皆有之,今本之脱落错简,从可知矣。后人因庄子有藐姑射之山汾水之阳之文,遂以为临汾之姑射。毕氏校刊山海经,于海内北经列姑射条下谓姑射在山西,郭注误引庄子。殊不知庄子藐姑射之山有神人云云,与列子之说同其为海中之列姑射无疑。至尧见四子藐姑射之山汾水之阳,乃临汾之姑射山,非列姑射山也。上下文绝不相蒙,遽以景纯为误,其未之深考欤?庄子"列"作"藐"。陆释文引简文云:邈,远也。二山之名混淆已久,恐误后学,故详识于此。**山上有神人焉**,〔注〕凝寂故称神人。○释文云:此章与山海经略同。**吸风饮露**,○释文云:吸,许及切。**不食五谷**;〔注〕既不食谷矣,岂复须吸风饮露哉?盖吐纳之貌,不异于物耳。○释文云:复,扶又切。**心如渊泉**,○释文云:渊字读为深字。**形如处女**;〔注〕尽柔虚之极者,其天姿自粹,非养而不衰也。○释文云:粹音邃。**不偎不爱**,〔注〕偎亦爱也。刍狗万物,恩无所偏。偎音隈偎。○释文云:偎,乌恢切,爱也。不偎不爱,谓或隐或见。山海经曰:北海之隅,其人水居偎爱。隐偎也。字林云,偎,仿佛见不审也。伯峻案:说文:"僾,仿佛也。诗曰:僾而不见。"今诗僾作爱。此爱字亦借为傯,故释文训隐。山海经海内经云"偎人爱人",郭注云:"偎亦爱也",张注本此。**仙圣为之臣;**〔注〕仙,寿考之迹;圣,治世之名。○卢文弨曰:注藏本"仙"下有"者"字,"圣"下亦同。**不畏不怒,愿悫为之使;**〔注〕畏,威也。若此岂有君臣役使之哉? 尊卑长短,各当其分,因此而寄称耳。○释文云:愿音愿。悫,口角切。**不施不惠,而物自足;不聚不敛,而己无愆。**〔注〕愆,蹇乏也。○注"蹇乏"一本作"蹇之",非。○释文云:愆本又作蹇,去言切。**阴阳常调,日月常明,四时常若,**〔注〕若,顺也。**风雨常均,**○释文"均"作"钧",云:钧音均。○任大椿曰:考诗大雅"四鍭既钧",书泰誓"厥罪维钧",左传昭公二十六年"年钧以德,德钧以卜",国语周语"细钧有钟无镈,大钧有镈无钟",战国秦策"钧吾悔也",注,"钧即均",则钧均通。**字育常时,年谷常丰;而土无札伤,人无夭恶,物无疵厉,鬼无灵响焉。**〔注〕天人合德,阴阳顺序,昏明有度,灾害不生,故道合二仪,契均四时。老子曰:"以道莅天下者,其鬼不神。"〔解〕此言神之合道也,故假以方外之中,托以神人之目。不因五谷以为养,吐纳真气以为全。心如澄水,无波浪之能鼓;形如处女,无思虑之所营。喜怒不入其襟,是非不干其用。无求无欲,同天地之不仁;不惠不施,正阴阳之生育。万物所不能挠,鬼神所不能灵。证之真,其功若此也。○释文"响"作"嚮",云:札,侧八切。郑众注周礼云:越人名死为札。左传曰,人不夭札。疵,才移切,病也。厉音例。郑众注周礼云:厉,风气不和之疾也。嚮音响。○任大椿曰:考荀子劝学篇"君子如嚮矣",杨倞注,"嚮与响同,如响应声",则灵嚮犹灵响也。

列子师老商氏,友伯高子;进二子之道,○释文云:进音尽,下同。**乘风而归。**〔注〕庄子云,列子御风而行,泠然善,旬五日而后反。盖神人,御寇称之也。〔解〕夫神之滞于有,则百骸俱碍;神之契乎真,则五根俱通也。有通则无远不鉴,无碍则乘风而行。被羽服以往来,托鳞毛以腾跃者,故为常理也,非谓其尚奇也,而此寓言者也。○注"泠"各本作"冷",误,今从藏本正。○王重民曰:张注引见逍遥游篇,"旬"下有"有"字,盖今本列子注脱之也。御览九引注文有"有"字,当据补。○释文云:泠音零。称,尺证切。**尹生闻之,从列子居,数月不省舍。**○释文云:数,色主切,下同。省,息井切。**因闲请蕲其术者,**○释文云:闲音闲。蕲音祈。**十反而十不告。尹生怼而请辞,**○释文云:怼音坠,怨也。**列子又不命。**○释文作又不与命,云:一本无与字。**尹生退。数月,意不已,又往从之。列子曰:"汝何去来之频?"**○释文"汝"作"女",云:女音汝。**尹生曰:"曩章戴有请于子,**〔注〕章戴,尹生名。○卢文弨曰:注尹生下藏本有"之"字。释文"戴"作"载",云:曩,乃朗切。章载字载则,一本作章戴。**子不我告,固有憾于子。**○释文:憾,胡绀切。**今复脱然,**○释文云:脱,土活切。**是以又来。"列子曰:"曩吾以汝为达,**〔注〕曩,昔也。○王叔岷曰:疑此注当在上文"曩章戴有请于子"下。**今汝之鄙至此乎?**○释文云:乎本又作于。**姬!将告汝**〔注〕姬,居也。○释文云:姬音居。**所学于夫子者矣。**〔解〕昔汝去也,吾将谓汝达吾道;今汝之息憾而来,知汝之鄙陋矣。○解"息憾"本作"怼憾",今依四解本订正。○释文"汝"作"女",云:女音汝。**自吾之事夫子友若人也,**〔注〕夫子谓老商,若人谓伯高。**三年之后,心不敢念是非,口不敢言利害,始得夫子一眄而已。**〔注〕实怀利害而不敢言,此匿怨藏情者也,故眄之而已。〔解〕专一而不离,恭敬以至,求顾吾之形,观吾之行者也。○释文云:眄音麫,斜眹。**五年之后,心庚念是非,口庚言利害,**〔注〕庚当作更。○吉府本"庚"作"更"。○释文云:庚音更,居行切,益也,下同。**夫子始一解颜而笑。**〔注〕是非利害,世间之常理;任心之所念,任口之所言,而无矜吝于胸怀,内外如一,不犹逾于匿而不显哉?欣其一致,聊寄笑焉。〔解〕三年之后,专于定也,顾眄而已;五年之后,越于专,其哂明矣。○北宋本"吝"作"恣","胸"作"脰","犹"作"循",皆非,今正。"匿"世德堂本作"己",亦非。○释文云:匿一本作巳。**七年之后,从心之所念,庚无是非;**○释文云:从音纵,下同。**从口之所言,庚无利害,夫子始一引吾并席而坐。**〔注〕夫心者何?寂然而无意想也;口者何?默然而自吐纳也。若顺心之极,则无是非;任口之理,则无利害。道契师友,同位比肩,故其宜耳。〔解〕审之而后言,欲是非利害无所误也。○释文云:契,苦计切。**九年之后,横心之所念,**○释文云:横去声,下同,纵放也。**横口之所言,亦不知我之是非利害欤,亦不知彼之是非利害欤;亦不知夫子之为我师,若人之为我友:内外进矣。**〔注〕心既无念,口既无违,故能恣其所念,纵其所言。体道穷宗,为世津梁。终日念而非我念,终日言而非我言。若以无念为念,无言为言,未造于极也。所谓无为而无不为者如斯,则彼此之异,于何而求?师资之义,将何所施?故曰内外尽矣。〔解〕都无心,故是非利害不择之而后言,纵横者也。纵心而言,皆合斯道。○释文云:造,七到切。**而后眼如耳,耳如鼻,鼻如口,无不同也。**〔解〕眼、耳、口、鼻不用其所能,各任之而无心,故云无不同也。**心凝形释,骨肉都融;不觉形之所倚,**○释文云:倚,於绮切。**足之所履,随风东西,犹木叶幹壳。**○沈涛曰:戴侗六书故引唐本说文曰,幹湿之幹也。徐本无幹字。涛案:幹古幹湿正字,通假作乾。列子黄帝篇木叶幹壳,张湛注(伯峻案:当作释文)幹音乾,可证。○释文云:幹音乾。壳,口角切。**竟不知风乘我邪?我乘风乎?**〔注〕夫眼、耳、鼻、口,各有攸司。令神凝形废,无待于外,则视听不资眼、耳,臭味不赖鼻、口,故六藏七孔,四肢百节,块然尸居,同为一物,则形奚所倚?足奚所履?我之乘风,风之乘我,孰能辨也?〔解〕神凝者,不动也;形释者,无碍也;骨肉都融者,忘形骸也。形骸忘于所之,神念离于所著,则与风气同之上下也。○卢文弨曰:注"令神凝形废""令"当作"今"。今女居先生之门,曾未浃时,○释文云:曾音层。浃,子协切。而怼憾者再三。女之片体将气所不受,汝之一节将地所不载。〔注〕用其情,有其身,则肌骨不能相容,一体将无所寄?岂二仪之所能覆载。伯峻案:将,且也。履虚乘风,其可幾乎?"○释文云:幾音冀。尹生甚怍,○释文云:怍音昨。屏息良久,○释文云:屏息,屏气似不息也。不敢复言。〔解〕列子所以乘风者,为能忘其身也。老子曰:"吾所以有大患者,为吾有身;及吾无身,吾有何患也?"若其形骸之不忘,则一节之重将地所不能载,何暇乘风而凌虚哉?伯峻案:解引老子"吾有何患也",今本无"也"字。○释文云:复,扶又切。

列子问关尹曰:○释文云:关尹,关令尹喜,字公度,著书九篇。伯峻案:今本关尹子一卷,九篇,南宋陈振孙直斋书录解题疑为孙定(南宋人)依托,四库提要则云"或唐五代间方士解文章者所为也"。"至人潜行不空,〔注〕不空者,实有也。至人动止不以实有为阂者也。郭象曰:其心虚,故能御群实也。○道藏江遹本、宋徽宗本"空"并作"室"。作"室"者是也。但张湛原本作"空",故仍之。○俞樾曰:张注甚为迂曲。释文曰,"空一本作室",当从之。庄子达生篇正作"不窒"。○仲父曰:俞说是也。潜行谓行于水也。说文十一上水部:泳,潜行水中也。哀十七年左传:越子以三军潜涉。韩非子十过篇记智伯伐赵事云,"决晋阳之水以灌之,围晋阳三年。城中巢居而处,悬釜而炊。张孟谈谓赵襄子曰:臣请试潜行而出见韩魏之君",皆其证也。室谓窒息,潜行入水与下入火正相对。○释文云:潜或作渐,亦音潜。空一本作室,塞也。阂音碍。○秦恩复云:易"阒其无人",陆释文:孟作室。虞翻注,空也。空之为室,犹乱之训治也。蹈火不热,行乎万物之上而不慄。〔注〕向秀曰:天下乐推而不厌,非吾之自高,故不慄者也。○释文云:慄音栗。请问何以至于此?"关尹曰:"是纯气之守也,非智巧果敢之列。〔注〕至纯至真,即我之性分,非求之于外。慎而不失,则物所不能害,岂智计勇敢而得冒涉艰危哉?〔解〕言至人潜行积德,非本空虚者也,何如能蹈火不热,登高不慄乎?以明纯气出乎性,守神以合道,则能至于此,故曰至人也;岂智巧果敢所能得耶?○释文云:列音例。**姬!** ○释文云:姬音居。**鱼语女。**〔注〕鱼当作吾。○吴闓生曰:钟鼎古文多以鱼为吾。○释文云:鱼音吾。语,鱼據切。女音汝。**凡有貌像声色者,皆物也。**〔注〕上至圣人,下及昆虫,皆形声之物。以形声相观,则无殊绝者也。**物与物何以相远也?**〔注〕向秀曰:唯无心者独远耳。○释文云:远,于万切。**夫奚足以至乎先?是色而已。**〔注〕向秀曰:同是形色之物耳,未足以相先也。以相先者,唯自然也。〔解〕凡有形者皆物也。物皆是色,亦何后何先耶?而自贵贱物者,情惑之甚也。会忘形守神习静以生慧者,然后能通神明者也。伯峻案:"色"上脱"形"字,当作"是形色而已"。"形色"承上文"貌像声色"而言。注引向秀曰"同是形色之物耳",则向所注庄子本有"形"字。江南古藏本庄子正作"是形色而已",当据正。说本奚侗庄子补注。**则物之造乎不形,而止乎无所化。**〔注〕有既无始,则所造者无形矣;形既无终,则所止者无化矣。造音作。○卢文弨曰:注"造音"下当有"造"字。伯峻案:卢说可商。据释文,张注只作"造音作"。盖张湛与殷敬顺皆不晓音理,故其音有不可信者,不可以深求也。○释文云:造音作,臧祚切,注同。**夫得是而穷之者,焉得而正焉?** 释文云:焉,於虔切。〔注〕寻形声欲穷其终始者,亦焉得至极之所乎?〔解〕忘形守神,造乎不形也;宝真合道者,止乎无所化也。若得此道而穷理尽性者,何得不为正乎?○"而正"本作"为正"。○俞樾曰:"为正"当作"而止",字之误也。止与正形相似。为古文作帀,与而亦相似。襄十四年左传:"射为礼乎",太平御览工艺部引作"射而礼乎";孟子滕文公篇"方里而井",论语颜渊篇正义引作"方里为井",并其证也。庄子达生篇述此文曰,"夫得是而穷之者物焉得而止焉",

可据以订正。○王重民曰:吉府本"为"正作"而"。伯峻案:俞、王两说是也。"为"字今依吉府本正。**彼将处乎不深之度,**〔注〕即形色而不求其终始者,不失自然之正矣。深当作淫。○释文云:深音淫。**而藏乎无端之纪,**〔注〕至理岂有隐藏哉?任而不执,故冥然无迹,端崖不见。○释文云:见,贤遍切。**游乎万物之所终始。**〔注〕乘理而无心者,则常与万物并游,岂得无终始之迹者乎?〔解〕至人者,言无失德也,故不淫其度矣;行无失迹也,故藏乎无端矣;常归其本也,故游万物之终始矣。伯峻案:纪始为韵,古音同为之咍部之上声。**壹其性,养其气,**○释文云:养其气一本作真其气。**含其德,以通乎物之所造。**〔注〕气壹德纯者,岂但自通而已哉?物之所至,皆使无阂,然后通济群生焉。造音操。〔解〕性不杂乱,唯真与天地合其德而通于万物之性命。○卢文弨曰:张注末"音操"下藏本有"有"字。○释文云:造,七到切,至也。**夫若是者,其天守全,其神无郤,**○"郤"释文作"郄",云,郄音绤,闲也。○俞樾曰:释文"闲也",闲乃间字之误,谓间隙也。郄与隙通。庄子知北游篇"若白驹之过郄",释文曰,"郄本作隙",是也。故郄有间隙之义。礼记曲礼篇"相见于郄地曰会",郑注曰:"郄,间也";庄子养生主篇"批大郄",德充符篇"使日夜无郄",释文引崔李云,"郄,间也",并可为证。**物奚自入焉?**〔注〕自然之分不亏,则形神全一,忧患奚由而入也?〔解〕宝道则性全,去情则无郄无朕无迹也,外物何从而入焉?**夫醉者之坠于车也,**○释文"坠"作"队",云:队音坠。**虽疾不死。骨节与人同,而犯害与人异,其神全也。乘亦弗知也,坠亦弗知也。**〔注〕此借粗以明至理之必然也。○释文云:乘,食陵切。**死生惊惧不入乎其胸,是故遻物而不慴。**〔注〕向秀曰:遇而不恐也。○"遻"秦刻卢解本作"忤"。○秦恩复曰:"遻""忤"古字通。○释文云:遻音忤,遇也。一本作遌,心不欲见而见曰遌,于义颇迂。庄子亦作遌。

憎,之涉切。**彼得全于酒而犹若是**,〔注〕向秀曰:醉故失其所知耳,非自然无心也。**而况得全于天乎?**〔注〕向秀曰:得全于天者,自然无心,委顺至理也。**圣人藏于天,故物莫之能伤也。**"〔注〕郭象曰:不阘性分之外,故曰藏也。〔解〕夫醉人者,神非合于道也,但为酒所全者,忧惧不入于天府,死生不伤其形神。若得全于神者,故物不能伤也。○释文云:阘,去随切。

列御寇为伯昏无人射,○释文無作无,云:为,于伪切。无,莫侯切,下并同。**引之盈贯**,〔注〕尽弦穷镝。○释文云:镝音的。**措杯水其肘上**,〔注〕手停审故,杯水不倾。○注"故"四解本作"固",误。○释文云:杯,必回切。肘,竹九切。**发之,镝矢复沓**,〔注〕郭象曰:矢去也。箭镝去复往沓。○释文"镝"作"摘",云:摘音的,本作镝。复,扶又切。沓音踏。**方矢复寓。**〔注〕郭象曰:箭方去,未至的,以复寄杯于肘,言敏捷之妙也。○奚侗曰:说文:镝,矢锋也。小尔雅:沓,合也。楚辞天问"天何所沓",王逸注:"沓,合也。"诗秦风:"方何为期。"郑笺,"方今以何时为还期乎",是方有今义。发之镝矢复沓,言已发者,镝与矢复相连合。方矢犹今矢,是引而未发之矢。对已发者言,则未发者为今矢;若以先后言,则今矢又为后矢。方矢复寓,言后矢又寓于弦也。仲尼篇"善射能令后镞中前括,发发相及,矢矢相属。前矢造准而无绝落,后矢之括犹衔弦,视之若一焉",正可迻释此文。○释文云寓音遇。捷,疾葉切。**当是时也,犹象人也。**〔解〕引满而置水于其肘上,发一箭复沓一箭,犹如泥木象人也。志审神定,形不动,以致于此也。○释文云:木偶人形曰象人。**伯昏无人曰:"是射之射**,〔注〕虽尽射之理,而不能不以矜物也。**非不射之射也。**〔注〕忘其能否,虽不射而同乎射也。**当与汝登高山,履危石,临百仞之渊,若能射乎?**"〔注〕内有所畏惧,则失其射矣。〔解〕恃其能而安其形审其当耳,非谓忘形遗物而以神运者也。伯峻案:当即傥,若也,如也。韩非子人主篇,"当使虎豹失其爪牙,则人必制之矣",当即傥也,可证。**于是无人遂登高山,履危石,临百仞之渊,背逡巡,足二分垂在外,**○释文云:逡,七旬切。二分垂谓足二分悬垂在外。**揖御寇而进之。御寇伏地,汗流至踵。**〔解〕登高履危而惧若此者,忧其身,惜其生也。曾不知有其形者,适足以伤其生;忘其形者,适所以成其生。御寇但善于射者,非合于道也。若忘形全神无累于天下者,乃不射之射也。○释文云:踵音肿。

伯昏无人曰:"夫至人者,上闚青天,下潜黄泉,挥斥八极,○释文云:斥音尺。郭象云:挥斥犹放纵也。又曰:挥斥,奋迅也。**神气不变。**〔注〕郭象曰:挥斥犹纵放也。夫德充于内,则神满于外,无远近幽深,所在皆明,故审安危之机而泊然自得也。○注"曰"字汪本作"云",今从北宋本、藏本订正。**今汝怵然有恂目之志,**○秦恩复曰:恂当作眴。○释文云:怵,丑律切。恂音荀。何承天纂要云:吴人呼瞚目为恂目。**尔于中也殆矣夫!"**〔注〕郭象曰:不能明至分,故有惧而所丧者多矣,岂唯射乎?〔解〕夫至道之人自得于天地之间,神气独主,忧乐不能入也。今汝尚恐惧之若此,岂近乎道者耶?汝于是终始初习耳,未能得其妙也。○奚侗曰:志即识字,谓标识也。犹言表著于外。中读如字,谓心中也。礼文王世子礼乐交错于中,郑注:中,心中也。○王叔岷曰:张注引郭象文,庄子田子方篇注叠"有惧"二字,当从之。此文挩"有惧"二字,文意不完。○释文云:中,丁仲切。殆矣夫一本作始矣夫。

范氏有子曰子华,善养私名,〔注〕游侠之徒也。○文选陆士衡拟古诗注引"范氏"上有"晋"字。○许维遹曰:名疑为客之坏字。注"游侠之徒也",则原文本作客明矣。又下文"子华使其侠客",正承此而言。**举国服之;有宠于晋君,不仕而居三卿之右。目所偏视,晋国爵**

之;口所偏肥,〔注〕音鄙。**晋国黜之。**〔注〕肥,薄也。○卢文弨曰:注"音鄙,肥,薄也。"疑本是"音鄙薄",肥字乃衍文。○段玉裁曰:古肥与非通。口所偏肥,犹云口所偏非耳。○洪颐煊曰:汉书叙传"安滔滔而不萉兮",邓展曰:"萉,避也。"肥又通作腓字。诗采薇"小人所腓",毛传:"腓,避也。"口所偏避,谓不齿之人。○释文云:肥,皮美切。按说文字林并作胱,又作圮,皆毁也。字从其省。○秦恩复曰:说文无胱字,当作脆,俗作脆。圮当作肥,故释文云字从其省。多肉之肥字古作朋,从卪,不从色。○俞樾曰:说文无胱字。户部:胱,嘶也。嘶与毁义近是。胱为胱之误。张注曰:"音鄙,肥,薄也",疑本作"肥音鄙,薄也。"盖谓读如鄙薄之鄙耳。胱字孙愐音符鄙切,与张读正合。胱省作肥,故释文曰字从其省。秦氏恩复校刻卢重玄本以胱为脆字之误。夫脆何得训毁,于义难通。盖误读张注作肥薄也,故为此说。今正其字为胱,其义为毁,其音为鄙,则皆得之矣。秦说非也。**游其庭者侔于朝。**○释文云:侔音谋,齐也。朝音潮。**子华使其侠客以智鄙相攻,强弱相凌。**○释文云:相凌一本作相击。**虽伤破于前,不用介意。**○释文云:介音界,副也,称也。**终日夜以此为戏乐,国殆成俗。**〔解〕偏视者,顾眄之深也;偏肥者,毁谤之厚也。士因其谈以为荣辱,故游其门者比于晋朝。而子华使令门客恣其言辩,无所回避;人相毁辱,殆成风俗。**禾生、子伯,范氏之上客,出行,经坰外,**〔注〕坰,郊野之外也。○释文云:坰,古萤切。**宿于田更商丘开之舍。**〔注〕更当作叟。○释文"更"作"叟",云:叟,西口切。○秦恩复曰:三老五更,老人之通称,作更于义亦通。○任大椿曰:考文王世子"三老五更",注,"更当为叟"。文王世子释文"更,工衡反,注同。蔡作叟,音素口反。"田更之作田叟,与五更之作五叟同。○王重民曰:蔡说见独断,且谓俗书嫂作㛮,证更与叟互通。蔡氏五更之说姑俱不论,而张湛所见已作更,则释文作叟者乃后人所改。御览三百四十引亦作叟。**中夜,禾生、子伯二人相与言子华之名势,能使存**

者亡,亡者存;富者贫,贫者富。〔解〕存者亡,毁之也;亡者存,誉之也。富者贫,夺之也;贫者富,施之也。而商丘开下里不达,将谓圣力所成之也。**商丘开先窘于饥寒,**○释文云:先,悉荐切。窘,奇陨切,困也。**潜于牖北听之。**○俞樾曰:牖北即室中矣。禾生子伯宿于田更商丘开之舍,必当在其室中,商丘开安得更于牖北听之?牖北疑当作北牖,所谓向也。诗七月篇毛传曰:"向,北出牖也",是也。二子在室中,商丘开于北牖外听之,正合事理。古者士庶人之室皆有北牖,说详群经平议。**因假粮荷畚之子华之门。**○释文云:荷,胡可切。畚音本,蕢笼也。**子华之门徒皆世族也,缟衣乘轩,缓步阔视。**○释文云:阔,苦括切,远也,广也。**顾见商丘开年老力弱,面目黎黑,衣冠不检,莫不眲之。**〔注〕眲音奴革。伯峻案:吴闿生谓"眲,盖目讶之也,耳而目之之义",盖就字形为义。中华大字典谓"眲,轻视也",盖就文义为义。○释文云:眲,奴革切。方言:扬越之间,凡人相轻侮以为无知谓眲。眲,耳目不相信也。**既而狎侮欺诒,**○王重民曰:御览四百三十引"诒"作"给"。案说文"诒,相欺语也。""给,丝劳也。"诒本字,后人多以给代之。仲尼篇"吾笑龙之诒孔穿",此并古字之仅存者。○释文云:诒音待。方言:相欺。本作给。**攩㧙挨抌,**〔注〕攩音晃。㧙音扶闭。挨音乌待。抌音都感切。○释文云:攩,胡广切。方言,今江东人亦名推为攩。又音晃,搥打也。㧙,蒲结切。方言,凡相推搏曰㧙。又扶毕切,推击也。挨,乌骇切,推也。抌,丁感切。方言,击背也。一本作抗,违拒也。**亡所不为。**○释文云:亡音无。**商丘开常无愠容,**○释文云:愠,於问切。**而诸客之技单,**○释文云:技,渠奇切。单音丹,尽也。**怠于戏笑。**〔解〕抚弄轻忽之极者也。狎侮者,轻近之也;欺诒者,狂妄之也。攩者,触拨之也;㧙者,拗揽之也;挨者,耻辱之也;抌者,违拒之也。○释文云:怠,蒲界切,疲也。**遂与商丘开俱乘高台,**○释文"俱乘"作"俱升",云:俱升一本作俱乘。乘,登也。○任大椿曰:汉书张汤传"乃遣山乘鄠",师古曰:"乘,登也。"陈汤传"乘城呼",师古曰:"乘,登也。"贡禹传"乘北边亭塞候望",师古曰:"乘,登也。"与敬顺乘训登同。又考释名,"乘,升也。"荀子大略篇"呕其乘屋",杨倞注乘亦训升。故"升高台",升又作乘。**于众中漫言曰:**○释文云:漫,莫汗切,散也。**"有能自投下者赏百金。"**释文"赏"作"偿",云:偿音赏。**众皆竞应。**〔解〕以愚侮之,众故伪争应命耳。**商丘开以为信然,遂先投下,形若飞鸟,扬于地,**○释文云:飞鸟一本作飞凫。扬,馀亮切,犹飏物从风也。**骩骨无磷。**○释文"骩"作"骫",云:骫音肌。按骩是古委字。说文云:骨曲直也,于义颇迂。磷音毁。○任大椿曰:骩即委。广雅"骩,委曲也。"史记司马相如传"崔错癹(音校)骩",驺案,骩音委。汉书扬雄传"从者仿佛骩属而还",师古曰:"骩古委字也。"文选舞赋"漫末世之骩曲",李善注,即委曲。骩无肌音。玉篇,肌,渠留切,熟肉酱也。与骩音义不同,骩不得音肌也。玉篇又有骫字,胡玩切,引说文云,掻生创也。又有骫字,亦音委。皆与骩音义不同。未知释文骩之音肌,肌字究为何字之误。至今本骩作骫。伯峻案:正韵云音鸡,篇海云同肌,骩骨即肌骨。**范氏之党以为偶然,未讵怪也。**○释文"讵"作"巨",云:偶,五口切。巨,大也。一本作讵。○任大椿曰:汉书高帝纪"沛公不先破关中,公巨能入乎",师古训巨为讵。庄子齐物论释文,"庸讵,徐本讵作巨",则讵巨通,与敬顺释文讵之作巨,可以互证。**因复指河曲之淫隈曰:**○释文云:复,扶又切。淫音深。隈,乌恢切,水曲也,一本作隅。**"彼中有宝珠,泳可得也。"**○释文云:泳音咏,潜行水中也。**商丘开复从而泳之。**〔注〕水底潜行曰泳。○释文云:底,都礼切。**既出,果得珠焉。众昉同疑。**〔注〕昉,始也。○释文云:昉,分两切,或作放。○俞樾曰:古字放与方通。尚书尧典篇"方命圮族",汉书傅喜传王商传并作"放命圮族",是其证也。广雅释诂:方,始也。然则昉者俗字,放者叚字,实即方始之方耳。**子华昉令豫肉食衣帛之次。俄而范氏之藏大火。**〇王重民曰:御览四百三十引大火作失火。**子华曰:"若能入火取锦者,从所得多少赏若。"商丘开往无难色,**〇释文云:难,乃汗切。**入火往还,埃不漫,**〇释文云:为句。埃一本作焌。**身不焦。范氏之党以为有道,乃共谢之曰:"吾不知子之有道而诞子,**〔注〕诞,欺也。**吾不知子之神人而辱子。**〇御览四三〇引作"吾不知子之有道而绐子,吾不知子之有神而辱子"。**子其愚我也,子其聋我也,子其盲我也。敢问其道。"**〔解〕从台而下若飞焉,入水取珠若陆焉,入火往来无所伤焉,子华门人咸以为神而有道。此见欺怒而不愠者,必以我等聋盲之辈。敢问其道。**商丘开曰:"吾亡道。**〇释文云:亡音无。**虽吾之心,亦不知所以。**〇御览四三〇引"不知"下有"其"字。**虽然,有一于此,试与子言之。曩子二客之宿吾舍也,闻誉范氏之势,**〇释文云:誉音馀。**能使存者亡,亡者存;富者贫,贫者富。吾诚之无二心,**〇卢文弨曰:"诚之"太平御览四百三十作"诚信"。〇俞樾曰:尔雅释诂:"诚,信也。"吾诚之即吾信之也。下文"唯恐诚之之不至",即唯恐信之之不至也。**故不远而来。及来,以子党之言皆实也,唯恐诚之之不至,**〇卢文弨曰:御览引不重之字,下同。伯峻案:引见御览四百三十卷。**行之之不及,**〇释文作"唯恐诚之之不至,至之之不行,行之之不及";云:一本无至之之不行一句。**不知形体之所措,利害之所存也。心一而已。物亡迕者,如斯而已。**〇王重民曰:吉府本无上"已"字。御览四百三十引"而已"作"已矣"。**今昉知子党之诞我,我内藏猜虑,外矜观听,追幸昔日之不焦溺也,怛然内热,惕然震悸矣。**〇释文云:怛,丁达切,惊也。**水火岂复可近哉？**"〔解〕老子曰"大智若愚"者,似之而非也。但一志无他虑,能顿忘其形骸者,则死生忧惧不能入,况泯然与道合,宝神以会真,智周于宇宙,功备群有者,复何得一二论之耶？及是非生于心,则水火不可近之也。○释文云:近,去声。**自此之后,范氏门徒路遇乞儿马医,弗敢辱也,必下车而揖之。宰我闻之,以告仲尼。仲尼曰:"汝弗知乎？夫至信之人,可以感物也。动天地,感鬼神,横六合,而无逆者,岂但履危险,入水火而已哉？** ○释文云:险音崄。**商丘开信伪物犹不逆,况彼我皆诚哉？小子识之！**"〔解〕乞儿马医皆下人也,遇之不敢轻。夫子言其至信之感理尽矣。○释文云:识音志。

周宣王之牧正有役人梁鸯者, ○释文云:宣王名靖,厉王子也。牧正,养禽兽之长也。鸯音央。**能养野禽兽,委食于园庭之内,** ○释文云:委,於伪切。食音嗣,下食虎同。**虽虎狼雕鹗之类,无不柔驯者。** ○"柔"下原无"驯"字,藏本、世德堂本有,今据补。御览九百二十六引无"驯"字。○释文云:雕鹗音彫锷。驯,松伦切,顺也。一本无驯字。**雄雌在前,孳尾成群,** ○释文云:孳音兹,又音字。孳尾,牝牡相生也。乳化曰孳,交接曰尾。**异类杂居,不相搏噬也。** ○释文云:搏噬音博逝。**王虑其术终于其身,令毛丘园传之。** ○释文"传之"作"传受之",云:毛丘园,姓毛,名丘园也。一本作圂,鱼吕切。一本无受字。**梁鸯曰:"鸯,贱役也,何术以告尔？惧王之谓隐于尔也,且一言我养虎之法。凡顺之则喜,逆之则怒,此有血气者之性也。然喜怒岂妄发哉？皆逆之所犯也。夫食虎者,不敢以生物与之,为其杀之之怒也;** 〔注〕恐因杀以致怒。○王叔岷曰:北山录异学篇引"之怒"作"而怒",下同。御览八九一、记纂渊海九八引并作"恐怒",下同。○释文云:为,于伪切,下同。**不敢以全物与之,为其碎之之怒也。**〔注〕恐因其用力致怒。○释文云:碎之一本作决之。○王叔岷曰:事类赋二十兽部一、记纂渊海九八、天中记六十引并作"决之"。庄子人间世篇同。**时其饥饱,达其怒心。**〔注〕向秀曰:达其心之所以怒而顺之也。○王叔岷曰:淮南主术篇"怒心"作"怒恚"。"怒恚"与"饥饱"对言,当从之。"心"盖"恚"之坏字。**虎之与人异类,而媚养己者,顺也;**〔注〕殊性而爱媚我,顺之故也。**故其杀之,逆也。**〔注〕所以害物,逆其心故。○卢文弨曰:藏本注"害物"下有"而"字,疑当作"由"。注末有"也"字。○王重民曰:庄子人间世之作杀者,当从之。故犹则也,说见经传释词。此谓虎虽与人异类,其媚养己者,由于能顺其性;则其所以嗜杀者,由于逆其性也。○王叔岷曰:疑此文本作"故其杀之者逆也"。今本此文挩"者"字,庄子挩"之"字,文意并不完。伯峻案:王说是也,张注即是此意,则张所见本尚未误。**然则吾岂敢逆之使怒哉?亦不顺之使喜也。夫喜之复也必怒,怒之复也常喜,皆不中也。**〔注〕不处中和,势极则反,必然之数。○王叔岷曰:埤雅三引"夫"作"何则"。疑"夫"上原有"何则"二字。埤雅或略引夫字也。**今吾心无逆顺者也,则鸟兽之视吾,犹其侪也。**○释文云:侪,助皆切。**故游吾园者,不思高林旷泽;**○释文"旷泽"作"广泽",云:广本又作旷。○任大椿曰:左传庄二十八年传"广莫",注云:"旷莫之地。"荀子解蔽篇,"则广焉能克之",杨倞注:"广读为旷。"王霸篇"胡不广焉",杨倞注云:"或曰读为旷。"汉书武五子传"横术何广广兮",苏林曰:"广音旷。"则广旷通。**寝吾庭者,不愿深山幽谷,理使然也。"**〔注〕圣人所以陶运群生,使各得其性,亦犹役人之能将养禽兽,使不相残害也。〔解〕夫形质各有殊,神气则不异也。故庄子云,视其异也,则肝胆楚越;视其同也,则万物一体矣。至人以神会之也,入鸟不乱行,入兽不乱群者,逆顺同志而不迕;故猛兽可养,海鸥可狎也。夫禽兽之入深山幽谷者,欲全其身,远人害也。苟无其虞,则园庭之与山林,夫何异哉?

颜回问乎仲尼曰:"吾尝济乎觞深之渊矣,津人操舟若神。○孙诒让曰:说文水部云:"津,水渡也。"津人盖掌渡之吏士。左传昭二十四年:"王子朝用成周之宝珪于河,甲戌,津人得诸河上。"刘向列女传辩通篇"赵津女娟者,赵河津吏之女。"○释文云:操,七刀切,下同。**吾问焉,曰:'操舟可学邪?'曰:'可;能游者可教也,**○释文云:浮水曰游。**善游者数能。**〔注〕向秀曰:其数自能也,言其道数必能不惧舟也。○释文"不惧舟"作"擢舟",云:数,色据切,术也,注同。擢,直孝切,一本作惧,恐字误。伯峻按:本作"擢舟","擢"误成"惧",妄人又增"不"字也。敬顺所见已有误为"惧"者,但尚未增"不"字耳。**乃若夫没人,则未尝见舟而谡操之者也。'**〔注〕谡,起也。向秀曰:能鹜没之人也。○注"鹜"北宋本作"矜",汪本从之,今依藏本正。又四解本注末有"鹜音木"三字。曾广源曰:楚语通谓愚孏曰伮头伮脑,犹北人谓傻头傻脑也。楚亦谓伮曰谡,列子未见舟而谡操之,谡即傻也。○释文云:谡,所六切,庄子作便。鹜音木,鸭也。一本作矜,字误。**吾问焉,而不告。敢问何谓也?"**〔解〕善操舟者,能学之也;善游浮者,串习之也;至乎没人未尝见舟而得者,斯乃神会,彼不能达。**仲尼曰:"譩!**○释文云:譩音衣,与噫同,叹声也。○胡怀琛曰:譩即噫字。**吾与若玩其文也久矣,**○释文云:玩,五贯切,习也。**而未达其实,而固且道与。**〔注〕见操舟之可学,则是玩其文;未悟没者之自能,则是未至其实;今且为汝说之也。○陶鸿庆曰:张注"操舟之可学"云云殊谬。仲尼之意,言吾与汝但玩习道理之文,而未尝取验于事实,固不足以知道也。下文"壶子曰,吾与汝无(俞氏以无为毌字之误毌即贯习字)其文未既其实而固得道与"注引向秀曰,"夫实由文显,道以事彰"云云,正得其旨。疑此文且亦当作得,古文导字坏其下半,遂误为且矣。○释文云:与音余。为,于伪切。**能游者可教也,轻水也;善游者之数能也,忘水也。**〔注〕忘水则无矜畏之心。○卢文弨曰:注藏本作"忘水者则无矜畏之心也。"○陶鸿庆曰:"能游者"下亦当有"之"字。**乃若夫没人之未尝见舟也而谡操之也,彼视渊若陵,视舟之覆犹其车却也。覆却万物方陈乎前而不得入其舍。**〔注〕神明所居故谓之舍。○卢文弨曰:注藏本作"神明所居者故谓之舍也。"○俞樾曰:方,并也。方之本义为两舟相并,故方有并义。荀子致仕篇:"莫不明通方起以尚尽矣",杨注曰:"方起,并起。"汉书扬雄传"虽方征侨与偓佺兮",师古注曰:"方谓并行也。"皆其证也。方陈乎前谓万物并陈乎前也。○奚侗曰:俞说非是。易恒卦"君子以立不易方。"王注:"方犹道也。"覆却承上舟车言,覆却万方谓舟车覆却之道甚多也。列子黄帝篇衍"物"字,庄子不衍。**恶往而不暇?**〔注〕所遇皆闲暇也。○释文云:恶音乌。闲音闲。**以瓦抠者巧,**○释文云:抠,探也,以手藏物探而取之曰抠,亦曰藏彄。风土记云:腊日饮祭之后,叟姁儿童为彄之戏。辛氏三秦记:汉钩弋夫人手拳,时人效之,因名为藏钩也。彄,口侯切,庄子作抠。○秦恩复曰:今本庄子抠作注。**以钩抠者惮,**○释文云:钩,银铜为之。惮,待汗切。**以黄金抠者惛。**〔注〕互有所投曰抠。郭象曰:所要愈重,则其心愈矜也。○注"曰"世德堂本作"者",非,今从藏本。○沈赤然曰:庄子达生篇袭用此语,而改"抠"为"注"。按投曰抠,射而赌物曰注。伯峻案:吾师吴检斋先生云:庄子作"注",吕氏作"投",淮南作"鉒",声大同,盖博戏胜算之名。淮南注云:鉒者提马,即投壶为胜者立马之马。今方俗谓博进之算为注马,其遗语也。列子作抠,则以为藏彄字,别有意义。○释文"惛"作"殙",云:殙音昏。方言曰:迷,殙也。要,於遥切。愈音庾,益也。**巧一也,**○许维遹曰:巧上疑拕其字。庄子达生篇作"其巧一也",吕氏春秋去尤篇作"其祥一也",并有"其"字可证。**而有**

所矜,则重外也。凡重外者拙内。"〔注〕唯忘内外,遗轻重,则无巧拙矣。〔解〕见操舟可学者,玩其文也。若会其真者,彼则视水如陵,覆溺不入其灵府矣,何往而不闲暇哉?以瓦投物者,但见其巧中而不惮于失瓦也;若以钩投物,则不专于巧中,更恐失钩之拙也;若以黄金为投者,不敢祈中,惟惧失金之损矣。是知向时之妙忘于外物,今时之惧惜于外物也。代人知矜外之两失,而贪物以丧其生。○"拙"北宋本作"撰",汪本从之;他本作"拱"。卢文弨曰:"拱"藏本作"拙",是也。今从之。庄子亦作"拙"。"拱""拙"形近,故致误。○释文"拙"作"拱",云:拱本作拙。

孔子观于吕梁,○庄逵吉曰:吕梁有两说,一说在西河。司马彪曰:吕梁在离石县西是也。水经注云:河水左合一水,出善无县故城西南八十里,其水西流,历于吕梁之山,而为吕梁洪。昔吕梁未辟,河出孟门之上。盖大禹所辟以通河也。今离石县西历山寻河,并无过岨,至是乃为巨险,即吕梁矣。在离石北以东百有馀里。(伯峻注:水经注原文止此,因系节引,故不加引号。以东百有馀里,原文作以东可二百有馀里,当系偶误。)道元虽驳正郡国志,然亦主西河之说矣。一说在彭城。○俞正燮曰:说符篇云:"孔子自卫反鲁,息驾河梁而观焉",实是一事。庄子达生篇河梁即孔子所观。释文引司马彪云:"河水有石绝处也,今西河离石西有此悬绝,世谓之黄梁。"吕氏春秋爱类篇:"吕梁未发",高诱云:"在彭城吕县,大石在水中,禹发而通之。"淮南本经训"吕梁未发",注亦云:"在彭城",按四书所说是两吕梁,庄列之文合在彭城,吕氏淮南吕梁确在离石,古注乃互错。水经注于泗水引孔子事,河水引吕文及司马说,真为通矣。庄子释文云,"北人名水皆曰河",则泗得有河名。汉书沟洫志云:禹酾二渠,后三代时自荥阳下引河东南为鸿沟,以通宋、卫、陈、蔡、曹、郑,与济、汝、淮、泗会(于楚)。泗梁正得名河梁。宋刘奉世校汉书以为误,妄矣。或谓泗吕梁始于唐,读史方舆纪要言晋宋已有之,语俱不审。○释文云:吕梁在今彭城郡。尔雅曰:石绝水曰梁。**悬水三十仞,**○文选谢灵运还旧园作见颜范二中书诗注引"三十"作"四十"。说苑杂言篇同。

流沫三十里,鼋鼍鱼鳖之所不能游也,见一丈夫游之。以为有苦而欲死者也,使弟子并流而承之。○释文云:并音傍。史记汉书傍海傍河皆作并。承音拯,方言:出溺为承。诸家直作拯,又作撜。数百步而出,被发行歌,而游于棠行。〔注〕棠当作塘,行当作下。○四解本"棠行"作"塘下",当是依注意改。○释文云:棠音塘,下同。孔子从而问之,曰:"吕梁悬水三十仞,流沫三十里,鼋鼍鱼鳖所不能游。向吾见子道之,〔注〕道当为蹈。○四解本作"蹈",亦是依张注之意而改。○释文云:道音导,下道之同。郭璞注穆天子传云,道,从也。伯峻案:道当从注改为蹈,下文请问蹈水有道乎作蹈,可证。释文读为导,虽可通,终不逮张注为近之。以为有苦而欲死者,使弟子并流将承子。○释文云:承音拯。子出而被发行歌,吾以子为鬼也。察子,则人也。请问蹈水有道乎?"曰:"亡,○释文云:亡音无,本无此亡字。吾无道。吾始乎故,长乎性,成乎命,与齌俱入,与汨偕出。〔注〕齌汨者,水回入涌出之貌。○释文"齌"作"齐",云:司马云,齐,洄水如磨齐也。汨,古忽切,涌波也。郭象云:洄伏而涌出者汨也。○任大椿曰:注曰,齌汨,洄入涌出之貌,即司马所云齐洄水如磨齐者也。说文齌,肶齌。玉篇,脐又作齌。今本齌字当为齌字之误。又洄水洄伏庄子达生篇释文作回水回伏。盖回,转也,洄,逆流也。说文、玉篇、广韵、类篇训此二字皆分二义,故荀子致士篇"水深则回",杨倞注,"回,流旋。水深不湍峻,则多旋流也"。淮南子本经训"旋流回波",又云,"曲拂遭回以象湡浯。"凡水之回旋皆作回,若溯洄之洄则作洄。文选吴都赋"溯洄顺流",江赋"溯洄沿流",李善注引毛传"逆流而上谓之洄"。水经注"杨仪居上洄,杨颙居下洄",水以洄名而分上下,则亦有逆流而上之意。后汉书任延传"十里立一水门,令更相洄"。注李贤引尔雅逆流而上为洄。故洄与回义各异也。但考尔雅释水释文"回,户恢反,又作洄。"文选七发"直使人洄闇凄怆焉",李善注,"洄与回同"。则回洄又为通借之字。故庄子释文作回,列子释文又作洄也。**从水之道而不为私焉,此吾所以道之也。"孔子曰:"何谓始乎故,长乎性,成乎命也?"曰:"吾生于陵而安于陵,故也;**〔注〕故犹素也。任其真素,则所遇而安也。**长于水而安于水,性也;**〔注〕顺性之理,则物莫之逆也。**不知吾所以然而然,命也。"**〔注〕自然之理不可以智知;知其不可知,谓之命也。〔解〕夫生于陵而安于陵,生于水而安于水,习以为常,故曰始乎故也,长乎性也。习其故,安其性,忽然神会,以成其命,得之不自知。故易曰,"穷理尽性以至于命。"命者,契乎神道也。

仲尼适楚,出于林中,见痀偻者承蜩,○"偻"世德堂本作"慺",或作"瘘"。○任大椿曰:说文,"偻或言背偻。"通俗文,"曲脊谓之伛偻。"淮南子精神训"子求行年五十有四而病伛偻",杨倞注,"偻脊也"。地形训,"其人面末偻",杨倞注:"末犹脊也。"凡训曲脊者皆作偻。玉篇:慺,谨敬也,不轻化,下情也。无曲脊之义。今本偻作慺,误。伯峻案:任误高诱注为杨倞注。○释文"承蜩"作"承鼂",云:痀,於禹切。偻音缕。痀偻,背曲疾也。鼂音条,一本作蜩,蝉也。○任大椿曰:广韵,鼂,直遥切;又涉遥切。条,徒聊切。鼂无条音。楚辞天问"胡惟嗜不同而快鼂饱",注:鼂一作晁,一作朝。补曰:鼂晁并音朝暮之朝。天问又曰:"会鼂争盟。"一作会晁,诗云,"会朝清明。"史记秦纪"庶长鼂",正义曰:鼂,竹遥反。刘伯庄音潮。鼂错传,鼂音朝,谓子鼂之后。汉书"鼂采琬琰",师古曰:"鼂,古朝光也"。据此诸证,则鼂惟得与晁朝潮通读。敬顺释文谓鼂音条,未详所出。庄子作承蜩,此作承鼂,则鼂亦蜩也,但不必改读耳。考说文云:"鼂,匽鼂也,读若朝。扬雄说,匽鼂,虫名。"又考夏小正"五月唐蜩鸣",卢辩注:"唐蜩者,匽也。"陆玑草木虫鱼疏"蟧,蝉之大而黑者,一名螅。"埤雅云,"蟧一名螅,夏小正曰蟧蜩者,螅是也。"然则说文之匽鼂,即夏小正一名匽者也。匽即螅也。盖鼋之属,锐头大腹。蝉亦锐头大腹,故匽鼂之鼂从鼋也,与蝇龜鼃从鼋同意。是承鼂即承蜩,不必改读也。**犹掇之也。**○释文云:掇,都括切,拾取也。**仲尼曰:"子巧乎!有道邪?"曰:"我有道也。五六月,累垸二而不坠,则失者锱铢,**〔注〕向秀曰:累二丸而不坠,是用手之停审也,故承蜩所失者不过锱铢之间耳。○释文"累"作"㮂",云:㮂古累字。垸音丸。司马云,谓累丸于竿头也。锱铢音淄殊。蜩音调。**累三而不坠,则失者十一;累五而不坠,犹掇之也。**〔注〕用手转审,则无所失者也。**吾处也,**○许维遹曰:"处"下挩"身"字。"吾处身"与下文"吾执臂"对言。释文有"身"字,庄子达生篇亦有"身"字,可据补。○释文"吾处也"作"吾处身也",云:一本无身字。伯峻案:释文"一本无身字"有作"一本作无身也"者,今据正。**若橛株驹;**〔注〕崔譔曰:橛株驹,断树也。○释文"橛株驹"作"厥株驹",云:厥本或作橜,同其月切。说文作橜,木本也。李颐云:厥,竖也。株驹亦枯树本也。驹音俱。崔譔,譔音佺,清河人也,晋议郎,注南华真经内外二十七篇。○任大椿曰:今本作橛,厥橛通。荀子大略篇"和之璧,井里之厥也",新校本读厥为橛,言璧贱如橛也。与敬顺释文橛之作厥可以互证。又考吕览本生篇"怡蹶之机",注,"蹶机,门内之位也。诗云,不远伊尔,薄送我幾,此不过蹶之谓"。是怡蹶之蹶即门阃之橛。橛与厥通,又与蹶通也。又株驹,庄子达生篇作株拘。释文引李云,"厥,竖也。竖若株拘"。考易林"蒙生株瞿,棘挂我须。"云蒙生,云棘,则亦林木之类。株驹、株拘、株瞿,皆一音相转也。又考山海经"下有九拘",注,"根盘错也。淮南子曰,大本则根擢。音劬。"则驹、拘、瞿、枸、擢,皆有木本盘错之义。**吾执臂若槁木之枝。**○王叔岷曰:"执臂"下当有"也"字,乃与上文句法一律。庄子达生篇正有"也"字。○释文云:槁,空好切。**虽天地之大、**○北宋本无"虽"字。**万物之多,而唯蜩翼之知。吾不反不侧,不以万物易蜩之翼,何为而不得?"**〔注〕郭象曰:遗彼故得此也。〔解〕言初学累丸也,未尝得之。习经半载而能累二不坠矣,习之不已,乃至累五而不坠者何耶？我身如橛株,臂如枯木,心一志定,都无异思。虽万物之多,而知在蜩翼,何为而有不得耶？伯峻按：侧翼得为韵,古音同在职德部。**孔子顾谓弟子曰："用志不分,乃疑于神。**〔注〕分犹散。意专则与神相似者也。○卢文弨曰："疑"藏本作"凝",庄子同。○焦循曰：管子内业篇云,"思之思之,又重思之。思之而不通,鬼神将通之。非鬼神之力也,其精气之极也。"思之又思,用志不分也。鬼神将通之,疑于神也。○俞樾曰："疑"道藏本作"凝",卢重玄本亦作"凝",庄子同。然此字实当作疑,即所谓惊犹鬼神也。上文孔子曰"吾以子为鬼也,察子则人也",亦可为乃疑于神之证。管子形势篇"无广者疑"。神解篇曰："以规矩为方圜,则成；以尺寸量长短,则得；以法数治民,则安。故事不广于理者,其成若神。"此正用志不分乃疑于神之谓也。说互详庄子平议。○陶鸿庆曰：俞说是也,张注云："意专则与神相似",是其所见本正作"疑",不作"凝"也。○王叔岷曰：云谷杂记三、天中记五七引亦并作"疑"。疑犹拟也。庄子天地篇："子非夫博学以拟圣。"淮南俶真篇作疑,即其比。伯峻案：陶以张注为证,补俞未足,实则俞于其庄子平议亦尝举此相证也。又孔子所云疑为成语,故诸子皆有此言。古成语多有韵,此分神乃真文合韵也（如老子十五章以川邻为韵,礼记孔子闲居以神先雲为韵,诗正月邻云慇为韵,易讼卦辞人川为韵,楚辞天问分神为韵,远游天闻邻为韵,荀子云赋损文神门存陈为韵,例证极多,不烦枚举）。真,段氏列人为其十二部,文为十三部,谓为合韵最近,即是理也。**其疴偻丈人之谓乎！"**〔解〕专心不杂,乃凝于神会也。夫子以其未忘于蜩翼,故凝于神,非谓神会者也。**丈人曰："汝逢衣徒也,**○孙诒让曰：逢衣即礼经侈袂之衣。周礼司服郑注云：士之衣袂皆二尺二寸而属幅,其袪尺二寸,大夫以上侈之。侈之者,盖半而益一焉。半而益一,则其袂三尺三寸,袪尺八寸。○释文"汝"作"女",云：女音汝。礼记儒行篇曰：丘少居鲁,衣逢掖之衣。长居宋,冠章甫之冠。郑玄注云：逢犹大也,谓大掖之衣。向秀曰：儒服宽而长大者。**亦何知问是乎？修汝所**

以,而后载言其上。"〔注〕修,治也。言治汝所用仁义之术,反于自然之道,然后可载此言于身上也。〔解〕言夫子之徒皆缝掖之士,用仁义以教化于天下,使天下纷然尚名利,役智虑,而荡失其真,劳其神明者,何知问此道耶?汝垂文字于后代者,复欲以言智之辩,将吾此道载之于文字然。○秦恩复曰:解末"然"字疑作"焉"。○俞樾曰:张注于义未得。味丈人之言,其轻儒术甚矣,岂复使治其术乎?脩者,脩除也。周官典祀职"帅其属而脩除",郑注曰:"脩除芟扫之",是其义也。又司尊彝职"脩酌",司农注曰:"以水洗勺而酌也。"以水洗勺谓之脩,亦脩除之义。此文脩汝所以,言汝所以者宜脩除之,然后可载吾言于其上也。○王叔岷曰:俞氏以脩为脩除字,是也。惟亦未得载字之义。载犹再也。言脩除汝故所以者,然后可以再言其上也。林希逸口义云,"载言,更言也",最得其解。庄子让王篇:"夫子再逐于鲁",御览四八六引作"载",即"载""再"通用之证。○吴闿生亦曰:言先修汝之所行而后再求其上者,注误。

海上之人有好沤鸟者,伯峻案:吕览精谕篇作好蜻者,下同。○释文云:好,呼报切。沤音鸥。沤鸟,水鴞也,今江湖畔形色似白鸽而群飞者是也。**每旦之海上,从沤鸟游,沤鸟之至者百住而不止。**〔注〕心和而形顺者,物所不恶。住当作数。○王叔岷曰:艺文类聚九二、御览九二五、尔雅翼十七、容斋四笔十四、记纂渊海五六、事文类聚复集四六、合璧事类别集六九、韵府群玉八、天中记五九引皆作数。○释文云:住音数。**其父曰,"吾闻沤鸟皆从汝游,汝取来,吾玩之。"** ○释文云:汝取来一本作可取来。**明日之海上,沤鸟舞而不下也。**〔注〕心动于内,形变于外;禽鸟犹觉,人理岂可诈哉?伯峻案:三国魏志高柔传注引孙盛曰,"机心内萌,则鸥鸟不下",则本有鸥鸟故事,而伪作列子者袭取之。孙盛与张湛时代极近,未必能见列子此书。**故曰,至言去言,**○释文云:去,丘吕切。**至为无为。齐智之所知,则浅矣。**〔注〕言为都忘,然后物无疑心。限于智之所知,则失之远矣。或有疑丈人假为形以获蝉,海童任和心而鸥游,二情相背,而同不忤物。夫立言之本,各有攸趣。似若乖互会归不异者,盖丈人明夫心虑专一,犹能外不骇物,况自然冥至,形同于木石者乎?至于海童,诚心充于内,坦荡形于外;虽非能利害两忘,猜忌兼消,然轻群异类,亦无所多怪。此二喻者,盖假近以征远,借末以明本耳。〔解〕夫神会可以理通,非以情知。知生则骨肉所猜,理生则万类无间,然后知审精微也。同万物者,在于神会;同群有者,在于情灭。欲独矜其心智,则去道远矣。○注"丈人假为形"之"为",北宋本、藏本作"伪",作"为"者义长。○释文云:齐,在诣切。忤音悟。骇,谐楷切,下同。

赵襄子率徒十万狩于中山,〔注〕火畋曰狩。○王重民曰:御览五十一、类聚八十并引"中山"作"山中"。伯峻案:中山,春秋时为鲜虞,战国时为中山国,在今河北保定地区定县一带。○释文云:赵襄子名无恤,简子之子也。率,所律切。畋音田。**藉芿燔林,**○释文云:藉,在夜切。芿,而振切。在下曰藉,草不剪曰芿。燔音烦,烧也。**扇赫百里。有一人从石壁中出,随烟烬上下。**○释文云:烬,疾刃切。上,时掌切。**众谓鬼物。**○类聚八十引作"众谓之鬼物"。**火过,徐行而出,若无所经涉者。襄子怪而留之。**○释文云:留,力救切,谓宿留而视之也。**徐而察之:形色七窍,人也;**○释文云:窍,口吊切。**气息音声,人也。问奚道而处石?奚道而入火?其人曰:"奚物而谓石?奚物而谓火?"**〔注〕此则都不觉有石火,何物而能阂之?**襄子曰:"而嚮之所出者,石也;而嚮之所涉者,火也。"**○释文云:嚮音向。**其人曰:"不知也。"**〔注〕不知之极,故得如此。**魏文侯闻之,问子夏曰:"彼何人哉?"子夏曰:"以商所闻夫子之言,和者大同于物,物无得伤阂者,游金石,蹈水火,皆可也。"**

文侯曰:"吾子奚不为之?"子夏曰:"刳心去智,○释文云:刳音枯。去,丘吕切。商未之能。虽然,试语之有暇矣。"〔注〕夫因心以刳心,借智以去智;心智之累诚尽,然所遣心智之迹犹存。明夫至理非用心之所体忘,言之则有馀暇矣。〔解〕前章言游水之不碍,此章明火石之不伤;言人之习水者多,蹈火者少,恐物情之偏执也,故复言火以辩之。其内忘己形,外忘于物,不知石之所以碍,火之所以伤。文侯不晓而兴问,子夏素知而善答。故文侯重质,子既能知者,何不为之耶?子夏曰,我但知而说之,则有馀也;若行而证之者,商则未知之能。○秦恩复曰:解"未知之能","知"字疑衍。○释文云:暇本又作假,亦音暇字。文侯曰:"夫子奚不为之?"子夏曰:"夫子能之而能不为者也。"文侯大说。〔注〕天下有能之而能不为者,有能之而不能不为者,有不能而强欲为之者,有不为而自能者。至于圣人,亦何所为?亦何所不为?亦何所能?亦何所不能?俯仰同俗,升降随物;奇功异迹,未尝暂显;体中之绝妙处,万不视一焉。此卷自始篇至此章明顺性命之道,而不系著五情,专气致柔,诚心无二者,则处水火而不燋溺,涉木石而不挂硋,触锋刃而无伤残,履危险而无颠坠;万物靡逆其心,入兽不乱群,神能独游,身能轻举;耳可洞听,目可彻照。斯言不经,实骇常心。故试论之:夫阴阳递化,五才偏育。金土以母子相生,水火以燥湿相乘,人性以静躁殊途,升降以所能异情。故有云飞之翰,渊潜之鳞,火游之鼠,木藏之虫。何者?刚柔炎凉,各有攸宜;安于一域,则困于馀方。至于至人,心与元气玄合,体与阴阳冥谐;方员不当于一象,温凉不值于一器;神定气和,所乘皆顺,则五物不能逆,寒暑不能伤。谓含德之厚,和之至也;故常无死地,岂用心去就而复全哉?蹈水火,乘云雾,履高危,入甲兵,未足怪也。〔解〕言夫子能而不为者,方以仁义礼节君臣之道以救衰俗耳,不独善其身以群鸟兽焉。○伯峻案:张华博物志载此事与此基本相同。又案:注"至人"世德堂本作"圣人"。○释文"硋"作"碍",云:说音悦。强,其两切。著,直略切。挂音卦。碍本作硋。颠,都年切,坠也。偏音篇。

有神巫自齐来处于郑,○释文云:男曰觋,女曰巫。颜师古曰:巫觋亦通称。**命曰季咸,**伯峻案:荀子正名篇"然后随而命之",又"实不喻然后命,命不喻然后期",杨注皆以名释命。庄子大宗师篇"无以命之",释文引崔云:"命,名也。"左传桓二年云:"君命太子曰仇,弟曰成师。"又六年云:"是其生也,与吾同物,命之曰同。"命皆训名。命曰季咸,名曰季咸也。又案淮南子地形训云:"巫咸在其北方。"高注:"巫咸,知天道,明吉凶。"○释文云:季咸,姓季名咸,郑人也。伯峻案:庄子应帝王篇作"郑有神巫曰季咸",淮南子精神训作"郑之神巫相壶丘子林见其征",故释文以季咸为郑人也。**知人死生、存亡、祸福、寿夭,期以岁、月、旬、日,如神。**○天中记四十、荆川稗编六五引"知人"下并有"之"字。○王先谦曰:或岁或月或旬日,无不神验。伯峻案:王以旬日连读非也。岁月旬日皆一字一逗,谓或岁或月或旬或日也。**郑人见之,皆避而走。**〔注〕向秀曰:不喜自闻死日也。○释文云:避一本作弃。喜,许记切。**列子见之而心醉,**〔注〕向秀曰:迷惑其道也。**而归以告壶丘子,**○释文云:壶子,列子师也。**曰:"始吾以夫子之道为至矣,则又有至焉者矣。"**〔注〕郭象曰:谓季咸之至又过于夫子也。○释文云:过音戈。**壶子曰:"吾与汝无其文,未既其实,而固得道与?**○卢文弨曰:"無"藏本作"既",案注似"無"字是,然庄子亦作"既"。○俞樾曰:"無"当作"毌"。毌读为贯,盖"贯""毌"本一字也。尔雅释诂:贯,习也。毌其文,言习其文也。黄帝篇:"吾与若玩其文也久矣,而未达其实。"释文曰:"玩,五贯反,习也。"然则此作毌,彼作玩,声近而义同。因毌字误作毋,后人遂以无字易之,而义不可通矣。卢重玄本作既其文未既其实,则据庄子改之,非列子之旧。○王叔岷曰:"吾与汝既其文,未既其实",作"既"作"无",义皆不明。上文颜回问津人操舟章作"吾与若玩其文也久矣,而未达其实",玩字义长。疑既即玩之误,下既字亦当作玩。其作无者,玩坏为元,传写因易为无耳。○释文"無"作"无",云:无诸家本作既,于义不长。与音余。**众雌而无雄,而又奚卵焉?**〔注〕向秀曰:夫实由文显,道以事彰。有道而无事,犹有雌无雄耳。今吾与汝虽深浅不同,然俱在实位,则无文相发矣;故未尽我道之实也。此言至人之唱,必有感而后和者也。伯峻案:淮南子览冥训云:"故至阴飂飂,至阳赫赫,两者交接成和而万物生焉。众雄而无雌,又何化之所能造乎?"○释文云:卵,来短切。司马云:汝受训未孰,故未成,若众雌无雄者则无卵也。和,胡卧切。**而以道与世抗,必信矣。**○释文云:抗,口浪切;或作亢,音同。**夫故使人得而相汝**。〔注〕向秀曰:亢其一方以必信于世,故可得而相也。〔解〕列子见郑巫而心醉,以其能知生死祸福,将以道尽于此。壶丘子曰:吾与汝且亡其文迹,都未尽其实理也。汝岂得吾道欤?夫澄神寂虑,如众雌也;动用成功,若雄也。汝方息事以静心,安得无雄而求卵耶?乃欲以至道与俗巫相敌,则汝之深信,故鬼物知汝也。○释文云:相,悉亮切。**尝试与来,以予示之。**"○释文"示"作"眎",云:眎音视。**明日,列子与之见壶子。出而谓列子曰:"嘻!**○释文云:嘻音熙。**子之先生死矣**,○光聪谐曰:古书传专以先生称师者,殆始见于此。**弗活矣,不可以旬数矣。吾见怪焉,见湿灰焉。"**○释文云:司马云,气如湿灰。**列子入,涕泣沾衿,以告壶子**。○"衿"本作"衾"。○俞樾曰:衾当作衿,即襟字也。庄子应帝王篇正作"泣涕沾襟"。○王重民曰:吉府本正作"衿"。伯峻案:今从吉府本正。**壶子曰:"向吾示之以地文**,〔注〕向秀曰:块然若土也。○释文云:向吾一本作庸吾,下同。**罪乎不诪不止**,〔注〕罪或作萌。向秀曰:萌然不动,亦不自止,与枯木同其不华,死灰均其寂魄,此至人无感之时也。夫至人其动也天,其静也地,其行也水流,其湛也渊嘿。渊嘿之与水流,天行之与地止,其于不为而自然一也。今季咸见其尸居而坐忘,即谓之将死;见其神动而天随,便谓之有生。苟无心而应感,则与变升降,以世为量,然后足为物主而顺时无极耳,岂相者之所觉哉?○注"其静也地"北宋本"地"作"土",汪本从之,今从藏本订正。又"谓之有生","谓"各本作"为",今亦从藏本正。○俞樾曰:"罪"当读为崋。说文山部作崋,云"山貌"是也。释文云:罪本作萌,卢重玄本亦作萌,乃后人据庄子改之。萌乃罪之误字,说详庄子平议。○王叔岷曰:罪读为崋,说殊牵强。此当以作萌为是。萌有生义(淮南俶真篇:"孰知其所萌",注:"萌,生也"),"萌乎不震不止"犹云"生于不动不止",正对上文"子之先生死矣"而言。意甚明白。作罪者误。○释文云:罪本作萌。震音震。崔譔云:不震不止,如动不动也。量音亮。

是殆见吾杜德幾也。〔注〕向秀曰:德幾不发,故曰杜也。〔解〕夫鬼神之灵,能知人之动用之心耳。有所系,鬼便知也。壶子色存乎湿灰,心著乎土壤,萌然无虑,故曰天文。振动则为生,止静则冥寂,故曰不动不止也。○秦恩复曰:解中之"天文"当作"地文"。**尝又与来!"明日,又与之见壶子。出而谓列子曰:"幸矣,子之先生遇我也,有瘳矣。灰然**〔注〕灰或作全。○释文云:灰本作全。**有生矣,吾见杜权矣。"**〔注〕有用而无利,故谓之杜权。**列子入告壶子。壶子曰:"向吾示之以天壤,**〔注〕向秀曰:天壤之中,覆载之功见矣。比地之文,不犹外乎?○陶鸿庆曰:说文:"壤,柔土也。"书禹贡:"厥土惟白壤。"马注云:"天性和美也。"周礼大司徒:"辨十有二壤。"郑注云:"壤,和缓之貌。"然则天壤取和柔之义。质言之,则为天和。此与地文皆形况之辞,张注以天壤为天地,义殊难通。○王叔岷曰:注"比地之文",庄子应帝王篇注作"比之地文",当从之。此文"之地"二字误倒。○释文云:见,贤遍切。**名实不入,**〔注〕向秀曰:任自然而覆载,则名利之饰皆为弃物。○注"名利之饰"北宋本作"名利之作"。**而机发于踵,**〔注〕郭象曰:常在极上起。○释文云:许慎注淮南子云:机发不旋踵。**此为杜权。是殆见吾善者幾也。**〔注〕向秀曰:有善于彼,彼乃见之;明季咸之所见者浅也。〔解〕有权而不用为杜也。若天之覆而未见其功自下而升,为名实未入,故云有生矣。**尝又与来!"明日,又与之见壶子。出而谓列子曰:"子之先生坐不斋,**〔注〕或无坐字。向秀曰:无往不平,混然一之。以管窥天者,莫见其崖;故以不斋也。○卢文弨曰:注"管"藏本作"筦"。又"故以"下当有"为"字。○释文"斋"作"齐",云:齐,侧皆切,下同。**吾无得而相焉。**○卢重玄本"无得"作"不得"。**试斋,将且复相之。"列子入告壶子。壶子曰:"向吾示之以太冲莫胜,**〔注〕向秀曰:居太冲之极,浩然泊心,玄同万方,莫见其迹。○释文"太"作"大",云:大音泰。胜,直引切,兆也。**是殆见吾衡气机也。**〔注〕衡,平也。**鲵旋之潘**〔注〕音藩。**为渊,**○奚侗曰:"潘"当为"瀋",沈之叚字。沈正作湛。说文:湛,没也。引伸之则有深意。沈湛古今字,今多用沈为湛。渊,说文:回水也。从水,象形,左右岸也。中象水貌。管子度地篇"水出地而不流者命曰渊",是渊为水所渟潴之处。渟潴则深,故渊亦训深(见诗卫风注)。沈为渊者,尤言深为渊耳。礼记檀弓"为榆沈故设拨",是叚沈为瀋也。而此则叚瀋为沈。庄子作审。盖瀋缺宀则为潘,缺水则为审,易滋讹误,輘迹固可寻也。○释文"旋"作"桓",云:鲵音倪。桓,胡官切,盘桓也。一本作旋,谓盘旋也。潘音盘,本作蟠,水之澲洄之澲;今作蟠,恐写之误。鲵,大鱼也。桓,盘桓也。蟠,洄流也。此言大鱼盘桓,其水蟠洄,而成深泉。南华真经作审。梁简文云:蟠,聚也。○任大椿曰:凡山水以桓名,皆有盘桓之义。水经注云:"桓是陇阪名,其道盘桓旋曲而上,故曰桓"。阪以桓名,与水以桓名,皆以盘桓为义,与释文旋之作桓可以互证。而盘桓二字古多训为旋。易屯释文马融云"盘桓,旋也。"故列子盘桓之桓又作旋。又考庄子应帝王释文"鲵桓,司马云,二鱼名也。简文云,鲵,鲸鱼也。桓,盘桓也。崔本作鲵拒,云,鱼所处之方穴也。又云,拒或作桓。"然则鲵桓之桓一作旋,见列子释文;一作拒,又见庄子释文也。又曰:"潘"敬顺释文既云本作蟠,水之澲洄之澲,则是以蟠为正字。又云今本作蟠,恐写之误,于义颇未顺。其云今本作蟠之蟠,恐是潘之讹。然考庄子应帝王释文鲵桓之审,司马云:审当为蟠,聚也;崔本作潘,云回流所锺之域。管子五辅篇"导水潦,利陂沟,决潘渚",注云:"潘,溢也。渚潘溢者,疏决之令通。潘音翻。"补注谓水之溢洄为潘。广雅:"潘(孚袁),澜也。"然则作蟠作潘,义各有据,皆不误也。未知敬顺释文所云今本作蟠之蟠究为何字之误。又考玉篇"灊,洄也",敬顺释文灊洄二字乃本于此。管子小问篇作涓桓。**止水之潘为渊,流水之潘为渊,滥水之潘为渊,**○释文云:滥,咸上声,尔雅云:水涌出也。**沃水之潘为渊,**○释文云:沃,乌僕切,水泉从上溜下也。**沈水之潘为渊,**○释文云:沈音轨,水泉从傍出也。**雍水之潘为渊,**○释文云:雍音拥,河水决出复还入也。**汧水之潘为渊,**○释文云:汧音牵,水不流行也。**肥水之潘为渊,**○释文云:水所出异为肥也。**是为九渊焉。**〔注〕此九水名义见尔雅。夫水一也,而随高下夷险有洄激流止之异,似至人之心因外物难易有动寂进退之容。向秀曰:夫水流之与止,鲵旋之与龙跃,常渊然自若,未始失其静默也。郭象曰:夫至人用之则行,舍之则止。虽波流九变,治乱纷纭,若居其极者,常澹然自得,泊乎无为也。〔解〕心运于太冲之气,漠然无迹,荡然有形,而转运不常,若水之变动殊名,未尝离乎渊澄也,故不得其状而辩之矣。○注"九变"北宋本作"凡变",汪本从之,今从藏本订正。○释文云:洄音回。易,以豉切。舍音捨。澹,徒滥切。泊音魄。**尝又与来!"**○俞樾曰:上文云,"是殆见吾杜德幾也,尝又与来",又曰,"是殆见吾善者幾也,尝又与来";然则此文"是殆见吾衡气幾也",下即当言"尝又与来",方与上文一律。乃于中间罗列九渊,殊为无谓。疑此五十八字乃它处之错简。庄子应帝王篇止列首三句,而总之曰,"渊有九名,此处三焉"。正以其与本篇文义无关,故略之耳。然可证庄子所见本已与今同,盖古书之错误久矣。**明日,又与之见壶子。立未定,自失而走。**○释文云:丧失精神而走。**壶子曰:"追之!"列子追之而不及,反**

以报壶子,曰:"已灭矣,已失矣,吾不及也。"壶子曰:"向吾示之以未始出吾宗。〔注〕向秀曰:虽进退同群,而常深根宁极也。伯峻案:"未始出吾宗"即庄子"不离其宗",淮南子览冥训"未始出其宗"之意。吾与之虚而猗移,〔注〕向秀曰:无心以随变也。○"猗移"汪本作"倚移",今从北宋本、藏本订正。○冯登府曰:猗移即委蛇。释文云:猗,於危切。猗移,委移,至顺之貌。不知其谁何,〔注〕向秀曰:汎然无所系者也。○各本注末无"者也"二字。○释文云:汎,芳剑切。因以为茅靡,○光聪谐曰:上文"吾与之虚而猗移",注既以猗移为至顺之貌(案此是释文,光氏误以为注),则茅靡正谓如茅之从风靡,波流正谓如波之逐水流,皆言无逆于物。○洪颐煊曰:庄子应帝王篇"因以为弟靡",释文:"弟靡,不穷之貌。崔云:犹逊伏也。"弟靡即迤靡之借。第茅因字形相近而讹。○释文云:茅庄子作茅,音颓。茅靡,崔譔云:逊伏也。伯峻案:释文"庄子作茅"之"茅",字当作"弟"。因以为波流,○庄子释文引崔本作"波随"。王念孙曰:崔本是也。蛇何靡随为韵。陶鸿庆说同。故逃也。"〔注〕茅靡当为颓靡。向秀曰:变化颓靡,世事波流,无往不因,则为之非我。我虽不为,而与群俯仰。夫至人一也,然应世变而时动,故相者无所用其心,自失而走者也。〔解〕绝思离念,入于无为。至虚而无形,不见其相貌,如草之靡,如波之流,森然汎然,非神巫之所识也。然后列子自以为未始学而归,三年不出,〔注〕向秀曰:弃人事之近务也。为其妻爨,〔注〕向秀曰:遗耻辱。○释文云:为,于伪切。爨,七玩切。食豨如食人,〔注〕向秀曰:忘贵贱也。释文云:食音嗣,下同。豨,虚岂切,楚人呼猪作豨。于事无亲,〔注〕向秀曰:无適无莫也。伯峻案:庄子作"于事无与亲。"○释文云:適音的。雕瑑复朴,块然独以其形立;〔注〕向秀曰:雕瑑之文,复其真朴,则外事去矣。○"雕瑑"藏本作"雕琢",义同。○释文云:瑑,持兖切,本作琢。纷然而封戎,〔注〕向秀曰:真不散也。戎或作哉。○释文"戎"作"哉",云:份音纷。哉一本作戎,音哉。壹以是终。〔注〕向秀曰:遂得道也。〔解〕忘是非,等贵贱,齐物我,息外缘。不封于我,守一而终,然后契真。

子列子之齐,中道而反,〔注〕惊人之推敬于己,故不敢遂进。**遇伯昏瞀人。伯昏瞀人曰:"奚方而反?"曰:"吾惊焉。""恶乎惊?"** ○释文云:恶音乌。**"吾食于十浆,**〔注〕客舍卖浆之家。**而五浆先馈。"**〔注〕人皆敬下之也。○王重民曰:御览八六一引下"吾"字上有"曰"字,盖"恶"字与下"吾"字之上本均有"曰"字,而今本并脱之。庄子列御寇篇并有"而曰"字,是其证。○王叔岷曰:事文类聚续集十七、合璧事类外集四三引"吾"上亦并有"曰"字。○释文云:馈,求位切,饷也。**伯昏瞀人曰:"若是,则汝何为惊已?"** ○释文云:已音纪。惊已,谓惊其自失也。下处已同音。**曰:"夫内诚不解,**〔注〕郭象曰:外自矜饰,内不释然也。○释文云:解音蟹。向秀曰:未能悬解。**形谍成光,**〔注〕郭象曰:举动便辟成光仪。○释文云:谍音牒。辟,婢亦切。**以外镇人心,**〔注〕外以矜严服物,内实不足。**使人轻乎贵老,**〔注〕使人轻而尊长之者,由其形谍成光故也。○释文云:长,丁丈切。**而鳖其所患。**〔注〕郭象曰:以美形动物,则所患乱至也。○卢文弨曰:"鳖"当作"鳌"。○秦恩复曰:鳖即说文鳌字,或作鳘,见玉篇。○王重民曰:御览八百六十一引"鳖"作"察"。○释文云:鳖,子西切。**夫浆人特为食羹之货,** ○释文云:食音嗣。**多馀之赢;**〔注〕所货者羹食,所利者盈馀而已。○汪本作"无多馀之赢"。○俞樾曰:无"无"字是也。依张注,张本亦无"无"字。"无"字浅人妄加也。若云"无多馀之赢",则下不必更言其为利也薄矣。卢重玄本无"无"字,庄子列御寇篇亦无"无"字,当据删。○王重民曰:俞说是也。北宋本、御览八百六十一引并无"无"字。伯峻案:藏本亦无"无"字,今从之。○释文作

"无多馀之赢",云:赢音盈。一本无无字。其为利也薄,其为权也轻,而犹若是。〔注〕郭象曰:权轻利薄,可无求于人,而皆敬己,是高下大小无所失者。而况万乘之主,身劳于国,而智尽于事;〔注〕所以不敢之齐。○释文"智"作"知",云:知音智。彼将任我以事,而效我以功,吾是以惊。"〔注〕推此类也,则货轻者望利薄,任重者责功多。伯昏瞀人曰:"善哉观乎!〔注〕汝知惊此者,是善观察者也。汝处己,人将保汝矣。"〔注〕汝若默然不自显曜,适齐之与处此,皆无所惧。苟违此义,所在见保矣。〔解〕见威仪以示人,故人轻死以尊敬。将恐人主之劳于事也,必委以责功;食禄增忧,所以惊惧耳。伯昏曰:汝能退身以全真,含光以灭迹,人将保汝矣。何则?进善之心,人皆有之;多利之地,人皆竞之。中人之性,可上可下。知名利之不可强也,则进善以自修。诗书礼乐,事不易习。若退迹守闲,灰心灭智也,无招招之利,得善人之名。故学道之门,善恶同趣者,君子以澄心,小人以海身。虽不体悟,亦从善之益之也。故曰人将保汝矣。○汪莱曰:解"轻死以尊敬""死"当作"先"。○陶鸿庆曰:保者任也,言人将信任之,即列子所谓彼将任我以事而效我以功也。张注解为"所在见保",义殊未安。○王重民曰:张注"苟违此义","违"当作"达",形近而误耳。庄子人间世篇"时其饥饱达其怒心",淮南主术篇误作"违",是其证。○奚侗曰:处当训审,说详王引之经义述闻。处己谓审乎己也。○释文云:保,附也。无几何而往,则户外之屦满矣。〔注〕归之果众。○释文云:屦,九遇切,关西呼履谓之屦。伯昏瞀人北面而立,敦杖蹙之乎颐。〔注〕敦,竖也。○释文云:敦音顿。蹙,子六切。颐音怡。立有间,○释文云:间,少时也。不言而出。宾者以告列子。○释文云:宾本作傧,导也,必忍切。列子提履徒跣而走,○释文"履"作"屦",云:提音蹄。屦一本作履。跣,先典切。暨乎门,○释文云:暨,其器切,至也。问曰:

"先生既来，曾不废药乎？"〔注〕废，置也。曾无善言以当药石也。〔解〕废当为发。先生既来，何不发药石之言少垂训耳。○王叔岷曰：庄子列御寇篇"废"正作"发"。"废""发"古通。仲尼篇："发无知，何能情？发不能，何能为？"释文引一本作"发无知，废无能"，即其比。○释文云：当，丁浪切。曰："已矣。吾固告汝曰，人将保汝，果保汝矣。非汝能使人保汝，〔注〕顺乎理以接物，则物不保之。今背理而感物，求物不保，不可得。○秦刻卢重玄本"使人保"下无"汝"字。疑无"汝"字者是。○释文云：背音佩。而汝不能使人无汝保也。〔注〕郭象曰：任平而化，则无感无求。无感无求，乃不相保。〔解〕汝之退身全行，绝学弃智，人所以保汝者，非汝能召之也。若能灭迹混真，愚智不显者，人亦不知保汝矣。由是言之，汝之行适足为人所保，而不能使人不保也。而焉用之感也？〔注〕汝用何术乃感物如此乎？○释文云：焉，於虔切。感豫出异。〔注〕郭象曰：先物施惠，惠不因彼豫出而异也。○"感豫"秦本作"应豫"。又注末"也"字北宋本作"者"，今依藏本订正。○释文云：先，悉荐切。且必有感也，摇而本身，○释文云：一本作摇而才本性。又无谓也。〔注〕必恒使物感己，则彼我之性动易之。○许维遹曰："且必有感也"，"必"当作"心"，形近致讹。缘心与本身相辅而行，心有所感，则必摇动其本身（本身犹言本性）。故上文谓以外镇人心而鳖其所患。所谓患者，即心为物所感，则本身遂有摇动之患。庄子列御寇篇误与此同。○王重民曰：身有性义，盖身性古通用。本身犹本性也。庄子列御寇篇作摇而本才。释文曰："一本才作性。"才字并是身之误。淮南原道篇"故达于道者，不以人易天"，高注云："天性也。一说曰，天身也。"天身也亦犹天性也。三国志吴质传注："上将真性肥，中领军朱铄性瘦。"性肥性瘦亦即身肥身瘦。庄子郭注曰，"必将有感则与本性动也，"是也。伯峻案：王说本身犹本性，是也。但庄子作"本才"，亦非误字。才读为孟子告子上"非天之降才尔殊也"之才，才亦性也。○释文云：易，以豉切。**与汝游者，莫汝告也。**〔注〕皆摇本之徒，不能相启悟也。○注"不能"汪本作"不皆"，今依北宋本、藏本订正。**彼所小言，尽人毒也。**〔注〕小言细巧，易以感人，故为人毒害也。**莫觉莫悟，何相孰也。"**〔注〕不能相成济也。〔解〕汝用何道感之耶？必赞胜豫之词而出奇异之教，摇鼓汝舌，见能于众物；虽靡然顺汝，有何益耶？与汝同居者，不攻汝之短，但称汝之长；如此，适足毒汝之行，骄汝之心，有何相成耶？○"莫觉莫悟"秦本作"若觉若悟"。伯峻案：告毒孰为韵，古音同是屋沃部。○释文云：觉音教。

杨朱南之沛，○顾炎武曰：列子"杨朱南之沛"，庄子"杨子居南之沛"，子居正切朱。○释文云：杨朱解在第七篇。沛音贝。**老聃西游于秦，邀于郊。**○释文云：邀，於宵切，抄也，遮也。**至梁而遇老子。**〔注〕庄子云杨子居，子居或杨朱之字，又不与老子同时。此皆寓言也。**老子中道仰天而叹曰：**○释文云：中道，道中。仰本作卬，亦音仰。**"始以汝为可教，**○释文"汝"作"女"，云：女音汝。**今不可教也。"**〔注〕与至人游而未能去其矜夸，故曰不可教者也。○释文云：去，丘吕切。夸，口瓜切。**杨朱不答。至舍，进涫漱巾栉，**○释文云：涫音管；庄子作盥。漱音瘦。栉，壮乙切。**脱履户外，**○释文云：履本作屦。**膝行而前，曰："向者夫子仰天而叹曰：**○释文"向"作"嚮"，云：嚮音向。**'始以汝为可教，今不可教。'弟子欲请夫子辞，行不閒，**○释文云：閒音闲，下同。**是以不敢。今夫子閒矣，请问其过。"老子曰："而睢睢而盱盱，**○释文云：睢，许唯切。盱音吁。说文云：盱，仰目也。苍颉篇云，盱，张目貌。高诱注淮南子云：睢盱，视听貌。**而谁与居？**〔注〕汝云何自居处而夸张若此，使物故叹之乎？伯峻案：盱居为韵，古音同是鱼部之平声。**大白若辱，盛德若不足。"**〔注〕不与物竞，则常处卑而守约也。○马其昶曰:辱借为黩。伯峻案:辱足为韵,古音同是侯部入声。老子四十一章作"广德若不足",马叙伦老子覈诂以为作"盛"者是。**杨朱蹵然变容曰:**○释文云:蹵,子六切。**"敬闻命矣。"其往也,舍迎将家,**〔注〕客舍家也。○道藏各本"舍"下有"者"字,惟四解本无"者"字,汪本亦无"者"字,是也。○俞樾曰:舍与舍者不同。下云"舍者避席",又云"舍者与之争席矣",皆谓同居逆旅者。此云舍,则谓逆旅主人也。主逆旅者即谓之舍,犹典市者即谓之市,主农者即谓之田。礼记王制篇注曰,"市,典市者。"月令篇注曰:"田,主农之官。"是其例也。**公执席,妻执巾栉;舍者避席,炀者避灶。**〔注〕厚自藏异,则物惮之也。○卢文弨曰:注"藏"疑当作"尊"。伯峻案:韩非子内储说上云:"夫灶一人炀焉,则后人无从见矣。"由此可知炀者避灶之义。○释文云:炀音杨。司马云:对火曰炀。淮南子云:富人衣纂锦,贫人炀灶口。**其反也,舍者与之争席矣。**〔注〕自同于物,物所不恶也。〔解〕夫真隐之者,无矜夸之声,无可贵之容。故杨子之往也,人迎送之;及闻善而改,居者与之争席。前章言列子之使人保汝,而此章言杨朱能使人无汝保也。○王重民曰:御览七百零九引"席"上有"灶"字。以上文"舍者避席,炀者避灶"核之,疑本有"灶"字。○王叔岷曰:御览七百九引"舍者"作"炀者","席"上有"灶"字。疑此文"舍者"下原有"炀者"二字(或在舍者上),"席"上原有"灶"字。"舍者炀者与之争灶席矣"乃兼承上文"舍者避席,炀者避灶"而言。御览所引,盖略"舍者"二字也。○释文云:恶,乌路切。

杨朱过宋,○释文云:过音戈。**东之于逆旅。逆旅人有妾二人,其一人美,其一人恶;恶者贵而美者贱。杨子问其故。逆旅小子对曰:**伯峻案:韩非子说林上作"逆旅之父答曰"。**"其美者自美,吾不知其美也;其恶者自恶,吾不知其恶也。" 杨子曰:"弟子记之!行贤而去自贤之行,**○王叔岷曰:韩非子说林上篇"之行"作"之心",审文意,当从之。今本"心"作"行",即涉上"行"字而误。○释文云:去,丘吕切。行,下孟切。**安往而不爱哉?**〔注〕夫骄盈矜伐,鬼神人道之所不与;虚己以循理,天下之所乐推。以此而往,孰能距之?〔解〕此重结前两科之义也。夫能使人保于我者,其不保者心嫉之哉。不敢令物之保己也,则天下皆忘其恶矣;况逆旅之妾乎?伯峻案:韩非子说林上作"焉往而不美"。

天下有常胜之道,有不常胜之道。○陶鸿庆曰:"不常胜"当作"常不胜"。下文云,"常胜之道柔,常不胜之道强",承此言。**常胜之道曰柔,常不胜之道曰强。二者亦知,**〔注〕亦当作易。○释文云:亦本作易,以豉切。**而人未之知。故上古之言:强,先不己若者;**〔注〕所胜在己下者耳。**柔,先出于己者。**〔注〕不与物竞,则物不能加也。**先不己若者,至于若己,则殆矣。**〔注〕遇敌必险之也。**先出于己者,亡所殆矣。**〔注〕理常安也。○释文云:亡音无。**以此胜一身若徒,以此任天下若徒,谓不胜而自胜,不任而自任也。**〔注〕夫体柔虚之道,处不竞之地,虽一身之贵,天下之大,无心而御之,同于徒矣。徒,空默之谓也。郭象曰:听耳之所闻,视目之所见,知止其所不知,能止其所不能,用其自用,为其自为,顺性而不竞于物者,此至柔之道也。故举其自举,持其自持;既无分铢之重,而我无力焉。〔解〕强之与柔,二者易知也。人所以未知者何?即求胜之心多也。即遇不如己者,未足为强;若遇敌于己者,则常危矣。以此心求胜一身一任天下也,常如徒役无时自安。若柔者,在己下者,亦不欲胜之;况出乎己者耶?人谓不胜,而我乃自胜也;自任,故未尝有失也。老子曰:柔弱胜刚强。○吴闿生曰:若徒犹言此道也,注误。**粥子曰:**○释文"粥"作"鬻",云:鬻本作粥,余六切。○任大椿曰:考礼记曲礼释文,"请鬻,本又作粥,之六反";左传隐十一年释文,"鬻本又作粥,之六反,又与六反";夏小正"鸡桴粥",卢辩注,"或曰,粥,养也";淮南子天文训"行桴鬻",高诱注,"桴鬻,粥也";文选潘岳闲居赋"灌园粥蔬",李善注,"粥与鬻同",则鬻粥通。"**欲刚,必以柔守之;欲强,必以弱保之。**〔注〕守柔不以求刚而自刚,保弱不以求强而自强,故刚强者,非欲之所能致也。伯峻案:守保为韵,同是幽部上声字。**积于柔必刚,积于弱必强。观其所积,以知祸福之乡。**〔注〕祸福生于所积也。**强胜不若己,至于若己者刚**;〔注〕必有折也。○吴闿生曰:刚当作戕,故注云必有折也。○王叔岷曰:淮南原道篇"不若己"下有"者"字(文子道原篇同),与下文句法一律,当从之。**柔胜出于己者,其力不可量。**"伯峻案:粥子所云又见淮南子原道训、文子道原篇,皆不云粥子之言。又案:刚强乡刚量为韵,古音同是阳唐部字。淮南子诠言训作"强胜不若己者,至于与同则格;柔胜出于己者,其力不可度",以格度为韵。**老聃曰:"兵强则灭,**〔注〕王弼曰:物之所恶,故必不得终焉。**木强则折。**〔注〕强极则毁矣。伯峻案:老子七十六章作"兵强者则不胜,木强则兵"。俞樾、易顺鼎、马叙伦皆云当从列子引,说详老子覈诂。灭折为韵,古音同是祭部字。**柔弱者生之徒,坚强者死之徒。**"〔解〕君子曰:强梁者不得其死,好胜者必遇其敌。积德累仁,柔之道也。伯峻案:此亦老子七十六章文。又"死之徒"北宋本、汪本作"化之徒",今从藏本、世德堂本订正。又案:韩非子解老篇云,"属之谓徒也。"此徒字亦当训属。

状不必童〔注〕童当作同。○吴闿生曰:以童为同。**而智童,智不必童而状童。圣人取童智而遗童状,众人近童状而疏童智。状与我童者,近而爱之;状与我异者,疏而畏之。有七尺之骸,手足之异,戴发含齿,倚而趣者,谓之人;**○释文云:倚,於绮切。趣音趋。**而人未必无兽心。虽有兽心,以状而见亲矣。傅翼戴角,**○释文云:傅音附。**分牙布爪,仰飞伏走,谓**

之禽兽;而禽兽未必无人心。虽有人心,以状而见疏矣。**庖牺氏**、○释文云:庖音匏。牺,许宜切。**女娲氏**、○释文云:娲音瓜。庖牺、女娲皆古天子。**神农氏、夏后氏,蛇身人面,牛首虎鼻:此有非人之状,而有大圣之德。**〔注〕人形貌自有偶与禽兽相似者,古诸圣人多有奇表;所谓蛇身人面,非被鳞臆行、无有四支;牛首虎鼻,非戴角、垂胡、曼頞、解额;亦如相书龟背、鹄步、鸢肩、鹰喙耳。○释文云:臆音亿。曼音万。頞,乌葛切,鼻上也。额,胡感切。相,息亮切。鹄音鹤。鸢音缘。喙,许秽切。**夏桀、殷纣、鲁桓、楚穆,状貌七窍,皆同于人,而有禽兽之心。而众人守一状以求至智,未可几也。**〔解〕夫异物之所亲者,神也。神去,则父子之亲亦隔矣。故居恐怖之夜,与生物同宇,则不惧者,神有同也。处平常之宅,与死尸同室,则恐矣,神有异也。则彼死我生,犹是向时之形;一安一惧者,同类去而形非亲也。而人不知含生之物神同形殊,以为忧畏;乃以状貌同异以为亲疏者,惑矣。故庄子曰,物所齐有者为神;故神为养生之主也。伯峻案:鲁桓杀兄自立,楚穆杀父自立,故曰有禽兽之行。解引庄子,今本无此文。解"居恐怖之夜"秦刻本"居"作"后",今从四解本正。○释文云:幾音冀。**黄帝与炎帝战于阪泉之野,**○释文云:阪,蒲板切。阪泉在上谷。**帅熊、罴、狼、豹、貙、虎为前驱,**伯峻案:貙,虎之大者。○释文云:帅音率。罴音碑。貙,丑俱切。**雕、鹖、鹰、鸢为旗帜,**○王叔岷曰:艺文类聚九十、九一,初学记二二,御览九一九,玉海八三,引"雕"上并有"以"字,当从之。今本挩"以"字,文意不完。○释文云:雕鹖音彫曷,一本作鹯。帜音炽。自熊罴皆猛兽勇斗者也。○胡怀琛曰:作鹯者是也。原文所言皆猛兽,鸷鸟,鹖非鸷鸟,非其伦也。以作鹯为是。**此以力使禽兽者也。尧使夔典乐,击石拊石,百兽率舞;箫韶九成,凤皇来仪:此以声致禽兽者也。然则禽兽之心,奚为**

异人？形音与人异，而不知接之之道焉。○释文作"而人不知接之之道"，云：一本无人字。圣人无所不知，无所不通，故得引而使之焉。禽兽之智有自然与人童者，其齐欲摄生，亦不假智于人也：伯峻案："假"或作"暇"，暇假皆读为下。牝牡相偶，母子相亲；避平依险，违寒就温；伯峻案：胡怀琛谓人未有恶平喜险者，因谓避平依险乃指守卫言。实则诸句皆以禽兽为主语，人在其外。胡说非。居则有群，行则有列；○释文云：行，户刚切。小者居内，壮者居外；饮则相携，食则鸣群。太古之时，○释文"太"作"大"，云：大音泰。则与人同处，与人并行。〔注〕德纯者，禽兽不忌也。帝王之时，始惊骇散乱矣。逮于末世，隐伏逃窜，以避患害。〔注〕人有害物之心，物亦知避之也。今东方介氏之国，○释文云：介音界。其国人数数解六畜之语者，○释文云：数音朔。畜，朽又切。解音蟹，注同。盖偏知之所得。〔注〕夫龟龙，甲鳞之宗；麟凤，毛羽之长；爰逮蜎飞蠕动，皆鸣呼相闻，各有意趣，共相制御，岂异于人？但人不能解，因谓禽兽之声无有音章。是以穷理备智，则所通万途；因事偏达，偶识一条。春秋左氏传曰："介葛卢闻牛鸣，曰，是生四子，尽为牺矣。"○注"鸣呼"四解本误作"鸣呼"。○卢文弨曰：注"四"字别本依左氏改为"三"字。伯峻案："四""三"两字古皆积画而成，因以致误，此当依左传改正。观章末卢解，卢所见本亦作"三"。沈涛乃依此文改左传，是颠倒是非矣（沈氏说见交翠轩笔记卷三）。世说新语言语篇注亦引左传作"是生三牺，皆用之矣"，与今本左传合，可证。○释文云：长，张丈切。蜎，许缘切。蠕，而兖切。太古神圣之人，备知万物情态，悉解异类音声。会而聚之，训而受之，同于人民。故先会鬼神魑魅，〔注〕禹朝群神于会稽是也。○释文云：魑，丑知切。魅音媚。次达八方人民，末聚禽兽虫蛾。〔注〕百兽率舞是也。○释文云：尔雅云：有足曰虫，无足曰豸。一本作虫蚁。**言血气之类心智不殊远也。神圣知其如此，故其所教训者无所遗逸焉。**〔解〕春秋介葛卢闻牛鸣，知生三牺牲；禹朝群神，舜百兽，则其事也。○秦恩复曰：卢解"百兽"下当脱"率舞"二字。○孙诒让曰：解"舜"下挩一"舞"字。"舜舞百兽"与上"禹朝群神"句正相对，秦谓脱"率舞"二字，非。

宋有狙公者，〔注〕好养猿猴者，因谓之狙公也。○释文云：狙，七余切。狙公，养狙公也。好，呼报切。**爱狙；养之成群，能解狙之意；**○释文云：解音蟹。**狙亦得公之心。损其家口，充狙之欲。俄而匮焉，将限其食。恐众狙之不驯于己也，**〔注〕驯音唇。○释文云：驯音唇。**先诳之曰："与若芧，**〔注〕芧，栗也。○释文云：芧音序，橡子也。**朝三而暮四，足乎？"众狙皆起而怒。俄而曰："与若芧，朝四而暮三，足乎？"众狙皆伏而喜。物之以能鄙相笼，皆犹此也。**○吴闿生曰：鄙读为否。○释文云：能鄙相笼一本作智鄙相笼。伯峻案：疑作"智"者是，下文"以智笼群愚、众狙"正承此而言。**圣人以智笼群愚，亦犹狙公之以智笼众狙也。名实不亏，**○"名实"北宋本作"若实"，汪本从之，今依藏本、秦刻本、世德堂本订正。庄子齐物论作"名实未亏"。○释文"不"作"未"，云：名实未亏，一本作若实未亏也。**使其喜怒哉！**〔解〕含识之物虽同有其神，而圆首方足，人最为灵智耳。智之尤者为圣为贤，才之大者为君王。圣人随才而任，各得其宜。无小无大，各当其分。既无弃人，亦无弃物。笼之以智，岂独众狙也？

纪渻子为周宣王养斗鸡，○藏本作"纪消子"，秦本同，今依北宋本、吉府本、御览九一八及类聚九十一引正。庄子达生篇同。伯峻案：左传昭二十五年，季郈之鸡斗，季氏介其鸡，郈氏为之金距。吕氏春秋去宥篇、淮南子人间训同有此文。古之斗鸡，犹今之斗蟋蟀也。古乐府及陶潜归园田居云，"鸡鸣桑树颠。"杜子美羌村三首云，"群鸡正乱叫，客至鸡斗争。驱鸡上树木，始闻叩柴荆。"唐时鸡犹能上树木，今则鲜能矣。近代广东及湘南尚有斗鸡者。○释文"纪渻子"作"纪消子"，云：姓纪名消，或作渻，所景切。为，于伪切。十日而问："鸡可斗已乎？"曰："未也；方虚骄而恃气。"〔注〕无实而自矜者。十日又问。曰："未也；犹应影响。"〔注〕接悟之速。○卢文弨曰：注"速"藏本作"迅"。○释文"速"作"迅"，云：响音响。李颐云：应响鸣，顾影行。迅，峻信二音，一本作速。十日又问。曰："未也；犹疾视而盛气。"〔注〕常求敌而必己之胜。十日又问。曰："几矣。鸡虽有鸣者，已无变矣。〔注〕彼命敌而我不应，忘胜负矣。望之似木鸡矣。其德全矣。〔注〕至全者更不似血气之类。异鸡无敢应者，反走耳。"〔注〕德全者，非但己无心，乃使外物不生心。郭象曰：养之以至于全者，犹无敌于外，况自全乎？〔解〕恃气以自矜，非必胜之道。应物疾速如影响者，为物所转，未必自得也。疾视盛气者，机心未忘也。唯忘形神，全死生，不知变者，斯乃无敌于外物也。

惠盎〔注〕惠盎，惠施之族。○淮南子道应训"惠盎"作"惠孟"，下同。注文道藏本作"惠施之孙"。张注本吕览顺说注，"孙"字误。○释文云：盎，阿浪切。**见宋康王**。伯峻案：吕览顺说篇高注云："康王，宋昭公曾孙，辟公之子，名偃。立十一年，僭号称王。四十五年，大为不道，故曰宋子不足仁义者也。齐湣王伐灭之。"毕沅曰：梁伯子云注"名侵"当是"偃"字之讹。"四十五年"与禁塞篇注"四十七年"又异，其实六十一年也。○释文云：见，贤遍切。**康王蹀足謦欬，**○吴闿生曰：以蹀为跌。伯峻案：六朝人多言"蹀足"，而有数解。梁书昭明太子传"骧蹀足以酸嘶，挽凄锵而流泫"。以古代丧车歌车不得疾驰，则此"蹀足"当作慢步解。颜延之赭白马赋"眷西极而骧首，望朔云而蹀足"，此"蹀足"又当作疾驰解。○释文云：蹀音牒。謦，口顶切。欬音慨。**疾言曰："寡人之所说者，**○释文云：说音悦，下同。

勇有力也,不说为仁义者也。客将何以教寡人?"惠盎对曰:"臣有道于此,使人虽勇,刺之不入;○释文云:刺,七亦切。虽有力,击之弗中。○释文云:中,丁仲切,下同。大王独无意邪?"宋王曰:"善;此寡人之所欲闻也。"惠盎曰:"夫刺之不入,击之不中,此犹辱也。臣有道于此,使人虽有勇,弗敢刺;虽有力,弗敢击。夫弗敢,非无其志也。臣有道于此,使人本无其志也。夫无其志也,○道藏白文本、林希逸本"也"并作"者"。未有爱利之心也。臣有道于此,使天下丈夫女子莫不驩然皆欲爱利之。○释文云:驩音欢。此其贤于勇有力也,四累之上也。大王独无意邪?"〔注〕处卿大夫士民之上,故言四累也。○光聪谐曰:四累之上,一累谓刺不入、击弗中,二累谓弗敢刺、弗敢击,三累谓使人本无其志,四累谓使天下皆欲利之。○胡怀琛说同。○陶鸿庆曰:此文当以此其贤于勇有力也四累之上也十三字连读。四累总上文四事而言。勇有力,一也;刺之不入,击之不中,二也;弗敢刺,弗敢击,三也;本无击刺之志,四也。今所言者,既无其志而又有爱利之心,故在四累之上。累,层累也,犹言四层之上也。淮南子道应训引此文,高注云,"此上凡四事皆累于世,而男女莫不欢然为上也",义亦未晰。○吴闿生曰:四累之上即上文所言四者,注误。宋王曰:"此寡人之所欲得也。"〔解〕刺不入击不中,一也;不敢刺不敢击,二也;本无击之心,三也;使男女驩然爱利之,四也。如此四重,取其上者,何如耶? 故宋王倾意欲闻之。惠盎对曰:"孔墨是已。〔解〕此明智以齐物,崇教以化人,皆道之馀事陟乎德者。孔丘墨翟无地而为君,○释文云:翟音狄。墨翟,宋大夫也,在孔子后,著书七十一篇,崇孝尊鬼,强本节用,亦救世之难;有攻守之术。无官而为长;○秦本"官"作"宫"。○释文云:长,张丈切。天下丈夫女子莫不延颈举踵而愿安利之。今大王，万乘之主也；○"万乘"吕览作"千乘"。诚有其志，则四竟之内○秦本"竟"作"境"。○释文云：竟音境。皆得其利矣。其贤于孔墨也远矣。"宋王无以应。惠盎趋而出。宋王谓左右曰："辩矣，客之以说服寡人也！"〔解〕此崇道以明德，垂迹以利人。众徒见孔墨之教传，岂知隐道以彰德？所以问津不群于鸟兽，此其大旨也。伯峻案：解"问津不群于鸟兽"，乃用论语微子篇使子路问津，夫子怃然曰，鸟兽不可与同群事，而不合论语原旨。○释文云：说如字，又音税。服寡人也一本作晓寡人也。

列子集释卷第三

周穆王第三〔注〕夫禀生受有谓之形,俛仰变异谓之化。神之所交谓之梦,形之所接谓之觉。原其极也,同归虚伪。何者?生质根滞,百年乃终;化情枝浅,视瞬而灭。神道恍惚,若存若亡;形理显著,若诚若实。故洞监知生灭之理均,觉梦之涂一;虽万变交陈,未关神虑。愚惑者以显昧为成验迟速而致疑,故窃然而自私,以形骸为真宅。孰识生化之本归之于无物哉?〔解〕天地成器,无所不包。人生其中,但保其有;曾不知神为形主,无制于有。圣人所以养其本,愚者但知养其(原脱一字)。形约以为生,贪生而不识生之主;形谢以为死,不知神识之长存。迷者为凡人,悟者通圣智。惑者多矣,故先说悟者以辩之。○汪莱曰:解"无制于有"当作"有制于无"。○秦恩复曰:解"形约"上脱"末"字。伯峻案:注"洞监(鉴)"下当有"者"字。○释文"视瞬"作"视瞚","恍惚"作"怳惚",云:俛音免。觉音教。怳,况往切。惚音忽。

周穆王时,○释文云:周穆王名满,昭王子也。**西极之国有化人来**,〔注〕化幻人也。伯峻案:书钞一二九,御览一七三、六二六引"西极"并作"西域"。类聚六二引作"西胡"。○释文云:幻,胡办切。**入水火,贯金石**;○释文云:贯音官,穿也。**反山川,移城邑;乘虚不坠**,○释文"坠"作"隧",云:隧音坠。**触实不硋**。○释文云:硋音碍。**千变万**

化,不可穷极。既已变物之形,又且易人之虑。〔注〕能使人暂忘其宿所知识。**穆王敬之若神,事之若君。**〔解〕凡人之虑不过嗜欲、忧憎、名利、仁义矣,化人今反其真,故云易也。化人者,应物之身也。穷理极智,应用无方,千变万化,未始有极者也。**推路寝以居之,引三牲以进之,选女乐以娱之。化人以为王之宫室卑陋而不可处,王之厨馔腥蝼而不可飨,**〔注〕蝼,蛄臭也。○胡怀琛曰:"蝼"应作"偻"。"偻"字与下"膻"字互讹。应作"王之宫室卑陋而不可处,厨馔腥膻而不可飨,嫔御偻恶而不可亲。"○释文云:腥音星。蝼音楼。飨音享。周礼天官内饔"腥不可食者,马黑脊而般臂蝼",郑玄云:"般臂,毛自有文也。蝼,蛄臭。"今读者宜依周礼饔食。按隋秘书王邵读书记云,蝼蛄古本多作女旁者,方言亦同。饔音邕。般音斑。伯峻案:今本方言仍作"蝼蛄",不作女旁。**王之嫔御膻恶而不可亲。**〔解〕陋王之宫室,腥王之厨膳,膻王之嫔御者,明化人不贵声色滋味及居处也。○俞樾曰:膻当作亶,言臭恶而不可亲也。广雅释器:"亶,臭也。"○释文云:膻音羶。**穆王乃为之改筑。**○王叔岷曰:容斋四笔三引"筑"下有"宫室"二字。**土木之功,**○释文"乃"作"迺",云:迺古乃字。为,于伪切。**赭垩之色,**○释文云:赭音者,赤色。垩音恶,白土也。**无遗巧焉。五府为虚,**○释文云:周礼:太府掌九贡九职之货贿,玉府掌金玉玩好,内府主良货贿,外府主泉藏,膳府主四时食物者也。**而台始成。其高千仞,临终南之上,**○释文云:终南,山名,在京兆。**号曰中天之台。简郑卫之处子娥媌靡曼者,**〔注〕娥媌,妖好也。靡曼,柔弱也。○释文云:媌音茅。好而轻者谓之娥,自关而东、河齐之间谓之媌,或谓之妖。曼音万。**施芳泽,正娥眉,**○"娥"各本作"蛾"。○王重民曰:吉府本"蛾"作"娥"。娥正字,蛾俗字也。方言:"娥,好也;秦晋之间好而轻者谓之娥"。此娥眉本字。形若蚕蛾之说始于颜师古汉书注,盖以诗卫风硕人"蝼首蛾眉"蝼蛾相对,既误以蝼为蜻蜻,因此以蛾为蚕蛾;而不知蝼当为颔,蛾当为娥也。楚辞大招:"娥眉曼只。"枚乘七发:"皓齿娥眉。"张衡思玄赋:"嫮眼娥眉。"并作"娥"。伯峻案:王此说乃本陈奂毛诗传疏说,是也。今从吉府本。○释文云:娥音俄。**设笄珥,**〔注〕笄,首饰;珥,瑱也。○释文云:笄音鸡。珥音饵,瑱也,冕上垂玉以塞耳也。瑱,他见切。**衣阿锡,**〔注〕阿,细縠;锡,细布。○胡怀琛曰:锡通緆。阿谓齐东阿县,见李斯传徐广注。阿锡与齐纨对文。阿确谓东阿,张注非也。○释文云:衣,於既切。縠音斛。**曳齐纨。**〔注〕齐,名纨所出也。○释文云:曳音裔。齐纨,范子云:"白纨素出齐鲁。"**粉白黛黑,**○释文云:黛音代。**佩玉环。杂芷若**〔注〕芷若,香草。○释文云:芷音止。**以满之,**〔注〕充满台馆。**奏承云、六莹、九韶、晨露以乐之。**〔注〕承云,黄帝乐;六莹,帝喾乐;九韶,舜乐。晨露,汤乐。○释文"九韶"作"九招",云:莹,乌定切,又音茎。招本作韶,市昭切。乐音洛。○任大椿曰:离骚经"奏九歌而舞韶兮",补注:"山海经,夏后开始歌九招。开即启也。竹书云,夏后启舞九韶。"招韶古多通**。月月献玉衣,旦旦荐玉食。**〔注〕言其珍异。○"月月"世德堂本作"日月",非。**化人犹不舍然,**○释文云:舍音释。**不得已而临之。**〔解〕王不达其意,更崇饰之。化人犹不释然,明心之不在此也。○秦恩复曰:解"之"字衍文。**居亡几何,**○释文云:亡音无。几,居岂切。**谒王同游。**○释文云:谒,请也。**王执化人之袪,**〔注〕袪,衣袖也。○释文云:袪音墟。**腾而上者,中天乃止。**○释文云:上,时掌切。**暨及化人之宫。**○王重民曰:"暨、及"同义,于文为复,盖后人附注"及"字于"暨"之下而误入正文者。类聚六十二、初学记二十七、御览八百十二引并无"及"字。○王叔岷曰:北山录一圣人生篇、文选左太冲魏都赋注、御览一七三引亦并无"及"字。○释文云:暨,其器切。**化人之宫**

构以金银,络以珠玉;出云雨之上,而不知下之据。○王叔岷曰:北山录一圣人生篇引"据"上有"所"字,文意较完,当从之。望之若屯云焉。耳目所观听,鼻口所纳尝,皆非人间之有。王实以为清都、紫微、钧天、广乐,帝之所居。〔注〕清都、紫微,天帝之所居也。传记云:"秦穆公疾不知人,既寤,曰:我之帝所甚乐,与百神游钧天广乐,九奏万舞,不类三代之乐,其声动心。"一说云赵简子亦然也。伯峻案:注云云见史记扁鹊仓公传。○释文"穆"作"缪",云:广乐之乐音岳,注同。甚乐之乐音洛。缪音穆。王俯而视之,其宫榭若累块积苏焉。○释文云:块,口对切。苏,樵人。伯峻案:释文"人"字疑"也"字之误。世德堂本改作"也"。王自以居数十年不思其国也。〔注〕所谓易人之虑也。〔解〕中天,至灵之心也。以穆王未能顿忘其嗜欲,故化以宫室之盛,夺所重之心焉。化人复谒王同游,○释文云:复,扶又切。所及之处,○释文云:处,昌據切。仰不见日月,俯不见河海。光影所照,○王叔岷曰:北山录一圣人生篇引"影"作"彩"。王目眩不能得视;○释文云:眩音悬。音响所来,王耳乱不能得听。百骸六藏,悸而不凝。○释文云:悸,其季切。意迷精丧,○释文云:丧,息浪切。请化人求还。〔注〕太虚恍惚之域,固非俗人之所涉。心目乱惑,自然之数也。化人移之,〔注〕移犹推也。王若殒虚焉。〔注〕殒,坠也。〔解〕至极之理,即化人所及之处也。万象都尽也,何日月江海之可存?众昏皆除也,何光景之能有?此俗形所不能止,常心所未曾知。常恋未忘,故请归也。○"殒"各本亦作"碩"。汪莱云:解"光景"上脱"音响"二字。○释文"殒"作"碩",云:音陨,落也。既寤,所坐犹嚮者之处,○释文云:嚮音向。侍御犹嚮者之人。视其前,则酒未清,肴未昲。〔注〕扶贵切。○释文云:昲,扶贵切。方言:昲,乾物也。又音沸。王问所从来。左右曰:"王默存耳。"由此穆王自失者三月而复。○释文云:三月而复为句,一本作不复。**更问化人。**〔注〕问其形不移之意。〔解〕亡攀缘之虑,入寂照之方。一念之间,万代所不及。至人之域,岂更别有方?圣故酒未清肴未晞,左右见王之默坐而都无所往来,王因坐忘三月不敢问矣。○秦恩复曰:解中"圣"字误,或衍文也。伯峻案:解"肴未晞"秦本"未"作"夫",今依四解本订正。**化人曰:"吾与王神游也,形奚动哉?**〔注〕所谓神者,不疾而速,不行而至。以近事喻之,假寐一昔,所梦或百年之事,所见或绝域之物。其在觉也,俛仰之须臾,再抚六合之外。邪想淫念,犹得如此,况神心独运,不假形器,圆通玄照,寂然凝虚者乎?○释文云:觉音教。**且曩之所居,**○释文云:曩,乃朗切。**奚异王之宫?曩之所游,奚异王之圃?王闻恒有,疑暂亡。**〔注〕彼之与此,俱非真物。习其常存,疑其暂亡者,心之惑也。○秦本作"王閒恒疑攉亡",各本"恒"下无"有"字,今从世德堂本增。閒,习也。恒有即注所谓"常存"。"閒恒有""疑暂亡"相对成文。○释文云:閒音闲。谓习其常存也,一本无有字。**变化之极,徐疾之间,可尽模哉?"**〔注〕变化不可穷极,徐疾理亦无间,欲以智寻象模,未可测。〔解〕夫神之异形,此益明矣。王但闲习常见,故有疑于暂亡。若夫至道之人常亡其形者,复何疑哉?神之变化徐疾不可尽言。○释文"模"作"摸",云:摸音谟。**王大悦。不恤国事,**○释文云:恤,思律切。**不乐臣妾,**〔注〕感至言,故遗世事之治乱,忘君臣之尊卑也。○释文云:治,直吏切。**肆意远游。**〔解〕庄子之论,夫贵道之人遗天下而不顾,是犹尘垢糠秕将犹陶铸尧舜也,孰肯以物为事乎?且声色嗜欲之溺也,岂有道之所耽玩乎?故王大悦其道,不恤国事,不乐臣妾也。远游者,忘于近习者也。○解"陶铸"本作"陶愔",今依四解本订正。**命驾八骏之乘,**○释文云:骏音俊。乘,实证切,下同。**右服䮉**〔注〕古骅字。**骝而左绿耳,**○世德堂本"鶾"作"鶷"。○孙诒让曰:鶾者,说文马部䮧字籀文作䮫,此变冎为旬,鬲为蒿,又左右互易,遂不可辨(本张文虎舒艺室随笔说,穆天子传作䮫,亦误)。○释文云:鶾音华。骝音留。鶾骝、绿耳,皆八骏名。○任大椿曰:穆天子传"右服䮫騮",注云:"疑骅騮字。"䮫字与鶾字形相近,可以互证。**右骖赤骥而左白㹥**,〔注〕古义字。○"义"世德堂本作"牺"。○洪颐煊曰:尔雅释畜,"马属回毛在肘后减阳"。"㹥"即"减"字。穆天子传作"左白仪",郭璞注,"古义字"。故注以牺释㹥,牺即仪字之讹,㹥非牺字。○孙诒让曰:白㹥,穆天子传两见,㹥一作义,一作仪。郭璞亦云,"古义字",与张注同。广雅释畜,马类有駼鹿,疑即駼之借字。今本作㹥,洪颐煊谓即尔雅释畜之减阳,虽形颇相近,然与穆传及张郭读并不合,恐未塙。○释文"㹥"作"牺",云:骖,七南切。骥音冀。牺音义。史记曰:"造父为穆王得骅騮、绿耳、赤骥、白牺之马,御以游巡,往见西王母,乐而忘归",与穆天子传略同。郭璞注云,"皆毛色以为名也"。后有渠黄、逾轮、盗骊、山子,为八骏也。**主车则造父为御,禼䚵为右**;〔注〕上齐下合,此古字,未审。○孙诒让曰:"禼"释文作"䨅",云:䨅音泰,篆作㒲。䨅当作㒤,上从大从叔,与齐字上半形近;下从水而变为合,则失之远矣。殷云篆作㒲,亦传写之误。张注旧本当与释文同,故注云"上齐下合"。此注本当著"䨅"下,谓其字上从齐(依释文本实从齐省),下从合。古字书无此文,形声皆不可说,故云未审。盖张殷本虽讹㒤为䨅,而音泰则自不误。上齐下合之云,自专释䨅字之形,本与音不相涉,与䚵字尤不相涉也。自别本讹䨅为禼(上齐变为卤,下合变为冏),既失其齐合之形,而孤存此注;又误移著于"䚵"字下。读者不见故书,无从索解,遂以其释䨅字之形者析而为禼䚵二字之音。其误于释文引或本,(殷本䨅字尚未讹,疑不当绝无辩正。或释文此条为陈景元所增窜与?)而丁度集韵、韩道昭五音集韵并袭其说。于齐纽收禼字,合纽收䚵字,盖古书之重悂驰缪失其本始有如是者。(玉篇弓部有䚵字,云:胡阁切,会也。亦即䚵字之讹。此必非顾野王之旧,盖宋人所妄增也。)"䚵"释文引石经作"冏"(此据魏三体石经,古文丙字也。郭忠恕汗简及洪氏隶续所载石经残字并无此字。今无考），亦不成字。以意推之，石经古文疑当本作丙（阮元积古斋钟鼎款识周舀鼎，叟字作叟，丙正作此形。石鼓文乙鼓鳐字省从丙，形尤完备），盖重象丙字之形（古籀多重形，如五作𠄡、贝作賏，车作轝之类是也），隶写当作丙，传钞賈乱，变上丙为凨，下丙为只，遂不可辨识。字林作西，则当作丙，此正丙字篆文，下误增一画耳。穆天子传作"禸禸为右"，亦传写之误。又案："主车则造父为御"，造父既为御，不当复主车。此主车则下当有王字。盖王乘车，即王为主车；下次车王不乘，故别以柏夭为主车也。穆天子传作"天子主车"，是其塙证。今本挩一王字，遂似主车与御为一，与下次车不相应矣。○王叔岷曰：今本挩一"王"字是也。惟"王"字似当在"主车"上，"王主车"与下文"柏夭主车"句法一律。○释文"禼"作"蹙"，云：造，七到切。父音甫。史记云：周穆王乘骅骝、绿耳，使造父为御，日行千里。蹙音泰，篆作㐱。禼音丙，石经作禼。字林云隐作卣，本作禼禼，音上齐下合，于义无取焉。淮南子云：钳且泰丙之御也，除辔衔，弃鞭策。高诱云：皆古之得道善御也。钳，其炎切。且，子余切。○任大椿曰："蹙"作"禼"。宋陈景元序云，"禼禼"乃"泰丙"二字，则景元所见本作"禼"不作"蹙"，与今本同。独释文作蹙，犹存古字。吴任臣云，"石林燕语，唐王起不识蹙禼二字，今考列子禼音丙，蹙字未见所出。又王世贞作蹙禼二字，似误。"吴任臣知"禼"字之出列子，而谓"蹙"字未见所出，则以任臣但见今本列子，未见敬顺释文耳。考通雅引屠纬真序曰：唐辨"禼蹙"止存王起，王元美、胡名瑞作"蹙"（即"蹙"字之讹）禼（即禼字之讹），然则王起所见者"禼蹙"犹作"蹙禼"，故云不识"蹙禼"二字。证之敬顺释文亦作蹙禼，可见唐时旧本"禼"多作"蹙"。王元美、胡名瑞作"蹙禼"，虽为"蹙禼"二字传写之讹，而释文旧本之作"蹙禼"转可藉以考镜。惟是释文于"禼"字之下又云本作"禼"，"禼"音"上齐下合"，于义无取。盖敬顺谓"蹙禼"别本作"禼禼"，上禼音齐，下禼音合，是不特蹙禼异文，并禼禼之读齐合与蹙禼之读泰丙亦异。五音集韵：禼，徂奚切，与齐同纽；禼，壶腊切，与盍同纽。此即一本作禼音齐，作禼音合之明证。但淮南子作太丙，而此音齐合，于义无所取，故定本作蹙，音泰;作觑,音丙,不从别本耳。又考穆天子传:"窗窗为右。""窗"与"离"相近,"窗"与"觑"相近,故传写讹误。○孙诒让曰:释文字林云隐,"云"当作"音",一切经音义六引字林音隐,即此书也。各本并误作"云",任氏亦未校正。**次车之乘,右服渠黄而左逾轮,左骖盗骊而右山子,**○蒋超伯曰:尔雅马属有小领盗骊,广雅作馻骠,玉篇作桃骠,史记秦纪作温骊,皆盗骊之异文。○释文云:骊,力移切。盗骊即荀子之纤离者也(荀子纤离见性恶篇)。**柏夭主车,**○释文云:夭,於表切。郭璞云:柏夭,人姓名。**参百为御,奔戎为右。**○蒋超伯曰:奔戎据传(案即穆天子传)乃高氏掌七萃之士,而张湛注未详。**驰驱千里,至于巨蒐氏之国。**○汪中曰:巨蒐即禹贡之渠搜也。○释文云:巨蒐音渠搜,西戎国名。**巨蒐氏乃献白鹄之血以饮王,**○释文云:饮,於禁切。**具牛马之湩以洗王之足,**〔注〕湩,乳也。以己所珍贵献之至尊。**及二乘之人。**○释文云:湩,竹用切。洗,先礼切。乘,实证切。**已饮而行,遂宿于崑崙之阿,赤水之阳。**〔注〕山海经云:"昆仑山有五色水也。"○释文云:崑崙音昆论。山海经云:流沙之滨,赤水之后,黑水之前,有大山,名昆仑之丘。有人穴处,名曰西王母也。**别日升于崑崙之丘,**○各本无"于"字。○释文云:"丘"作"㐀",云:㐀古丘字。**以观黄帝之宫;**○释文云:陆贾新语:黄帝巡游四海,登昆仑山,起宫,望于其上。**而封之以诒后世。**○释文云:诒音怡,传也。**遂宾于西王母,**○释文云:河图玉版云:西王母居昆仑山。纪年云:穆王十七年西征,见西王母,宾于昭宫。**觞于瑶池之上。**〔注〕西王母,人类也。虎齿蓬发,戴胜善啸也。出山海经。**西王母为王谣,**〔注〕徒歌曰谣。诗名白云。○释文云:为,于伪切。**王和之,**〔注〕和,答也。诗名东归。○释文云:和,胡卧切。**其辞哀焉。西观日之所入。**〔注〕穆天子传云:"西登弇山。"○"西"本作"迺"。○王引之曰:焉犹于是也,乃也,则也。招魂曰:"巫阳焉乃下招。"远游篇曰,"焉乃游以徘徊。"列子周穆王篇曰"焉迺观日之所入"。此皆古人以焉乃二字连文之证。○王重民曰:王说非是。"迺"本作"西",字之误也。焉字仍当属上为句。张注引穆天子传云"西登弇山",按郭璞穆天子传注曰,弇兹山,日所入也。弇山在瑶池之西,为日所入处,张氏引之正以释西观之义,御览三引作"西观日所入处",文虽小异,"西"字尚不误。吉府本正作"西"。伯峻案:王重民说是。迺西形近而讹,今从吉府本改正。○释文云:弇音奄。○蒋超伯曰:坊本穆天子传残阙不完,惟郭璞山海经注所引文义较足。其引传曰:"吉日甲子,宾于西王母,执玄圭白璧以见西王母,献锦组百缕,金玉百斤。西王母再拜受之。乙丑,天子觞西王母于瑶池之上。西王母为天子谣曰:白云在天,山陵自出。道里悠远,山川间之。将子无死,尚复能来。天子答之曰:予还东土,和理诸夏。万民均平,吾顾见汝。比及三年,将复而野。西王母又为天子吟曰:徂彼西土,爰居其所。虎豹为群,鸟鹊与处。嘉命不迁,我为帝女。彼何世民,又将去子。吹笙鼓簧,中心翱翔。世民之子,惟天之望。天子遂驱升于弇山,乃纪迹于弇山之石而树之槐,眉曰西王母之山。"**一日行万里。**○释文作"万行",云:行读为里。**王乃叹曰:"於乎!** ○释文"乎"作"于",云:於于音鸣呼,又作乎。**予一人不盈于德而谐于乐。**〔注〕谐,辨。**后世其追数吾过乎!"**〔注〕自此已上至命驾八骏之乘事见穆天子传。○释文云:数,色句切,责也。**穆王幾神人哉!**〔注〕言非神也。○吴闿生曰:幾当读为岂,观下文"幾虚语哉"可证。○释文云:幾音岂。**能穷当身之乐,**○释文云:乐音洛。**犹百年乃徂,**〔注〕知世事无常,故肆其心也。伯峻案:晋书束皙传引竹书纪年云"自周受命至穆王百年",世因误谓穆王享寿百年。**世以为登假焉。**〔注〕假字当作遐,世以为登遐,明其实死也。〔解〕择翘骏,拣贤才,应用随方。不限华夷之国,唯道所趣。不远轩辕之宫,穷天地之所有,极神知之所说。不崇德以矜用,方乐道以通神。千载散化而上升,世俗之人以为登遐焉矣。○秦恩复曰:解"骰"字书所无。集韵有骰字,音奇,即古跂字,于义难通。○孙诒让曰:解"骰化"当作"肢化",肢化犹言尸解也。秦引集韵骰为古跂字,非此义。○释文云:假音遐。

老成子学幻于尹文先生, ○王重民曰:御览七百五十二引作"考成子",与释文本同。○释文"老"作"考",云:考成子一本作老成子,著书十八篇。○任大椿曰:姓氏急就篇,"老成氏,世本有宋大夫老成方,列子老成学幻于尹文,艺文志有老成子",然则伯厚所见列子本作"老成子",与今本同。**三年不告。老成子请其过而求退。尹文先生揖而进之于室。屏左右而与之言曰:** ○释文云:屏,必郢切。**"昔老聃之徂西也,** ○释文云:聃,吐蓝切。**顾而告予曰:有生之气,有形之状,尽幻也。造化之所始,阴阳之所变者,谓之生,谓之死。穷数达变,因形移易者,谓之化,谓之幻。**〔注〕穷二仪之数,握阴阳之纪者,陶运万形,不觉其难也。**造物者其巧妙,其功深,固难穷难终。**〔注〕造物者岂有心哉?自然似妙耳。夫气质愦薄,结而成形,随化而往,故未即消灭也。○陶鸿庆曰:张注未得妙字之义。妙之本字当为眇,亦作玅。道德经上篇,"常无欲以观其妙",王注云:"妙者,微之极也。"其巧妙,言其巧微妙不可知也;与下文"因形者其巧显其功浅"相对为义。伯峻案:御览七二五引作"故难穷难终","固"作"故",于义较长。○释文云:愦,房吻切。**因形者其巧显,其功浅,故随起随灭。**〔注〕假物而为变革者,与成形而推移,故暂生暂没。功显事著,故物皆骇。**知幻化之不异生死也,始可与学幻矣。**〔注〕注篇目已详其义。○卢文弨曰:注"注"下藏本有"见"字。○王重民曰:与犹以也,说见释词。谓始可以学幻也。御览七百五十二引作"始可学夫幻矣",文异义同。**吾与汝亦幻也,奚须学哉?"**〔注〕身则是幻,而复欲学幻,则是幻幻相学也。〔解〕夫形气之所变化,新新不住,何殊于幻哉?故神气所变者,长远而难知;法术之所造,从近而易见;乃不知乎难知者为大幻,易见者为小幻耳。若知幻化之不异生死,更何须学耳。○释文云:复,扶又切。**老成子归,用尹文先生之言深思三月;**○释文"深"作"淫",云:淫音深。○任大椿曰:楚辞九怀"汎淫兮无根",注云,"一作沉淫,犹深淫也"(战国燕策,其智深而虑沉。注云:沉犹深)。史记乐书:"声淫及商。"王肃曰:"声深淫贪商",此淫训为深之证也。又此书淫深二字多相通。黄帝篇,"彼将处乎不深之度",注云,"深当作淫"。淫读为深,深又读为淫,义相通也。**遂能存亡自在,幡校四时;**○吴闿生曰:幡校,播弄之意。○释文云:幡音翻。校音绞。顾野王读作翻交四时。**冬起雷,夏造冰。飞者走,走者飞。**〔注〕深思一时,犹得其道,况不思而自得者乎?夫生必由理,形必由生。未有有生而无理,有形而无生。生之与形,形之与理,虽精粗不同,而迭为宾主。往复流迁,未始暂停。是以变动不居,或聚或散。抚之有伦,则功潜而事著;修之失度,则迹显而变彰。今四时之令或乖,则三辰错序。雷冰反用,器物蒸烁,则飞炼云沙以成冰澒。得之于常,众所不疑。推此类也,尽阴阳之妙数,极万物之情者,则陶铸群有,与造化同功矣。若夫偏达数术,以气质相引,俛仰则一出一没,顾眄则飞走易形,盖术之末者也。○注"冰澒"各本作"水顷",非。○释文云:烁音铄。澒音洪。**终身不箸其术,**○释文"箸"作"著",云:著,陟虑切。**故世莫传焉。**〔注〕日用而百姓不知,圣人之道也。显奇以骇一世,常人之事耳。〔解〕精乎神气之本,审乎生死之源,则能变化无方,此必然之理也。会须心悟体证,故不可以言语文字传者也。○俞樾曰:"故"卢重玄本作"固"。固与故通,此古本也。张湛本竟改作"故",转非古书之旧。**子列子曰:"善为化者,其道密庸,其功同人。**〔注〕取济世安物而已,故其功潜著而人莫知焉。○释文云:已音以。**五帝之德,三王之功,未必尽智勇之力,或由化而成。孰测之哉?"**〔注〕帝王之功德,世为之名,非所以为帝王也。揖让干戈,果是所假之涂,亦奚为而不假幻化哉?但骇世之迹,圣人密用而不显焉。○释文云:为之之为,于伪切。

觉有八征,○释文云:觉音教。**梦有六候。**〔注〕征,验也。候,占也。六梦之占,义见周官。○释文云:见,贤遍切。**奚谓八征?一曰故,**〔注〕故,事。**二曰为,**〔注〕为,作也。○陶鸿庆曰:故谓舍其旧,为谓图其新,与下文得丧、哀乐、生死皆相对为义。张注未晰。**三曰得,四曰丧,**○释文云:丧,息浪切。**五曰哀,六曰乐,**○释文云:乐音洛。**七曰生,八曰死。此者八征,形所接也。**○俞樾曰:当作"此八者形所接也",与下文"此六者神所交也"相对。○王重民曰:俞说是也。吉府本作"此八者征形所接也"。疑先误衍一"征"字,后人遂以意移"八"于"者"字之下,吉府本犹存其迹。○王叔岷曰:道藏高守元本引范致虚解云,"此八者形所接也",所见本与俞说合。稗编六五引作"此八者征形所接也",与吉府本合。征字非衍文,疑本作"此八征者,形所接也",与下文"此六候者神所交也"相对。今本下文"六"下既挩"候"字(详后),此文亦错乱不可读矣。宋徽宗义解云:"故曰,此八证者,形所接也"(以证诂征),所见本不误。**奚谓六候?一曰正梦,**〔注〕平居自梦。**二曰噩梦,**〔注〕周官注云:噩当为惊愕之愕,谓惊愕而梦。○释文云:噩音愕。**三曰思梦,**〔注〕因思念而梦。**四曰寤梦,**〔注〕觉时道之而梦。○释文云:寤音悟。**五曰喜梦,**〔注〕因喜悦而梦。**六曰惧梦。**〔注〕因恐怖而梦。**此六者,神所交也。**〔注〕此一章大旨亦明觉梦不异者也。○王叔岷曰:宋徽宗义解:"故曰,此六候者,神所交也"。是所见本"六"下有"候"字,与上文"此八征者形所接也"相对。当据补。草堂诗笺补遗四引"六"下有"梦"字,亦可证今本有挩文。伯峻案:据下卢解"然觉有八征、梦有六候""知八征、六候之常化",可以证成王叔岷说。**不识感变之所起者,事至则惑其所由然;识感变**

之所起者,事至则知其所由然。知其所由然,则无所怛。〔注〕夫变化云为皆有因而然,事以未来而不寻其本者,莫不致惑。诚识所由,虽谲怪万端,而心无所骇也。〔解〕夫虚心寂虑,反照存神,则能通感无碍,化被含灵矣。人徒见其用化之迹,不识夫通化之本也。何者?以其道密用而难知,其功成不异于人事,故五帝三王,人但知其智勇之力,不能识其感化而成之者也。然觉有八征、梦有六候者,生人之迹不过此矣。故、为、得、丧、哀、乐、生、死,形所接也;正、愕、思、寤、喜、惧,神所交也。形所接者,咸以为觉;神所交者,咸以为梦。而觉梦出殊,其于化也未始有别。知八征、六候之常化也,是则识其所由矣。夫知守神不乱而化之有由,则所遇征候,何所惊怛也?○释文云:怛,丁达切。谲音决。**一体之盈虚消息,皆通于天地,应于物类。**〔注〕人与阴阳通气,身与天地并形;吉凶往复,不得不相关通也。**故阴气壮,则梦涉大水而恐惧;**〔注〕失其中和,则濡溺恐惧也。○释文云:濡音儒。**阳气壮,则梦涉大火而燔焫;**〔注〕火性猛烈,遇则燔焫也。○"焫"各本并作"㷭",字之误也。礼记郊特牲:"既奠然后焫萧合膻芗。"释文云:"焫,如悦切。"敬顺释文正作"焫",亦取此音,可知唐时尚未误。玉篇有"㷭"字,而悦切,同爇,非顾氏原本,乃后人增窜,亦当据此校正也。惜古逸丛书玉篇残卷缺火部,无从证明矣。○释文云:燔音烦。焫,如悦切。**阴阳俱壮,则梦生杀。**〔注〕阴阳以和为用者也。抗则自相利害,故或生或杀也。○释文云:抗或作亢。**甚饱则梦与,甚饥则梦取。**〔注〕有馀故欲施,不足故欲取。此亦与觉相类也。○注"欲取"北宋本、汪本作"涉取",今从道藏本订正。**是以以浮虚为疾者,则梦扬;以沉实为疾者,则梦溺。藉带而寝则梦蛇,**○释文云:藉,慈夜切。**飞鸟衔发则梦飞。**〔注〕此以物类致感。○藏本"类"下有"而"字,注末有"也"字。**将阴梦火,将疾梦食。饮酒者忧,歌儛者哭。**〔注〕此皆明梦:或因事致感,或造极相反,即周礼六梦六义,理无妄然。〔解〕

神气执有则化随,阴阳所感则梦变。或曾极而为应,或像似而见迹,或从因而表实,或反理而未表情。若凝理会真,冥神应道者,明寂然通变,忧乐不能入矣。○陶鸿庆曰:饮酒者忧,歌舞者哭,两句之首皆当有"梦"字。伯峻案:陶说是也。庄子齐物论"梦饮酒者旦而哭泣,梦哭泣者旦而田猎",文虽小异,而有"梦"字则同。又案:解"或反理而未表情","未"字衍文。○释文云:造,七到切。**子列子曰:"神遇为梦,形接为事。**〔注〕庄子曰:其寐也神交,其觉也形开。伯峻案:御览三九七引作"故神遇为梦","子列子曰"四字作"故",又注引庄子见齐物论。今本"神交"作"魂交"。**故昼想夜梦,神形所遇。**〔注〕此想谓觉时有情虑之事,非如世间常语昼日想有此事而后随而梦也。**故神凝者想梦自消。**〔注〕昼无情念,夜无梦寐。**信觉不语,信梦不达;物化之往来者也。**〔注〕梦为鸟而戾于天,梦为鱼而潜于渊,此情化往复也。○注"戾"本作"厉",亦通。但处度用诗(小雅四月云,匪鹑匪鸢,翰飞戾天。匪鱣匪鲔,潜逃于渊),诗本作"戾",当以"戾"为正。今从藏本订。**古之真人,其觉自忘,其寝不梦;幾虚语哉?"**〔注〕真人无往不忘,乃当不眠,何梦之有? 此亦寓言以明理也。〔解〕夫六情俱用,人以为实;意识独行,人以为虚者,同呼为幻;梦行人以为梦为实者,同呼为真。是曾不知觉亦神之运,梦亦神之行。信一不信一,是不达者也。若自忘则不梦,岂有别理者乎? ○秦恩复曰:解疑有脱误。○汪莱曰:解"人以为虚者"上当增"人以为虚"四字。"梦行""为梦"四字衍。伯峻案:庄子刻意篇云:"圣人之生也天行,其死也物化。(中略)其寝不梦,其觉无忧。"(下略)大宗师篇略同。淮南子俶真训云:"夫圣人用心杖性依神相扶而得终始,是故其寐不梦,其觉不忧。"皆是此意。○释文云:幾音岂。

西极之南隅有国焉,○释文"隅"作"嵎",云:嵎与隅同。○任大椿曰:尔雅释水释文云:"隅又作嵎堣,同音鱼呴反。"说文:"嵎,封嵎之山,在吴楚之间汪芒之国。从山禺声。"徐锴按:国语"防风氏守封嵎之山者也。"今鲁语云:"汪芒氏之君,守封隅之山者也"。韦昭注:"封,封山;隅,隅山。"则嵎隅通,又史记夏本纪索隐曰,"今文尚书及帝命验并作禹铁",禹即嵎也。则嵎隅禹并通。**不知境界之所接,名古莽之国。**○释文云:莽,莫朗切。**阴阳之气所不交,故寒暑亡辨;**○"辨"或作"辩",下同。○释文云:亡音无,下同。**日月之光所不照,故昼夜亡辨。其民不食不衣而多眠。五旬一觉,以梦中所为者实,觉之所见者妄。四海之齐谓中央之国,**〔注〕即今四海之内。○陶鸿庆曰:齐,中央也。谓与为通用。伯峻案:上文云"名古莽之国",下文云"曰阜落之国",则此谓字当与"名""曰"同义,不当读为为。陶说疑未审。**跨河南北,**○释文云:跨,苦化切。**越岱东西,万有馀里。其阴阳之审度,故一寒一暑;**○俞樾曰:审度二字传写误倒,本作"阴阳之度审"。下句云"其昏明之分察,故一昼一夜。"度与分对,审与察对,以是明之。**昏明之分察,故一昼一夜。**○释文云:分,符问切。**其民有智有愚。万物滋殖,才艺多方。有君臣相临,礼法相持。其所云为不可称计。一觉一寐,以为觉之所为者实,梦之所见者妄。东极之北隅有国曰阜落之国。**○释文云:阜音妇。**其土气常燠,**○释文云:燠音郁。**日月馀光之照。其土不生嘉苗。其民食草根木实,不知火食,性刚悍,强弱相藉,**○释文云:藉音陵。伯峻案:藉不当有陵音。释文之意,盖以藉当训陵轹之陵(后汉书朱浮传注:陵轹犹欺蔑也),遂以陵音拟之。藉自有欺陵之意(史记田蚡传"今吾身在也,而人皆藉吾弟",注,藉,蹈也,践踏之也),不必改读也。此条疑景元所补。**贵胜而不尚义;多驰步,少休息,常觉而不眠。**〔注〕方俗之异,犹觉梦反用,动寝殊性,各适一方,未足相非者也。〔解〕故举此二国之异,而神之可会者未尝殊也。故知神理之契运不明梦觉衣食。苟嗜欲之不忘,则情系于俗矣。○陶鸿庆曰:"西极之南隅有国焉不知境界之所接名**古莽之国**"云云,"东极之北隅有国曰**阜落之国**"云云,以今地理学考之,南北二字当互易。

周之尹氏大治产,○释文云:治音持。**其下趣役者侵晨昏而弗息。**○秦本"趣"作"趍"。○释文云:趣音趋,下同。○任大椿曰:史记张仪传:"方将约车趋行。"正义:"趋音趣。司马迁传:"趣舍异路。"趣舍即趋舍也。汉书贾谊传:"趣中肆夏。"趣即趋。故敬顺释文云趣音趋也。伯峻案:趍俗趋字(见广韵十虞趋下及龙龛手鉴),与说文"赹赵"之"赹"(音池)形同而音义异。**有老役夫筋力竭矣,**伯峻案:管子轻重己篇云:"处里为下陈,处师为下通,谓之役夫。"役夫为贱者之称,故可为诟詈之辞。文元年左传云:"江芈怒曰:呼!役夫!宜君王之欲杀女而立职也。"**而使之弥勤。昼则呻呼而即事,**○释文云:呻呼音申吟,下同。伯峻案:呼不当有吟音,或文有脱误。不然,则疑敬顺盖以吟训呼,遂尔标音,不知其不合音理也。**夜则昏惫而熟寐。**○释文云:惫,蒲介切。**精神荒散,昔昔梦为国君。**○秦恩复曰:昔与夕声相近。伯峻案:诗云,"乐酒今昔",今昔,今夕也。穀梁传"日入至于星出谓之昔",昔即夕。管子云"旦昔从事",旦昔,旦夕也。皆昔夕相假之证。○释文云:昔昔,夜夜也。**居人民之上,总一国之事。游燕宫观,**○释文云:燕音宴。观,古乱切。**恣意所欲,其乐无比。**○释文云:乐音洛。**觉则复役。**○释文云:觉音教,下同。**人有慰喻其懃者。**○秦本"懃"作"勤"。役夫曰:"人生百年,昼夜各分。〔注〕分,半也。吾昼为仆虏,苦则苦矣;夜为人君,其乐无比。何所怨哉?"尹氏心营世事,虑锺家业,心形俱疲,夜亦昏惫而寐。昔昔梦为人仆,趋走作役,无不为也;数骂杖挞,无不至也。眠中㖞呓呻呼,〔注〕㖞,吾南反。呓音艺。○释文云:㖞,吾南切。呓音诣。㖞呓呻吟,并寐语也。**彻**

旦息焉。尹氏病之,以访其友。友曰:"若位足荣身,资财有馀,胜人远矣。夜梦为仆,苦逸之复,数之常也。〔注〕夫盛衰相袭,乐极哀生,故觉之所美,梦或恶焉。○释文云:恶,乌路切。若欲觉梦兼之,岂可得邪?"尹氏闻其友言,宽其役夫之程,减己思虑之事,○释文云:思音四。疾并少间。〔注〕此章亦明觉梦不异,苦乐各适一方,则役夫勤于昼而逸于夜,尹氏荣于昼而辱于夜。理苟不兼,未足相跨也。〔解〕夫劳形而逸其神者,则觉疲而梦安;劳神而役形者,则觉乐而梦苦。神者,生之主也;而人不知养神以安形。形者,神之器也;而人不知资形以逸神也。故形神俱劳,两过其分。若劳佚适中者,疾并少间矣。○注"则役夫"汪本作"明役夫",今从各本改。"适一方"或作"通一切"。○释文"跨"作"咵",云:少间,病差也。咵音誇。

郑人有薪于野者,遇骇鹿,御而击之,〔注〕御,迎。○释文云:御音讶,迎也。毙之。○释文云:毙音币。恐人见之也,遽而藏诸隍中,○释文云:隍音黄,无水池也。覆之以蕉。○黄生曰:蕉樵古字通用。取薪曰樵,谓覆之以薪也。庄子人间世:"死者以国量乎泽若蕉"。字与此同,谓死人骨如积薪也。今以蕉字为芭蕉用,而相如子虚赋但作巴且。○释文云:蕉与樵同。不胜其喜。○释文云:胜音升。俄而遗其所藏之处,遂以为梦焉。顺涂而咏其事。傍人有闻者,用其言而取之。既归,告其室人曰:"向薪者梦得鹿而不知其处;吾今得之,彼直真梦矣。"○"梦"下本有"者"字。○俞樾曰:此本作"彼直真梦矣","者"字衍文。卢重玄本无者字。伯峻案:俞说是也。今依秦刻卢重玄本、四解本删"者"字。室人曰:"若将是梦见薪者之得鹿邪?讵有薪者邪?今真得鹿,是若之梦真邪?"夫曰:"吾据得鹿,何用知彼梦我梦邪?"薪者之归,不厌失鹿。伯峻案:厌恹通。说文:"恹,安也。"诗小戎:"厌厌良人。"传云:"厌厌,安静也。"不厌失鹿犹言不甘心于失鹿。○释文云:厌音恹,又於艳切。**其夜真梦藏之之处,又梦得之之主。爽旦,案所梦而寻得之。遂讼而争之,归之士师。**○释文云:士师,掌五禁之法者。**士师曰:"若初真得鹿,妄谓之梦;真梦得鹿,妄谓之实。彼真取若鹿,而与若争鹿。**○陶鸿庆曰:"而与若争鹿"当作"而若与争鹿"。此云争鹿,指失鹿者言;下云今据有此鹿,指取鹿者言。故请二分之也。**室人又谓梦仞人鹿,**○吉府本、世德堂本"仞"作"认"。○释文云:仞一本作认。**无人得鹿。今据有此鹿,请二分之。"以闻郑君。郑君曰:"嘻!**○释文云:嘻音熙。**士师将复梦分人鹿乎?"**○释文云:复,扶又切。**访之国相。**○释文云:相,息亮切。**国相曰:"梦与不梦,臣所不能辨也。欲辨觉梦,唯黄帝孔丘。**〔注〕圣人之辨觉梦何邪?直知其不异耳。○释文云:邪,似遮切。直或作真。**今亡黄帝孔丘,**○释文云:亡音无。**孰辨之哉?**○俞正燮曰:史记正义引帝王世纪云:"黄帝梦大风吹天下尘垢皆去,又梦人执千钧之弩驱羊万群。帝寤而叹曰:风为号令,执政者也;垢去土,后在也。天下岂有姓风名后者哉?夫千钧之弩,异力者也;驱羊万群,能牧民为善者也。天下岂有姓力名牧者哉?于是依二占而求之,得风后于海隅,登以为相;得力牧于大泽,进以为将。黄帝因著占梦经十一卷。"其圆梦之法径情直遂而竟得之,可谓象罔得珠矣。灵枢有淫邪发梦篇。占梦经,艺文志有之。曰:黄帝长柳占梦。孔子两楹之梦见檀弓。辨梦言黄帝孔丘,此其义也。**且恂士师之言可也。"**〔注〕恂,信也,音荀。因喜怒而迷惑,犹不复辨觉梦之虚实,况本无觉梦也?〔解〕夫以为梦者,但妄识耳。神识之不审,则为妄梦焉。傍闻而取鹿者,亦不审也,此复为梦矣。得鹿者又梦而求鹿,以经狱官焉。其皆不审也,妄情同焉,故二分之。能了其妄者,其唯圣人乎! 若时无圣人,事无的当,故士师之以不了断不了,更为妄焉。○吴闿生曰:恂当为徇。伯峻案:说文:"恂,信心也。"文十一年左传"国人弗徇",杜注:"徇,顺也。"○释文云:恂音荀,信也。

宋阳里华子中年病忘,○释文云:华,胡化切。忘音望,不记事也。**朝取而夕忘,夕与而朝忘;在涂则忘行,在室则忘坐;今不识先,后不识今。**○王重民曰:"今不识先后不识今"二句有误,御览七三八引作"不识先后不识今古",近是。**阖室毒之。**○释文云:阖,胡臘切。毒,苦也。**谒史而卜之,弗占;**○吴闿生曰:弗占,弗验也。伯峻案:荀子赋篇"请占之五泰",杨倞注:"占验也。"**谒巫而祷之,弗禁;谒医而攻之,弗已。鲁有儒生自媒能治之,华子之妻子以居产之半请其方。**○陶鸿庆曰:居犹蓄也,谓其素所蓄积也。天瑞篇"没其先居之财",义与此同。**儒生曰:"此固非卦兆之所占,**〔注〕夫机理萌于彼,蓍龟感于此,故吉凶可因卦兆而推,情匿可假象数而寻。今忘者之心,泊尔钧于死灰,廓焉同乎府宅;圣人将无所容其鉴,岂卦兆之所占?○释文云:蓍音尸。匿,昵力切。泊音魄。鉴音鑑。**非祈请之所祷,**〔注〕夫信顺之可以祈福庆,正诚之可以消邪伪,自然之势也。故负愧于神明,致怨于人理者,莫不因兹以自极。至于情无专惑,行无狂僻,则非祈请之所祷也。○释文"自极"作"自拯",云:拯,蒸上声,本作极。行,下孟切。辟音僻。伯峻案:极,病困也。此魏晋人常语。浅人不明此义,乃改为拯字,义反而不可通。释文此条疑景元所加,非殷氏之旧。**非药石之所攻。**〔注〕疢痾结于府藏,疾病散于肌体者,必假脉诊以察其盈虚,投药石以攻其所苦。若心非嗜欲所乱,病非寒暑所伤,则医师之用宜其废也。○注"疢痾"或作"疾病",或作"疼痾",或作"疾痾"。又"假脉诊"北宋本作"攻脉诊","嗜欲"作"食欲"。义俱不长。○释文云:疢音救。痾音阿。藏,才浪切。诊,止忍切。**吾试化其心,变其虑,庶几其瘳乎!"**〔注〕大忘者都无心虑,将何所化？此义自云易令有心，反令有虑，盖辞有左右耳。○注"辞"或作"乱"，疑误。○释文云：瘳，丑鸠切。**于是试露之，而求衣；饥之，而求食；幽之，而求明。**〔注〕先夺其攻己之物以试之。**儒生欣然告其子曰："疾可已也。然吾之方密，**○释文云：然吾之方密为句。**传世不以告人。试屏左右，独与居室七日。"从之。**○释文云：从音纵。伯峻案："从"当读如字，谓依之也。释文误。**莫知其所施为也，**〔注〕儒者之多方，固非一涂所验也。**而积年之疾一朝都除。**〔注〕上句云使巫医术之所绝思而儒生独能已其所病者，先引华子之忘同于自然，以明无心之极，非数术而得复推；儒生之功有过史巫者，明理不冥足，则可以多方相诱。又欲令忘者之悟知曩之忘怀，实几乎至理也。〔解〕老子曰："为学日益，为道日损。损之又损之，以至于无为。"华子学道而忘其有，儒生学有以益其知。益其知者，是非必辩于目前；忘其有者，得丧不入于天府。岂占卜、医药所能痊之哉？于是儒生以多方诱其心，是非惑其虑。华子于是失道而后德，失德而后是非交驰于胸中，故坐忘之道失矣。○注"有过"下藏本有"乎"字。○汪莱曰：解"损之又损之"下"之"字衍。伯峻案：根据范应元道德经集注、彭耜道德经集注，古本都有两"之"字，与重玄所引同。则下"之"字非衍文。汪说误。○释文云：思音四。**华子既悟，乃大怒，黜妻罚子，操戈逐儒生。**伯峻案：左传僖二十三年云："姜曰：行也！怀与安，实败名。公子不可。姜与子犯谋，醉而遣之。醒，以戈逐子犯。"古人以戈为随身之兵，故古书屡言操戈也。○释文云：操，七刀切。**宋人执而问其以。华子曰："曩吾忘也，荡荡然不觉天地之有无。今顿识既往，数十年来存亡、得失、哀乐、好恶，扰扰万绪起矣。**○释文云：数，色主切。乐音洛。好，呼报切。恶，乌路切。**吾恐将来之存亡、得失、哀乐、好恶之乱吾心如此也，须臾之忘，可复得**

乎？"〔注〕疾病与至理相似者犹能若斯,况体极乎？〔解〕华子思反真而无从也,故怒其妻子以逐儒生也。○释文云：复,扶又切。**子贡闻而怪之,以告孔子。孔子曰："此非汝所及乎！"顾谓颜回纪之。**〔注〕此理亦当是赐之所逮,所以抑之者,欲寄妙赏于大贤耳。〔解〕子贡辩学之士,进取强学者也,故曰此非汝所及也。颜回好学亚圣,不违于仁者也,故令颜回记之者,用明道于大贤耳。○"纪"藏本作"记",两通。○释文"妙赏"作"妙当",云：当,丁浪切,一本作赏。

秦人逢氏有子,○释文作"逢",云：逢音庞。**少而惠,**伯峻案：御览四九〇引"惠"作"慧"。后汉书孔融传："将不早惠乎？"注云,"惠作慧",可证。○释文云：少,诗照切。**及壮而有迷罔之疾。**〔注〕惠非迷也,而用惠之弊必之于迷焉。○释文云：罔,文两切。**闻歌以为哭,视白以为黑,飨香以为朽,**〔注〕月令曰,其臭朽。○钱大昕曰：古人香与朽对,取其相反,犹味有甘苦也。月令："春之臭膻,夏之臭焦,中央之臭香,秋之臭腥,冬之臭朽。"**尝甘以为苦,**○"尝"世德堂本作"常"。○俞樾曰：常尝古通用。礼记少仪篇"马不常秣",释文曰,"常一本作尝"；尔雅释诂："尝,祭也。"释文曰,"尝字又作常",并其证也。列子原文借常为尝。道藏本易以本字,转非古书之旧矣。**行非以为是：意之所之,天地、四方,水火、寒暑,无不倒错者焉。**〔解〕夫矜于小智者,人以为慧；体道保和者,人以为愚。夫齐声色,忘水火者,非俗人之所辩,故以道为迷罔焉。**杨氏告其父曰："鲁之君子多术艺,将能已乎？汝奚不访焉？"其父之鲁,过陈,**○释文云：过音戈。**遇老聃,因告其子之证。老聃曰："汝庸知汝子之迷乎？今天下之人皆惑于是非,昏于利害。同疾者多,固莫有觉者。且一身之迷不足倾一家,一家之迷不足倾一乡,一乡之迷不足倾一国,一国之迷不足倾天下。天下尽迷,孰倾之哉?○王重民曰:倾字与上文不相应,盖正字之误。此老聃与逢氏之言,谓汝子迷罔之病非病也,今天下之人皆惑于是非,昏于利害,乃真病耳。特以同病者多,反不觉病。若天下尽如汝子之迷,尚孰求而正之哉?此因上文倾一家倾一乡等倾字而误。下文"哀乐声色臭味是非孰能正之"云云,正承此言。若作"倾",则非其义矣。御览四百九十引正作"正",可证。向使天下之人其心尽如汝子,○释文"向"作"乡",云:乡音向。汝则反迷矣。哀乐、声色、臭味、是非,孰能正之?○释文云:乐音洛。且吾之此言未必非迷,而况鲁之君子迷之邮者,〔注〕鲁之君子盛称仁义,明言是非,故曰迷之邮者也。○世德堂本"言"上无"此"字,御览四百九十引有"此"字。○汪中曰:邮尤通。○王重民曰:御览四百九十"邮"作"尤",当亦引者所改。伯峻案:尤邮古字通,可参看顾炎武日知录卷二十七尔雅注条。○释文云:邮音尤。焉能解人之迷哉?○释文云:焉,於虔切。荣汝之粮,不若遄归也。"〔注〕荣,弃也。此章明是非之理未可全定,皆众寡相倾以成辨争也。〔解〕荣,弃也。天下俗士甚多,悟道者少。众迷以嗤独智,翻以为迷。故老子云:"下士闻道大笑之。不笑不足以为道也。"今欲使赵竟之士正其是非者,失道弥远矣。鲁之儒生于忘形保神之道乃迷之甚者也,何能晓人之迷?尔不如弃汝路粮速归矣。○秦恩复曰:解"赵"字疑"趋"字之误。○牟庭曰:荀子议兵:"赢三日之粮。"注:"赢,负担也。"庄子胠箧:"赢滕而趋之。"释文:"赢,裹也。"方言:"攍,儋也。"然则赢滕谓缄滕而负之。列子荣亦赢之假音。○俞樾曰:张湛卢重玄注并训荣为弃,不知何据,殆非也。荣者对实而言,荣犹华也。尔雅释草曰,"木谓之华,草谓之荣。不荣而实者谓之秀,荣而不实者谓之英",是其义也。古人之词凡无实者谓之华。后汉书马融传注曰:"华誉,虚誉也。"训华为虚,则荣亦可为虚矣。荣汝之粮其虚费而无实用也。汉书扬雄传:"四皓采荣于南山。"师古曰:"荣者,声名也。"盖荣与实对,故亦可训名。以草木言之,则荣实也;以人事言之,则名实也,虚实也。其义固得通矣。○吴闿生曰:荣当与赢同,弃当为弄。伯峻案:俞说迂曲,牟说近是。○释文云:遄,士缘切。争音诤。

燕人生于燕,长于楚,○释文云:长,张丈切。**及老而还本国。过晋国,**○释文云:过音戈。**同行者诳之;**○释文云:诳,九况切。**指城曰:"此燕国之城。"其人愀然变容。**○释文云:愀,七小切。**指社曰:"此若里之社。"**○王重民曰:类聚三十四引"若"作"君",下同。伯峻案:御览五五八引"若"下有"若犹汝也"四字注。**乃喟然而叹。**○释文云:喟,丘愧切。**指舍曰:"此若先人之庐。"乃涓然而泣。**○释文云:涓,音泫,胡犬、胡绢二切。**指垄曰:"此若先人之冢。"其人哭不自禁。同行者哑然大笑,曰:**○释文云:哑,乌陌切。**"予昔绐若,**○俞樾曰:"昔"当为"皆",字之误也。○王重民曰:御览五百五十八引"昔"作"等"。伯峻案:昔字可通,不烦改字。○释文云:绐音待,欺也。**此晋国耳。"其人大惭。及至燕,真见燕国之城社,真见先人之庐冢,悲心更微。**〔注〕此章明情有一至,哀乐既过,则向之所感皆无欣戚者也。〔解〕夫人性相近习相远者,各随其情习所安也。生于燕者,未离其本也;长于楚者,安于所习也。所归于本而不之识,故伪薄者是人得之焉将所似而诱之,信者于是生惑也。反知不实,忘情以生惭。纵得见真,仍以为薄者,是非皆不相了,因人以惑其情焉。况今之君子,咸妄执晋国之城社也,宁知养神反本之至道哉?○"更"世德堂本作"便"。○汪莱曰:解"是人得之"四字当在"所归于本"上,"焉"字当在"识"字下。○释文云:微,少也;作彻者误。

列子集释卷第四

仲尼第四〔注〕智者不知而自知者也。忘智故无所知,用智则无所能。知体神而独运,忘情而任理,则寂然玄照者也。〔解〕此篇言证无为之道者,方可无所不为。世人但见圣人之迹,而不知所证之本也。学者徒知绝情之始,而不知皆济之用。皆失其中也。○释文"忘情"作"去情",云:去,丘吕切,一本作忘。

仲尼闲居,○释文云:仲尼,鲁国曲阜县人;颜氏祷尼丘山生,因名,字仲尼,周灵王二十一年庚戌岁生。闲音闲。伯峻案:释文"名"下疑挩"丘"字。**子贡入侍,**○释文云:子贡,端木赐,卫人,字子贡;利口巧辞。**而有忧色。子贡不敢问,**〔注〕子贡虽不及性与天道,至于夫子文章究闻之矣。圣人之无忧,常流所不及,况于赐哉?所以不敢问者,将发明至理,推起予于大贤,然后微言乃宜耳。○注"推起予"本作"惟起余",参照世德堂本及藏本正。"起予"乃用论语八佾"起予者商也"语。**出告颜回。**○释文云:颜回,鲁人,字子渊。**颜回援琴而歌。**○释文云:援音袁。**孔子闻之,果召回入,问曰:"若奚独乐?"**王重民曰:御览四百六十八又四百六十九引"独"上并有"敢"字。○释文云:乐音洛。**回曰:"夫子奚独忧?"**〔注〕回不言欲宣问,故弦歌以激发夫子之言也。○注"宣"藏本作"旨"。**孔子曰:"先言尔志。"曰:"吾昔闻之夫子曰:'乐天知命故不忧',回所以乐也。"**〔注〕天者,自然之分;命者,穷达之数也。○释文云:分,符问切,下同。**孔子愀然有间曰:**○释文云:愀,七小切;愀然,变色少时。"**有是言哉?**〔注〕将明此言之不至,故示有疑问之色。○道藏本注文"疑间"作"疑问"。**汝之意失矣。**○释文"失"作"夹",云:夹音狭,一本作失。○任大椿曰:夹音狭,故与狭通。据文义盖谓汝之意狭而未广也。管子霸言篇:"夫上夹而下苴。"注云:"上既狭则下为所包。"周礼司市释文:"广夹即广狭。"又广雅:"夹(古匣)、次、遒、迫、促,近也。"夹与迫促同训,则夹即狭也。后汉书驹骊传:"东西夹,南北长。"李贤注,"夹音狭",然则意夹即意狭。释文犹存古字。**此吾昔日之言尔,请以今言为正也。**〔注〕昔日之言,因事而兴;今之所明,尽其极也。**汝徒知乐天知命之无忧,未知乐天知命有忧之大也。**〔注〕无所不知,无所不乐,无所不忧,故曰大也。○王重民曰:御览四百六十八引"有"上有"之"字。**今告若其实:修一身,任穷达,知去来之非我,亡变乱于心虑,**○"亡"本作"止",今从藏本、世德堂本、秦本正。○释文云:亡音忘,一本作止。**尔之所谓乐天知命之无忧也。**〔注〕此直能定内外之分,辨荣辱之境,如斯而已,岂能无可无不可哉?〔解〕夫乐乎天知乎命而不忧戚者,是时济之道,非应用救物之事焉。仲尼曰:吾昔有此言,今则异于昔。**曩吾修诗书,正礼乐,**○释文云:曩,乃朗切。乐音岳,下同。**将以治天下,遗来世;**〔注〕诗书礼乐,治世之具;圣人因而用之,以救一时之弊;用失其道,则无益于理也。○释文云:遗,唯季切。**非但修一身,治鲁国而已。**〔注〕夫圣人智周万物,道济天下。若安一身,救一国,非所以为圣也。**而鲁之君臣日失其序,仁义益衰,情性益薄。此道不行一国与当年,其如天下与来世矣?**〔注〕治世之术实须仁义。世既治矣,则所用之术宜废。若会尽事终,执而不舍,则情之者寡而利之者众。衰薄之始,诚由于此。以一国而观天下,当今而观来世,致弊岂异？唯圆通无阂者，能惟变所适，不滞一方。○仲父曰："其如天下与来世矣"，如，如何也。省去何字，特为罕见。伯峻案：于省吾易经新证以为"矣"即诗召南采蘩"于以采蘩"之"以"，何也。○释文云：治，直吏切，下治乱同。舍音捨。阂音碍。**吾始知诗书、礼乐无救于治乱，而未知所以革之之方。此乐天知命者之所忧。**〔注〕唯弃礼乐之失，不弃礼乐之用，礼乐故不可弃，故曰，未知所以革之之方。而引此以为忧者，将为下义张本，故先有此言耳。〔解〕非诗书、礼乐不足以为治天下之法，而世之理论不由诗书、礼乐所能救焉。若去其法，又无以为礼之本也。此唯有道者之所深忧。伯峻案：御览四六八引"此乐天知命者之所忧"下有"也"字。○释文云：为，于伪切。**虽然，吾得之矣。夫乐而知者，非古人之所谓乐知也。**〔注〕庄子曰："乐穷通物非圣人。"故古人不以无乐为乐，亦不以无知为知。任其所乐，则理自无乐；任其所知，则理自无知。○"所谓"二字各本皆倒作"谓所"，今从吉府本正。伯峻又案：庄子大宗师篇云："故圣人之用兵也，亡国而不失人心；利泽施乎万世，不为爱人。故乐通物，非圣人也"，而注文引作"乐穷通物"，"穷"字当是衍文。**无乐无知，是真乐真知；**〔注〕都无所乐，都无所知，则能乐天下之乐，知天下之知，而我无心者也。**故无所不乐，无所不知，无所不忧，无所不为。**〔注〕居宗体备，故能无为而无不为也。**诗书、礼乐，何弃之有？革之何为？"**〔注〕若欲捐诗书、易治术者，岂救弊之道？即而不去，为而不恃，物自全矣。〔解〕知天命之所无可奈何而安其分以不忧者，君子之常心也。古之开物成务，济人利俗，则不然也。不安其乐，不任其知；先天而不违，后天而奉天时：是真乐真知也。若然者，故无不乐，无不知，故能无所不为矣。岂复委任之哉？是以诗书、礼乐诚可以助化之本也，革之者何为乎？○释文云：捐音缘。**颜回北面拜手曰："回亦得之矣。"**〔注〕所谓不违如愚者也。伯峻案："拜手"连文不辞。拜当作扞。扞又作拝，拜汗简作𢫷，扞拜形相近而误也。说文:"𠬝,竦手也,重文拜,扬雄说𠬝从两手。"即今拱字。荀子不苟篇"君子审后王之道而论于百王之前,若端拜而议"。王念孙校云:"拜乃𠬝之讹"。是其证例。**出告子贡。子贡茫然自失**,〔注〕未能尽符至言,故遂至自失也。**归家淫思七日,不寝不食,以至骨立。**〔注〕发愤思道,忘眠食也。**颜回重往喻之,乃反丘门,弦歌诵书,终身不辍。**〔注〕既悟至理,则忘馀事。〔解〕颜生亚圣之道,不违闻而得之矣。子贡因诗书以为智,故为言而失其所宗。回重喻之,乃悟为学之益,不知日损之道也。○注"忘"北宋本作"亡",汪本从之,今从藏本、世德堂本订正。

陈大夫聘鲁,○释文云:聘,匹正切。**私见叔孙氏。叔孙氏曰**:○世德堂本"曰"上无"氏"字。**"吾国有圣人。"曰:"非孔丘邪?"曰:"是也。""何以知其圣乎?"**〔注〕至哉此问!夫圣人之道绝于群智之表,万物所不窥拟;见其会通之迹,因谓之圣耳。岂识所以圣也?**叔孙氏曰:"吾常闻之颜回**〔注〕至哉此答!自非体二备形者,何能言其髣髴,瞻其先后乎?以颜子之量,犹不能为其称谓,况下斯者乎?○释文云:髴,芳味切。量音亮。称,尺证切,下同。**曰,'孔丘能废心而用形。'"**〔注〕此颜回之辞。夫圣人既无所废,亦无所用。废用之称,亦因事而生耳。故俯仰万机,对接世务,皆形迹之事耳。冥绝而灰寂者,固泊然而不动矣。〔解〕圣人应物而生,济时用,导群有以示迹,不显真以化凡焉。○释文云:泊音魄,下同。**陈大夫曰:"吾国亦有圣人,子弗知乎?"曰:"圣人孰谓?"曰:"老聃之弟子有亢**〔注〕古郎切,又音庚。**仓子者**,○释文云:亢仓音庚桑,名楚,史记作亢仓子。贾逵姓氏英览云:吴郡有庚桑姓,称为士族。段玉裁曰:贾逵姓氏英览必贾执姓氏英贤谱耳,见隋书经籍志。**得聃之道**,〔注〕老聃犹不言自得其道,亢仓于何得之?盖寄得名以明至理之不绝于物理者耳。**能以耳视而目听。"**〔注〕夫形质者,心智之室宇。耳目者,视听之户牖。神苟彻焉,则视听不因户牖,照察不阂墙壁耳。○蒋超伯曰:庄子杂篇作"老聃之役有庚桑楚者,偏得聃之道,以北居畏垒之山"。**鲁侯闻之大惊,**〔注〕不怪仲尼之用形,而怪耳目之易任。迹同于物,故物无骇心。**使上卿厚礼而致之。**○王重民曰:意林引作"以上卿礼致之",亢仓子全道篇作"使叔孙氏报聘,且致亢仓子,待以上卿之礼",与意林所引义合。伯峻案:今本亢仓子二卷,为唐开元末襄阳处士王士源所伪作,见孟浩然集序及大唐新语。**亢仓子应聘而至。**〔注〕泛然无心者,无东西之非己。**鲁侯卑辞请问之。亢仓子曰:"传之者妄。**○事文类聚后集十九引"妄"下有"也"字。○释文云:传,丈专切。**我能视听不用耳目,不能易耳目之用。"**〔注〕夫易耳目之用者,未是都无所用。都无所用者,则所假之器废也。〔解〕夫耳目者,视听之器也;唯神能用之。若神不在焉,则死人之耳目不能视听矣。亢仓子知人之所能,故不用耳目为视听之主矣。是命耳见而目闻耶?此乃传者不晓,因妄为说耳也。**鲁侯曰:"此增异矣。其道奈何?寡人终愿闻之。"**〔解〕鲁侯仍未了此意,更以为增加奇异焉,固请道矣。**亢仓子曰:"我体合于心,**〔注〕此形智不相违者也。**心合于气,**〔注〕此又远其形智之用,任其泊然之气也。**气合于神,**〔注〕此寂然不动,都忘其智。智而都忘,则神理独运,感无不通矣。**神合于无。**〔注〕同无则神矣,同神则无矣。二者岂有形乎?直有其智者不得不亲无以自通,忘其心者则与无而为一也。〔解〕夫体既有质而成碍,心则有系而成执。体合于心者,不在于形碍而在封执也。故气之于心,虽动而无所执;故心合于气者,不在封执而在于动用也。故气合于神者,不在于动而在于了识也。神之于无则妙绝有形,故不在于了识而在于冥真矣。伯峻案:庄子人间世篇云,"一若志,无听之以耳,而听之以心;无听之以心,而听之以气。耳止于听(此句依俞曲园说正),心止于符。气也者,虚而待物者也。唯道集虚。虚者,心齐也",盖同此义。**其有介然之有,**

唯然之音。○孙诒让曰:此文以"有"与"音"相俪,"有"疑当作"形"。卢重玄注云,"是故有形有音无远无近"云云,疑卢本正作"形"字。(亢仓子全道篇袭此文亦作有。)○释文云:唯,唯癸切。虽远在八荒之外,近在眉睫之内,○释文云:睫音接。来干我者,我必知之。〔注〕唯豁然之无不干圣虑耳。涉于有分,神明所照,不以远近为差也。○释文云:豁,火活切。分,扶问切。乃不知是我七孔四支之所觉,心腹六藏之所知,○释文云:藏,徂浪切。心、肺、肝、脾、肾谓之五藏。今六藏者,为肾有两藏:其左为肾,右为命门。命门者,谓神之所舍也。男子以藏精,女子以系胞。其系与肾通,故言藏有六也。其自知而已矣。"〔注〕所适都忘,岂复觉知之至邪?〔解〕是故有形有音,无远无近,来干我者,皆能知之;都不用四支七窍,如明镜高悬,朗然自照;岂运其耳目也哉?鲁侯大悦。他日以告仲尼,仲尼笑而不答。〔注〕亢仓言之尽矣,仲尼将何所云。今以不答为答,故寄之一笑也。〔解〕寄之一笑者,得忘言之旨也。

商太宰见孔子曰:○法苑珠林二十引作"吴太宰嚭",广弘明集一归正论、十一对傅奕废佛僧事,翻译名义一,事文类聚前集三五,合璧事类前集四八引并作"太宰嚭",恐均不足为据。○卢文弨曰:藏本"太"作"大",下同。伯峻案:韩非子说林上云:"子圉见孔子于商太宰。"说林下云:"宋太宰贵而主断。"内储说上云:"戴驩,宋太宰。"又云:"商太宰使少庶子之市。"顾广圻曰:"此皆一人,商,宋也",然则商太宰姓戴名驩,宋之贵臣也。论语子罕篇云:"大宰问于子贡曰:夫子圣者与?何其多能也?子贡曰:固天纵之将圣,又多能也。子闻之曰:大宰知我乎!吾少也贱,故多能鄙事。君子多乎哉?不多也"。此章即本此论语之事而设太宰与孔子相问答,且以太宰为商太宰。○释文作"商大宰",云:大音太。商,宋国也。宋都商丘,故二名焉。大宰,官名。伯峻案:宋为商后,故亦曰商。左传僖公二十二年云:"楚人伐宋以救郑。宋公将战,大司马固谏曰:天之弃商久矣,君将兴之,弗可赦也!"又哀九年传云:"史龟曰:是谓沉阳,可以兴兵,利以伐姜,不利于商。伐齐则可,敌宋不吉",是其确证。商之国号,虽本于地名(详见王国维观堂集林说商),但不如释文之说。**"丘圣者欤?"孔子曰:"圣则丘何敢,**〔注〕世之所谓圣者,据其迹耳;岂知所以圣所以不圣者哉?**然则丘博学多识者也。"**〔注〕示现博学多识耳,实无所学,实无所识也。○释文"示现"作"示见",云:见,贤遍切。**商太宰曰:"三王圣者欤?"孔子曰:"三王善任智勇者,圣则丘弗知。"**○"弗"各本作"不",今从道藏白文本、林希逸本。**曰:"五帝圣者欤?"孔子曰:"五帝善任仁义者,圣则丘弗知。"曰:"三皇圣者欤?"孔子曰:"三皇善任因时者,圣则丘弗知。"**〔注〕孔丘之博学,汤武之干戈,尧舜之揖让,羲农之简朴:此皆圣人因世应务之粗迹,非所以为圣者。所以为圣者,固非言迹之所逮者也。〔解〕将明大道之非迹也。代人所诠者,徒知其迹耳;故夫子因众人之所常见欲明至真之圣人也。○注"孔子"世德堂本作"孔丘"。○王重民曰:"善任因时"义不可通。盖本作"三皇善因时者","任"字因上文"三王善任智勇""五帝善任仁义"诸"任"字而衍。智勇仁义可言任,因时则不必言任矣。类聚三十、御览四百零一引并无"任"字。○释文云:朴,片角切。**商太宰大骇,**〔注〕世之所谓圣者,孔子皆云非圣,商太宰所以大骇也。**曰:"然则孰者为圣?"**伯峻案:"者"字疑当在"圣"字下,本作"孰为圣者"。**孔子动容有间,曰:"西方之人**〔注〕圣岂有定所哉?趣举绝远而言之也。**有圣者焉,不治而不乱,**〔注〕不以治治之,故不可乱也。○俞樾曰:此本作"不治而自乱"。乱,治也,谓不治而自治也。正与下文"不言而自信,不化而自行"文义一律。后人不达乱字之义,改为不乱,失之矣。张注曰:"不以治治之故不可乱也",是其所据本已误。卢本同。○释文云:治,直吏切,下治之同。**不言而自信,**〔注〕言者不信。**不化而自行,**〔注〕为者则不能

卷第四　仲尼篇

化。此能尽无为之极也。**荡荡乎民无能名焉**。〔注〕何晏无名论曰："为民所誉,则有名者也;无誉,无名者也。若夫圣人,名无名,誉无誉,谓无名为道,无誉为大。则夫无名者,可以言有名矣;无誉者,可以言有誉矣。然与夫可誉可名者岂同用哉? 此比于无所有,故皆有所有矣。而于有所有之中,当与无所有相从,而与夫有所有者不同。同类无远而相应,异类无近而不相违。譬如阴中之阳,阳中之阴,各以物类自相求从。夏日为阳,而夕夜远与冬日共为阴;冬日为阴,而朝昼远与夏日同为阳。皆异于近而同于远也。详此异同,而后无名之论可知矣。凡所以至于此者何哉? 夫道者,惟无所有者也。自天地已来皆有所有矣;然犹谓之道者,以其能复用无所有也。故虽处有名之域,而没其无名之象;由以在阳之远体,而忘其自有阴之远类也。"夏侯玄曰:"天地以自然运,圣人以自然用。自然者,道也。道本无名,故老氏曰强为之名。仲尼称尧荡荡无能名焉,下云巍巍成功,则强为之名,取世所知而称耳。岂有名而更当云无能名焉者邪? 夫唯无名,故可得徧以天下之名名之;然岂其名也哉? 惟此足喻而终莫悟,是观泰山崇崛而谓元气不浩芒者也。"○注世德堂本"足"作"是","芒"作"茫"。○释文云:强,其两切。为,于伪切。徧与遍同。崛,兼勿切。芒音茫。**丘疑其为圣。弗知真为圣欤? 真不圣欤?**"〔注〕圣理冥绝,故不可拟言,唯疑之者也。○梁章钜曰:尊佛之言盖始于此。**商太宰嘿然心计曰:"孔丘欺我哉!"**〔注〕此非常识所及,故以为欺罔也。〔解〕夫立迹以崇教,明行以兴化者,皆救俗之贤圣耳。若夫体大道者,覆载如天地,化行若四时;不见有可治而不可乱者,不假立言而为信者,沛然而泽利万物,衰然而含识皆生,荡荡难明。此为圣者,寄之于方所立言以辩之,犹恐未为至也;故以疑似而遣言,斯乃太宰所不知,以为夫子诳之耳。○释文云:嘿音墨。

子夏问孔子曰:"颜回之为人奚若?"子曰:"回之仁贤于丘也。"伯峻案:说苑杂言、家语六本"仁"作"信"。**曰:"子贡之为**

人奚若?"子曰:"赐之辩贤于丘也。"伯峻案:说苑杂言、家语六本"辩"作"敏"。曰:"子路之为人奚若?"子曰:"由之勇贤于丘也。"曰:"子张之为人奚若?"子曰:"师之庄贤于丘也。"〔注〕犹矜庄。子夏避席而问曰:"然则四子者何为事夫子?"曰:"居!吾语汝。○释文云:语,鱼據切。夫回能仁而不能反,〔注〕反,变也。夫守一而不变,无权智以应物,则所适必阂矣。〔解〕可与适道,未可与权。○俞樾曰:"反"字无义,疑刃字之误。俗书刃字作又,故误为反耳。刃与忍通。诗将仲子篇毛传:"强忍之木",抑篇郑笺"柔忍之木",释文并云,"忍本作刃",是其证也。"能仁而不能刃",即"能仁而不能忍";正与下文"赐能辨而不能讷,由能勇而不能怯,师能庄而不能同"一律。淮南子人间篇亦载此事,曰,"丘能仁且忍,辨且讷,勇且怯",字正作忍,是其明证。张注曰"反,变也",是其所据本已误矣。卢本同。伯峻案:俞说甚辩。若然,则此"忍"字宜读为左传文公元年之"且是人也,蜂目而豺声,忍人也"之"忍",今日"忍心"之忍。赐能辩而不能讷,〔解〕有进取之能,未阶乎道也。伯峻案:说苑杂言、家语六本"讷"作"屈"。○释文云:讷,奴忽切。由能勇而不能怯,〔解〕但知其雄,不能守其雌也。师能庄而不能同。〔注〕辩而不能讷,必亏忠信之实;勇而不能怯,必伤仁恕之道;庄而不能同,有违和光之义;此皆滞于一方也。〔解〕自守矜严,不能同物,失于和也。○徐时栋曰:论语,"曾子曰,堂堂乎张也",是即所谓庄也;曰"难与并为仁",是即所谓不能同也。兼四子之有以易吾,吾弗许也。〔注〕四子各是一行之极,设使兼而有之,求变易吾之道,非所许。伯峻案:此易字宜解为交易,交换。张注解为变易,误。卢解为交易,是也。○释文云:行,下孟切。此其所以事吾而不贰也。"〔注〕会同要当寄之于圣人,故欲罢而不能也。〔解〕兼有仁辩严勇,吾且不与之易,况不能兼之? 夫子能兼四子之不能也,故事我而不贰心矣。此论道之大者,更在其行藏之卷耳。○释文云:贰,疑也。要,一遥切。

子列子既师壶丘子林,〔注〕日损之师。**友伯昏瞀人,**○释文云:瞀,莫侯切。**乃居南郭。**○释文云:乃居一本作反居。伯峻案:御览四零六引正作"反"。**从之处者,日数而不及。**〔注〕来者相寻,虽复日日料简,犹不及尽也。○胡怀琛曰:"日"为"百"字之误。"百数而不及",谓从列子处者之多,而莫有能及列子者。黄帝篇,"沤鸟之至者百住(吕氏春秋作数)而不止",与此句法相同,是其证也。○王叔岷曰:初学记十八引"处"作"游","日"作"百",御览四百四引"日"亦作"百",疑作"百"者是也。○释文云:数,色主切。料音聊。**虽然,子列子亦微焉。**〔注〕列子亦自不知其数也。○俞樾曰:微犹昧也。周易屯象传:"天造草昧。"正义引董遇曰:"昧,微物。"系辞传:"知微知彰。"文选西京赋注引旧注曰,"知微谓幽昧",是微谓之昧,昧谓之微,二字义通。"子列子亦微焉",犹曰"子列子亦昧焉"。故张注曰,"亦自不知其数"。○陶鸿庆曰:微谓精微。孙卿子议兵篇:"诸侯有能微妙之以节。"杨注:"微妙精尽也。"此言列子道术精微,故弟子虽多,亦能朝朝与辩而闻于远近也。本篇下文:"龙叔谓文挚曰,子之术微矣;吾有疾,子能已乎?"汤问篇:"师襄乃抚心高蹈曰,微矣子之弹也!"皆谓艺术精微,可证此文之义。张注云,"列子亦自不知其数",俞氏从张注解微为昧,失之。**朝朝相与辩,无不闻。**〔注〕师徒相与讲肆闻于远近。〔解〕来者既多,列子亦不知其数,日日谈讲圣人之迹,无不闻也。**而与南郭子连墙二十年,不相谒请;**〔注〕其道玄合,故至老不相往来也。**相遇于道,目若不相见者。**〔注〕道存则视废也。**门之徒役以为子列子与南郭子有敌不疑。**〔注〕敌,雠。〔解〕众疑有雠怨,见不相往来也。伯峻案:下文"圃泽之役有伯丰子者",注云:"役犹弟子。"庄子庚桑楚篇"老聃是役有庚桑楚者",释文引司马云:"役,学徒弟子也",故此徒役连文。**有自楚来者,问子列子曰:"先生与南郭子奚敌?"子列子曰:"南郭子貌充心虚,耳无闻,目无见,口无言,心无知,形无**

惕。○陶鸿庆曰:"惕"当为"埸"。说文:"埸,交易也。"即易之本字。"形无埸"者,谓其形无变易也。下文云,"见南郭子,果若欺魄焉,而不可与接。顾视子列子,形神不相偶,而不可与群。"即形无变易之验。后人多见易,少见埸,遂误为惕矣。○释文云:惕,他历切。**往将奚为?**〔注〕充犹全也。心虚则形全矣,故耳不惑声,目不滞色,口不择言,心不用知;内外冥一,则形无震动也。〔解〕貌全而心至,终不耳目心口之为辩,故心无所用知,形无所忧惕。○"为"汪本作"焉",今依各本正。**虽然,试与汝偕往。"阅弟子四十人同行。**〔注〕此行也岂复简优劣计长短?数有四十,故直而记之也。○释文云:阅音悦。**见南郭子,果若欺魄焉,而不可与接。**〔注〕欺魄,土人也。一说云:欺顁。神凝形丧,外物不能得窥之。○注"顁"本作"头",依世德堂本正。○任大椿曰:本文云"南郭子貌似欺魄焉",张湛注曰:"欺魄土人"。盖以土为人而饰以人面,即所谓颗头也。○蒋超伯曰:"欺魄"当作"颡丑",字之讹也。淮南子精神训,"视至尊穷宠犹行客也,视毛嫱西施犹颡丑也",高诱注:"颡丑,言极丑也。"张湛注非。○王重民曰:任说非是。欺颁虽是一字,而"欺魄""颗头"非一物也。欺魄用以请雨,颗头用以逐疫。颗头以貌丑恶,欺魄乃即土偶。此谓南郭子若欺魄者,以见其得道之深,即所谓形若槁木心若死灰也。张注又引一说云欺顁神凝形丧外物不能得窥之,是其义也。伯峻案:王说是也。○释文云:魄,片各切。字书作欺顁,人面丑也。顁,片各切。丧,息浪切。○秦恩复曰:释文作"欺",欺字写误,当作"颡"。说文解字曰:"丑也。"顁,广韵,匹各切。与魄音相近,通借字也。○任大椿曰:欺魄之"欺",以"颡"为本字。说文:"颡,丑也,从页,其声。今逐疫有颡头。"玉篇、广韵同。又作"魌",周礼方相氏注云:"如今魌头也。"又作"倛",荀子非相篇:"仲尼面如蒙倛。"杨倞注:"方相也。"又作"䫏",玉篇云:"䫏同颡。"音皆同欺,故此文又作欺。**顾视子列子,形神不相偶,而不可与群。**〔注〕神役形者也。心无思虑,则貌无动用;故似不相摄御,岂物所得群也?〔解〕阚简弟子往见之,果若欺魄为像人,若今之欺头者,形神不可与接也。○释文云:思音四。**南郭子俄而指子列子之弟子末行者与言,**〔注〕偶在末行,非有贵贱之位。遇感而应,非有心于物也。○释文云:行,户郎切。**衎衎然若专直而在雄者。**〔注〕夫理至者无言。及其有言,则彼我之辩生矣。圣人对接俯仰,自同于物,故观其形者,似求是而尚胜也。〔解〕末行者,情未忘于是非耳。衎衎然,求胜之气耳。○俞樾曰:释文曰:"在一本作存",当从之。庄子天下篇:"施存雄而无术。"亦有存雄之文,可以为证。○释文云:衎,口汗切。在雄一本作存雄。**子列子之徒骇之。**〔注〕见其尸居,则自同土木;见其接物,则若有是非,所以惊。○释文"骇"作"駴",云:駴与骇同。**反舍,咸有疑色。**〔注〕欲发列子之言。〔解〕疑其未忘胜负之心。**子列子曰:"得意者无言,进知者亦无言。**〔注〕穷理体极,故言意兼忘。○释文云:进音尽。**用无言为言亦言,无知为知亦知。**〔注〕方欲以无言废言,无知遣知;希言傍宗之徒固未免于言知也。**无言与不言,无知与不知,亦言亦知。**〔注〕比方亦复欲全自然,处无言无知之域,此即复是遣无所遣,知无所知。遣无所遣者,未能离遣;知无所知者,曷尝忘知?固非自然而忘言知也。○注"未能离遣"汪本"未"作"无",今依北宋本、藏本订正。○俞樾曰:与犹为也。上云"用无言为言亦言,无知为知亦知";故此云"无言为不言,无知为不知,亦言亦知"。盖承上文而更进一义也。上文用为字,此文用与字,文异而义不异,古书多有此例。管子戒篇:"自妾之身之不为人持接也。"尹知章注曰,"为犹与也",然则与亦犹为也。说详王氏经传释词。○释文云:离,力智切。**亦无所不言,亦无所不知;亦无所言,亦无所知。**〔注〕夫无言者,有言之宗也;无知者,有知之主也。至人之心豁然洞虚,应物而言,而非我言;即物而知,而非我知;故终日不言,而无玄默之称;终日用知,而无役虑之名。故得无所不言,无所不知也。○释文云：称,尺证切。**如斯而已。汝奚妄骇哉？**〔注〕不悟至妙之所会者,更粗；至高之所适者,反下；而便怪其应寂之异容,动止之殊貌,非妄惊如何？〔解〕至知之与意,两俱忘言也。若优劣不等,则须用言以导之。用无言之言、无知之知,亦何异乎言之与知？虽然,有道自当辩之,则未尝言,未尝不言；未尝知,未尝不知。理正合如此而已,汝何妄怪哉？

子列子学也,〔注〕上章云,列子学乘风之道。伯峻案："学"上疑挩"之"字。**三年之后,心不敢念是非,口不敢言利害,始得老商一眄而已。**○释文云：眄音麪,斜视也。**五年之后,心更念是非,口更言利害,老商始一解颜而笑。七年之后,从心之所念,**○释文云：从音纵。**更无是非；从口之所言,更无利害。夫子始一引吾并席而坐。**〔注〕眄笑并坐,似若有褒贬升降之情。夫圣人之心,应事而感,以外物少多为度,岂定于一方哉？○王重民曰："吾"字当衍。此事又见黄帝篇。黄帝篇为列子对尹生之言,故可有"吾"字。此篇既改为作者所述之言,而著"吾"字,则不可通矣。**九年之后,横心之所念,**○释文云：横,去声。**横口之所言,亦不知我之是非利害欤,亦不知彼之是非利害欤,外内进矣。**○释文云：进音尽。**而后眼如耳,耳如鼻,鼻如口,口无不同。**○卢文弨曰：下"口"字衍。前卷"无不同"下有"也"字,当从之。○王叔岷曰：卢说是也。黄帝篇正不重"口"字。**心凝形释,骨肉都融；不觉形之所倚,足之所履,心之所念,言之所藏。如斯而已。则理无所隐矣。**〔注〕黄帝篇已有此章,释之详矣。所以重出者,先明得性之极,则乘变化而无穷；后明顺心之理,则无幽而不照。二章双出,各有攸趣,可不察哉？〔解〕老子曰："大智若愚,大辩若讷。"人徒知言知之为异,不知夫不言不知之为同,故黄帝篇中明用无言之言以济人,此篇复重论言,明言之不殊于无矣。○注"则"藏本作"明","攸趣"北宋本作"攸极",汪本从之,今从藏本、世德堂本订正。○释文云:重,柱用切。

初,子列子好游。○释文云:好,呼报切,下同。壶丘子曰:"御寇好游,游何所好?"列子曰:"游之乐所玩无故。〔注〕言所适常新也。○释文云:乐音洛。人之游也,观其所见;我之游也,观其所变。〔注〕人谓凡人、小人也,惟观荣悴殊观以为休戚,未觉与化俱往,势不暂停。○世德堂本作"观之所变"。注"惟观"藏本、世德堂本作"惟睹"。○俞樾曰:之即其也。吕氏春秋音初篇:"之子是必大吉。"高诱训之为其是也。孟子公孙丑篇:"皆悦而愿为之氓矣。"周官载师注引作"皆悦而愿为其民矣",是之其同义。上言"观其所见",下言"观之所变",文异义同。古书多有此例。作本者,乃不达古书义例而改之。○释文云:悴,疾醉切。游乎游乎! 未有能辨其游者。"〔注〕人与列子游则同,所以游则异,故曰游乎游乎;明二观之不同也。未有辨之者,言知之者鲜。〔解〕玩物之变,迁谢无恒。人但乐其见,吾观其化,此所以异于人。○"辨"藏本作"辩"。○释文云:鲜,息浅切。壶丘子曰:"御寇之游○"游"汪本作"遊"。固与人同欤,而曰固与人异欤? 凡所见,亦恒见其变。〔注〕苟无暂停之处,则今之所见常非向之所见,则观所以见,观所以变,无以为异者也。玩彼物之无故,不知我亦无故。〔注〕彼之与我与化俱往。务外游,不知务内观。伯峻案:外游内观相对,则观亦游也。孟子梁惠王篇云:"吾何修而可以比于先王观也?"赵岐注云:"当何修治可以比先王之观游乎?"以游释观。吕氏春秋季春云:"禁妇女无观。"高注,"观,游",皆其证也。○释文云:不知一本作不如。观,古乱切,下同,谛际也。外游者,求备于物;内观者,取足于身。取足于身,游之至也;求备于物,游之不至也。"〔注〕人虽七尺之形,而天地之理备矣。故首圆足方,取象二仪;鼻隆口窊,比象山谷;肌肉连于土壤,血脉属于川渎,温蒸同乎炎火,气息不异风云。内观诸色,靡有一物不备;岂须仰观俯察,履凌朝野,然后备所见?〔解〕汝自以为异于人;人之所视,未尝异汝也。何者?汝知物知物之变迁,不知汝之无故。但外游而不内观,虽感物而亡身,斯为至矣,亦何必求备于外游乎?○注"履凌"藏本、世德堂本作"履涉"。○汪莱曰:解"知物"二字重出。"至"上当有"不"字。○释文云:窊,乌瓜切。蒸音证。**于是列子终身不出,自以为不知游。**〔注〕既闻至言,则废其游观。不出者,非自匿于门庭者也。○释文云:匿,尼力切。**壶丘子曰:"游其至乎!**〔注〕向者难列子之言游也,未论游之以至,故重叙也。○释文云:难,乃旦切。重,柱用切。**至游者,不知所适;至观者,不知所眂。**〔注〕内足于己,故不知所适;反观于身,固不知所眂。○释文"眂"作"眎",云:眎音视。**物物皆游矣,物物皆观矣,**〔注〕忘游故能遇物而游,忘观固能遇物而观。**是我之所谓游,是我之所谓观也。**〔注〕我之所是,盖是无所是耳。所适常通而无所凝滞,则我之所谓游观。**故曰:游其至矣乎!游其至矣乎!"**〔解〕夫形无所适,目无注视,则物无不视而物无不游矣。若此游观者,真至游矣乎!

龙叔谓文挚曰:○释文云:挚音至。文挚,六国时人,尝医齐威王。或云:春秋时宋国良医也,曾治齐文王,使文王怒而病愈。**"子之术微矣。吾有疾,子能已乎?"文挚曰:"唯命所听。**○释文云:听,平声。**然先言子所病之证。"**〔解〕文挚所医,止于藏府骨肉之疾耳。龙叔所说,忘形出俗之心耳。不与俗类,自以为疾焉。**龙叔曰:"吾乡誉不以为荣,国毁不以为辱;得而不喜,失而弗忧;视生如死;视富如贫;视人如豕;**〔注〕无往不齐,则视万物皆无好恶贵贱。**视吾如人。**〔注〕忘彼我也。**处吾之家,如逆旅之舍;**〔注〕不有其家。

观吾之乡，如戎蛮之国。〔注〕天下为一。**凡此众疾，**○"疾"北宋本作"庶"，汪本从之，今依藏本、世德堂本、秦本订正。○释文云：凡此众疾一本作众庶，非是。**爵赏不能劝，刑罚不能威，盛衰、利害不能易，哀乐不能移。**○释文云：乐音洛。**固不可事国君，交亲友，御妻子，制仆隶。**〔注〕夫人所以受制于物者，以心有美恶，体有利害。苟能以万殊为一贯，其视万物，岂觉有无之异？故天子所不能得臣，诸侯不能得友，妻子不能得亲，仆隶不能得狎也。○陶鸿庆曰：固读为故。伯峻案：注"天子所不能得臣"，"所"字疑衍。四解本作"诸侯所不能得友，妻子所不能得亲，仆隶所不能得狎也"，诸所字疑后人所加。**此奚疾哉？奚方能已之乎？"**〔解〕庄子曰："誉之不加劝，毁之不加沮；定乎内外之分，辩乎荣辱之境也。"夫契其神而忘其形者，则贫富、死生、人畜、彼此皆过客耳，夫何异哉？今用心之若此也，则君臣、朋友之道废，爱憎、喜怒之心绝矣，何方能愈之耶？**文挚乃命龙叔背明而立，**○释文云：背音佩。**文挚自后向明而望之。**○释文作"文挚后向明而望之"，云：一本文挚下加"从"及"自"字者，皆非也。**既而曰："嘻！吾见子之心矣：方寸之地虚矣。幾圣人也！子心六孔流通，一孔不达。**〔注〕旧说圣人心有七孔也。○王重民曰：御览三百七十六又四百零一又七百二十四引"流通"并作"通流"。**今以圣智为疾者，或由此乎！非吾浅术所能已也。"**〔解〕背明而立者，反归于凡俗之虑也；向明而望者，仰侧至道之心也。方寸虚者，缘执书也；一孔不达者，未尽善也。夫七窍俱通者，宁复以圣智之道为病耶？此病非文挚所能止。○秦恩复曰：解"执书"疑是"势尽"二字。伯峻案：解"仰侧"疑当作"仰测"。

　　无所由而常生者，道也。〔注〕忘怀任过，通亦通，穷亦通，其无死地，此圣人之道者也。〔解〕至道常存，不由外物。**由生而生，故虽终**

而不亡,常也。〔注〕老子曰:"死而不亡者寿。"通摄生之理,不失元吉之会,虽至于死,所以为生之道常存。此贤人之分,非能忘怀闇得自然而全者也。〔解〕真常顺理,随形死生,而自不亡者,道之常也。○释文云:分,符问切。由生而亡,不幸也。〔注〕役智求全,贵身贱物,违害就利,务内役外,虽之于死,盖由于不幸也。〔解〕贪有生而亡道者,不幸也。○注"求全"或本作"束身"。有所由而常死者,亦道也。〔注〕行必死之理,而之必死之地;此事实相应,亦自然之道也。〔解〕俗闻礼教之道必分而至死者。由死而死,故虽未终而自亡者,亦常也。〔注〕常之于死,虽未至于终,而生理已尽,亦是理之常也。〔解〕爱生死之身,行生死之教,而不存道,俗以为常。○各本"亦常"下无"也"字,今依吉府本补。由死而生,幸也。〔注〕犯理违顺,应死而未及于此,此误生者也。〔解〕居迁谢之业而节于嗜欲者,亦为知生之幸也。○释文作"由死而生不幸也",云:本多无不字。观上下文于理有阙,故特添之。○任大椿曰:今本"生"下无"不"字,考"生"字下当有"不"字。此节词义皆两两相对,谓彼由生之道而死为不幸,则此由死之道而生亦为不幸也。敬顺释文谓生字下当有不字,与此节义例极为吻合,当为定本。伯峻案:殷说、任说皆可商,下文引陶鸿庆说较顺。故无用而生谓之道,用道得终谓之常;〔注〕用圣人之道,存亡得理也。有所用而死者亦谓之道,用道而得死者亦谓之常。〔注〕乘凶危之理,以害其身,亦道之常也。〔解〕不役智以全者,道也;用此道而终者,常也。俗士役其智以至死,以为济物之道也;用此道而至死亦谓之常。众所乐者众为道,众所安者众为常。然则出离之道与世间之道,名同而实异也。○陶鸿庆曰:"有所由而常死者,亦道也",张注云:"行必死之理,而之必死之地;此事实相应,亦自然之道也。"若然,则与下所谓"由死而死"者毫无区别,而与上所谓"无所由而常生谓之道"者义尤不伦矣。"无用而生,有所用而死",用亦由也。自"无用而生"以下四句语意与上文亦无区别,而既云"用道得终谓之常",又云

"用道而得死者亦谓之常",终与死义又不殊,本书不如是之复沓也。盖此节词繁而义隐,传写易致讹谬;复经浅人窜改,遂成今本之误。今考本书之旨,辄正其文如下,以存疑焉:"无所由而常生者,道也。由生而生,故虽终而不亡,常也。由生而亡,不幸也。无所由而常死者,道也。由死而死,故虽未终而自亡者,常也。由死而生,幸也。有所用而生者亦谓之道,用道而得生者亦谓之常。有所用而死者亦谓之道,用道而得死者亦谓之常"。"无所由而常生、无所由而常死"者,天瑞篇云:"不生者能生生,不化者能化化",所谓"自生自化"也。"有所用而生,有所用而死"者,天瑞篇云:"生者不能不生,化者不能不化",所谓"阴阳尔、四时尔"也。"由生而生"者,贤哲是也;"由死而死"者,桀跖是也。"用道而得生,用道而得死"者,谓随化推移,即下文所谓"隶人之生,隶人之死"也。"无所由而生死"与"有所用而生死",皆以天道言,故谓之道。"由生而生,由死而死",与"用道而生死",皆以人事言,故谓之常也。**季梁之死,杨朱望其门而歌。**〔注〕尽生顺之道,以至于亡,故无所哀也。○王重民曰:御览四百八十七引"歌"作"不哭"。又注"生顺"作"生性"。伯峻案:战国策魏策云:"魏王欲攻邯郸,季梁闻之,中道而反,衣焦不申,头尘不去,而谏梁王"云云,不知是否即此季梁。**随梧之死,杨朱抚其尸而哭。**〔注〕生不幸而死,故可哀也。**隶人之生,隶人之死,众人且歌,众人且哭。**〔注〕隶犹群辈也。亦不知所以生,亦不知所以死,故哀乐失其中,或歌或哭也。〔解〕得全生之理而归尽者,圣贤所以不哀也;失真以丧理与至于死者,贤智所以伤也。凡众人之生死歌哭,皆物之常,何知其所至哉?○注"隶"下藏本有"者"字。○释文云:中,丁仲切。

目将眇者,先睹秋毫;〔解〕老人之视也远,则见近则昏,是失明之渐也。○释文云:眇,亡少切。睹音覩。**耳将聋者,先闻蚋飞**;〔解〕秦呼蚊为蚋。患耳者闻耳中虫飞之声,是失聪之渐也。○释文云:蚋,而锐切。**口将爽者,先辨淄渑**;〔注〕爽,差也。淄渑水异味,既合则难别也。〔解〕余陵反。二水名,在齐地。○四解本张注"爽"下有"者"字,"难"下有"辩"字。○秦恩复曰:解"余陵反"上当有"渑"字。○释文云:淄音缁,渑音乘。淄水出鲁郡莱芜县,渑水西自北海郡千乘县界流至寿光县,二水相合。说符篇曰:淄渑之合,易牙尝之。别,彼列切,下同。伯峻案:淄水源出山东博山废县治西二十五里原山之阴,流经临淄镇、广饶县东,入小清河。渑水则自临淄镇西北古齐城外西北流,迳广饶县西南,注于麻大湖。**鼻将窒者,先觉焦朽;**〔注〕焦朽有节之气,亦微而难别也。**体将僵者,先亟犇佚;**〔注〕僵,仆也。如颜渊知东野之御马将奔也,与人理亦然。○注"人"下四解本有"之"字。○释文云:僵音姜。亟,去吏切。方言:"亟,爱也。"犇佚音奔逸。仆音赴。伯峻案:亟同急,诗灵台"经始勿亟"可证。**心将迷者,先识是非;**〔注〕目耳口鼻身心此六者常得中和之道,则不可渝变。居亢极之势,莫不顿尽,故物之弊必先始于盈满,然后之于亏损矣。穷上反下,极盛必衰,自然之数。是以圣人居中履和,视目之所见,听耳之所闻,任体之所能,顺心之所识;故智周万物,终身全具者也。〔解〕口失正味,则别有所辩;鼻失所闻,则别有所觉;体将僵仆,必先奔驰;心迷至道,在于是非;是非所以彰,道之所以亡。○注"则不可渝变","渝",北宋本作"侧",道藏本、世德堂本作"测"。○释文云:渝音俞。亢与抗同。**故物不至者则不反。**〔注〕要造极而后还,故聪明强识皆为闇昧衰迷之所资。〔解〕反其常执,则阶于至道矣。故曰视秋毫之末者不见太山,听蚊蚋之音者不闻雷震。故庄子曰:胶离朱之目,故天下皆明矣;戾工输之指,故天下皆巧矣。合儒墨之学,矜是非之名以为富,记糟粕之迹以为能,欲反于真,何方可致也?故易曰,"无思也,无为也。寂然不动,感而遂通。"此圣人所以殷勤于至道也。伯峻案:卢解所引庄子,盖撮取胠箧篇之旨要而为之,非原文也。○释文云:造,七到切。还音旋。

郑之圃泽多贤,〔注〕有道德而隐默者也。○释文云:圃泽,圃田也,在中牟县。**东里多才。**〔注〕有治能而参国政者。〔解〕修崇道德者贤,习文审刑者才。○释文云:治,直吏切。**圃泽之役有伯丰子者,行过东里,遇邓析。**〔注〕邓析,郑国辩智之士,执两可之说而时无抗者,作竹书,子产用之也。○卢文弨曰:注"竹书"左传作"竹刑"。○释文云:过音戈。析音锡。**邓析顾其徒而笑曰:"为若舞,**○释文云:为,于伪切。**彼来者奚若?"**〔注〕世或谓相嘲调为舞弄也。朱骏声曰:舞借为侮。○释文云:嘲,张交切。调,徒吊切。**其徒曰:"所愿知也。"**〔注〕知犹闻也。〔解〕邓析自矜于其同侣,为而欲欺弄于伯丰,析之门人咸愿如此也。伯峻案:解"为而欲欺弄于伯丰"句疑有误字。○释文云:知一本作如。**邓析谓伯丰子曰:"汝知养养**〔注〕上音余亮,下音余赏。○注八字藏本作"上去声下上声"六字。**之义乎?**〔解〕张湛云:上音飏字,下音痒字。○秦恩复曰:今张湛本无此文。伯峻案:解引注飏痒之音即注"上去声下上声"或"余亮余赏"之音也。卢换文言之,而秦云"今张湛本无此文",非也。○释文云:养养,上余亮切,下如字。**受人养而不能自养者,犬豕之类也;养物而物为我用者,人之力也。使汝之徒食而饱,衣而息,执政之功也。**〔注〕喻彼为犬豕,自以为执政者也。**长幼群聚而为牢藉庖厨之物,**○洪颐煊曰:藉,荐也。易大过:"藉用白茅。"马注:"在下曰藉。"尔雅释兽:"豕所寝橧。"郭璞注:"橧,其所卧蓐。"蓐即藉也。○释文云:长,张丈切。藉本作籍,侧戟切。牢,牲牢也,圈也。籍谓以竹木围绕,又刺也。周礼鳖人:以时籍鱼鳖蜃也。又国语云:罗籍鱼也。庄子云:以临牢栅。李颐云:牢,豕室也。栅,木栏也。文字虽异,其意同也。籍音栅。庖音匏。○秦恩复曰:今庄子本作"牢筴"。**奚异犬豕之类乎?"伯丰子不应。**〔注〕非不能应,讥而不应。〔解〕嫌其不知,本不足与言也。○注"讥"世德堂本作"机"。**伯丰子之从者越次而进曰:**○释文云:从,才用切。**"大夫不闻齐鲁之多机乎?**〔注〕机,巧也。

多巧能之人。**有善治土木者,有善治金革者,有善治声乐者,有善治书数者,有善治军旅者,有善治宗庙者,群才备也。而无相位者,无能相使者。**〔注〕事立则有所不周,艺成则有所不兼。巧偏而智敌者,则不能相君御者也。○注"巧偏"各本作"巧徧",疑误。○俞樾曰:"位"当作"涖"。涖,临也。言无相临者也。周官肆师职:"凡师甸用牲于社宗则为位。"注曰,"故书位为涖",是位与涖古字通。○释文"智"作"知",云:相,息亮切。知音智,下以意求之。**而位之者无知,使之者无能,而知之与能为之使焉。**〔注〕不能知众人之所知,不能为众人之所能,群才并为之用者,不居知能之地,而无恶无好,无彼无此,则以无为心者也。故明者为视,聪者为听,智者为谋,勇者为战,而我无事焉。荀粲谓傅嘏夏侯玄曰:"子等在世,荣问功名胜我,识减我耳。"嘏玄曰:"夫能成功名者识也,天下孰有本不足而有馀于末者邪?"答曰:"成功名者志也,局之所弊也。然则志局自一物也,固非识之所独济。我以能使子等为贵,而未必能济子之所为也。"伯峻案:张注所引荀粲与傅嘏答对之言亦见于三国志魏志荀彧传注引晋阳秋文,而文字小异。此云"成功名者志也,局之所弊也",彼作"功名者志局之所奖也",则此"弊"字当为"奖"字之讹误。○释文云:并为之为,于伪切;下以意求之。好,呼报切。恶,乌路切。粲,七汗切。嘏音贾。局,衢足切。**执政者,乃吾之所使;子奚矜焉?"邓析无以应,目其徒而退。**伯峻案:四解本此下有注云:"夫任群才以为理,因众物以为用,使鸡犬牛马咸得其宜,士农工商各安其位者,唯有道者能之耳。岂汝曹自致耶?汝徒见其末而不识其本,欲以螳螂之臂而拒车辙者,是不知量也。邓析理析而耻见其徒,故目之而去也。"为各本所无。但注"理析"或为"理折"之误。

公仪伯以力闻诸侯,堂谿公言之于周宣王,○释文云:公仪、堂谿,氏也。皆周贤士。伯峻案:韩非外储说右上云:"堂谿公谓昭侯曰",又问田篇"堂谿公谓韩子曰",皆另一堂谿公。**王备礼以聘之。公仪**

伯至；观形，懦夫也。〔注〕懦，弱也。音奴乱切。○藏本无"音奴乱切"四字。○释文云：懦，乃玩切。**宣王心惑而疑曰："女之力何如？"** ○释文云：女音汝。**公仪伯曰："臣之力能折春螽之股，**○释文云：折，之舌切。螽音终；一曰，蝗也。股音古。**堪秋蝉之翼。"**〔注〕堪犹胜也。○俞樾曰：堪当读为戡。说文戈部："戡，刺也。"春螽之股细，故言折，见能折而断之也。秋蝉之翼薄，故言戡，见能刺而破之也。作堪者假字耳。尚书："西伯既戡黎。"尔雅释诂注引作"堪"，此古字通用之证。张注曰"堪犹胜也"，则螽股亦可言堪，不见古人文字之密矣。○胡怀琛曰：胜谓胜任也。古人多以蝉翼指最轻之物。"堪蝉翼"谓能负荷蝉翼也。**王作色曰："吾之力能裂犀兕之革，曳九牛之尾，**○世德堂本"力"下有"者"字。○释文云：裂或作分字。兕，徐子切。曳音裔。**犹憾其弱。**〔注〕憾，恨。○释文云：憾，户暗切。**女折春螽之股，堪秋蝉之翼，而力闻天下，何也？"公仪伯长息退席，曰："善哉王之问也！臣敢以实对。臣之师有商丘子者，力无敌于天下，而六亲不知；以未尝用其力故也。**〔注〕以至柔之道御物，物无与对，故其功不显。**臣以死事之。乃告臣曰：'人欲见其所不见，视人所不窥；**○释文云：窥，去随切。**欲得其所不得，修人所不为。**〔注〕人每攻其所难，我独为其所易。〔解〕众人之所为、众人之所视者，皆利名之道，动用之迹耳。众人所窥不为者，斯乃有道者之所游；故能无敌天下者，力无对也。○汪莱曰：解"窥"上当有"不"字。○释文云：易，以豉切，下同。**故学眎者先见舆薪，**○释文云：舆音余。**学听者先闻撞钟。**○释文云：钟，宅红切。**夫有易于内者无难于外。**〔注〕古人有言曰，善力举秋毫，善听闻雷霆，亦此之谓也。○释文云：霆音亭。**于外无难，故名不出其一家。'**〔注〕道至功玄，故其名不彰也。〔解〕舆薪，近物也；撞钟，巨声也；夫易闻易见，自近而及远也。夫善为生者，先养其神。神全则无为之功著，则外物无不通；故曰有易于内者无难于外也。是以得之于一心，成之于一家，故外人不知也。○"故名不出其一家"，"家"北宋本、藏本、秦刻卢重玄本、汪本作"道"，吉府本、世德堂本作"家"。○秦恩复曰：观卢注亦作"家"。○王重民曰：北宋本"家"作"道"近是，张注"道至功玄"云云可证。伯峻案：王说似未审。张注"道至功玄"正释"不出一家"之理，故又云"故其名不彰"。"其名不彰"正释"不出一家"之义。"名不出其一家"正承上文"六亲不知"而言，而与下"臣之名闻于诸侯"相映也。其误为"道"者，正涉张注"道至功玄"所致也。今从吉府本、世德堂本正。○释文云：一家一本作一道，于义不长。**今臣之名闻于诸侯，是臣违师之教，显臣之能者也。**〔注〕未能令名迹不显也。**然则臣之名不以负其力者也，**〔注〕犹免于矜，故能致称。○注藏本"犹"作"愈"，"致称"作"致此也"。**以能用其力者也；**〔注〕善用其力者，不用其力也。**不犹愈于负其力者乎？"**〔注〕矜能显用。〔解〕我虽不及师之隐晦其迹也，岂不犹负其能而自显乎？夫合大道而化万物者，为有力。故庄子曰："藏山于泽，藏舟于壑，有力者夜半负之而趋，昧者犹不知也。"而宣王误为筋力耳。○汪莱曰：解"犹"下当有"愈于"二字。

中山公子牟者，魏国之贤公子也。〔注〕公子牟，文侯子，作书四篇，号曰道家。魏伐得中山，以邑子牟，因曰中山公子牟也。〔解〕公子牟，文侯之子也，封于中山，故曰中山公子。○孙诒让曰：鲜虞之中山初亡于魏，文侯十七年使乐羊围中山，三年灭之，以其地封子击。后击立为太子，改封次子挚。后中山复国，又亡于赵，则惠文王四年灭之。并见史记魏赵世家及乐毅传。至列子仲尼篇、庄子让王篇、吕氏春秋审为篇、淮南子道应训并云魏中山公子牟。高诱、张湛皆谓魏伐中山，以邑子牟。然魏牟与赵平原君、秦魏冉、范睢同时，其时中山入赵已久，安得尚属魏？则牟所封必非鲜虞之中山，殆无疑义。张湛又以子牟为魏文侯子，盖混牟与挚为一人，其说尤谬，则杨惊已疑之矣。伯峻案:汉书艺文志有公子牟四篇,列道家。又案:钱穆先秦诸子系年考辨魏牟考云:后人疑列子为张湛伪书,然如此条陈义精卓,盖得之古籍,或即四篇之遗,非湛所能伪。○沈钦韩曰:张湛注云:"公子牟,文侯子。"公孙龙时,文侯后且百年,不得为文侯子也。○释文云:牟,莫侯切。**好与贤人游,不恤国事;**○释文云:好,呼报切。恤,虽律切。**而悦赵人公孙龙。**〔注〕公子牟、公孙龙似在列子后,而今称之,恐后人所增益以广书义。苟于统例无所乖错,而足有所明,亦奚伤乎?诸如此皆存而不除。伯峻案:汉志名家有公孙龙子十四篇,今本五篇,二千字,亦有疑为后人所伪者。**乐正子舆之徒笑之。**○释文云:舆音余。**公子牟曰:"子何笑牟之悦公孙龙也?"子舆曰:"公孙龙之为人也,行无师,**○释文云:行,下孟切。**学无友,**〔注〕不祖宗圣贤也。**佞给而不中,**〔注〕虽才辩而不合理也。○释文云:中,丁仲切。**漫衍而无家,**〔注〕儒墨刑名乱行而无定家。○注"定家"藏本、四解本作"一定之家"。○释文云:漫音万。衍,以战切。**好怪而妄言。**〔注〕爱奇异而虚诞其辞。**欲惑人之心,屈人之口,与韩檀等肄之。"**〔注〕韩檀,人姓名。共习其业。庄子云:"桓国公孙龙能胜人之口,不能服人之心,辩者之囿。"〔解〕行不因师,独学无友,辩而不中,于理漫衍而无所宗。其道能屈人之口,不能服人之心也。韩檀,庄子云桓团,俱为人名,声相近者也。○注"桓国"当从释文作"桓团"。"囿"本作"固",今从藏本正。○释文"国"作"团",云:檀,不安切。肄,戈二切。肄,习也。团,大端切。囿音又。伯峻案:"檀"不当切"不安"(广韵:檀,徒干切),"不"字疑误。"肄"亦不当切"戈二"(广韵:肄,羊至切),"戈"当为"弋"字之误。"羊至切"与"弋二切"同属喻母真韵。**公子牟变容曰:"何子状公孙龙之过欤?请闻其实。"**〔注〕不平其言,故形于色;罪状龙太过,故责其实验也。**子舆曰:"吾笑龙之诒孔**

穿,〔注〕孔穿,孔子之孙。世记云,为龙弟子。诒,欺也。○释文云:诒音待,欺也,下同。言'善射者能令后镞中前括,○释文云:镞,作木切。中,丁仲切,下及注同。发发相及,矢矢相属;○释文云:属音烛,注同。前矢造准而无绝落,○释文云:造,七到切。后矢之括犹衔弦,视之若一焉。'〔注〕箭相连属无绝落处,前箭著珊,后箭复中前箭,而后所凑者犹衔弦,视之如一物之相连也。○释文云:著,直略切,下同。珊音朋。复,扶又切,下同。凑,七豆切。孔穿骇之。龙曰:'此未其妙者。○王重民曰:御览七百四十五引"未"下有"跻"字。逢蒙之弟子曰鸿超,○释文云:逢,薄江切。怒其妻而怖之。引乌号之弓,綦卫之箭,〔注〕乌号,黄帝弓。綦,地名,出美箭。卫,羽也。○王重民曰:王引之始以綦卫为一物,谓皆是箭竹之名。其说曰:"方言:簿,或谓之箭里,或谓之棋。竹谱曰,'籀中博箭。'以籀为博箭谓之棋,以籀为射箭则亦谓之棋耳。淮南兵略篇注云,'淇卫箘簬,箭之所出也。'竹谱引淮南而释之云,淇园,卫地,毛诗所谓'瞻彼淇奥,绿竹猗猗'是也。淇乃卫之水名,先言淇而后言卫,则不词矣"。王氏以卫非地名甚是;而以綦亦为箭竹之名,恐非也。乌号为弓之善者,则淇卫亦当为箭之善者。博箭与射箭不同,而以博箭为射箭之善者,可乎?淮南子兵略篇"淇卫箘簬",若皆是箭竹之名,则广雅释草"箘簬籀箭也",何以独遗淇乎?盖淇(或綦)为箭竹之说,张揖亦以为于古无征也。竹谱曰:"籀,细也。"淇自是卫之淇园。淇卫即指淇园之美竹。以淇园之美竹为箭,故能与乌号桑柘之劲弓相对也。况淇卫为箭竹,箘簬亦为箭竹,焉见其不能相偶也?王氏之说失之于泥。至"綦卫",淮南原道篇作"綦卫",兵略篇作"淇卫",并通假字;当以作"淇卫"者为正。御览七百四十五引列子亦作"淇卫"。又按释名曰:"矢旁曰羽,齐人曰卫。"张注曰"卫,羽也",即本于此。○释文云:号,户羔切。綦音其。史记云:綦园之竹。晋灼曰:卫之苑多竹篠。射其目。○释文云:射,食弋切。矢来注眸子而眶不睫,○王重民曰:御览三百五十引"来"作"末",与释文本同。又七百四十五引"来注"两字作"至"。疑"来"字本衍文也。"至"与"注"义同。下文云,"矢注眸子而眶不睫",正承此言,则"来"字为衍文甚明。伯峻案:王说未审。"来"字当从释文作"末"。矢末谓矢尖也。御览三百五十引作"末",又"末"字之误刻。○释文作"矢末",云:末一本作来。眸,莫侯切。眶音匡。睫本作眹,目瞬也,下同。眹,且洽切。○任大椿曰:类篇,睫眹并失涉切,目动貌,故睫一本又作眹。史记扁鹊传:"忽忽承眹。"索隐曰:"眹即睫也",此睫眹相通之证也。又释文训睫为目瞬。考类篇,目开合数动摇曰瞬。韩非子喻老篇:"惠子见邹君曰,今有人见君则眹其一目,奚如?君曰:我必杀之。惠子曰:瞽两目眹君,奚为不杀?曰:不能勿眹。"此眹字之义,可与眹之训瞬相证。**矢隧地而尘不扬。**'〔注〕箭行势极,虽著而不觉,所谓强弩之末不能穿鲁缟也。○释文"穿"作"撤",云:隧音坠。强,其两切。撤一本作穿。缟,古老切。**是岂智者之言与?**"○释文云:与音余。**公子牟曰:"智者之言固非愚者之所晓。**〔注〕以此言戏子舆。**后镞中前括,钧后于前。**〔注〕同后发于前发,则无不中也。近世有人掷五木,百掷百卢者,人以为有道,以告王夷甫。王夷甫曰:"此无奇,直后掷如前掷耳。"庚子嵩闻之,曰:"王公之言闇得理。"皆此类也。○注汪本"后发"作"发发","百掷"作"者掷","嵩"作"松",今从北宋本、藏本订正。○释文云:掷,直炙切。**矢注眸子而眶不睫,尽矢之势也。**〔注〕夫能量弓矢之势,远近之分,则人物之与不入,在心手之所铨,不患所差跌。今设令至拙者闇射,箭之所至,要当其极。当其极也,则豪分不复进。闇其极,则随远近而制其深浅矣。刘道真语张叔奇云:"尝与乐彦辅论此云,不必是中贤之所能,孔颜射者则必知此。"湛以为形用之事,理之粗者;偏得其道,则能尽之。若庖丁之投刃,匠石之运斤,是偏达于一事,不待圣贤而后能为之也。○释文云:分,符问切。差跌音蹉经。语,鱼據切。**子何疑焉?**"〔解〕钧后于前者,百发如一焉,故视之若一耳。

睫不瞚者,矢势至睫而尽矣,故尘不扬于地;非是中睫而落也。子舆之闻视之若一也,则谓自弦及掤箭相连接不绝如一焉;闻注眸而坠,则谓射目不入。是解之不了于至理,非公孙龙之诡妄焉。乐正子舆曰:"子,龙之徒,焉得不饰其阙?○释文云:焉,於虔切。吾又言其尤者。〔注〕尤,甚。龙狂魏王曰:'有意不心。〔注〕夫心寂然无想者也。若横生意虑,则失心之本矣。〔解〕心之动者为意。世人皆识其意,而不识其心。有指不至。〔注〕夫以指求至者,则必因我以正物。因我以正物,则未造其极。唯忘其所因,则彼此玄得矣。惠子曰:"指不至也。"〔解〕凡有所指皆未至也。至则无指矣。有物不尽。〔注〕在于粗有之域,则常有有;在于物尽之际,则其一常在。其一常在而不可分,虽欲损之,理不可尽。唯因而不损,即而不违,则泰山之崇崛,元气之浩芒,泯然为一矣。惠子曰:"一尺之棰,日取其半,万世不竭也。"〔解〕若尽则非有也。一尺之棰,日取其半,万世不竭者,折之虽多,但微细,而理不应尽也。○注"棰"北宋本作"桱",世德堂本作"神"。有影不移。〔注〕夫影因光而生。光苟不移,则影更生也。夫万物潜变,莫不如此。而惑者未悟,故借喻于影。惠子曰:"飞鸟之影未尝动也。"〔解〕移则影变矣。新新相及,故不见其移焉。○注"未尝"汪本作"未宜",今依藏本正。"光苟不移"不字疑衍。○释文云:借,子亦切。发引千钧。〔注〕夫物之所以断绝者,必有不均之处。处处皆均,则不可断。故发虽细而得秤重物者,势至均故也。〔解〕细而众钧,可以举重;亦犹毛之折轴,积而不轻也。伯峻案:墨子经下云:"均之绝不,说在所均"。白马非马。〔注〕此论见在多有辩之者。辩之者皆不弘通,故阙而不论也。〔解〕白以命色,马以命形。白马非马,辩形色也。○注"见在"本作"见存",藏本作"见在",今从藏本正。○释文云:见,贤遍切。孤犊未尝有母。'〔注〕不详此义。〔解〕谓之孤犊,安得有母也。○释文云:犊音独。其负类反伦,不可胜言也。"〔注〕负犹背也。类,同也。言如此之比皆不可备载也。○释文云:胜音升。

公子牟曰:"子不谕至言而以为尤也,尤其在子矣。〔注〕尤失反在子舆。夫无意则心同。〔注〕同于无也。无指则皆至。〔注〕忘指,故无所不至也。尽物者常有。〔注〕常有尽物之心。物既不尽,而心更滞有也。○注"滞有"四解本作"带有"。影不移者,说在改也。〔注〕影改而更生,非向之影。墨子曰:"影不移,说在改为也。"发引千钧,势至等也。〔注〕以其至等之故,故不绝。绝则由于不等。故墨子亦有此说也。白马非马,形名离也。〔注〕离犹分也。白马论曰:"马者,所以命形也;白者,所以命色也。命色者非命形也。"寻此等语,如何可解,而犹不历然。孤犊未尝有母,非孤犊也。"〔注〕此语近于鄙,不可解。○俞樾曰:"有母"下当更叠"有母"二字。本云:"孤犊未尝有母。有母,非孤犊也。"庄子天下篇释文引李云:"驹生有母,言孤则无母。孤称立,则母名去也。"此可证"有母非孤犊"之义,因古书遇重字多省不书,但于字下作二画识之,故传写脱去耳。伯峻案:俞说是也。张注以为此句不可解,疑其所据本即已脱去,以致文意不明,故谓不可解也。但道藏本林希逸口义云,"既谓之孤,则未尝有母矣。谓之有母,则非孤犊也",似其所见本叠"有母"两字,或为后人所增欤?○释文云:解音蟹,下同。乐正子舆曰:"子以公孙龙之鸣皆条也。〔注〕言龙之言无异于鸣,而皆谓有条贯也。○北宋本"之鸣"作"于马",注同,汪本从之。藏本作"于鸣",又注"无异于鸣"作"无异于马"。○秦恩复曰:当作"于马"。伯峻案:秦说未审,今依世德堂本正。○释文云:公孙龙,平原君之客,字子秉,赵人。一本作公孙龙于马,并注无异于鸣亦作无异于马。云马者,白马论之义也;云鸣者,但鸣而无理趣取,为义则长矣。设令发于馀窍,○释文云:窍,口吊切,秽穴也。子亦将承之。"〔注〕既疾龙之辩,又忿牟之辞,故遂吐鄙之慢言也。伯峻案:注"之慢"当乙正。公子牟默然良久,告退,曰:"请待馀日,○释文云:日,人质切。**更谒子论。**〔注〕既忿气方盛而不可理论,故逊辞告退也。〔解〕失理而忿者,不可与言,故告退也。○注"理论"北宋本、藏本作"理谕"。

尧治天下〔注〕天下欲治,故尧治之。○释文云:尧治天下为句。治,直吏切,"治欤""治名""治道"同。**五十年,不知天下治欤,不治欤?不知亿兆之愿戴己欤?不愿戴己欤?**〔注〕夫道洽于物者,则治名灭矣。治名既灭,则尧不觉在物上,物不觉在尧下。○注"洽"各本作"治",今依北宋本订正。○释文云:洽本作合。**顾问左右,左右不知。问外朝,**○释文云:朝音朝。伯峻案:"音朝"之"朝"当作"潮"。**外朝不知。问在野,在野不知。**〔注〕若有知者,则治道未至也。**尧乃微服游于康衢,闻儿童谣曰:"立我蒸民,莫匪尔极。不识不知,顺帝之则。"**〔注〕蒸,众也。夫能使万物咸得其极者,不犯其自然之性也。若以识知制物之性,岂顺天之道哉?○江有诰曰:极、则为韵,古音同在之部。伯峻案:古音之部有平上入之分,按之诗经楚辞及群经诸子之用韵者皆划然不相溷也(说详段玉裁六书音韵表)。此极则两字皆之部入声字。又案:文选班固西都赋"采游童之讙谣",李善注即引列子,可见此谣早见于古书,伪作列子者用之也。**尧喜问曰:"谁教尔为此言?"**○王重民曰:"谁",御览四百六十七引作"畴",类聚五十六引作"孰"。○释文"谁"作"雩",云:雩古畴字,直留切,谁也。**童儿曰:"我闻之大夫。"问大夫。**○四解本无此三字,此三字盖不可省。**大夫曰:"古诗也。"**〔注〕当今而言古诗,则今同于古也。**尧还宫,召舜,因禅以天下。**〔注〕功成身退。○释文云:禅,时战切。**舜不辞而受之。**〔注〕会至而应。〔解〕夫贵其身以居众人之上也,则常惧不尊于人;爱其身以居众人之上也,则常恐不益于物。若兼亡于天下者,则顺之而不宰,理之于未萌;取之不以为尊,去之不以为失。如天之运,四时成焉;如地之载,万物生焉。功成事遂而身退者也,故无私焉。夫能无私也,禅大位而不吝,受大位而不辞也。○俞樾曰:"辞"通作"词"。释名释典艺曰:"词,嗣也。"故"辞"亦通作"嗣"。尚书大诰篇:"辞其考我民。"辞即嗣也。顾命篇:"恐不获誓言嗣。"嗣即辞也。说详群经平议。盖"辞"籀文作"嗣",本与嗣同声,故得通用。尧典篇:"舜让于德弗嗣",而此云"舜不辞而受之",然则古本尧典作弗辞也。所谓"舜让于德"者,让当为攘。礼记曲礼篇注曰,"攘古让字",然则古本尧典必作"舜攘于德"也。攘者,取也。尚书微子篇枚传曰:"自来而取曰攘。"舜无得天下之心,而天下自来,是其取天下也以德取之也。正所谓自来而取曰攘也。故曰"舜攘于德弗辞"。下文无帝尧申命之文,而即纪元日受终之事,然则舜之不辞审矣。赖列子此言可以见尚书之古义。余作群经平议未见及此,故具说之。

关尹喜曰:"在己无居,〔注〕泛然无係,岂有执守之所?○释文云:泛,芳剑切。係音计。形物其箸。〔注〕形物犹事理也。事理自明,非我之功也。○卢文弨曰:"箸"古"著"字。伯峻案:庄子天下篇作"形物自著"。细味张注,似张湛所据本亦作"自箸"。作"其"者于义不长,或为字之讹误欤?其动若水,〔注〕顺水而动,故若水也。其静若镜,〔注〕应而不藏,故若镜也。其应若响。〔注〕应而不唱,故若响也。〔解〕夫至极者神也。微妙玄通,深不可极。视之不见,听之不闻;常在于己而莫知其居,形万物而不可著见。其动若水,润下而济上;其静若镜,照用而不疲;其应若响,不遗于物。此养神之至理也。○释文云:应音膺。伯峻案:"音膺"之"膺"或作"应",误。故其道若物者也。物自违道,道不违物。〔注〕同于道者,道亦得之。〔解〕此至道者非有形之物,而善应而不遗;故物自违道,道不违于物也。○释文"道不违物"作"道亡违物",云:亡音无。一本作道不违物。善若道者,亦不用耳,亦不用目,亦不用力,亦不用心。〔注〕唯忘所用,乃合道耳。欲若道而用视听形智以求之,弗当矣。〔解〕欲得善为此道者隳支体,黜聪明,虚其心而养其神,则自然而自证也。**瞻之在前，忽焉在后；用之弥满，六虚废之，莫知其所。**〔注〕道岂有前后多少哉？随所求而应之。〔解〕唯此养神之道难知难见，非有非无。瞻之者居万物之先，轻忽之者不与物竞。用之，则六虚皆备；废之，则莫知所存。独立而不改，周行而不殆，其至矣哉！**亦非有心者所能得远，亦非无心者所能得近。**〔注〕以有心无心而求道，则远近其于非当；若两忘有无先后，其于无二心矣。〔解〕有心而求之者，自远于道，非道远之也；无心而合道，自近于道，非道近之也。有心无心，人自异耳，道无远近也。**唯默而得之而性成之者得之。**〔注〕自然无假者，则无所失矣。○俞樾曰："而性成之"当作"性而成之"。汤问篇，"默而得之，性而成之"，是其证。**知而亡情，**○"亡"北宋本、吉府本、世德堂本作"忘"。○释文云：亡本作忘。**能而不为，真知真能也。**〔注〕知极则同于无情，能尽则归于不为。〔解〕唯默然而内昭，因性而成者，乃得之矣。知因性者，必亡其情。能亡其情而无为者，此乃真知真能也。**发无知，**○释文云：发无知一本作废无知，下作废无能。**何能情？发不能，何能为？**〔解〕夫发者，起人所不能知，更何能为情哉？发起人所不能为，复何能自为情哉？惑者变性以为情，智者变情以为性。故易曰，"不性其情，何能久行其正也"。○秦恩复曰：解"不性其情"二语乃易"利贞者性情也"王弼注文。○陶鸿庆曰：殷氏释文云："一本作废无知废无能"。今案发亦读为废。发废古同声通用，说详王氏杂志史记平原君传。疑此文本作"废知何能情，废能何能为"。废知即无知，废能即无能。故下以聚块积尘为比。或本有作"无知无能"者，校者旁注而传写误合之耳。**聚块也，积尘也，**〔注〕此则府宅。○"块"世德堂本作"瑰"，误。**虽无为而非理也。"**〔解〕夫无为者而无不为也。若兀然如聚块、积尘者，虽则去情无为，非至理者也。○释文云：虽无为而非理也一本漏为字。

列子集释卷第五

汤问第五〔注〕夫智之所限知，莫若其所不知；而世齐所见以限物，是以大圣发问，穷理者对也。〔解〕夫万物之情，各贵其生，不知养其所注生，而爱身以丧其生。故此篇去形全生以通其情，情通性达以契其道也。○秦恩复曰：卢解"注生"之"注"字疑误。○释文云：齐，才细切。

殷汤问于夏革〔注〕革字，庄子音棘。○郭庆藩曰：革棘古同声通用。论语"棘子成"，汉书古今人表作"革子成"。诗"匪棘其欲"，礼坊记引作"匪革其犹"。汉书"煮枣侯革朱"，史记索隐，"革音棘"，皆其证。○释文云：殷汤姓子，名履，字天乙。革音棘。夏棘字子棘，为汤大夫。伯峻案：释文"夏棘"，疑"夏革"之误。曰："古初有物乎？"〔注〕疑直混茫而已。○释文云：茫音忙。夏革曰："古初无物，今恶得物？〔注〕今所以有物，由古有物故。○卢文弨曰：注藏本"今""古"下有"之"字，"故"下有"也"字。○释文云：恶，音乌，下同。后之人将谓今之无物，可乎？"〔注〕后世必复以今世为古世，则古今如循环矣。设令后人谓今亦无物，则不可矣。○路史前纪二引"后"上有"使"字。○释文云：复，扶又切，下同。**殷汤**曰："然则物无先后乎？"**夏革**曰："物之终始，初无极已。始或为终，终或为始，恶知其纪？〔注〕今之所谓终者，或为物始；所谓始者，或是物终。终始相循，竟不可分也。○江有诰曰：始已纪为韵，古音同在之部。**然自物之外,自事之先,朕所不知也。**〔注〕谓物外事先,廓然都无,故无所指言也。〔解〕后世必以今日为古,何殊今日问古耶?安得无物也?由汤以上古为先,然则物始事先更相前后,此不可知也。**殷汤曰:"然则上下八方有极盡乎?"**〔注〕汤革虽相答,然于视听犹未历然,故重发此问,令盡然都了。○王叔岷曰:释文本注"盡"作"畫",疑当从之。庄子庚桑楚篇"其臣之畫然知者去之",即此"畫然"二字所本。盡盖畫之形误,或涉正文盡字而误。○释文"盡"作"畫",云:重,柱用切,下同。畫音获,一本作盡。**革曰:"不知也。"**〔注〕非不知也,不可以智知也。**汤固问。革曰:"无则无极,有则有尽;朕何以知之?**〔注〕欲穷无而限有,不知而推类也。○陶鸿庆曰:"有则有尽"下"有"字亦当作"无"。"有则无尽"者,即公孙龙所谓"有物不尽",惠施所谓"一尺之棰,日取其半,万世不竭",西儒所谓"物质不灭"也。下文"无极之外,复无无极,无尽之中,复无无尽",即承此言。今本误作"有尽",则非其旨矣。张注云云,正谓无无穷而有限也。是其所见本正作"无尽"。**然无极之外复无无极,无尽之中复无无尽。**〔注〕既谓之无,何得有外?既谓之尽,何得有中?所谓无无极无无尽,乃真极真尽矣。○注"既谓之尽"北宋本作"既谓之虚",汪本从之,今从藏本订正。**无极复无无极,无尽复无无尽。**〔注〕或者将谓无极之外更有无极,无尽之中复有无尽,故重明无极复无无极,无尽复无无尽也。**朕以是知其无极无尽也,而不知其有极有尽也。"**〔注〕知其无,则无所不知;不知其有,则乃是真知也。**汤又问曰:"四海之外奚有?"**○王重民曰:御览二引"有"下有"乎"字。**革曰:"犹齐州也。"**〔注〕齐,中也。〔解〕言无安得有极尽耶?是以道无不遍,无之谓也,体用俱大,非虚实无有也。伯峻案:齐州谓中国。周穆王篇云"四海之齐谓中央之国"云云,可证。○释文云:尔雅云:距齐以南,戴日为丹穴;

北，戴斗极为空桐。距，去也。齐，中也。**汤曰："汝奚以实之？"**伯峻案：淮南精训云"众人以为虚言，吾将举类而实之"，高诱注，"实，明也"。后汉书顺帝纪云"诏幽、并、凉州刺史使各实二千石以下至黄绶，年老劣弱不任军事者"，注云，"实谓验实之也"，皆可为此实字之义。**革曰："朕东行至营，**○释文云：今之柳城，古之营州，东行至海是也。**人民犹是也。**〔注〕如是间也。**问营之东，复犹营也。西行至豳，**○释文云：豳与邠同。**人民犹是也。问豳之西，复犹豳也。朕以是知四海、四荒、四极之不异是也。**〔注〕四海、四荒、四极，义见尔雅。知其不异是间，则是是矣。〔解〕四方穷之不可尽，皆有生死、爱恶、父母、妻子，故知四荒、四极之外不异营豳之内，则是是也。○王重民曰："之"下疑本有"外"字，今本脱之。上文汤问"四海之外奚有"，此革所答语，故云"四海四荒四极之外"，御览一引"之"下正有"外"字。伯峻案：王说是。玩卢重玄解，其所见本亦有"外"字。○释文云：尔雅云：九夷、八狄、七戎、六蛮谓之四海。觚竹、北户、西王母、日下谓之四荒。东泰远、西邠国、南濮铅、北祝栗谓之四极。见，贤遍切。伯峻案：释文"泰远"或作"秦远"，"邠国"或作"郊国"，"北祝栗"或作"此祝栗"，误。**故大小相含，无穷极也。含万物者，亦如含天地。**〔注〕夫含万物者天地，容天地者太虚也。○释文"太虚"作"大虚"，云：大音泰，下同。**含万物也故不穷，**〔注〕乾坤含化，阴阳受气，庶物流形，代谢相因，不止于一生，不尽于一形，故不穷也。**含天地也故无极。**〔注〕天地笼罩三光，包罗四海，大则大矣；然形器之物，会有限极。穷其限极，非虚如何？计天地在太虚之中，则如有如无耳。故凡在有方之域，皆巨细相形，多少相悬。推之至无之极，岂穷于一天，极于一地？则天地之与万物，互相包裹，迭为国邑；岂能知其盈虚，测其头数者哉？○释文云：罩，陟孝切。**朕亦焉知天地之表不有大天地者乎？**〔注〕夫太虚也无穷，天地也有限。以无穷而容有限，则天地未必形之大者。然则邹子之所言，盖其掌握耳。○"掌"世德堂本作"尝"。○释文云：焉，於虔切，下同。**亦吾所不知也**。〔注〕夫万事可以理推，不可以器征。故信其心智所知及，而不知所知之有极者，肤识也；诚其耳目所闻见，而不知视听之有限者，俗士也。至于达人，融心智之所滞，玄悟智外之妙理；豁视听之所阂，远得物外之奇形。若夫封情虑于有方之境，循局步于六合之间者，将谓写载尽于三坟五典，归藏穷于四海九州焉。知太虚之辽廓，巨细之无垠，天地为一宅，万物为游尘，皆拘短见于当年，昧然而俱终。故列子阐无内之至言，以坦心智之所滞；恢无外之宏唱，以开视听之所阂。使希风者不觉矜伐之自释，束教者不知桎梏之自解。故刳斫儒墨，指斥大方，岂直好奇尚异而徒为夸大哉？悲夫！聃周既获讥于世论，吾子亦独以何免之乎？〔解〕夫神道之含万物也，故不穷；阴阳之含天地也，故无极。天地万物之外，我所不知以辩之，非谓都不知也。○注"无垠"本作"无限"，今从世德堂本作"无垠"。○释文"限"作"垠"，云："知及"及字一本作反，恐字误。豁，呼括切。垠音银，下同；一本作限。拘音俱。桎梏音质谷。解音蟹。刳音枯。夸，口花切。聃，他甘切，老子名。周，庄子名。**然则天地亦物也。物有不足，故昔者女娲氏练五色石以补其阙**；〔注〕阴阳失度，三辰盈缩，是使天地之阙，不必形体亏残也。女娲，神人，故能练五常之精以调和阴阳，使晷度顺序，不必以器质相补也。〔解〕张湛此注当矣。○秦恩复曰："练"古"鍊"字，淮南亦作"练"。○何琇曰：张湛注以五色石为寓言五常，是亦巧为之词。战国诸子多与小说相出入，不尽可诘。即以列子而论，龙伯钓鳌之事，化人揽裾之谈，又譬何事乎？○王叔岷曰：艺文类聚六，御览二、五一引"石"上并有"之"字，与下文句法一律，当从之。○释文云：娲音瓜，女娲氏，古天子，风姓。**断鳌之足**〔注〕鳌，巨龟也。○释文云：断鳌音短遨，具后释。**以立四极。其后共工氏与颛顼争为帝**，伯峻案：史记三皇本纪谓与祝融战，淮南原道篇谓与高辛争为帝，而天文训又云与颛顼争为帝，皆古传说之异也。○释文云：共工氏，共音恭，古帝王。

颛顼音专旭。怒而触不周之山,〔注〕共工氏兴霸于伏羲神农之间,其后苗裔恃其强,与颛顼争为帝。颛顼,黄帝孙。不周山在西北之极。○卢文弨曰:注"颛顼"下藏本有"是"字,"黄帝"下有"之"字。○释文"伏"作"虙",云:虙音伏。羲,许宜切。折天柱,绝地维;故天倾西北,日月星辰就焉;○王叔岷曰:淮南天文篇、论衡谈天篇"故"字并在"日"字上,与下文句法一律。地不满东南,故百川水潦归焉。"〔解〕乱常败德,则为折天柱绝地维也。是以圣人知天道损有馀补不足,故三光百川得其大要也。○释文云:潦音老。汤又问:"物有巨细乎?有修短乎?有同异乎?"革曰:"渤海之东不知几亿万里,有大壑焉,○释文云:渤海,今乐安郡。山海经云,东海之外有大壑。实惟无底之谷,〔注〕事见大荒经。诗含神雾云:"东注无底之谷"。其下无底,〔注〕称其无底者,盖举深之极耳。上句云无无极限,有不可尽。实使无底,亦无所骇。○注末"骇"字世德堂本作"阂"。名曰归墟。〔注〕庄子云"尾闾"。○洪颐煊曰:文选吴都赋李善注、太平御览卷六十七引列子作"归塘",颜氏家训归心篇"归塘尾闾,渫何所到",亦与或本同。○王重民曰:御览六十又六十七引并作"归塘",与释文所见或本同。○释文云:归墟或作归塘。八纮九野之水,天汉之流,莫不注之,而无增无减焉。〔注〕八纮,八极也;九野,天之八方中央也。世传天河与海通。〔解〕大壑无底者,言大道之无能穷尽者也。至微至细入于无间者,不过水也。注之无增减者,万有无不含容者也。○释文云:纮音宏。其中有五山焉:一曰岱舆,○释文云:舆音余。二曰员峤,○释文云:峤,渠庙切,山锐而高也。三曰方壶,○释文云:一曰方丈。四曰瀛洲,○释文云:瀛音盈。五曰蓬莱。○释文云:史记曰,方丈、瀛洲、蓬莱,此三神山,在渤海中。盖尝有至者,诸仙人及不死之药皆在焉。未至,望之如云。欲到,即引而去,终莫能至。其山高下

周旋三万里，○释文"周旋"作"周犯"，云：犯一本作範围字，一本作周旋字。○任大椿曰：戴记："范金合土。"荀子强国篇："刑范法正。"太元经："国家之矩范也。"隶释杨著碑："丧兹师范。"司空残碑："纳我镕范。"则範多通作范（通俗文：规模曰笵。则范当作笵）。又逢盛碑："制中图椊。"亦模範字，範又通作椊。惟範之通作犯则不多见。陈编修昌齐曰：庄子大宗师篇云，"今一犯人之形，而曰人耳人耳。夫造化者，必以为不祥之人。""犯人之形"即"範人之形"也，此範犯相通之一证也。**其顶平处九千里。山之中间相去七万里，以为邻居焉。其上台观皆金玉，其上禽兽皆纯缟。**○陶鸿庆曰："其上"二字贯下六句，下"其上"字误复。○王重民曰：陶说是也。御览三十八引正无下"其上"二字。○释文云：纯音淳。缟，古老切。**珠玕之树皆丛生，**○释文云：玕音干。**华实皆有滋味；食之皆不老不死。**○王重民曰：御览三十八引无下"皆"字，盖是衍文。**所居之人皆仙圣之种；一日一夕飞相往来者，不可数焉。**〔注〕两山间相去七万里，五山之间凡二十八万里；而日夜往来。往来者不可得数，风云之挥霍不足逾其速。〔解〕有形之物生于大道之中，而增饰玩好而不知老，不知死，动用不住，倏往忽来，无限数也。○注世德堂本不重"往来"二字。"不可得数""不"作"乃"，北宋本同。○释文云：数，色主切，注同。**而五山之根无所连箸，**〔注〕若此之山犹浮于海上，以此推之，则凡有形之域皆寄于太虚之中，故无所根蒂。○卢文弨曰：注"浮"下"于"字藏本无。○释文"箸"作"著"，云：著，直略切。**常随潮波上下往还，**○释文云：上，时掌切。**不得蹔峙焉。**〔解〕眼耳鼻舌身为五根，随波流不得暂止也。此举世皆随声、色、香、味染著而不得休息，乃至忘生轻死，以殉名利；不知止虑还源，养神归道者也。○释文"蹔"作"暂"，云：峙，直里切。**仙圣毒之，**○释文云：毒，病也。**诉之于帝。帝恐流于西极，失群仙圣之居，**○卢文弨曰:"恐"坊本作"怒","群仙圣"原作"群圣",藏本作"仙圣",四解本、秦本作"群仙圣"。○俞樾曰:卢重玄本作"帝恐流于西极,失群仙圣之居",当从之。五山之根无所连著,其流于西极,势使然耳,何怒之有? 盖涉下文"帝凭怒"而误。又"仙圣"字上下文三见,可证此作"群圣"之非矣。至"西极"字亦疑有误。五山随波上下往还,安知其必流于西极也? 下文云"岱舆员峤二山流于北极",可证其不必西流矣。"西极"似当作"四极"。伯峻案:俞说是也,今从秦本、四解本增"仙"字。○王叔岷曰:艺文类聚九六、御览九三一引上"帝"字上并有"上"字,事文类聚后集三五、天中记五七引两"帝"字上并有"上"字。锦绣万花谷续集五引下"帝"字上有"天"字,今本两"帝"字上盖并捝"上"字或并捝"天"字也。**乃命禺彊**〔注〕大荒经曰:北极之神名禺彊,灵龟为之使也。○释文"禺彊"作"禺强",云:禺与隅同。神仙传:北方之神名禺强,号曰玄冥子。山海经曰:大荒之中有神,人面鸟身,名曰禺强。简文云:北海神也。○任大椿曰:淮南子地形训"隅强,不周风之所生也",高诱注:"隅强,天神也。"水经注曰:"县名番禺,倪谓番山之禺也。""番山之禺"犹言"番山之隅"。山海经:"桂林八树在番隅东。"郭璞注:"番隅今番禺县。"则禺隅通。**使巨鳌十五举首而戴之**。〔注〕离骚曰:巨鳌戴山,其何以安也? 伯峻案:今本楚辞天问云:"鳌戴山抃,何以安之?"王逸注引列仙传曰:"有巨灵之鳌背负蓬莱之山而抃舞",洪兴祖补注始引列子此文。○释文云:列仙传云:巨鳌戴蓬莱山而抃沧海之中。玄中记云:即巨龟也。**迭为三番**,○释文云:番音翻,更代也。**六万岁一交焉。五山始峙而不动**。〔解〕夫形质者,神明居也。若五根流浪而失所守,则仙圣无所居矣。庄子云:"一受其成形,不亡以待尽。"若五根漂荡,则随妄而至死矣。一生虚过,岂不哀哉! 故大圣作法设教以止之,五根于是有安矣。五尘以对之,五识以因之,故云"十五"也。因心以辩之,故云"三番"。六万岁一交耳,自此知制五根之道。○藏本、秦本、世德堂本无"而不动"三字。○王重民曰:类聚九十六、御览八百三十四引有此三字,盖今本脱之也。伯峻案:文选左太冲吴都赋注、木玄虚海赋注，御览九三一，楚辞天问洪兴祖补注引均有此三字。**而龙伯之国有大人，举足不盈数步而暨五山之所，**〇"数步"北宋本作"数千"，汪本从之，今从藏本订正。〇王重民曰：北宋本"步"作"千"，与释文所见一本同。类聚九十六引作"数十步"，疑类聚所引近是。盖北宋本"千"为"十"字之误，下又脱"步"字耳。伯峻案：御览九三一、事文类聚后集三五引并作"数十步"。〇释文云：数，色主切。步一本作千。**一钓而连六鳌，**〇释文云：钓一本作钩。**合负而趣**〇释文云：趣音趋。**归其国，灼其骨以数焉。**〔注〕以高下周围三万里山而一鳌头之所戴，而此六鳌复为一钓之所引，龙伯之人能并而负之，又钻其骨以卜计，此人之形当百馀万里。鲲鹏方之，犹蚊蚋蚤虱耳。则太虚之所受，亦奚所不容哉？〔解〕伯者，长也。龙，有力之大者也。以喻俗中之嗜欲矜夸爱贪纵情求以染溺，而为钩负六情以自适，岂徒失其所守，乃更毁而用之也。〇黄生曰：字书皆以鳌为大鳖，据本书云云，则鳌者龟也，非鳖之大者也。〇秦恩复曰："矜夸"以下注文疑有脱误。〇王叔岷曰：初学记十九、草堂诗笺三五、锦绣万花谷续集五引"灼"上并有"因"字。〇释文云：灼音酌。数，所据切，算计也。钻，祖官切。鲲鹏音昆朋。蚊蚋音文芮。蚤虱音早瑟。**于是岱舆员峤二山流于北极，沉于大海，仙圣之播迁者巨亿计。**〔解〕俗心所溺唯声色为重，君子小人困于名利也，故曰二山流焉。爱溺深重，喻之大海。神识流浪，不可胜言。**帝憑怒，**〔注〕憑，大也。〇释文"憑"作"冯"，云：冯音愤。**侵减龙伯之国使陁，**〇汪中曰：古陁隘通，语之转。〇释文"侵"作"浸"，云：浸，子禁切，一本作侵。陁，乌卖切。〇任大椿曰：史记孝武纪："侵寻于太山矣。"索隐曰："侵寻即浸淫也。"淮南子诠言训，"阴阳之始，皆调适相似，日长其类，以侵相远"，谓始则相似以渐而远也。释名："目生肤入眸子曰浸，浸，侵也。亦言浸淫转大也"，则侵浸通。**侵小龙伯之民使短。至伏羲神农时，其国人犹数十丈。**〔注〕山海经云：东海之外，大荒

卷第五 汤问篇

之中,有大人之国。河图玉板云:从昆仑以北九万里,得龙伯之国,人长四十丈,生万八千岁始死。〔解〕大圣恶夫嗜欲之为害也,乃立法以制之。因圣智之教行,故其国渐小。然神农虽治,犹数十丈焉者,盖人不能灭之,但减削而已。○王重民曰:御览三百七十七引"犹"下有"长"字。○释文"其国人"作"有国人","数十丈"作"数千丈",云:数千丈一本作数十丈。**从中州以东四十万里得僬侥国,**○王重民曰:"东"当作"西",字之误也。淮南地形篇:"西南方曰僬侥。"韦昭鲁语注:"僬侥,西南蛮之别名。"是古者一谓僬侥在西南也。御览七百九十引外国图云,"僬侥去九疑三万里",是又谓在南方也。释文引括地志云:"在大秦国北。"大秦在西南,是又谓在西方也。约之以谓在西南者为折中。其谓在西南者,盖观点略有不同耳。而从未有谓在东方者,则东为误字审矣。此段记四方之特异,荆南冥灵,发北鲲鹏,东北诤人,西方僬侥。若作东,则与诤人相复矣。"东"为误字,此又一证也。御览三百七十八又七百九十引"四"并作"三"。疑列子此文本作"从中州以西三十万里得僬侥国",后"西"字误作"四",因衍入"东"字,削去"三"字耳。○释文云:僬侥音谯尧,短人国名也。史记云:僬侥氏三尺,短之至也。韦昭曰:僬侥,西南蛮之别名也。案括地志,在大秦国西北。**人长一尺五寸。**〔注〕事见诗含神雾。○释文云:见,贤遍切,下同。**东北极有人名曰诤人,长九寸。**〔注〕见山海经。诗含神雾云:"东北极有此人。"既言其大,因明其小耳。○秦恩复曰:"诤"山海经作"靖"。○王重民曰:御览三百七十八引"诤"作"竫",当读为"靖"。说文:"靖,一曰细貌。"山海经大荒东经曰:"东海之外,大荒之中有小人国,名靖人。"郭注曰:"靖或作竫。"○释文云:诤音争。山海经曰:"东海之外,有小人,名曰诤人。"**荆之南有冥灵者,**○释文云:冥灵,木名也;生江南,以叶生为春,叶落为秋。**以五百岁为春,五百岁为秋。上古有大椿者,**○释文云:椿,丑伦切,木名也。一名橓。**以八千岁为春,八千岁为秋。朽壤之上有菌芝者,**○王重民曰:御览九百四十五引"上"作"土"。○释文云:菌,其阴切。崔譔云:"粪上生芝也。朝生暮死。"简文云:"欻生芝。"**生于朝,死于晦。春夏之月有蠓蚋者,**○王叔岷曰:云笈七签九十"春夏之月"作"晴空之中"。御览九四五、广韵上声三、韵府群玉九引"蠓蚋"并作"蠛蠓"。○释文云:蠓,莫孔切。蚋音芮,谓蠛蠓蚊蚋也。二者小飞虫也。**因雨而生,见阳而死。**〔解〕苟有嗜欲失其真焉,则形巨者与形小,长寿者与促龄,亦何异也?故知上极神仙,下及蝼蚁,迷真失道,情欲奔驰,其丧一也。**终北之北**〔注〕庄子云"穷发"。○藏本、世德堂本作"终发北之北"。○汪中曰:庄子曰"穷发",终穷语之转。○俞樾曰:释文曰,一本无发字,当从之。终北,国名。下文曰"禹之治水土也,迷而失涂,谬之一国,滨北海之北,其国名曰终北"是也。终北之北谓在其国之北。今衍"发"字者,盖后人据庄子逍遥游篇加之。不知彼自言穷发之北,此自言终北之北,两文不同。若据彼以增此,则既言终发北,又言之北,文义复沓矣。○释文作"终发之北",云:一本作终北之北。**有溟海者,**○释文云:十洲记云:水黑色谓溟海。**天池也,有鱼焉,其广数千里,**○释文云:广数,上古旷切,下色主切。**其长称焉,**伯峻案:考工记舆人"谓之参称",注:"称犹等也。"今言相称,读去声。○释文云:称,尺证切,下同。**其名为鲲。**○释文云:鲲,鲸鱼也。**有鸟焉,其名为鹏,**○释文云:鹏,步登切。**翼若垂天之云,其体称焉。**〔注〕庄子云,鲲化为鹏。**世岂知有此物哉?**〔注〕玩其所常见,习其所常闻;虽语之,犹将不信焉。○释文云:语,鱼据切。**大禹行而见之,伯益知而名之,**○释文云:名,弥正切,与諲同。**夷坚闻而志之。**〔注〕夫奇见异闻,众之所疑。禹、益、坚岂直空言谲怪以骇一世?盖明必有此物,以遣执守者之固陋,除视听者之盲聋耳。夷坚未闻,亦古博物者也。○伯峻案:文选张衡西京赋"伯益不能名,隶首不能纪",此反用其义。○卢文弨曰:注"众之"

藏本无"之"字,"禹"作"焉"。○释文云:志之,记之也。**江浦之间生么虫,**〔注〕么,细也。○王叔岷曰:尔雅翼二六引"生"作"有"。事文类聚后集四九引作"海上有虫"。今本"有"作"生",疑误。○释文云:么,亡果切。字书云:"么,小也。"**其名曰焦螟,**○释文云:螟音名。**群飞而集于蚊睫,**○释文云:睫音接。**弗相触也。栖宿去来,蚊弗觉也。离朱子羽方昼拭眦扬眉而望之,**○释文云:拭音式。眦,在诣切,目际也。**弗见其形;**〔注〕离朱,黄帝时明目人,能百步望秋毫之末。子羽未闻。**𫘝俞师旷方夜擿耳俛首而听之,**○释文云:𫘝,除倚切。𫘝俞师旷,皆古之聪耳人也。擿音惕。俛音免。**弗闻其声。**〔注〕𫘝俞未闻也。师旷,晋平公时人,夏革无缘得称之,此后著书记事者润益其辞耳。夫用心智赖耳目以视听者,未能见至微之物也。○卢文弨曰:注"缘得"下藏本有"而"字。**唯黄帝与容成子居空峒之上,**○卢文弨曰:"峒"藏本作"桐"。○王叔岷曰:艺文类聚九七引"容成子"作"广成子"。庄子在宥篇亦作"广成子"。○释文云:史记云:黄帝至于河,登空桐之山。今在沣泉郡。**同斋三月,心死形废;**〔注〕所谓心同死灰,形若枯木。**徐以神视,**〔注〕神者,寂然玄照而已,不假于目。○王重民曰:类聚九十七引"徐"作"倏",是也。盖"倏以神视"与下"徐以气听"相对。伯峻案:王说失之泥,仍以作徐字者于义为长。**块然见之,若嵩山之阿;**〔注〕以有形涉于神明之境,嵩山未足喻其巨。**徐以气听,**〔注〕气者,任其自然而不资外用也。**砰然闻之,**○释文云:砰,普耕切。**若雷霆之声。**〔注〕以有声涉于空寂之域,雷霆之音未足以喻其大也。〔解〕苟有形声之碍也,则积壤成山,聚蚊成雷;块然见之,砰然闻之,不足多怪。○释文云:霆音廷。**吴楚之国有大木焉,其名为櫾。**〔注〕音袖。○释文云:櫾音柚。山海经曰:荆山多橘柚。柚似橘而大,皮厚味酸。**碧树而冬生,实丹而味酸。**○王重民曰:"櫾"即

"柚"字。"生"当作"青",字之误也。中山经,"荆山多橘櫾。"郭注:"櫾似橘而大也。"史记司马相如传:"橘柚芬芳。"正义曰:"小曰橘,大曰柚。树有刺,冬不凋,叶青。"是櫾树叶青,经冬不凋,故列子曰"碧树而冬青"也。此盖"青"字阙坏为"主",因误为"生"。齐民要术卷十作"碧树而冬青生",虽衍一"生"字,而"青"字尚不误。类聚八十七(引作"列传",当是列子之误。)、御览九百七十三并引正作"冬青",可证。"碧树冬青","实丹味酸",相对为文。若作"生",则不相偶矣。○王叔岷曰:记纂渊海九二引亦作"青"。**食其皮汁,已愤厥之疾。**○许维遹曰:吕氏春秋至忠篇高注:"已犹愈也。"○王叔岷曰:"厥"乃"瘚"之借字。说文:"瘚,屰(逆)气也。"释文云:愤,房吻切。愤厥之疾,气疾也。**齐州珍之,渡淮而北而化为枳焉。**○释文云:周礼曰:橘渡淮北而化为枳。**鹳鹆不逾济,**○释文云:济,子礼切。鹳鹆音瞿浴。**貉逾汶则死矣;**○释文云:貉音鹤,似狐,善睡兽也。汶,武巾切。郵元水经曰:济水出王屋山为沇(音兖)水,东经温为济水,下入黄河十馀里,南渡河为荥泽,又经济阴等九郡而入海。周礼云:鹳鹆不逾济,貉逾汶则死,此地气使然也。郑玄曰:汶水在鲁城北。先儒相因以为鲁之汶水,皆大误也。案史记,汶与崏同武巾切,谓汶江也,非音问之汶。案山海经:大江出汶山。郭云:东南径蜀郡,东北径巴东、江夏,至广陵入海。韩诗外传云,昔者江出于汶山,其始也足以滥觞是也。又楚词云:隐汶山之清江。固可明矣。且列子与周礼通言水土性异,则迁移有伤,故举四渎以言之。案今鲁之汶水,阔不逾数十步,源不过二百里,揭厉皆渡,斯须往还,岂狐貉暂游,生死顿隔矣?说文云:貉,狐类也。皆生长丘陵旱地,今江边人云,狐不渡江。是明逾大水则伤本性遂致死者也。**地气然也。**〔注〕此事义见周官。○秦本作"地气使然也"。**虽然,形气异也,性钧已,**○王叔岷曰:释文,"一本云情性钧已",有情字是。"情性钧已"与上"形气异也"对文。○释文云:皆至已字为句。一本云情性钧已。**无相易已。生皆全已,分皆足**

已。○释文云:分,符问切。**吾何以识其巨细?何以识其修短?何以识其同异哉?**〔注〕万品万形,万性万情,各安所适,任而不执,则钧于全足,不愿相易也。岂智所能辩哉?〔解〕阴阳所生,土地所宜,神气所接,习染所变,皆若是也。复何足以辩之哉?

太形王屋二山,〔注〕形当作行。太行在河内野王县,王屋在河东东垣县。○王重民曰:御览四十引"形"作"行",当为引者所改。○释文"太形"作"大形",云:音泰行,注同。垣音袁。**方七百里,高万仞;本在冀州之南,河阳之北。北山愚公者,**〔注〕俗谓之愚者,未必非智也。**年且九十,面山而居。惩山北之塞,出入之迂也,**〔解〕形,户刚反。惩,戒也,创也,草政也。○释文云:韩诗外传云:惩,苦也。迂音于,下同。**聚室而谋,曰:"吾与汝毕力平险,指通豫南,达于汉阴,可乎?"杂然相许。**〔注〕杂犹金也。○释文云:杂,七合切,下同。金,七廉切。**其妻献疑**〔注〕献疑犹致难也。○释文云:难,乃旦切。**曰:"以君之力,曾不能损魁父之丘。**伯峻案:太平御览引淮南子云:"牛蹄之涔,无经尺之鲤;魁父之山,无营宇之材。皆其狭小而不能容巨大。"艺文类聚山部引淮南"魁父"作"魋府"。淮南本文作"魁阜",音同字异耳。○释文云:曾音层,下同。魁父淮南子作魁阜,谓小山如堆阜。**如太形王屋何?**〔注〕魁父,小山也,在陈留界。**且焉置土石?"**○释文云:焉,於虔切。**杂曰:"投诸渤海之尾,隐土之北。"**〔注〕淮南云:"东北得州曰隐土。"伯峻案:今本淮南子地形训作"东北薄州曰隐土",疑注文"得"乃误字。**遂率子孙荷担者三夫,**○释文云:荷,胡可切。担,丁甘切。**叩石垦壤,**○释文云:叩,击也。垦,苦恨切,起土也。**箕畚运于渤海之尾。**○释文云:畚音本,笼也。**邻人京城氏之孀妻**〔注〕孀,寡也。○释文云:孀音霜。**有遗男,始龀,**○释文云:龀,初刃切。韩诗外传云,男女七岁或毁齿谓之龀。**跳往助之**。○任大椿曰:汉书高帝纪:"汉王跳。"晋灼曰,"跳,独出意也",即下文"独与滕公出成皋玉门"是也。列子此节述愚公移山无与为助,而遗男独往助之,故云跳往助之也。跳往之跳与晋灼之训可以互证。○洪颐煊曰:汉书高帝纪:"汉王跳。"如淳曰:"跳音逃,谓走也。史记作逃。"晋灼曰:"跳,独出意也。"燕王泽传:"遂跳驱至长安。"亦谓逃驱也。○释文云:跳音调,跃也。或作眺,误也。**寒暑易节,始一反焉。河曲智叟笑而止之**,〔注〕俗谓之智者,未必非愚也。曰:"**甚矣汝之不惠!** 〇吉府本"止"作"正","惠"作"慧"。〇王重民曰:御览四十引"惠"作"慧"。**以残年馀力,曾不能毁山之一毛;其如土石何?**"**北山愚公长息曰:"汝心之固,固不可彻**;伯峻案:彻,通也。○释文云:彻,丑列切。**曾不若孀妻弱子。虽我之死,有子存焉**。○王重民曰:御览五百十九引"存"作"在"。**子又生孙,孙又生子;子又有子,子又有孙:子子孙孙,无穷匮也;而山不加增,何苦而不平?**"○道藏各本俱作"何若而不平"。○王重民曰:释文本、吉府本"苦"作"若",是也;盖形近而讹。御览四十引"平"上有"可"字。○释文"苦"作"若",云:若一本作苦。**河曲智叟亡以应**。〔注〕屈其理而服其志也。**操蛇之神闻之**,〔注〕大荒经云:"山海神皆执蛇。"**惧其不已也**,〔注〕必其不已,则山会平矣。世咸知积小可以高大,而不悟损多可以至少。夫九层起于累土,高岸遂为幽谷。苟功无废舍,不期朝夕,则无微而不积,无大而不亏矣。今砥砺之与刀剑,相磨不已,则知其将尽。二物如此,则丘壑消盈无所致疑。若以大小迟速为惑者,未能推类也。○释文"岸"作"峰",云:操,七刀切。高峰坠为幽谷一本作高岸遂为幽谷。舍音捨。砥砺音旨例。**告之于帝。帝感其诚**,〔注〕感愚公之至心也。**命夸蛾氏二子**〔注〕夸蛾氏,传记所未闻,盖有神力者也。○释文云:夸蛾氏一本作夸蚁氏。夸,口花切。**负二山,一厝朔东,**○释文云:厝音措。**一厝雍南。自此,冀之南、汉之阴无陇断焉。**〔注〕夫期功于旦夕者,闻岁暮而致叹;取美于当年者,在身后而长悲。此故俗士之近心,一世之常情也。至于大人,以天地为一朝,亿代为瞬息;忘怀以造事,无心而为功;在我之与在彼,在身之与在人,弗觉其殊别,莫知其先后。故北山之愚与嫠妻之孤,足以哂河曲之智,嗤一世之惑。悠悠之徒,可不察欤?〔解〕此一章兴也。俗安所习而随于众。众所共者,则为是焉。虽嗜欲所缠,从生至死,生既流荡无已,死又不知所之;愚者营营于衣食以至终,君子营营于名色以至死,咸以为乐天知命,自古而然。若夫至学之人,必至于求道忘生以契真。闻斯行诸,不计老少,穷生不闻神,或感而自通。故易曰"寂然不动,感而遂通",然后形碍之可忘,至平之理畅矣。○注"瞬息"本作"旷息",今从藏本正。○释文"陇"作"垄","察欤"作"察与",云:垄,力踵切。嫠音狸。哂,式忍切。嗤,赤之切。与音余。

夸父不量力,伯峻案:吕览求人篇云:"夸父之野。"高注云:"夸父,兽名也。"又郭璞注海外北经云:"夸父者,盖神人之名也。"又淮南地形训云:"夸父取耳(取字依王念孙说改)在其北方,夸父弃其策,是为邓林。"高注:"夸父,神兽也。邓犹木也。一曰仙人也。"○释文云:夸,口花切。父音甫。大荒经云:有人珥两黄蛇把两黄蛇,名曰夸父。**欲追日影,逐之于隅谷之际。**〔注〕隅谷,虞渊也,日所入。**渴欲得饮,赴饮河渭。河渭不足,将走北饮大泽。未至,道渴而死。弃其杖,尸膏肉所浸,生邓林。**○释文云:浸,子禁切。**邓林弥广数千里焉。**〔注〕山海经云:"夸父死,弃其杖,而为邓林。"〔解〕夫人一至以祈道,则去有以契真;若将恃能以求胜,则步影而不及。及其契真也,则形尽平焉;及其追末也,则丧生以见迹。迹之著也,邓林所以生;真之契也,丘陇所以平也。○王叔岷曰:草堂诗笺补遗十、记纂渊海九、事文类聚前集二引并不叠"邓林"二字,疑衍。

大禹曰:"六合之间,四海之内,照之以日月,经之以

星辰,纪之以四时,要之以太岁。<u>伯峻案</u>:太岁即木星,木星公转周期为一一点八六年,古人误以为十二年,于是分黄道带为十二次,每年经过一次,故云要之以太岁。要,约也。○释文"太岁"作"大岁",云:要,一遥切。大音泰。**神灵所生,其物异形;或夭或寿,唯圣人能通其道。**〔注〕圣人顺天地之道,因万物之性,任其所适,通其逆顺,使群异各得其方,寿夭咸尽其分也。○<u>毕沅</u>曰:列子正用山海经海外南经。○<u>卢文弨</u>曰:注"咸"下藏本有"得"字。○<u>王叔岷</u>曰:<u>治要</u>引注"通其逆顺"作"通其所逆",与上"任其所适"相对。○释文云:分,符问切。**夏革曰:"然则亦有不待神灵而生,不待阴阳而形,不待日月而明,**〔注〕夫生者自生,形者自形,明者自明,忽然自尔,固无所因假也。**不待杀戮而夭,不待将迎而寿,**〔注〕自夭者不由祸害,自寿者不由接养。**不待五谷而食,不待缯纩而衣,**○释文云:缯,似陵切。纩音旷。**不待舟车而行,**○释文云:车音居。**其道自然,**〔注〕自然者,都无所假也。**非圣人之所通也。"**〔注〕圣人不违自然而万物自运,岂乐通物哉?自此章已上皆<u>夏革</u>所告<u>殷汤</u>也。〔解〕夫形动之物各有所宜,圣人能顺其生以通其道也。然则神识至灵,更无所待,非群有之所资育;盖独运之自然,岂圣人所能通哉?○<u>注</u>"已上"藏本作"以上"。

禹之治水土也,迷而失涂,谬之一国。〔注〕游绝垠之外者,非用心之所逮,故寄言迷谬也。○<u>卢文弨</u>曰:注末"也"字藏本作"耳"。**滨北海之北,不知距齐州几千万里。**〔注〕距,去也。○<u>卢文弨</u>曰:注"去"字藏本作"至"。**其国名曰终北,**〔解〕终北者,言其极幽极微,玄默之地。**不知际畔之所齐限,**○释文云:齐,子细切。**无风雨霜露,不生鸟兽、虫鱼、草木之类。四方悉平,周以乔陟。**〔注〕山之重垤也。〔解〕玄默之境无有际畔,风雨鸟兽群动所不至也。其中坦然至平而已矣。乔陟者,形器之碍。○王重民曰:注文"重垒"当作"重袭",字之误也。尔雅释山云:"山三袭,陟。"郭注:"袭亦重也。"○释文云:尔雅云:乔,高曲也。又云:山三袭,陟。郭璞云:重陇也。**当国之中有山,山名壶领,**○王叔岷曰:御览五八、天中记九引"山"字并不叠,疑衍。**状若甗,**〔注〕担。**甄。**〔注〕搔。○释文云:甗,丁甘切。甄,直为切。甗甄谓瓦瓶也。**顶有口,状若员环,名曰滋穴。**○"穴"世德堂本作"冗",误。御览四百九十引作"穴",不误。**有水涌出,名曰神瀵,**〔注〕山顶之泉曰瀵。○释文云:瀵,甫问切。郭璞云:今河东汾阴有水,中如车轮许大,溃沸涌出,其深无底,名曰瀵。瀵,汾上声。**臭过兰椒,味过醪醴。**〔解〕山中喻心,水为慧用,盖神瀵所出者。○释文云:椒音焦。醪醴音劳礼。**一源分为四埒,注于山下。**〔注〕山上水流曰埒。○释文云:埒音劣。**经营一国,亡不悉遍。**〔解〕通乎四支,遍乎百体,以周形器。○释文云:亡音无,下同。**土气和,亡札厉。**○释文云:札,侧八切。札厉,疫死也。**人性婉而从物,**○释文云:婉音宛。**不竞不争;柔心而弱骨,不骄不忌;长幼侪居,**○释文云:长,张丈切。侪,士皆切。**不君不臣;男女杂游,不媒不聘;**○释文"聘"作"娉",云:音聘。**缘水而居,不耕不稼;土气温适,不织不衣;百年而死,不夭不病。其民孳阜亡数,**○释文云:孳,息也。阜,盛也。**有喜乐,亡衰老哀苦。**〔解〕百骸九窍,应事而用。不争不竞,不相矜夸。含阴含阳,随运而用。其道至柔,不衣不食。衰老所不逐,夭寿所不拘。上士勤之,则至其国矣。○俞樾曰:"孳阜"二字疑当在"喜乐"之上,"其民亡数,有孳阜喜乐,亡衰老哀苦"。盖以"衰老"对"孳阜","哀苦"对"喜乐"。**其俗好声,**○释文云:好,呼报切。**相携而迭谣,**○释文云:迭音姪。谣音遥。**终日不**

辍音。饥惓则饮神瀵，○释文云：惓音倦。力志和平。过则醉，经旬乃醒。沐浴神瀵，肤色脂泽，香气经旬乃歇。〔解〕人以气为生，故曰好声也。出入之息，故云不辍。饮食真慧，无杂思，故云醉也。觉虑起，又沐其中，故云泽香。周穆王北游过其国，三年忘归。既反周室，慕其国，憞然自失。○释文云：憞，昌两切。不进酒肉，不召嫔御者，数月乃复。〔解〕周穆王亦曾至其国矣，不能常止其地，故云乃复焉。伯峻案：上文言"既反周室"，则"不进酒肉"者，乃归后事。此云"乃复"，谓恢复常态，仍进酒肉，召嫔御也。解未达。○释文"乃"作"迺"，云：数，色主切。迺古乃字。管仲勉齐桓公因游辽口，俱之其国，几克举。〔解〕管仲能说其处也，故云"游辽口"。欲往而不能得至，故"几克举"也。○释文云：几，其既切。隰朋谏曰：○释文云：隰音习。"君舍齐国之广，○释文云：舍音捨。人民之众，山川之观，殖物之阜，礼义之盛，章服之美；妖靡盈庭，忠良满朝。肆咤则徒卒百万，〔注〕肆疑作叱。○释文云：肆音叱。咤，陟嫁切。卒，子忽切。视撝则诸侯从命，〔注〕视疑作指。○释文云：视撝音指挥。亦奚羡于彼而弃齐国之社稷，从戎夷之国乎？此仲父之耄，奈何从之？"〔解〕夫俗之君子，心所言者正在于人民、礼义、章服、声色，是尊贵称情也。○释文云：父音甫。耄，莫报切。桓公乃止，以隰朋之言告管仲。仲曰："此固非朋之所及也。〔注〕朋之知极于齐国，岂知彼国之巨伟，故管仲骇之也。○卢文弨曰：注"骇之"藏本作"孩之"，当本老子。○释文云：伟，于鬼切。臣恐彼国之不可知之也。○俞樾曰：张注曰"此国自不可得往耳"。然则不可知之者，不可得往也。吕氏春秋审应篇："其在于民而君弗知。"高注曰，"知犹得也"，是其义。下文云："伯牙所念，锺子期必得之"，得犹知也。知与得义相近。○王重民曰：御览四百九十引"知"作"升",与张注义相近。○释文云:恐,去声。**齐国之富奚恋?**○释文云:恋,力卷切。**隰朋之言奚顾?**"〔注〕此国自不可得往耳,岂以朋之言故止也。〔解〕隰朋之所及者不达于此耳。夷吾云,以我之所闻,但恐不得如所传耳,故云恐不可知之也。所审如所传说,往而能到者,则世俗声色富贵何足忘? 礼义忠良何足顾哉?

南国之人祝发而裸,〔注〕力果反。○注文各本无"反"字,今从元本、世德堂本增。○释文云:祝,之六反。孔安国注尚书云:祝者,断截其发也。汉书云:越人断发文身,以避蛟龙之害。一本作被,恐误。裸,乎瓦切,谓不以衣蔽形也。**北国之人鞨巾而裘,**○释文云:鞨音末,方言俗人帕头是也。帕头,幞头也。帕又作鞨,又作袜。帕,亡八反。幞,七消反。**中国之人冠冕而裳。九土所资,或农或商,或田或渔;如冬裘夏葛,水舟陆车。默而得之,性而成之。**〔注〕夫方土所资,自然而能,故吴越之用舟,燕朔之乘马,得之于水陆之宜,不假学于贤智。慎到曰:"治水者茨防决塞,虽在夷貊,相似如一。学之于水,不学之于禹也。"○释文云:茨,疾移切。貊音陌。**越之东有辄沐**〔注〕又休。**之国,**○"辄"北宋本作"觚"字,汪本从之,字书无此字,今从藏本订正。世德堂本"沐"作"木",注"休"作"康"。○秦恩复曰:墨子作"輆沐",太平广记引作"輆沐",新论作"轸沐"。伯峻案:博物志作"骇沐"。释文"沐"作"休",云:辄说文作耴,猪涉切,耳垂也。休,美也。盖儋耳之类是也。诸家本作觚沐者误耳。

其长子生,则鲜而食之,○卢文弨曰:"鲜"当以解剥为义。墨子鲁问篇作"鲜而食之",与列子同。其节葬篇作"解而食之",明鲜解一也。礼记月令"季夏行春令,则谷食鲜落",吕氏春秋作"解落",亦其证。又曰:"鲜"与"析"一声之转,故"析支"亦作"鲜支",墨子亦作"鲜"。○汪中曰:鲜,析也。声之转。○仲父曰:"鲜"当训析。吕览报更篇云:"赵孟见桑下饿人,与之脯一朐,曰:斯食之。""鲜而食之"与"斯食之"义正同,"斯""鲜"古音义并同也。○王重民曰："鲜"无解剥义，卢说非是。"鲜"盖"解"字之误。"解"俗书或从羊作鲑，而从鱼之字又易讹从角。史记贾生传，"细故憖蒯兮"，"蒯"讹作"䓲"。汉北海相景君铭，"元元鳏寡"，"鳏"讹作"䱋"。尔雅释山"小山别，大山鲜。"释文曰："鲜或作嶰字。"文选吴都赋李善注引尔雅作"嶰"。庄子人间世："挫针治繲。"释文云："崔本作繲。"均"鲜""解"二字互乱之证。然则墨子鲁问作"鲜"，节葬作"解"者，鲁问讹也。月令作"鲜"，吕览作"解"者（淮南时则篇亦作"谷实解落"），月令亦讹也。列子作鲜当同此例。卢氏乃欲以通段之明之，斯为谬矣。伯峻案：王说本孙诒让墨子间诂鲁问篇引顾君之说而引申之，其实鲜字自可通，不必改字。博物志作"解而食之"。○释文云：长，丁丈切。杜预注左传云：人不以寿死曰鲜，谓少也。伯峻案：杜预于左传昭公五年"葬鲜者自西门"注云："不以寿终为鲜。"孔颖达正义云："鲜，少也。"此敬顺所本，而未尝别白。**谓之宜弟。其大父死，负其大母而弃之，曰：鬼妻不可以同居处。**○卢文弨曰："以"藏本作"与"。○王重民曰：广雅："以，与也。"古以字与与通，说详释词。"不可以同居处"，谓"不可与同居处"也。墨子节葬篇作"与"，北宋本、吉府本同。**楚之南有炎人之国，**○卢文弨曰："炎"墨子节葬篇作"啖"。○孙诒让曰：鲁问篇亦作"啖人"，新论同，博物志引作"炎"，后汉书亦作"噉人国"。疑当从"啖"为是。○释文"炎人"作"啖人"，云：啖，谈去声，本作炎。**其亲戚死，**○钱大昕曰：古人称父母为亲戚，大戴礼记曾子疾病篇："亲戚既没，虽欲孝，谁孝？"孟子尽心篇："人莫大焉亡亲戚君臣上下。"**朽其肉而弃之，**○世德堂本"弃"下无"之"字。○释文云：朽本作㕻，音寡，剔肉也。又音朽。○王重民曰：释文一本作㕻，盖冎之讹。说文冎部云，"冎，剔人肉，置其骨也"，是其义。伯峻案：博物志亦作"朽其肉而弃之"，御览七九○引"朽"作"刳"，盖从列子。**然后埋其骨，迺成为孝子。**○释文云：迺古乃字。**秦之西有仪渠**〔注〕又康。**之国者，**○释文云：渠音蘧。**其亲戚死，**

聚柴积而焚之。○"柴"藏本、世德堂本作"柴"。○释文云：柴音柴。说文：烧柴焚燎以祭天神。或通作柴。积，子智切，聚也。○任大椿曰：诗时迈释文："柴望，说文字林作柴。"礼记王制释文"岱宗柴，依字作柴。"尔雅释天释文："柴，说文作柴。"史记五帝纪："岱宗柴。"汉隶字原樊毅修华岳碑"柴"作"柴"，可与释文互证。**燻则烟上，**○释文云：燻音勳。上，时掌切。**谓之登遐，**○陶鸿庆曰：既言聚，又言积，于文复矣。积当为箦之假字。诗卫风"绿竹如箦"，毛传云："积也。"积箦声义皆同，例得通同。说文："箦，床栈也。"朱氏骏声以箦为席藉之通称。史记范睢列传："睢佯死，即卷以箦。"索隐云："箦谓苇荻之薄也。""聚柴箦而焚之"，谓聚柴为藉，以便其焚也。"燻则烟上谓之登遐"，谓视其燻而烟上则谓之登遐也。则犹而也，说详王氏经传释词。○王叔岷曰：列子"登遐"新论作"昇霞"，"昇"正作"升"，登即升也。登霞者谓其仙去也。遐即霞之借。本书黄帝篇"而帝登假"，假亦霞之借。淮南齐俗篇："其不能乘云升假者亦明矣。""升假"与"乘云"对言，是"升假"即"登霞"也。楚辞远游，"载营魄而登霞兮"，即用本字。**然后成为孝子。此上以为政，下以为俗，而未足为异也。**〔注〕此事亦见墨子。〔解〕夫众是则为当，众习则为常。故至当至常，人所不辩。彼习俗者众矣，宁知其至理哉？伯峻案：列子此文与博物志相同。今本博物志固非张华原书，然列子伪作于西晋末至东晋初，得以见张华原书，极可能剽窃博物志。

孔子东游，见两小儿辩斗。○释文云：斗，都豆切。**问其故。一儿曰："我以日始出时去人近，而日中时远也。"一儿以日初出远，而日中时近也。**○俞樾曰："儿"下当有"曰我"二字，方与上句一律。伯峻案：事类赋天部一、御览三又三八五引正有"曰我"二字，类聚一引有"曰"字而脱"我"字，可为俞说之证。**一儿曰："日初出大如车盖；**○王重民曰：意林、初学记一、御览三引"车盖"并作"车轮"。又御览三引"一儿"上有"曰尔何以知"五字。○王叔岷曰：天中记一引"一儿"上亦有"曰尔何以知"五字,事类赋一天部一引"一儿"上有"曰尔何以知之"六字。"车盖"亦作"车轮"。韵府群玉十八引亦作"车轮"。**及日中,则如盘盂:此不为远者小而近者大乎?**"伯峻案:此"盘"当为食器,非承水器。**一儿曰:"日初出沧沧凉凉;**○释文"沧"作"怆",云:怆,初良切,又本作沧。周书曰:天地之间有怆热,善用道者终无竭。孔晁注云:怆,寒也。桓谭新论亦述此事作怆凉。晁音潮。字林云:凉,微寒也。○任大椿曰:说文、广雅:"沧,寒也。"荀子正名篇:"疾养沧热。"杨倞注,"沧,寒也",是训寒者字作沧。列子云"怆怆凉凉",以凉凉之义求之,则"怆怆"当作"沧沧"。今本逸周书太子晋解,"天地之间有沧热,孔晁注:"沧,寒也",亦作"沧",不作"怆",与今本列子同。惟释文引逸周书作"怆热"。岂敬顺所见旧本作"怆"不作"沧"耶?"沧沧"之作"怆怆",乃叚借字。伯峻案:说文仌部:"沧,寒也。"水部:"沧,寒也。"沧沧音义皆同,疑是一字。故集韵云,"沧,寒也,或从水"。朱骏声谓沧之本训为水名,似近武断。**及其日中如探汤:此不为近者热而远者凉乎?"**○王重民曰:"日"字衍文。其即指日也,若有日字,则文词赘矣。类聚一、初学记一、御览三引并无"日"字,可证。○王叔岷曰:法苑珠林七、事类赋一、御览三八五、韵府群玉五八引亦并无"日"字。意林、锦绣万花谷前集一引则并无"其"字。疑一本"日"作"其",传写因并窜入耳。○释文云:为,于伪切,下同。**孔子不能决也。两小儿笑曰:"孰为汝多知乎?"**〔注〕所谓六合之外,圣人存而不论。二童子致笑,未必不达此旨,或互相起予也。〔解〕圣人之生,所贵明道。达则兼济天下,穷则独善其身。独善者养道以全真,兼济者设教以利物。若进非全道,退非利生,一曲之辩,圣人所以未尝说也。夫不决者,非不知也。世人但以问无不知为多,圣人以辩之无益而不辩。若有理无理一皆辩之,则圣人无益之劳实亦多矣。然则二童之争也,事亦可明。何者? 日之初升,光未远,人居光外,见其大焉。日之既中,光备万物,人居光内,见其质焉。亦如远望烛光,更见其大;近窥,则焰乃更以小焉。物理则然,辩之何益?○王重民曰:类聚一、初学记一、御览三引"为"作"谓"。为谓古字通用。伯峻案:一九五五年八月十五日北京光明日报科学副刊曾有戴文赛氏一文,题曰"中午太阳是否比早晚离我们近",附录于此。文曰:"太阳是在中午离人们近些呢?还是早晨和晚上离人们近些呢?相传古时孔子曾遇到两个人争论这个问题,各有根据。主张中午太阳离人们近些的根据是,中午阳光比早晚热得多,主张早晚太阳离人们近些的根据是,早晚看到的太阳比中午大得多。孔子对这争论不能作出决定。这两个争论者的根据,拿现代科学的眼光来看,都是站不住的。早晚看到的太阳比中午大,是由于人们的错觉;中午阳光比早晚热些,是由于中午阳光直射,阳光在大气里走过的路程较短,热量被吸收较少之故。那末究竟怎样回答这个问题呢?首先,我们应该搞清楚,在中午和早晚的时候,人们观测太阳的距离,为什么会有不同。它的原因很多:(一)地球是球形,不断地自转着。如若地球除了自转以外没有其它的运动,而且自转轴与太阳和地球间的直线垂直,则对于在赤道上的人来说,中午太阳总比早晚近,也就是说,近的距离相当于地球的半径(六四〇〇公里)。(二)地球纬度的不同,观测的人不一定在赤道上。纬度愈大(即离赤道愈远),太阳在中午和早晚的距离差就愈小。(三)地球不只自转,也绕太阳公转,自转轴和公转轴交成二点五度的角度。自转轴的方向变化很慢。因此中午太阳在天空的高度一年内不断变化。(四)地球公转轨道是椭圆形,所以地心和日心的距离逐日变化。(五)日出日落时间在一年中也在逐日变化着,同一天的日出日落时间又随纬度而不同。(六)由于地球自转轴方向很慢的变化和行星引力对地球公转轨道所生的影响等原因,地心和日心最接近的日期并不固定。(在目前日心和地心距离最近的日子是一月二日,此后每一〇〇〇年往后推移十七天半。)考虑到上述各原因,可以推出适当的公式来计算中午和早晚太阳和观测者的距离差。必需的资料可由天文年历查到。计算结果如下:对于北纬四〇度(如北京)来说,目前每年从一月廿二日到六月五日中午太阳比日出时远,二月初远一〇〇〇公里,三月初远四〇〇〇公里,四月初远达六四〇〇公里,以后差别减小到零。六月五日之后中午太阳比日出时近,七月初近五八〇〇公里,九月中近达一六〇〇〇公里,以后差别减小到第二年的一月廿二日。午和晚的差别情况大不相同,从八月一日到十二月十五日午比晚远,其余七个半月午比晚近,四月中近达一七〇〇〇公里。除北极圈内和南极圈内地区外,其它地区一年可分为四时期:在第一时期里(十二月十五日到一月廿二日,共三十八天)中午太阳比早晚都近;在第二时期里(一三四天)午比早远,比晚近;在第三时期里(六月五日到八月一日,共五十七天)午又比早晚都近;在第四时期里(共一三六天)午比早近,比晚远。在这四个时期的交界点,中午太阳和日出时一样远近(一月廿二日和六月五日)或和日落时一样远近(八月一日和十二月十五日)。纬度不同时,这四个交界点也不同。纬度愈大,第一和第三时期愈长,其它两时期愈短。南纬情况和北纬相差不多。只是南纬四〇度第一时期的长度(五十四天)比第三时期(四十一天)大,和北纬四〇度相反。上面的计算是对于一九五四年所作的。但由于第六原因在短时间内影响很小,所以上述计算结果对今后一〇〇年仍适用。由此可见,一切现象必须用科学来解释,才是正确的。"又案:论衡说日篇云:"儒者或以旦暮日出入为近,日中为远。其以日出入为近,日中为远者,见日出入时大,日中时小也。其以日出入为远,日中时为近者,见日中时温,日出入时寒也。二论各有是非,故是非曲直未有所定。"或为伪作列子者所本。今本博物志亦载此,且言"亦出列子",则正如四库全书博物志提要所云好事者剽剟列子诸书饾饤成帙者也。又注"所谓'六合之外,圣人存而不论'","六合"句见庄子齐物论。

均,天下之至理也,〔注〕物物事事皆平皆均,则理无不至也。**连于形物亦然。**〔注〕连,属也。属于器物者,亦须平焉。○释文云:属音烛,下同。**均发均县,轻重而发绝,发不均也。**〔注〕发甚微脆而至不绝者,至均故也。今所以绝者,犹轻重相倾有不均处也。○王叔岷曰:下"发"字疑涉上而衍。林希逸口义,"故曰,轻重而发绝,不均也",是所见本正无下"发"字。墨子经说下篇同。○释文云:脆,七岁切。处,昌据切。**均也,其绝也**〔注〕若其均也,宁有绝理。**莫绝。**〔注〕言不绝也。**人以为不然,**〔注〕凡人不达理也。**自有知其然者也。**〔注〕会自有知此理为然者。墨子亦有此说。〔解〕夫理之至者,天下无不均,不待均之然后均也。有形之物亦然,当理则自均矣。犹如以发悬重,虽微不绝。绝者不均,均则不绝。世人以为不是,不知理之必然也。**詹何**〔注〕詹何,楚人,以善钓闻于国。**以独茧丝为纶,**○释文云:詹音占。茧,古典切。**芒针为钩,**○王念孙曰:"钩"本作"钓",钓即钩也。今本作"钩"者,后人但知钓为钓鱼之钓,而不知其又为钩之异名,故以意改之耳。列子汤问篇,"詹何以芒针为钓",后人改"钓"为"钩",不知御览引此正作"钓"也。又下文"投纶沉钓",今本"钓"作"钩",亦是后人所改。韵府群玉"钓"字下引列子"投纶沉钓",则所见本尚作"钓"也。○释文云:芒针音亡箴。**荆篠为竿,**○"篠"道藏本、元本、世德堂本作"蒢",误。○释文云:篠一本作蒢,云:本作条字。**剖粒为饵,**○卢文弨云:"粒"藏本作"粒"。○释文云:剖,片口切。粒音立。**引盈车之鱼**〔注〕家语曰:"鲲鱼其大盈车。"**于百仞之渊、汩流之中;**○释文云:汩,古物切,疾也。**纶不绝,钩不伸,竿不桡。**〔注〕夫饰芳饵,挂微钩,下沉青泥,上乘惊波,因水势而施舍,颔颐委纵,与之沉浮;及其弛绝,故生而获也。伯峻案:博物志自"詹何"以下至此,文与此全同。又案:御览八三四引"桡"下更有"因水势而施舍之"七字,当系因注文而误衍。○释文云:桡,乃孝切,曲木也。饵,仍耳切。挂音卦。舍音捨。颔颐,上胡结切,下户郎切。**楚王闻而异之,召问其故。詹何曰:"臣闻先大夫之言,蒲且子之弋也,**〔注〕蒲且子,古善弋射者。伯峻案:汉书艺文志技巧家有蒲且子弋法四篇。又淮南子览冥训云:"故蒲且子之连鸟于百仞之上,而詹何之鹜鱼于大渊之中。"高注云:"蒲且子,楚人,善弋射者。"○释文云:且,子余切。**弱弓纤缴,**○释文云:缴音灼。**乘风振之,**○文选张平子西京赋注、王子渊四子讲德论注引并作"乘风而振之"。**连双鸧于青云之际。**○释文云:鸧音仓。**用心专,动手均也。臣因其事,放**

而学钓。○释文云：放，分两切。五年始尽其道。当臣之临河持竿，心无杂虑，唯鱼之念；投纶沉钩，手无轻重，物莫能乱。鱼见臣之钩饵，犹沉埃聚沫，吞之不疑。○王重民曰：吉府本两"钩"字并作"钓"，是也。钓即钩也。今本作钩者，后人但知钓为钓鱼之钓，而不知其又为钩之异名，故以意改之耳。广雅曰："钓，钩也。"庄子田子方篇："文王观于臧，见一丈夫钓，而其钓莫钓，非持其钓有钓者也，常钓也"（以上六钓字，惟其钓与持钓两钓字指钩而言，馀四钓字皆读为钓鱼之钓）。淮南说山篇："操钓上山，揭斧入渊。"说林篇："无饵之钓，不可以得鱼。"东方朔七谏："以直针而为钓兮，又何鱼之能得？"是均以钩为钓之证。韵府群玉钓字下引列子"投纶沉钓"，则所见本尚作钓也。说详王氏读书杂志馀编（王氏云：詹何以芒针为钓，后人改钓为钩，不知御览所引亦作钓也。案鲍刻本御览八三四引作钩，但仍以作钓者为得也）。○释文云：沫音末。所以能以弱制强，以轻致重也。大王治国诚能若此，则天下可运于一握，将亦奚事哉？"楚王曰："善。"〔注〕善其此谕者，以讽其用治国矣。〔解〕夫圣人之理俗也，必审万物之情，而设教化以运之，则百姓日用而不知，靡然无不应。亦犹弱弓纤缴，乘风而振之；轻钩微饵，因波而运之，则不得不为我所制也。道者之养生全真，含生靡然以向化，则理天下者亦由兹道焉。

鲁公扈赵齐婴二人有疾，伯峻案：公羊昭三十一年传有公扈子，为邾娄之父兄，亦即说苑建本篇之公扈子，不知是此人不。此固怪诞之言，然人名或有所本。○释文云：扈音户。**同请扁鹊求治。**○俞樾曰：既言请，又言求，于义复矣。请乃诣字之误。诣，至也。言至扁鹊之所而求治也。故下文曰，二人辞归。○王叔岷曰：俞说非也。请即请谒字。说文"请，谒也"，是其义。伯峻案：御览三七六引"请"作"见"，但七二四引仍作"请"。○释文云：扁，蒲典切。史记曰：扁鹊，渤海郡人，姓秦氏，名越人，善医，能视病，尽见五脏之疾。**扁鹊治之。既同愈。谓公扈齐婴曰："汝曩**

之所疾,自外而干府藏者,○释文云:囊,乃朗切。藏,徂浪切,下同。固药石之所已。今有偕生之疾,与体偕长;○释文云:长,张丈切。今为汝攻之,何如?"○释文云:为,于伪切。二人曰:"愿先闻其验。"伯峻案:广雅释诂四云,"证,譣也",则譣亦证也。古譣字通作验,则验证也。证当读如周穆王篇"因告其子之证"之"证",即今俗作之症字。扁鹊谓公扈曰:"汝志强而气弱,故足于谋而寡于断。〔注〕志谓心智,气谓质性。智多故多虑,性弱故少决也。○释文云:断,丁贯切,下同。齐婴志弱而气强,故少于虑而伤于专。〔注〕智少而任性,则果而自用。○道藏本注文"果"下有"敢"字。若换汝之心,则均于善矣。"扁鹊遂饮二人毒酒,○释文云:饮,於禁切。迷死三日,剖胸探心,○释文云:剖,片口切。易而置之;投以神药,既悟如初。○王重民曰:御览三百七十六又七百二十四并引"悟"作"寤"。二人辞归。于是公扈反齐婴之室,而有其妻子;妻子弗识。齐婴亦反公扈之室,有其妻子;○御览三七六引作"而有其妻子"。"有"上有"而"字,与上句同。妻子亦弗识。〔注〕二子易心,乘其本识,故各反其家,各非故形,故妻子不识也。二室因相与讼,求辨于扁鹊。扁鹊辨其所由,讼乃已。〔注〕此言恢诞,乃书记少有。然魏世华他能刳肠易胃,湔洗五藏,天下理自有不可思议者,信亦不可以臆断,故宜存而不论也。〔解〕夫形体者,无知之物也;神识者,有知之主也。守乎本则真全而合道,滞乎质则失性而徇情。俗人徒见形之有憎爱,不知神之为主宰也。今言易其心而各有妻子者,明心为情主,形实无知耳。所以道者贵乎养神也。○释文云:华,户化切。他音陁。刳音枯。湔,则前切。洗,先礼切。议音宜。臆音忆。

匏巴鼓琴而鸟舞鱼跃,〔注〕匏巴,古善鼓琴人也。○卢文弨曰:注"古"下藏本有"之"字。○梁玉绳曰:"匏巴鼓琴"荀子劝学篇作"鼓瑟",

盖因下有"伯牙鼓琴"句改为瑟也。○马叙伦曰：古书言琴瑟不甚别异。史记魏世家"中旗凭琴而对"，韩非子作"推瑟"，说苑作"伏瑟"，是其例也。○释文匏作瓠，云音护。**郑师文闻之，**〔注〕师文，郑国乐师。○马叙伦曰：吕氏春秋君守篇："郑太师文终日鼓瑟而兴，再拜其瑟前曰，我效于子，效于不穷"，即列子注所本。**弃家从师襄游。**师襄亦古之善琴人也，从其游学。伯峻案：淮南子主术训云："孔子学鼓琴于师襄而谕文王之志。"高注云："师襄，鲁乐太师也。"**柱指钧弦，三年不成章。**〔注〕安指调弦，三年不能成曲。○世德堂本"钧"作"钩"，注"安"作"按"。○俞樾曰：张注云云，是其所据本亦作"钧"，故以调弦释之。国语周语："细钧有锺无镈。"韦注曰："钧，调也。"○释文云：柱一本作住。钧音均。**师襄曰："子可以归矣。"**〔注〕嫌其难教。**师文舍其琴，**○释文"舍其琴"作"舍琴"，云：舍音捨。叹曰："**文非弦之不能钧，非章之不能成。文所存者不在弦，所志者不在声。**〔注〕遗弦声然后能尽声弦之用也。○卢文弨曰：注"声弦之用"藏本作"弦声之用"。**内不得于心，外不应于器，故不敢发手而动弦。**〔注〕心、手、器三者互应不相违失而后和音发矣。〔解〕人知以形习声，不知辩声运形者神也。若心不应器，虽成而不精。若极声之能，尽形之妙，理须神契而心自得也。○注"互应"本作"玄应"，今从藏本正。○释文云：应，於证切。和，胡卧切。**且小假之，以观其后。"**○王重民曰：小即少也。说文："少，不多也。"段注："不多则小，故古少小互训通用。"易系辞传："知小而谋大，力小而任重"，唐石经作"力少"，是其证。**无幾何，复见师襄。**○释文云：幾，居岂切。复，扶又切。**师襄曰："子之琴何如？"师文曰："得之矣。**○事类赋十一、御览五七七、记纂渊海七八引"得"上并有"文"字。**请尝试之。"**〔解〕得于心，应乎器，然后习其声以通乎神矣。**于是当春而叩商弦以召南吕，**〔注〕商，金音,属秋。南吕,八月律。○释文云:叩,口候切。凉风忽至,○"忽"北宋本作"摁",汪本作"总",今从藏本正。○释文云:忽至一本作总至,误也。草木成实。〔注〕得秋气,故成熟。及秋而叩角弦以激夹锺,〔注〕角,木音,属春。夹锺,二月律。○释文云:激音击。夹,古洽切。温风徐回,草木发荣。〔注〕得春气,故荣华。当夏而叩羽弦以召黄钟,〔注〕羽,水音,属冬。黄钟,十一月律。○"钟"吉府本作"锺",世德堂本同,注同。○释文云:羽,王遇切。霜雪交下,川池暴冱。〔注〕得冬气,故凝阴水冻。伯峻案:"冱"史记封禅书、汉书郊祀志、后汉书张衡传皆作"冱",云:"冱,凝也。庄子齐物论"河汉冱而不能寒",释文引向注"冱,冻也。"冱亦作冱。古从仌从水之字多易溷。玉篇云:"冱,寒也。""冱,闭塞也。"闭塞之义又与昭四年左传"固阴冱寒"之冱义同。杜注:"冱,闭也。"左传之冱诸本亦有作冱者。集韵以冱为涸或字,则又与庄子齐物论释文引崔注冱犹涸之义同。疑从仌从水之冱冱本一字,而后人传写或减一笔或增一画,遂讹成二字也。○释文云:暴,薄报切。冱,胡古切。及冬而叩徵弦以激蕤宾,〔注〕徵,火音,属夏。蕤宾,五月律。○释文云:徵,陟里切。蕤,儒佳切。阳光炽烈,坚冰立散。〔注〕得夏气,故消释。此一时弹琴,无缘顿变四节。盖举一时之验,则三时可知,且欲并言其所感之妙耳。伯峻案:成公绥啸赋:"发徵则隆冬熙蒸,骋羽则严霜夏凋,动商则秋霖春降,奏角则谷风鸣条。"又案:注"节"世德堂本作"时"。○释文云:炽,尺志切。将终,命宫而总四弦,则景风翔,庆云浮,甘露降,澧泉涌。〔注〕至和之所致也。○卢文弨云:"澧"与"醴"同。注藏本无"之""也"二字。○释文云:澧音礼。师襄乃抚心高蹈曰:"微矣子之弹也!虽师旷之清角,〔注〕师旷为晋平公奏清角,一奏之,有白云从西北起;再奏之,大风至而雨随之;三奏之,裂帷幕,破俎豆,飞廊瓦,左右皆奔走,平公恐伏,晋国大旱,赤地三年。平公得声者或吉或凶也。○注"平公得声者"或本作"故曰得声者",当从之。

○释文云:为,于伪切。**邹衍之吹律,**〔注〕北方有地,美而寒,不生五谷。邹子吹律暖之,而禾黍滋也。○释文云:邹,侧尤切。衍,以战切。齐人,为燕昭王师,居稷下,号谈天衍。著书四十九篇。又有终始五十六篇。**亡以加之。**○释文云:亡音无。**彼将挟琴执管而从子之后耳。"**〔解〕成性所行动,然而应阴阳之数,四时之序,水火且不能焚溺,况风雨寒燠之气哉?故易曰,"先天而天弗违,况于人乎?况于鬼神乎?"此之谓也。谓之声律而变者,不因四时也。○释文云:挟音协。

薛谭学讴于秦青,〔注〕二人,秦国之善歌者。○卢文弨曰:注"歌"藏本作"讴"。伯峻案:楚辞大招云,"讴和扬阿,赵箫倡只",王逸注云:"徒歌曰讴。"○释文云:讴音欧。**未穷青之技,**○释文云:技,渠绮切。**自谓尽之;遂辞归。秦青弗止;饯于郊衢,抚节悲歌,**○王重民曰:类聚四十三引"郊"作"交","抚"作"拊"。初学记十五作"折"。**声振林木,响遏行云。**○释文云:遏,乌葛切。**薛谭乃谢求反,终身不敢言归。秦青顾谓其友曰:"昔韩娥**〔注〕韩国善歌者也。**东之齐,匮粮,过雍门,**○释文云:过音戈。雍音邕。雍门,地名。杜预曰:"齐城门也。"**鬻歌假食。**○释文云:鬻音育。**既去而馀音绕梁欐,**○释文云:欐音丽,屋栋也。**三日不绝,左右以其人弗去。过逆旅,逆旅人辱之。韩娥因曼声哀哭,**〔注〕曼声犹长引也。○释文云:曼声,引声也。**一里老幼悲愁,**○释文云:一里一本作十里。**垂涕相对,**○释文云:涕音体,目汁也。**三日不食。遽而追之。娥还,复为曼声长歌。**○释文云:复,扶又切。**一里老幼喜跃抃舞,**○释文云:抃音汴。**弗能自禁,**○释文云:禁音金。**忘向之悲也。乃厚赂发之。**〔注〕发犹遣也。**故雍门之人至今善歌哭,放娥**

之遺聲。"〔注〕六國時有雍門子,名周,善琴,又善哭,以哭干孟嘗君。〔解〕夫六根所用皆能獲通。通則妙應無方,非獨心識而已。故魯公扈章直言心用,瓠巴以下乃從聲通焉。伯峻案:陸機擬今日良宴會詩:"哀音繞棟宇,遺響入雲漢。"李善注引此,實則古有此事,偽作列子者用之。今本博物志所載與此大同。又案:"放"道藏各本、北宋本、吉府本并作"效"。○釋文云:放,分兩切。

伯牙善鼓琴,鍾子期善聽。伯牙鼓琴,志在登高山。○王叔岷曰:"登"字疑衍。"志在高山"與下"志在流水"相對。記纂淵海五二、七八,合璧事類前集五七,韻府群玉八引皆無"登"字。呂氏春秋本味篇、韓詩外傳九、說苑尊賢篇並同。**鍾子期曰:"善哉!峨峨兮若泰山!"**○釋文云:峨音娥。**志在流水。鍾子期曰:"善哉!洋洋兮若江河!"伯牙所念,鍾子期必得之。伯牙游于泰山之陰,卒逢暴雨,**○釋文云:卒,村入聲。**止于巖下;心悲,乃援琴而鼓之。初為霖雨之操,**○釋文"霖"作"淋",云:淋音林。操,七到切。**更造崩山之音。曲每奏,鍾子期輒窮其趣。伯牙乃舍琴而嘆曰:**○釋文云:舍音捨。**"善哉,善哉,子之聽夫!志想象猶吾心也。**〔注〕言心闇合與己無異。○釋文云:夫音符。**吾于何逃聲哉?"**〔注〕發音鍾子期已得其心,則無處藏其聲也。〔解〕夫聲之所成,因而感之;心之所起,聲則隨之。所以五根皆通,盡為識心所傳。善于聽者,聲咳猶知之;況復聲成于文,安可不辯耶?秦恩復曰:盧解"識心"當作"心識"。伯峻案:御覽一引傅子:"昔者伯牙子游于泰山之陰,逢暴雨,止于巖下,援琴而鼓之,為淋雨之音,更造崩山之曲。每奏,鍾子期輒窮其趣。曰:'善哉子之聽也!'"而呂氏春秋本味篇則大同于列子,列子襲本味文也。

周穆王西巡狩,越昆侖,不至弇山。○王重民曰:"不"字疑衍。穆天子傳云:"天子遂驅,升于弇山。"周穆王篇亦云:"迺(當作西,說見前)观日之所入",亦指登弇山事也。是穆王曾至弇山。若有不字,则与事实不合矣。○释文云:弇音奄。弇山,日入之所。**反还,未及中国,道有献工人名偃师,**〔注〕中道有国献此工巧之人也。伯峻案:依张注云云则原文当作"反还,未及,中道国有献工人名偃师"。今本国道二字误倒,遂以未及中国为句。文义虽通,失其本真矣。**穆王荐之,**〔注〕荐当作进。○释文云:荐,广雅音进,下同。**问曰:"若有何能?"偃师曰:"臣唯命所试。然臣已有所造,愿王先观之。"穆王曰:"日以俱来,**〔注〕日谓别日。**吾与若俱观之。"**〔解〕神用之妙,岂唯声哉?色、香、滋味咸及其理矣。故此章言刻象之尽微。**越日偃师谒见王。**○"越日"元本、世德堂本并作"翌日",御览七五二引作"越日"。○释文云:越日一本作翼日。见,贤遍切,下同。**王荐之,曰:"若与偕来者何人邪?"对曰:"臣之所造能倡者。"**〔注〕倡,俳优也。○释文云:倡音昌。俳,步皆切。**穆王惊视之,趣步俯仰,信人也。**○释文云:趣音趋。**巧夫顉其颐,则歌合律;**○道藏四解本"顉"作"颔"。道藏白文本、林希逸本、江遹本并作"镇"。"镇"盖"顉"之误字。○王重民曰:文选郭璞游仙诗注、御览七百五十二并引"顉"作"颔"。顉颔二字形义均相近,浅人多见颔,少见顉,作颔者皆后人所改也。襄二十六年左传,"逆于门者颔之而已",说文引作"顉"。汉书扬雄传"顉颐折额",宋祁曰:"颔一作顉。"说文:"顉,低头也。"玉篇:"顉,曲颐也。"案古语以曲为钦,低(当作氐)与曲皆有摇动之义。颔释为低头,顉颐释为曲颐。盖顉字从页,皆随文以立义也。顉自是正字,作颔者讹。○释文云:夫音符。顉,驱音切,曲颐也。又五感反。顉犹摇头也。颐音夷。**捧其手,则舞应节。千变万化,惟意所适。王以为实人也,与盛姬内御并观之。**〔注〕穆天子传云:盛姬,穆王之美人。伯峻案:晋书束皙传言汲冢书又杂书十九篇中有周穆王美人盛姬死事。**技**

将终,倡者瞬其目而招王之左右侍妾。○释文"瞬"作"瞚",云:瞚音舜。王大怒,立欲诛偃师。偃师大慑,○释文云:慑,而涉切。立剖散倡者以示王,皆傅会革、木、胶、漆、白、黑、丹、青之所为。○释文云:傅音附。王谛料之,○释文云:谛,都计切。料,力吊切。内则肝、胆、心、肺、脾、肾、肠、胃,○释文云:肝音干。胆,丁感切。肺,芳吠切。脾音毗。肾,上声。外则筋骨、支节、皮毛、齿发,○释文云:筋音巾。皆假物也,而无不毕具者。合会复如初见。〔注〕如向者之始见王也。伯峻案:"见"字涉注文而衍。注以"如向者之始见王"释"如初",非正文作初见也。御览七五二引无"见"字,当从之删。○释文云:复,扶又切,又如字。王试废其心,则口不能言;废其肝,则目不能视;废其肾,则足不能步。〔注〕此皆以机关相使。去其机关之主,则不能相制御。亦如人五藏有病,皆外应七孔与四支也。〔解〕夫内肝、胆、心、肺所以能外为视、听、行步,神识运之,乃为生物耳。苟无神,则不能用其五根矣。今造化之生物,亦何异于偃师之所造耶? 若使无神,自同于草木。神苟在也,动用何足奇耶? 木人用偃师之神,故宜类彼生物也。神工造极化何远哉? 穆王始悦而叹曰:○释文云:而叹一本作姑叹。"人之巧乃可与造化者同功乎?"诏贰车载之以归。〔注〕近世人有言人灵因机关而生者,何者? 造化之功至妙,故万品咸育,运动无方。人艺粗拙,但写载成形,块然而已。至于巧极则几乎造化,似或依此言而生此说,而此书既自不尔。所以明此义者,直以巧极思之无方,不可以常理限,故每举物极以祛近惑,岂谓物无神主邪? 斯失之远矣。○注"而生者"世德堂本无"者"字。"几"作"机","邪"作"也"。○卢文弨曰:注"巧极"二字倒。○释文云:几音祈。夫班输之云梯,○释文云:梯,他兮切。墨翟之飞鸢,○释文云:翟音狄。鸢音缘。自谓能之极也。〔注〕班输作云梯,可以凌虚仰攻。墨子作木鸢,飞三日不集。伯峻案:墨子鲁问篇:"公输子削竹木以为鹊,成而飞之,三日不下。"淮南子齐俗训:"鲁般墨子作木为鸢而飞之,三日不集。"韩非子外储说:"墨子为木鸢,三年而成,蜚一日而败。"论衡儒增篇云:"儒书称鲁般墨子之巧,刻木为鸢,飞之三日而不集。"又乱龙篇同。抱朴子应嘲篇:"墨子刻木鸡以厉天。"或云鲁般,或云墨子,或同属二人;或以为鸢,或以为鹊,或以为鸡:同一事而传闻异词也。**弟子东门贾禽滑釐闻偃师之巧以告二子,**○孙诒让曰:东门贾盖班输弟子,故云以告二子。或谓亦墨子弟子,非是。○释文云:滑釐音骨狸,墨翟弟子也。**二子终身不敢语艺,而时执规矩。**〔注〕时执规矩,言其不敢数之也。〔解〕夫偃师之精微,神合造物;班输之辈但巧尽机关。以明至妙之功,不可独循规矩也。○吉府本"矩"下有"焉"字。○吴闿生曰:时执规矩,言勤学也。伯峻案:全晋文五十傅玄马先生传:"其后有人上百戏者,能设而不能动也。帝以问先生:'可动否?'对曰:'可动。'帝曰:'其巧可益否?'曰:'可益。'受诏作之,以大木雕构,使其形若轮,平地施之,潜以水发焉。设为女乐舞象,至令木人击鼓吹箫,作山岳;使木人跳丸掷剑,缘絙倒立。出入自在,百官行署,舂磨斗鸡,变巧百端。"可见魏时已有巧工矣。○释文云:数音朔。

甘蝇,古之善射者,伯峻案:吕氏春秋听言篇云:"蜂门始习于甘蝇。"高诱注:"甘蝇,盖射人姓名。"○释文云:蝇,余陵切。**彀弓而兽伏鸟下,**〔注〕箭无虚发,而兽鸟不敢逸。战国策云,"更赢虚发而鸟下也"。○注文"兽鸟"道藏本作"鸟兽"。伯峻案:博物志亦载甘蝇、飞卫及更赢虚发而下鸟事,盖取诸战国策。○释文云:彀音搆,张弓也。更,古行切。赢音盈。**弟子名飞卫,学射于甘蝇,而巧过其师。**○王叔岷曰:事类赋十三、御览三百五十并引列子云:"飞卫学射于甘蝇,诸法并善,唯啮法不教。卫密持矢以射蝇。蝇啮得镞矢还射卫。卫绕树而走,矢亦绕树而走。"今本无此文。不知是否此节逸文,识此存疑。**纪昌者,又学射于飞卫。飞卫**

曰:"尔先学不瞬,而后可言射矣。"纪昌归,偃卧其妻之机下,以目承牵挺。〔注〕牵挺,机蹑。○王绍兰曰:"挺"当为"㡇"字之误(㡇讹为捷,又讹挺。观湛注,晋时已误矣)。说文:"㡇,机下足所履者。"㡇之言蹋也,机下绳县两版,用足蹋之,使牵引相上下以织布帛者,谓之牵㡇。一上一下,易于瞑目,故纪昌学不瞬,卧于机下目承,二年而后不瞬也。许梿说同。○王重民曰:御览七百四十五,又八百二十五引"卧"并作"坐"。○释文云:挺,徒鼎切。蹑,女辄切。二年之后,虽锥末倒眦,而不瞬也。○王重民曰:御览七百四十五引"二年"作"三年","倒"作"到",又八百二十五引亦作"到",疑作"到"者是也。○释文云:锥音佳。倒,都导切。眦,在诣切。以告飞卫。飞卫曰:"未也;〔解〕夫虚弓下鸟者,艺之妙也;巧过其师者,通于神也。妙在所习,神在精微也。先学不瞬,精之至也。以目承蹑而不动者,神定之矣。定而未能用,故曰犹未也。必学视而后可。〔解〕此用不瞬以为视也。○道藏白文本、林希逸本、元本、世德堂本"必学"并作"亚学"。○释文"必"作"亚",云:亚,乌嫁切,次也。一本作必学,非也。视小如大,视微如著,而后告我。"〔解〕视,审也,则见小如大矣。昌以氂悬虱于牖,南面而望之。○释文"虱"作"蝨",云:氂音毛。蝨,所乙切。旬日之间,浸大也;○释文云:浸,子禁切。三年之后,如车轮焉。以睹馀物,皆丘山也。〔注〕视虱如轮,则馀物称此而大焉。○释文云:称,尺证切。乃以燕角之弧、朔蓬之簳射之,○王观国曰:易曰:"弦木为弧,剡木为矢;弧矢之利,以威天下。"周礼考工记:"弓人为弓取六材,必以其时。干也者,以为远也;角也者,以为疾也;筋也者,以为深也;胶也者,以为和也;丝也者,以为固也;漆也者,以为受霜露也。凡取干之道七:柘为上,檍次之,檿桑次之,橘次之,木瓜次之,荆次之,竹为下。"然则为弓者以木为干,而加以角、筋、胶、丝、漆以为之纠约耳。是弓未尝不用木也。独用角岂能为弓哉？特假角以副其木也。上古时质朴，故其始创弧弓，则弦木为弧。至周时，礼乐庶事备矣；故为弓也，有角、筋、胶、丝、漆参合而为之。前汉五行志曰："㮚弧，弧弓也。"礼记曰："桑弧篷矢。"凡此言弧，皆以木为弧。然列子曰"乃以燕角之弧朔篷之干射之"，此又以角为弧。是或以木，或以角，无定制矣。伯峻案："朔"字当为"荆"，形近而误。考工记，"燕之角，荆之干，此材之美者也"，即此文所本。且"荆"与"燕"对举，似非泛指朔方而言。御览三四七及七四五及九五一所引已误。○释文云：燕音烟。弧音狐。簳音幹。射，食亦切。**贯虱之心，而悬不绝。**〔注〕以彊弓劲矢贯虱之心，言其用手之妙也。○释文"彊"作"强"，云：强，其两切。**以告飞卫。飞卫高蹈拊膺曰：**伯峻案：说文："膺，胸也。"○释文云：拊膺音抚鹰。**"汝得之矣！"**〔解〕视小如大，贯之不足为难。**纪昌既尽卫之术，计天下之敌己者，一人而已；乃谋杀飞卫。**〔解〕欲摧其能，拟过其师法耳。欲灭飞卫之名，非谓断其命也矣。**相遇于野，**○王叔岷曰：事文类聚前集四二、合璧事类前集五七、天中记四一引"相"上并有"一日"二字，当从之。**二人交射；中路矢锋相触，而坠于地，**○释文云：锋音峰。坠一本作队。**而尘不扬。飞卫之矢先穷。**〔注〕穷，尽也。**纪昌遗一矢；既发，飞卫以棘刺之端扞之，而无差焉。**〔解〕二矢同道相及而势尽，故坠地而尘不飞者，微之甚也。以棘刺扞之不差，审之至也。○释文云：扞音汗。**于是二子泣而投弓，相拜于涂，请为父子。克臂以誓，**○释文云：淮南子云："中国歃血，越人契臂，其一也。"许慎云："克臂出血也。"歃，所甲反。**不得告术于人。**〔注〕秘其道也。此一章义例已详于仲尼篇也。〔解〕此所谓神交而意得也，非矢之艺，故投弓而誓焉。神契方传矣，故不得以术告之也。

造父之师曰泰豆氏。〔注〕泰豆氏见诸杂书记。伯峻案：吕氏春秋听言篇云:"造父始习于大豆。"高诱注:"大豆盖御人姓名。"大豆即泰豆。○释文云:造,七到切。父音甫。**造父之始从习御也,执礼甚卑,泰豆三年不告。**伯峻案:御览七四六引"泰豆"下有"氏"字,下同。**造父执礼愈谨,乃告之曰:"古诗言:'良弓之子,必先为箕;良冶之子,必先为裘。'**〔注〕箕裘皆须柔屈补接而后成器。为弓冶者,调筋角,和金铁亦然。故学者必先攻其所易,然后能成其所难,所以为谕也。〔解〕箕者,所以造弓之具也;裘者,所以扇冶之具也。老子以为橐籥,今之鞴袋也。彼以约弓之床,此以扇火之鞴,非弓冶,而弓冶必资之也。伯峻案:礼记学记:"良冶之子,必学为裘;良弓之子,必学为箕。"又案:注"谕"世德堂本作"论"。○释文云:易,以豉切。**汝先观吾趣。**〔注〕趣,行也。○释文云:趣音趋,下同。**趣如吾,然后六辔可持,**○释文云:辔音祕。**六马可御。"造父曰:"唯命所从。"泰豆乃立木为涂,仅可容足;**〔注〕才得安脚。○释文云:仅音觐。**计步而置,**〔注〕疏概如其步数。○释文云:概音冀,稠也。**履之而行。趣走往还,无跌失也。**○释文云:跌音凸。**造父学之,三日尽其巧。泰豆叹曰:"子何其敏也?得之捷乎!**〔注〕敏,疾也。捷,速也。○释文云:捷,疾葉切。**凡所御者,亦如此也。**〔解〕立木如足,布之如步。庄子云,侧足之外皆去其土,则不能履之者,心不定矣。若御马者亦如使其足,则妙矣。伯峻案:卢解所引庄子,今本无其文。**囊汝之行,得之于足,应之于心。推于御也,齐辑乎辔衔之际,**○释文云:辑音集。说文云:辑,车舆也。此言造父善御,得车舆之齐整在于辔衔之际,喻人君得民心则国安矣。**而急缓乎唇吻之和,正度乎胸臆之中,**伯峻案:说文:"肊,胸骨也。或从意。"广雅释亲:"臆,胸也。"文选射猎赋徐注:"臆,膺也。"○释文云:吻,武粉切。臆音忆。**而执节乎掌握之间。内得于中心,而外合**

于马志,是故能进退履绳而旋曲中规矩,○陶鸿庆曰:"矩"字衍文。本作"进退中绳而旋曲中规",言"直者中绳曲者中规"也。淮南子主术训引此文无"矩"字。○王重民曰:陶说是也。庄子达生篇,"东野毕以御见庄公,进退中绳,左右旋中规",与列子此文义同而无"矩"字,可证。盖"履绳""中规"相对为文,若有矩字,不但义有不合,词亦为赘矣。御览七百四十六引正无"矩"字。伯峻案:吕览适威篇亦云:"东野稷以御见庄公,进退中绳,左右旋中规。"又云:"夫进退中绳,左右旋中规,造父之御,无以过焉。"皆无矩字,更为的证。○释文云:中,丁仲切,下同。取道致远而气力有馀,诚得其术也。得之于衔,应之于辔;得之于辔,应之于手;得之于手,应之于心。则不以目视,○释文"视"作"眂",云:眂音视,本又作眎。不以策驱;心闲体正,六辔不乱,而二十四蹄所投无差;回旋进退,莫不中节。〔注〕与和鸾之声相应也。然后舆轮之外可使无馀辙,马蹄之外可使无馀地;未尝觉山谷之崄,原隰之夷,视之一也。吾术穷矣。汝其识之!"〔注〕夫行之所践,容足而已。足外无馀而人不敢践者,此心不夷,体不闲故也。心夷体闲,即进止有常数,迟疾有常度。苟尽其妙,非但施之于身,乃可行之于物。虽六辔之烦,马足之众,调之有道,不患其乱。故轮外不恃无用之辙,蹄外不赖无用之地,可不谓然也。〔解〕庄生解牛云:其骨也有间,其刀刃也无厚。无厚入有间,恢恢然有馀地也。言其理则多暇也。不视足外之地,则其志专。志专则运足如其心矣。若移之于辔衔,易之于驵骏,当辙应足,何所倾危?世人皆求其末而不知其本,识真之士必求其本然后用之,故射御之末艺犹须合道焉。伯峻案:解引庄子见养生主篇,仅撮取大意,非原文。○释文云:识音志。

魏黑卵以暱嫌杀丘邴章,〔注〕暱嫌,私恨。〔解〕夫以私嫌而杀伤,嗜欲而夭物者,皆世俗之常情,非有道之士也。伯峻案:御览三四四又三八六又四八二引"卵"并作"夘",下同。○释文云:暱,尼质切。邴,鄙咏切。

丘邴章之子来丹谋报父之讐。○王重民曰:御览三百四十四,又三百八十六,又四百八十二引"报"并作"复"。○王叔岷曰:书钞一二二、事类赋十三、庶物异名疏八引"报"亦并作"复"。**丹气甚猛,形甚露,** 伯峻案:礼记檀弓:"敛手足形。"郑注:"形,体也。"左传昭元年:"勿使有所壅闭湫底以露其体。"杜注:"露,羸也。""形甚露"犹言"体甚羸"也。下文张注云"体羸虚"正得其义。**计粒而食,顺风而趋。虽怒,不能称兵以报之。**〔注〕有胆气而体羸虚,不能举兵器也。○王重民曰:御览四百八十二引"怒"作"怨",下文"来丹之友申他曰子怨黑卵至矣",疑作"怨"者近是。○释文云:称,尺证切。羸,力为切。**耻假力于人,誓手剑以屠黑卵。黑卵悍志绝众,** ○释文云:悍音旱。**力抗百夫。节骨皮肉,非人类也。延颈承刀,** ○"刀"藏本、世德堂本作"刃"。**披胸受矢,铓锷摧屈,而体无痕挞。** ○王重民曰:"挞"字与上文义不相合,御览三百八十六,又四百八十二引并无"挞"字,疑是衍文。○胡怀琛曰:"痕挞"二字疑倒。○释文云:铓锷音亡咢。痕,户恩切。挞,他达切。**负其材力,视来丹犹雏鷇也。** ○释文"雏"作"鶵",云:鶵,助俱切。鷇音寇。生而须哺曰鷇,自食曰鶵。**来丹之友申他** ○王重民曰:御览三百四十四,又四百八十二引并作"申抱",下同。○释文"他"作"佗",云:佗音陀,或音拕,一本作抱。**曰:"子怨黑卵至矣,黑卵之易子过矣,** ○释文云:易,以豉切。**将奚谋焉?"来丹垂涕曰:"愿子为我谋。"** ○释文云:为,于伪切。**申他曰:"吾闻卫孔周其祖得殷帝之宝剑,一童子服之,** 伯峻案:服佩古音同,假借字也。○释文"童"作"僮",云:僮音同。**却三军之众,奚不请焉?"**〔解〕天地至精之物但以威制于三军。若以断割为功,非至精者也。**来丹遂适卫,见孔周,执仆御之礼,请先纳妻子,后言所欲。孔周曰:"吾有三剑,唯子所择;皆不**

能杀人，<u>伯峻案</u>：杀人谓杀人至死也。**且先言其状。一曰含光，视之不可见，运之不知有。其所触也，**○"有其"<u>吉府</u>本、<u>道藏</u>白文本、<u>林希逸</u>本并作"其有"。○<u>王重民</u>曰："有其"两字互倒。<u>类聚</u>六十引无"有"字，盖以倒讹之文义不可通，引者遂以意削"有"字也。<u>吉府</u>本作"其有"是也。○<u>王叔岷</u>曰：无"有"字及作"其有"者并非。有字当属上绝句。"运之不知有"与上"视之不可见"对文。"其所触也，泯然无际"与下"其所触也，窈窈然有声""其触物也，骁然而过"句法亦一律。**泯然无际，**○<u>释文</u>云：泯，亡忍切。**经物而物不觉。二曰承影，将旦昧爽之交，日夕昏明之际，北面而察之，淡淡焉若有物存，**○<u>释文</u>云：淡音艳。**莫识其状。其所触也，窈窈然有声，**○<u>王重民</u>曰：<u>吉府</u>本"然"作"焉"，上文云，"北面而察之，淡淡焉若有物存"，然焉同义，"淡淡焉"亦即"淡淡然"也。疑"窈窈然"亦本作"窈窈焉"，<u>吉府</u>本犹是<u>列子</u>之旧。○<u>王叔岷</u>曰：<u>道藏</u>白文本、<u>林希逸</u>本"然"亦并作"焉"。但作"然"乃此文之旧。"窈窈然"与上文"泯然"、下文"骁然"一律。<u>王</u>说非也。**经物而物不疾也。三曰宵练，方昼则见影而不见光，**〔注〕与日月同色也。**方夜见光而不见形。**〔注〕言其照也。○<u>卢文弨</u>曰：注"也"字<u>藏</u>本作"夜"。**其触物也，骁然而过，**〔注〕骁，休壁切。○<u>刘武</u>曰：骁然，系状其刃过之速。盖惟其刃过之速，所以为宝剑也。○<u>释文</u>云：骁，呼麦反，破声。**随过随合，觉疾而不血刃焉。此三宝者，传之十三世矣，**○<u>释文</u>云：传，丈专切。**而无施于事。**〔注〕不能害物。**匣而藏之，**○<u>卢文弨</u>曰："匣"<u>藏</u>本作"柙"。○<u>释文</u>"匣"作"柙"，云：柙与匣同。**未尝启封。"来丹曰："虽然，吾必请其下者。"孔周乃归其妻子，与斋七日。晏阴之间，**〔注〕晏，晚暮也。○<u>孙诒让</u>曰：<u>说文</u>日部云："晏，天清也。"<u>汉书天文志</u>云："日晡时天晻晏"，(晻即晴字)。<u>韩非子外储说左篇</u>云：

"雨霁日出,视之晏阴之间",与此义同。"晏阴之间"谓半晴半阴之间,非谓晚暮也。张注失之。伯峻案:淮南缪称篇:"晖日知晏,阴谐知雨。"文选扬雄羽猎赋:"天清日晏。"注引淮南许慎注云:"晏,无云之处也。"是晏阴即晴阴,与孙说相会。**跪而授其下剑,来丹再拜受之以归。**〔注〕以其可执可见,故受其下者。〔解〕器珍者则害物深。至道至精,无所伤物。**来丹遂执剑从黑卵。时黑卵之醉偃于牖下,**○吴闿生曰:时读为值。伯峻案:时当读为论语阳货"孔子时其亡也"之"时",伺也。又案:书钞一二二、事类赋十三、御览三四四并作"偃卧牖下",以上文"偃卧其妻之机下"例之,则作"偃卧"者是也。**自颈至腰三斩之。**○释文"腰"作"要",云:要,於宵切,下同。**黑卵不觉。来丹以黑卵之死,**伯峻案:御览三四四引无"之"字,是也。**趣而退。**○释文云:趣音趋。**遇黑卵之子于门,击之三下,如投虚。黑卵之子方笑曰:"汝何蚩而三招予?"**○俞樾曰:说文手部:"招,手呼也。"黑卵之子不见来丹之以剑击己,但见其举手,若相招然,故曰"汝何蚩而三招予"。释文云"一本作拈",此乃字误,不当曲为之说。○释文云:招一本作拈,奴兼切,指取物也。又音点。**来丹知剑之不能杀人也,叹而归。黑卵既醒,怒其妻曰:"醉而露我,使我嗌疾而腰急。"**○许维遹曰:说文口部:"嗌,咽也。"方言云:"嗌,噎也。秦晋或曰嗌,又曰噎。"说文:"噎,饭窒也。"诗王风:"中心如噎。"毛传:"噎,忧不能息也。"嗌疾义同。噎忧不能息者,谓喉窒而气息不调也。○释文云:嗌音益,喉上也。**其子曰:"畴昔来丹之来,遇我于门,三招我,亦使我体疾而支彊。**○释文"彊"作"强",云:强,其两切。**彼其厌我哉!"**〔解〕夫道至之人无伤于万物,万物之害亦所不能伤焉;故毒虫不螫,猛兽不攫。故物之至精者亦无伤。老子曰:"其神不伤人。"是以圣人贵夫知者何? 以其不伤于万物者也。○释文云:厌,於染切,本又作压,乌狎切。

周穆王大征西戎,西戎献锟铻之剑,○释文云:昆吾,龙剑也。河图曰:瀛洲多积石,名昆吾,可为剑。尸子云:昆吾之剑可切玉。**火浣之布。**○释文云:浣音缓。异物志云:新调国有火洲,有木及鼠,取其皮毛为布,名曰火浣。**其剑长尺有咫,**○释文云:咫音止,八寸曰咫。**练钢赤刃;**释文云:钢音刚。**用之切玉如切泥焉。**伯峻案:博物志云:"周书曰,'西域献火浣布,昆吾献切玉刀。火浣布污,则烧之,即洁。切玉刀(此二字依御览三四五引补)切玉如蜡。'布,汉时有献者,刀则未闻。"**火浣之布,浣之必投于火;**○王叔岷曰:御览八百二十引"火浣之布"作"其布",与上文"其剑长尺有咫"句法一律。**布则火色,垢则布色;出火而振之,皓然疑乎雪。**〔注〕此周书所云。○释文"皓"作"皜",云:音缟,又作皓,胡老切。**皇子以为无此物,传之者妄。萧叔曰:"皇子果于自信,果于诬理哉!"**〔注〕此一章断后,而说切玉刀火浣布者,明上之所载皆事实之言,因此二物无虚妄者。〔解〕夫金之不能切玉者,非器之利也;布之不能浣于火火不烧者,物之异也。天地之内,万物之多,有可以理求者,亦有非理所及者。然则玉虽坚,有可刻之理;剑虽铁,有必断之锋也。以必断之锋当可刻之物,不入者,自非至利耳。非无可切之理焉;况已有之,何所疑也?又动植之类其性不同,有因水火而生者,有因水火而杀者。故火山之鼠得火而生,风生之兽得风而活;人约空立,鱼约水存。然则火浣之纑,非纻非麻。布名与中国等,火与鼠毛同,此复何足为怪也?果于自信,不达矣夫!○解"非纻非麻"下有"用火鼠毛"四字,今依四解本删。又"中国等"下无"火"字,"与"下无"鼠毛同"三字,今依四解本增。○卢文弨曰:注"因"藏本作"由",由同犹。○光聪谐曰:此指魏文典论中火浣布事。皇子者,魏文也。是此书建安时尚有人增窜。○俞正燮曰:后汉书西南夷传注引神异经云:"南方有火山,生不烬之木,昼夜火然。火中有鼠,重百斤,毛长二尺馀,细如丝,色白,绩作布。若污,以火烧之,则清洁。"太平广记载梁四公记云,"南海商赍火浣布三端,二是缉木皮所作,一是绩鼠毛所作,木坚毛柔。"史记大宛列传正义引万震南州志云:"大秦海中斯调洲上有木,冬月往剥,取其皮,绩以为布,与麻焦布无异,色小青黑。若垢污,入火中便精洁,世谓之火浣布。秦云定重参閒门树皮也。"又引括地志云:"火山国火中有白鼠皮及树皮,绩为火浣布。梁任昉述异记云:"南方炎火山四月生火,十二月火灭。火灭之后,草木皆生枝叶。至火生时,草木叶落。取木皮绩之为火浣布。"明邝露赤雅云:"苗中火浣布有三种,一毕方麻,一祝融木,一火鼠毛",其用之者,后汉书西南夷传注引傅子曰:"长老说汉桓时梁冀作火浣布单衣,会宾客,行酒,佯污之。烧之,垢尽火灭,粲然洁白如水浣也。宋蔡絛铁围山丛谈云:"火浣布若木棉布,色青鹭,投火中则洁白。宣和政和以后盈笥而至,御府纫为巾褥裙袍之属。"盖东汉时始至中国,宋时则寻常南货矣。姜绍书韵石斋笔谈云:"火浣布色微白,以手拊之,则馀粉染指,如弄蝶翅。"此则木皮所绩,馀脂犹在,亦常物。今四川越嶲厅番地五蛮山石缝中有草根,名不朽木。其性纯阴,织成布用火浣。四川通志云,"穷人乃用之也。"抱朴子论仙云:"魏文帝谓天下无切玉之刀、火浣之布。及著典论,尝据言此事,其间未期二物毕至,帝乃叹息,遽毁斯论。"今案"文帝谓世谓火鼠毛为布,垢则火浣如新者妄也。火无生育之性,鼠焉得生其间? 为典论刻之太学。明帝世有奉此布来贡者,乃刊去此碑。"而列子汤问篇云云,列子晋人王浮葛洪以后书也。以仲尼篇言圣者,汤问篇言火浣布知之。○岑仲勉曰:火浣布即 asbestos,后世曰不灰木,现代曰石绵,波斯人、阿剌伯人熟知之。中亚产者出自我国旧藩之拔达克山。其物具大麻状之纤维组织,可制为布、纸、巾等。伯峻案:尔雅释诂邢昺疏引尸子广泽篇云"皇子贵衷",若此言可信,则尸佼前曾有一皇子。然此皇子则指魏文帝无疑。又案:全晋文八一有殷巨奇布赋,序言晋泰康二年大秦国奉献,火布尤奇,乃作赋,即火浣布也。又案:解"夫金之不能切玉者"及"布之不能浣于火"两"不"字疑衍。○释文云:斲,大贯切。

列子集释卷第六

力命第六〔注〕命者,必然之期,素定之分也。虽此事未验,而此理已然。若以寿夭存于御养,穷达係于智力,此惑于天理也。〔解〕命者,必定之分,非力不成;力者,进取之力,非命不就。有其命者必资其力,有其力者或副其命。亦有力之不能致者,无命也;恃命而不力求者,候时也。信命不信力者,失之远矣;信力不信命者,亦非当也。○释文云:分,符问切。夭,於兆切。係音计。

力谓命曰:"若之功奚若我哉?"命曰:"汝奚功于物而欲比朕?"力曰:"寿夭、穷达,贵贱、贫富,我力之所能也。"命曰:"彭祖之智不出尧舜之上,而寿八百;○孔广森曰:彭祖者,彭姓之祖也。彭姓诸国:大彭、豕韦、诸稽。大彭历事虞夏,于商为伯,武丁之世灭之,故曰彭祖八百岁,谓彭国八百年而亡,非实篯不死也。○严可均曰:郑语,史伯曰:祝融之后八姓,大彭豕韦为商伯,彭姓彭祖、豕韦、诸稽,商灭之。韦昭解:"大彭,陆终第三子曰篯,为彭姓,封于大彭,谓之彭祖。"又解:"彭祖,大彭也。"史记楚世家,"陆终生子六,三曰彭祖。"集解引虞翻曰:"名翦,为彭姓,封于大彭,谓之彭祖。"索隐引世本:"三曰篯铿,是为彭祖。"周书尝麦解曰:"皇天哀禹,赐以彭寿,思正夏略。"竹书纪年:"帝启十五年武观以西河叛,彭伯寿率师征西河,合而断之。"知彭祖国名,即大彭,夏商为方伯,古五霸之一,唐虞封国,传数十世,八百岁,而灭于商,此其事实也。彭祖八百岁犹言夏四百岁,商六百岁,周八百岁也。○马叙伦曰:孔严之说是也。庄子逍遥游云:"而彭祖乃今以久特闻"。似庄子亦误信彭寿有七八百岁之久。盖俗有此说,庄子从而言之,荀子亦然。**颜渊之才不出众人之下,而寿十八。**○"十八"藏本、四解本、吉府本、秦刻卢解本作"四八",今依北宋本、世德堂本作"十八"。○洪颐煊曰:淮南精神训高诱注:"颜回十八而卒。"后汉书郎顗传:"昔颜子十八,天下归仁。"抱朴子逸民篇:"昔颜回死,鲁定公将躬吊焉,使人问仲尼。"抱朴子亦以颜渊年十八,故卒当鲁定公时。伯峻案:颜渊之寿,古代传说不一,虽曰短命,若以左传及史记诸可以凭信之资料证之,其年不仅十八,可以断言。但此文既属寓言,无妨从其最短者。**仲尼之德不出诸侯之下,而困于陈蔡;殷纣之行不出三仁之上,而居君位。**伯峻案:论语微子云:"微子去之,箕子为之奴,比干谏而死。孔子曰:殷有三仁焉。"○释文云:行,下孟切。**季札无爵于吴,**○释文云:季札,吴太伯之后,贤而让位,弃其室而耕。后封于延陵,故号曰延陵季子。**田恒专有齐国。**夷齐饿于首阳,季氏富于展禽。若是汝力之所能,奈何寿彼而夭此,穷圣而达逆,贱贤而贵愚,贫善而富恶邪?"力曰:"若如若言,我固无功于物,而物若此邪,此则若之所制邪?"○道藏白文本、林希逸本"若言"作"是言"。○陶鸿庆曰:上"邪"字当读为"也"。"而物若此也"语意与下句相属,言"物之若此者,岂汝之所制乎"。盖既自承其无功而又反诘之也。邪也古通用。**命曰:"既谓之命,奈何有制之者邪?朕直而推之,曲而任之。自寿自夭,自穷自达,自贵自贱,自富自贫,**〔注〕不知所以然而然者,命也,岂可以制也?**朕岂能识之哉?朕岂能识之哉?"**〔注〕此篇明万物皆有命,则智力无施;杨朱篇言人皆肆情,则制不由命;义例不一,似相违反。然治乱推移,爱恶相攻,情伪万端,故要时竞,其弊孰知所以?是以圣人两存而不辩。将以大扶名教,而致弊之由不可都塞。或有恃诈力以干时命者,则楚子问鼎于周,无知乱適于齐。或有矫天真以殉名者,则夷齐守饿西山,仲由被醢于卫。故列子叩其二端,使万物自求其中。苟得其中,则智动者不以权力乱其素分,矜名者不以矫抑亏其形生。发言之旨其在于斯。呜呼! 览者可不察哉! 〔解〕命者,天也;力者,人也。命能成之,力能运之,故曰运命也。庄子曰:"知不可奈何,安之若命。"是力不能运也。孔子曰:"五十而知天命。""不知命,无以为君子也。"然历国应聘而思执鞭之士,是不忘力也。伯峻案:解引庄子见人间世篇,而"何"下省"而"字。又注世德堂本"似"作"以","存"作"情","殉"作"殖",皆误。○释文云:恶,乌路切。適音的。殉本作徇,求也。醢音海。叩音寇。

北宫子谓西门子曰:"朕与子并世也,而人子达;并族也,而人子敬;并貌也,而人子爱;并言也,而人子庸;伯峻案:庸借为用。并行也,而人子诚;○释文云:行,下孟切。并仕也,而人子贵;并农也,而人子富;并商也,而人子利。朕衣则裋褐,○释文云:裋音竖。褐音曷。方言:裋,复襦也。许慎注淮南子云:楚人谓袍为裋。说文云:粗衣也。又敝布襦也。又云:襜褕短者曰裋褕。有作短褐者误。荀子作竖褐。杨倞注云,僮竖之褐,于义亦曲。食则粢粝,○释文云:粢,即夷切。粝,令达切。粢,稻饼也。声类:籺米不碎。史记曰:陈平食糠粞。孟康云:麦糠中不破者是也。盖谓粗舂粟麦为粢饼食之。居则蓬室,出则徒行。子衣则文锦,食则粱肉,○"粱"藏本作"梁"。居则连欐,○释文云:欐音丽,屋栋。出则结驷。在家熙然有弃朕之心,○释文云:熙音怡。字林云,欢笑也。在朝谭然有敖朕之色。○秦刻本"敖"作"傲"。○释文云:朝音潮。谭音鄂。敖音傲。请谒不相及,遨游不同行,固有年矣。子自以德过朕邪?"西门子曰:"予无以知其实。汝造事而穷,予造事而达,此厚薄之验欤？〔注〕谓德有厚薄也。〔解〕吾所造皆达，汝所造皆穷，德之厚薄可见矣。而皆谓与予并，汝之颜厚矣。"北宫子无以应，自失而归。中涂遇东郭先生。先生曰："汝奚往而反，偊偊而步，有深愧之色邪？"○释文云：偊，丘羽切，本或作踽。字林云：疏行貌。北宫子言其状。东郭先生曰："吾将舍汝之愧，○释文云：舍音捨。与汝更之西门氏而问之。"曰："汝奚辱北宫子之深乎？固且言之。"伯峻案：固读为姑。西门子曰："北宫子言世族、年貌、言行与予并，而贱贵、贫富与予异。○释文云：行，下孟切。予语之曰：○释文云：语，鱼据切。予无以知其实。汝造事而穷，予造事而达，此将厚薄之验欤？而皆谓与予并，汝之颜厚矣。"东郭先生曰："汝之言厚薄不过言才德之差，吾之言厚薄异于是矣。夫北宫子厚于德，薄于命，汝厚于命，薄于德。汝之达，非智得也；北宫子之穷，非愚失也。皆天也，非人也。〔注〕此自然而然，非由人事巧拙也。而汝以命厚自矜，北宫子以德厚自愧。○胡怀琛曰：既自知德厚，则不应自愧。故"以德厚自愧"，文义不安。应云，"以命薄自愧"。此非传写之误，乃列子原文小疵耳。伯峻案：胡说可商。古人行文有互备之例，此以"命厚"概"德薄"，以"德厚"概"命薄"耳。皆不识夫固然之理矣。"○藏本、吉府本、四解本、秦刻本皆无"矣"字，今依北宋本、世德堂本增。又案："固然"疑当作"自然"。○释文云：夫音符。西门子曰："先生止矣！予不敢复言。"〔注〕闻理而服。〔解〕西门子求之而遂，命也；北宫子求之不遂，亦命也。不知命则有自矜之色，自知命则无忧愧之心。得与不得，非智愚，非才德也。西门子不敢复言者，知命之遂，不敢恃德也。○释文云：复，扶又切。

北宫子既归，衣其裋褐，有狐貉之温；○释文云：衣，於既切。狐貉音胡鹤字。**进其茙菽，有稻粱之味**；○释文云：茙菽音戎叔。尔雅云：茙菽谓之荏菽，即胡豆也。管子云：齐桓公北之岱山，采得冬葱及茙菽，布之天下。郑玄云：即大豆也。**庇其蓬室，若广厦之荫**；○释文云：庇，必利切。**乘其筚辂，若文轩之饰。** ○"筚"各本作"荜"。案"筚"正字，左传作"筚"，史记楚世家作"荜"。○释文"筚"作"荜"，云：荜音必，辂音路，左传云：柴车也。伯峻案：左传宣十二年"筚路蓝缕以启山林"，杜注："筚路，柴车。"释文于传文与注文不别白。**终身逌然，** ○释文云：逌音由。逌然，自得貌。后杨朱篇音同。**不知荣辱之在彼也，在我也。** 〔注〕一达于理，则外物多少不足以概意也。〔解〕知命则不忧不愧，亦不知德之厚薄也。○释文云：概，古代切。**东郭先生闻之曰："北宫子之寐久矣，一言而能寤，易悟也哉！"** 〔解〕寐者言未觉也。及其寤也，乃怛之常耳。○"悟"北宋本作"寤"，藏本、世德堂本作"怛"。○俞樾曰："怛"当读为"旦"。诗氓篇，"信誓旦旦"，说文心部引作"信誓悬悬"。悬即怛之或体。是怛旦古通用也。人之寐者至平旦则寤矣。北宫子久寐而忽寤，故曰"易旦也哉"。释文音当割切，未得其读。或作悟，则后人不达而臆改之。伯峻案：按卢解云云，似重玄本亦作怛。○释文"悟"作"怛"，云：怛，当割切，或作悟者非。

管夷吾鲍叔牙二人相友甚戚， ○伯峻案：孟子告子下"其兄关弓而射之，则己垂涕泣而道之。无他，戚之也"，注云："戚，亲也。"○释文云：管夷吾、鲍叔牙并颍上人也。鲍牙，齐大夫，冢在瀛州。伯峻案：释文"鲍牙"当作"鲍叔"。**同处于齐。管夷吾事公子纠，** ○释文云：纠，规酉切。**鲍叔牙事公子小白。齐公族多宠，嫡庶并行。** 〔注〕齐僖公母弟夷仲年生公孙无知，僖公爱之，令礼秩同于太子也。○释文云：嫡音的。僖，许其切，或作釐。**国人惧乱。管仲与召忽奉公子纠奔鲁，**

〔注〕纠,襄公之次弟。○释文云:召本作邵。**鲍叔奉公子小白奔莒。**〔注〕小白,纠之次弟。○释文云:莒音举。**既而公孙无知作乱,**〔注〕襄公立,绌无知秩服,遂杀襄公而自立。国人寻杀之。○释文云:绌音黜,又式忽切。秩音帙。杀音试。**齐无君,二公子争入。管夷吾与小白战于莒,道射中小白带钩。**○释文云:射,食亦切。中,丁仲切。**小白既立,**〔注〕小白即桓公也。**胁鲁杀子纠,**○释文"胁"作"擶",云:又作胁。**召忽死之,管夷吾被囚。**〔注〕齐告鲁曰:子纠兄弟,弗忍加诛,请杀之。召忽、管仲,雠也,请得而甘心醢之。不然,将灭鲁。鲁患之,遂杀子纠。召忽自杀,管仲请囚也。**鲍叔牙谓桓公曰:"管夷吾能,可以治国。"**○释文云:治,直吏切。**桓公曰:"我雠也,愿杀之。"鲍叔牙曰:"吾闻贤君无私怨,且人能为其主,亦必能为人君。**○释文云:为,于伪切。**如欲霸王,**○释文云:王,于况切。**非夷吾其弗可。君必舍之!"**○释文云:舍音释。**遂召管仲。鲁归之,齐鲍叔牙郊迎,释其囚。桓公礼之,**〔注〕鲍叔亲迎管仲于堂阜而脱其桎梏,于齐郊而见桓公也。○释文云:阜音妇。贾逵曰:堂阜,鲁之北境。杜预曰:齐地,东莞。见,贤遍切。伯峻案:堂阜在今山东临沂地区蒙阴县西北,地属齐。**而位于高国之上,鲍叔牙以身下之,**〔注〕高国,齐之世族。○释文云:下,遐嫁切。**任以国政,号曰仲父。**○释文云:父音甫。**桓公遂霸。管仲尝叹曰:"吾少穷困时,尝与鲍叔贾,**○释文云:贾音古。**分财多自与;鲍叔不以我为贪,知我贫也。吾尝为鲍叔谋事而大穷困,**○释文云:为,于伪切。**鲍叔不以我为愚,知时有利不利也。吾尝三仕,三见逐于君,鲍叔不以我为不肖,知我不遭时也。吾尝三战三北,鲍叔不以我为**

怯,知我有老母也。公子纠败,召忽死之,吾幽囚受辱;<u>鲍叔</u>不以我为无耻,知我不羞小节而耻名不显于天下也。○<u>王叔岷</u>曰:草堂诗笺七引"名"上有"功"字,当从之。史记管子列传、刘向上管子序亦并有"功"字。生我者父母,知我者鲍叔也!"此世称管鲍善交者,<u>小白</u>善用能者。然实无善交,实无用能也。实无善交实无用能者,非更有善交,更有善用能也。〔注〕此明理无善交用能,非但管鲍桓公而已。〔解〕言其命之所应用,则因交而获申,非是更别有善交用能也。然则恃才获用者命也,因交而达者力也;非惟天时,抑有人谋人力而遂者,皆归于命。命之来也,<u>鲍叔</u>不得不尽力,<u>桓公</u>不得不用之。皆命矣夫!<u>伯峻</u>案:"更有善用能"下疑当有"者"字。召忽非能死,不得不死;鲍叔非能举贤,不得不举;小白非能用雠,不得不用。〔注〕此皆冥中自相驱使,非人力所制也。〔解〕皆命成于力,力成于命,非有私焉。○注"人力"本作"人理",今从<u>藏</u>本正。及管夷吾有病,小白问之,曰:"仲父之病病矣,可不讳。云〔注〕言病之甚不可复讳而不言也。〔解〕将死不可讳言。○<u>世德堂</u>本作"病疾矣"。○<u>俞樾</u>曰:"疾"<u>卢重玄</u>本作"病",当从之。庄子徐无鬼篇同。<u>伯峻</u>案:北宋本、<u>藏</u>本、<u>吉府</u>本、四解本皆作"病",<u>晏子</u>及治要引同。疑本作"疾病"。说文:"疾,病也。""病,疾加也。"古书凡疾剧皆谓疾病。如论语子罕篇云:"子疾病,子路使门人为臣"(郑注:"病谓疾益困也")。仪礼既夕礼记云:"疾病外内皆埽"(郑注:"疾甚曰病")。左传宣十五年云:"疾,命<u>颗</u>曰:必嫁是!疾病,则曰:必以为殉!及卒,<u>颗</u>嫁之。曰,疾病则乱,吾从其治也。"又襄十九年传云:"齐侯疾,<u>崔杼</u>微逆<u>光</u>;疾病,而立之。"又桓五年传:"公疾病而乱作。"皆疾病连文之证也。吕览知接篇亦云:"仲父之疾病矣,将何以教寡人?"更为确证。<u>世德堂</u>本作"病疾",是其倒文,浅人不察,遽改为"病病"。<u>俞</u>说非是。○释文云:复,扶又切。至于大病,则寡人恶乎属国而可?"○<u>王重民</u>

曰:张注曰,"言病之甚不可复讳而不言也"。案据张注,则正文"可不"二字当倒乙。管子戒篇小称篇并作"不可讳"。又案张氏以"可不讳云"四字为句,因释云"不可复讳而不言也",亦非是。云字当下属为句。云犹如也。云至于大病,犹如至于大病也。说见释词。治要引无此四字者,以不达其意而削之也。伯峻案:王说甚是。礼记檀弓云,"成子高寝疾,庆遗入请曰:子之病革矣,如至乎大病,则如之何?"此云"云至于大病",即檀弓之"如至乎大病"也。○释文云:恶音乌。属音烛。夷吾曰:"公谁欲欤?"○释文云:欤音余。小白曰:"鲍叔牙可。"曰:"不可;其为人也,洁廉善士也,〔注〕清己而已。○"人"字下之"也"字依藏本增,与下文"其为人也"一律。○释文"洁"作"絜",云:絜音结。其于不己若者不比之人,〔注〕欲以己善齐物也。伯峻案:吕览贵公篇作"不比于人",高注云:"比,方也"。一闻人之过,终身不忘。〔注〕不能弃瑕录善。○释文云:瑕音遐。使之理国,上且钩乎君,下且逆乎民。〔注〕必引君命,其道不弘。道苟不弘,则逆民而不能纳矣。○王重民曰:庄子徐无鬼篇"理国"作"治国",此亦当作"治",避讳所改也。治要引正作"治"。其得罪于君也,将弗久矣。"○治要引无"也"字。小白曰:"然则孰可?"对曰:"勿已,则隰朋可。〔注〕非君然而可也。○释文云:隰音习。其为人也,上忘而下不叛,〔注〕居高而自忘,则不忧下之离散。○王重民曰:张说非也。庄子作"上忘而下畔",衍一"不"字。畔与叛通,叛谓叛谚也。叛谚为叠韵字,古时常语。诗大雅皇矣作"畔援",汉书叙传注引作"畔换",文选魏都赋作"叛换"。或单言"谚",书无逸:"乃逸乃谚。"伪孔传:"叛谚不恭。"论语先进篇:"由也喭。"郑注曰,"子路之行失于叛谚"是也。或单言"畔"。论语雍也篇:"君子博学于文,约之以礼,亦可以弗畔矣夫。"(此从俞曲园群经平议说)及列子"上忘而下叛"是也。诗郑笺云:"畔援,跋扈也。"韩诗云,"武强也。"魏都赋刘渊林注云:"叛换犹恣睢也。"是"上忘而下不叛",

谓"于上则忘其高,于下又不自亢也"。故下文云"以贤下人者,未有不得人者也"。郭注庄子云"高而不亢",得其旨矣。伯峻案:吕览贵公篇作"上志而下求"。**愧其不若黄帝而哀不己若者。**〔注〕惭其道之不及圣,矜其民之不逮己,故能不弃人也。〔解〕自忘其高,自愧无德,则进善之志深矣。不如己者,哀而怜之。则下人不离叛矣。○王重民曰:治要引"愧"下无"其"字,是也。庄子徐无鬼、吕览贵公篇并无,可证。**以德分人谓之圣人,**〔注〕化之使合道,而不宰割也。**以财分人谓之贤人。**〔注〕既以与人,己愈有也。**以贤临人,未有得人者也;**〔注〕求备于人,则物所不与也。○王重民曰:治要引上"人"字下有"者"字,是也。此与下文"以贤下人者未有不得人者也"句相对。下句有"者"字,则上句本有"者"字甚明。庄子并无两"者"字,此庄列不同处,然亦可为上句当有"者"字之反证。**以贤下人者,未有不得人者也。**〔注〕与物升降者物必归。○王重民曰:治要引注文"归"下有"之也"二字。○释文云:下,遐嫁切。**其于国有不闻也,其于家有不见也。**〔注〕道行则不烦闻见,故曰,不瞽不聋,不能成功。○王重民曰:治要引注文"烦"作"赖"。伯峻案:吕览贵公篇"有不闻也"下有"其于物也有不知也"一句。○释文云:瞽音古。**勿已,则隰朋可。"**〔注〕郭象曰:"若有闻见,则事锺于己,而群下无所措其手足,故遗之可也。未能尽其道,故仅之可也"。〔解〕不责物之常情,是不闻于国也;不求人之小过,是不见于家也。○治要引注文"群下"作"群生"。○释文云:仅音觐。**然则管夷吾非薄鲍叔也,不得不薄;非厚隰朋也,不得不厚。厚之于始,或薄之于终;薄之于终,或厚之于始。**○陶鸿庆曰:"薄之于终,或厚之于始"当作"薄之于始,或厚之于终"。如今本则与上二句意复。**厚薄之去来,弗由我也。**〔注〕皆天理也。〔解〕夷吾之情非有厚薄,此公荐也。荐之则为厚,不荐则为薄,此皆力也。桓公既不用鲍叔,鲍叔之命也;用隰朋,隰朋之命也。使鲍叔无命,而夷吾不施力焉;而隰朋无命,夷吾虽施力,亦无益也。

邓析操两可之说,○释文云:析音锡。邓析著书二篇,郑人也,与子产并时。列子及孙卿并云子产杀邓析,据左传,昭公二十年子产卒,定公九年驷歂杀邓析而用其竹刑,则非子产所杀也。操,七刀切。○任大椿曰:子产杀邓析事见诸子,不特荀列也。吕览离谓篇:"子产治郑,邓析务难之。而民之有狱者,约大狱一衣,小狱襦袴。民之献衣襦袴而学讼者不可胜数。以非为是,以是为非。是非无度,而可与不可日变;所欲胜因胜,所欲罪因罪。郑国大乱,民口讙哗。子产患之,于是杀邓析而戮之,民乃大服。"淮南子诠言训:"邓析巧辨而乱法。"高诱注:"邓析教郑人以讼,讼俱不厌,子产杀之也。"又杨倞荀子正论篇注引新序曰,"子产决狱,邓析教民难之;约大狱衣袍,小狱襦袴。民之献袍衣襦袴者不可胜数。以非为是,以是为非。郑国大乱,民口讙哗。子产患之,于是讨邓析而僇之,民乃服,是非乃定",是其类也。其辨邓析非子产所杀则始于列子张湛注此篇"俄而诛之"句下。张湛注云,"子产诛邓析,左传云驷歂杀邓析而用其竹刑,子产卒后二十年而邓析死也"。敬顺释文遂推原注意,谓昭二十年子产卒,定九年驷歂杀邓析。是邓析之死在子产卒后二十年也。至荀子不苟篇注曰,"左传郑驷歂杀邓析而用其竹刑,而云子产戮之,恐误"。傃此注与敬顺释文皆本于张湛注。**设无穷之辞,当子产执政,作竹刑。**〔注〕竹刑,简法。○卢文弨曰:注"竹刑简法"疑当作"竹简刑法"。伯峻案:卢说未明张注之意,张注盖以"简法"释"竹刑"也。

郑国用之,数难子产之治。○释文云:数音朔。难,乃旦切。**子产屈之。子产执而戮之,俄而诛之。**〔注〕此传云子产诛邓析,左传云驷歂杀邓析而用其竹刑,子产卒后二十年而邓析死也。伯峻案:"子产执而戮之","子产"二字涉上文衍。"戮之"犹言辱之,左传文公六年"贾季戮臾骈"可证。御览六百二十六引无"屈之子产执而戮之"八字,乃以其不可解而以意削之,足证其误久矣。○释文云:戮音六,或作剹。歂音船。卒,子律切。

然则子产非能用竹刑,不得不用;邓析非能屈子产,不得不屈;子产非能诛邓析,不得不诛也。〔注〕此章义例与上章同也。〔解〕作法者,力也;受戮者,命也。用其法者,亦力也;诛其身者,亦命也。力其事者,才也;才不遇者,亦命也。○注北宋本、汪本、世德堂本并夺上"章"字,今从藏本增。

可以生而生,〔注〕或积德履仁,或遇时而通,得当年之欢,骋于一己之志,似由报应,若出智力也。○世德堂本注末无"也"字。天福也;〔注〕自然生耳,自然泰耳,未必由仁德与智力。然交履信顺之行,得骋一己之志,终年而无忧虞,非天福如之何也?○释文云:行,下孟切。可以死而死,〔注〕或积恶行暴,或饥寒穷困,故不顾刑戮,不赖生存,而威之于死,似由身招,若应事而至也。○注"于"藏本作"以",世德堂本作"而"。天福也。〔注〕自然死耳,自然穷耳,未必由凶虐与愚弱。然肆凶虐之心,居不赖生之地,而威之于死,是之死得死者,故亦曰天福者也。〔解〕居可生之时而得其生者,为天福也;居可死之时而得其死者,亦天福。如夷吾求生于齐桓之时而得遂其生者,信为天福也;如锄麑之触槐以取丧,不辱君命,不伤贤才,得遂其死,垂名不朽,亦天福也。○注"威之于死"道藏四解本"于"作"以"。可以生而不生,〔注〕居荣泰之地,愿获长年而早终。天罚也;〔注〕愿生而不得生,故曰天罚也。可以死而不死,〔注〕居困辱之地,不愿久生,而更不死也。○注各本"生"上无"久"字。天罚也。〔注〕轻死而不之死,复是天罚。〔解〕居荣泰之地,处崇高之位,是可以生而不得生,如董贤之类是也。居困辱之地,处屯苦之中,是可以死而不得死,如人彘之类是也。求之不遂,皆为天罚也。可以生,可以死,得生得死,有矣;〔注〕此之生而得生,此之死而得死。不可以生,不可以死,或死或生,有矣。〔注〕此义之生而更死,之死而更生者也。此二句上义已该之而重出,疑书误。○陶鸿庆曰:两"不"字衍文,本作"可以生,可以死,或死或生,有矣"。言可以生而或死,可以死而或生也。张注云:"此义之生而更死,之死而更生者也"。是其所见本无两不字。上文云:"可以生而不生,天罚也;可以死而不死,天罚也",意与此同,故张注又疑其重出也。○释文云:重,柱用切。**然而生生死死,非物非我,皆命也。智之所无奈何。**〔注〕生死之理既不可测,则死不由物,生不在我,岂智之所如?〔解〕不由于物,亦不由于我;知不能运,力不能成,然后可以任命矣。○注末"如"元本、世德堂本作"必"。**故曰,窈然无际,天道自会;漠然无分,天道自运。**〔注〕无际无分,是自然之极;自会自运,岂有役之哉?○江有诰曰:际会为韵,古音同在祭部。分运为韵,古音同在文部。○释文云:分,符问切,注同。**天地不能犯,**〔注〕天地虽大,不能违自然也。**圣智不能干,**〔注〕圣神虽妙,不能逆时运也。**鬼魅不能欺。**〔注〕鬼魅虽妖,不能诈真正也。○释文"魅"作"媚",云:或作魅。**自然者默之成之,**〔注〕默,无也。**平之宁之,**〔注〕平宁无所施为。**将之迎之。**〔注〕功无遗丧,似若将迎。〔解〕若合道成命,天地不能违,圣智不能干;运用合理,应变如神,鬼魅所不能欺;何况于人事乎?伯峻案:成平宁为韵,古音同在耕部;将迎为韵,古音同在阳部。○释文云:丧,息浪切。

杨朱之友曰季梁。季梁得病,七日大渐。〔注〕渐,剧也。○北宋本"病"作"疾"。**其子环而泣之,请医。**○王重民曰:御览七百三十八引"请"下有"谒"字,谒亦请也,盖谓请于其父而请医。下文"终谒三医"即其事也。若无谒字,则语义不明。○王叔岷曰:文选孙子荆为石仲容与孙皓书注引亦有"谒"字。**季梁谓杨朱曰:"吾子不肖如此之甚,汝奚不为我歌以晓之?"**○释文云:为,于伪切。**杨朱歌曰:"天其弗识,人胡能觉?匪祐自天,弗孽由人。**○释文"孽"作

"夔",云:鱼列切。**我乎汝乎!其弗知乎!医乎巫乎!其知之乎?**〔注〕言唯我与汝识死生有命耳,非医巫所知也。**其子弗晓,终谒三医。**〔注〕不解杨朱歌旨,谓与己同也。〔解〕其子谒医,夫天命不能识乎,人亦何能觉之耶?天不别加福,人亦不为过,而遇病者,此其命也。夫我与汝尚不能知,医与巫何能知乎?又将歌意,我与尔能此疾,我不能疾,巫能之也。○秦恩复曰:卢解"歌意"下注有脱误。○蒋超伯曰:终,周也。淮南子俶真训:"智终天地"。终,周也。"终谒三医"谓"遍谒三医"也,不作竟字解。○释文云:解音蟹。**一曰矫氏,**○释文云:矫,居夭切。**二曰俞氏,三曰卢氏,诊其所疾。**○释文云:诊,之忍切,候脉也。**矫氏谓季梁曰:"汝寒温不节,**○释文"汝"作"女",云:女音汝,下同。**虚实失度,病由饥饱色欲。精虑烦散,非天非鬼。**○北宋本、汪本、秦本"天"作"夭"。夭当借为妖,虽可通,但依下文汝疾不由天,亦不由人,亦不由鬼证之,则作天者近是。今从藏本、元本正。**虽渐,可攻也。"季梁曰:"众医也。亟屏之!"**释文云:亟音棘。屏,上声,除也。**俞氏曰:"女始则胎气不足,乳湩有馀。**○释文云:湩,竹用切,乳汁也。**病非一朝一夕之故,其所由来渐矣,弗可已也。"季梁曰:"良医也。且食之!"**〔解〕矫氏所说之病,皆人事之失,关乎力者也。俞氏所说之病,与形俱生,气不足,不可差也。○释文云:食音嗣。**卢氏曰:"汝疾不由天,亦不由人,亦不由鬼。禀生受形,既有制之者矣,亦有知之者矣。**〔注〕夫死生之分,脩短之期,咸定于无为,天理之所制矣。但愚昧者之所惑,玄达者之所悟也。○释文云:分,符问切。**药石其如汝何?"季梁曰:"神医也。重贶遗之!"**○释文云:贶音况。**俄而季梁之疾自瘳。**〔解〕卢氏所说之病乃由乎神。神之所造有功有过。形者,报神之器也,神以制之矣。未受于形,神以知之矣。神既不足,形乃随之。长短美丑,质形已定矣。药石岂能愈之?<u>季梁</u>以为神医。修神养德而病自愈。○<u>释文</u>云:瘳音惆。

生非贵之所能存,身非爱之所能厚;生亦非贱之所能夭,身亦非轻之所能薄。故贵之或不生,贱之或不死;爱之或不厚,轻之或不薄。此似反也,非反也;此自生自死,自厚自薄。或贵之而生,或贱之而死;或爱之而厚,或轻之而薄。此似顺也,非顺也;此亦自生自死,自厚自薄。鬻熊语<u>文王</u>〔注〕<u>鬻熊</u>,<u>文王</u>师也。○<u>释文</u>云:鬻音育。语,鱼据切,下同。曰:"自长非所增,自短非所损。算之所亡若何?"〔注〕算犹智也。〔解〕若知形报为,则无以其私情。私情者,有贵有爱,有贱有薄者也。形骸不由情之所厚薄,则得之似顺,达之似反;其实非反非顺也,亦犹长短好丑,岂由情爱所迁耶?智算所无可奈何也。○<u>秦恩复</u>曰:<u>卢</u>解"报为""为"字疑误。○<u>释文</u>云:算,先玩切。亡音无。<u>老聃</u>语<u>关尹</u>曰:○<u>释文</u>云:聃,他甘切。"天之所恶,孰知其故?"〔注〕<u>王弼</u>曰:"孰,谁也。言谁能知天意耶?其唯圣人也。"<u>伯峻</u>案:二句乃<u>老子</u>七十三章文。今本<u>王弼</u>注曰:"孰,谁也。言谁能知天之所恶之意何故邪,其唯圣人乎!"<u>张</u>注引文有省略。○<u>释文</u>云:恶,乌路切。言迎天意,揣利害,不如其已。〔注〕夫顺天理而无心者,则鬼神不能犯,人事不能干。若迎天意,料倚伏,处顺以去逆,就利而违害,此方与逆害为巨对,用智之精巧者耳,未能使吉凶不生,祸福兼尽也。〔解〕夫不知道者,宁知天之所爱恶乎?若预迎天意,揣度利害,以狥私情,不知顺理而任命也。此章言力不能违命,命不可预知。任之则后时,力之则违命。所以愧夫知道之修神养真造业之始创力转命以我乎天者也。○<u>秦恩复</u>曰:<u>卢</u>解"知道"下疑有脱误。○<u>释文</u>云:揣,初委切。料音聊。

<u>杨布</u>〔注〕<u>杨朱</u>弟也。问曰:"有人于此,年兄弟也,言兄

弟也,○俞樾曰:"言"字无义,当从释文作"訾"。管子君臣上篇"吏嗇夫尽有訾程事律",即此訾字之义。官秩贵贱必视"訾程"为准。"訾兄弟也",正与下文"贵贱父子也"相应。殷敬顺不达訾字之义,而以为当作赀财字,则下当言贫富,不当言贵贱矣。○释文"言"作"訾",云:訾,即移切,当作赀财字;一本作言。才兄弟也,貌兄弟也;而寿夭父子也,贵贱父子也,名誉父子也,爱憎父子也。吾惑之。"〔解〕年、言、才、貌相似也,故云兄弟也;寿夭、贵贱隔悬也,故云父子也。此命之难知也,故疑惑也。

杨子曰:"古之人有言,吾尝识之,○释文云:识音志。将以告若。不知所以然而然,命也。〔注〕自然之理,故不可以智知。今昏昏昧昧,○释文云:昧音晦。纷纷若若,随所为,随所不为。日去日来,孰能知其故?○卢文弨曰:藏本无"能"字。皆命也夫。〔解〕众人所不知,以为自然,昏昏昧昧,日去日来,运行无穷者,人以是为命也乎。信命者,亡寿夭;〔注〕有寿夭则非命。○释文云:亡音无,下同。信理者,亡是非;〔注〕有是非则非理。信心者,亡逆顺;〔注〕有逆顺则非心。信性者,亡安危。〔注〕有安危则非性。则谓之都亡所信,都亡所不信。〔注〕理亦亡信与不信也。○道藏江遹本、四解本无下"都"字。真矣悫矣,○释文云:悫,口角切。奚去奚就?奚哀奚乐?○释文云:乐音洛。奚为奚不为?〔注〕理苟无心,则无所不为,亦无所为也。〔解〕寿夭者,命也;是非者,理也;逆顺者,心也;安危者,性也。使夫信命者亡寿夭,信理者亡是非,信心者亡逆顺,信性者亡安危,则谓之都亡所信亡所不信,然后至于真道也。亦何去何就,何哀何乐,何所为何所不为哉?此之谓至道也。黄帝之书云:'至人居若死,动若械。'〔注〕此举无心之极。○俞樾曰:"械"字无义。释文云,"本又作戒",实皆骇之叚字也。周官大仆"始嚄戒鼓",故书"戒"为"骇"。列子原文盖亦叚戒为骇,而写者又从木作械耳。"居若死动若骇",即"处女脱兔"之意。○王叔岷曰:俞说非也。至人"心如死灰",故其"居若死";"形如槁木",故其"动若械"。注"此举无心之极"是也。戒亦借为械。若以为骇之叚字,则非其旨矣。庄子庚桑楚篇:"动不知所为",亦"动若械"之意。○释文云:械,户界切,本又作戒。**亦不知所以居,亦不知所以不居;亦不知所以动,亦不知所以不动。亦不以众人之观易其情貌,亦不谓众人之不观不易其情貌。**〔注〕不为外物视听改其度也。○陶鸿庆曰:"亦不以众人之不观不易其情貌"当作"亦不以众人之观不易其情貌",今作"不观"者,乃后人妄增也。张注云云,是其所见本二句并作"众人之观"。今衍"不"字,文虽变而意反複也。○王重民曰:"为""谓"古通。张注云云,则张氏所据本作"为"。○释文"谓"作"为",云:为,于伪切,注同。**独往独来,独出独入,孰能碍之?**"〔注〕物往亦往,物来亦来。任物出入,故莫有碍。〔解〕居若死,无心也;动若械,用机关也。如木人之运动,有何知哉?不在乎情,不在乎貌也,神游而已矣,孰能碍之邪?○释文"碍"作"硋",云:音碍。

墨〔注〕音眉。**屎**、〔注〕敕夷反。〔解〕默诈佯愚之状。○秦恩复曰:"墨"方言作"嚜",音目。墨嚜古字通。○释文云:墨屎音眉痴。方言:墨屎,江淮之间谓之无赖。广雅云:墨音目,屎作欺。自此二十人智巧才行两两相背,而能相与和同终年者,各任其真性故也。伯峻案:广雅释诂二云:嚜屎,欺也。释文疑有挩误。**单**〔注〕音战。**至**、〔注〕音咥。〔解〕轻动之状。○释文云:单音战。单至,战激之至。**啴**〔注〕齿然反。**咺**、〔注〕许爱反。〔解〕迂缓之状。○释文云:啴,齿然切,又他丹切。咺音喧,又呼远切。郑玄注礼记云:啴,宽绰貌。说文云:愃,宽闲心腹貌。**憋**〔注〕妨灭反。**憨**〔注〕音敷。此皆默诈轻发迂缓急速之貌。○"敕夷"、"齿然"、"许爱"、"妨灭"四个切音之下本无"反"字,今从元本、世德堂本增。下"鱼略""齿略""苦交"诸切音同。○秦恩复曰:此节似缺卢注。方言:"憋,恶也。"郭璞注:"憋怾,急性也。"后汉书董卓传:"敝肠狗态。"李贤注:敝作憋,方言:恶也。憋当作怾。○释文云:憋,片灭切。憋音敷。方言:憋怾,音孚,急性也。**四人相与游于世,胥如志也**;○释文云:胥,相居切,相也。如,随也。谓各从其志。**穷年不相知情,自以智之深也**。〔解〕同游于世,终年不相知名,自以为善也。**巧佞**、**愚直**、〔解〕巧佞,辩诡之状也。愚直,质朴之状也。○释文云:巧佞,巧言邪佞。愚直,如愚质直。**婗**〔注〕鱼略反。**斫**、〔注〕齿略反。婗斫,不解悟之貌。〔解〕憨骏之状也。○注"婗斫不解悟之貌"七字,北宋本、汪本皆在"便辟"两字下,今从道藏诸本移上。○洪颐煊曰:"婗斫"即"婗嫣"。方言:"婗嫣,鲜好也,南楚之外通语也。"说文:"嫣,齐也。"汉书江充传:"充为人魁岸。"师古曰:"岸者,有廉棱如崖岸之形。"岸即婗字。○释文云:婗,言上声。斫音酌。婗斫,容止峭巘也。字林云:婗,齐也,久不解语貌。解音蟹。○任大椿曰:此节张湛注"婗斫不解悟之貌",敬顺释文约举注义,故云久不解悟。道藏本"语"字乃"悟"字之讹。**便辟**〔解〕折旋之状。○释文云:便,房连切。辟,婢亦切。便僻,恭敬太过也。**四人相与游于世,胥如志也;穷年而不相语术**,○释文云:语,鱼据切。**自以巧之微也**。〔解〕同游于世,终年不相访,各自以为巧妙也。**憍**〔注〕苦交反。**呀**、〔注〕苦牙反。〔解〕顽戾强愊之状也。○秦恩复曰:文选左思吴都赋:"儜嘉哚憍。"李善注:"方言,憍,狯也。"据此憍即狡字。○释文云:憍,口交切。呀,口家切。阮孝绪云:"悡呀,伏态貌。"悡,口交切。**情露**、〔解〕不隐之状也。○释文云:情露,无所隐蔽。**謇**〔注〕音蹇。**极**、〔解〕讷涩之状也。○"极"世德堂本作"悋"。○秦恩复曰:方言作"极"。极悋古字通。○俞正燮曰:謇悋,口吃。悋有急义。史记云:"周昌为人吃,又盛怒。"盖吃者语必多,又性欲速,语出塞而亟,故曰謇悋。左传云,"公孙之亟也",注云:"言其性急,不能受屈。"亦作"謇吃"。诸病源候云:"阴阳之气不和,府藏之气不足,而生謇吃。又心气通舌,脾气通口,脾脉连舌本,邪乘藏而搏气。言发气动,邪随干正脉,否气壅,亦令謇吃,此则可治也。"一切经音义引通俗文云,"言不通则谓之謇吃"。○释文云:讓音蹇。㚈音棘。字林云:㚈,吃也。方言:讓、吃、㚈,急也,谓语急而吃。又讷涩貌。又云:疾也,又急性相背也。或作殛,极,皆非是。○任大椿曰:考荀子赋篇,"出入甚极",注,"极读为亟,急也"。又云:"反覆甚极。"注,"极读为亟,急也"。然则㚈亦通作极。**凌谇**〔注〕音碎。此皆多谇讷涩辩给之貌。〔解〕寻间语责之状也。○注"此皆多"世德堂本作"比皆反"。○释文云:谇,句入声。凌谇谓好陵辱责骂人也。说文云:谇,责让也。字林音聚律切。讷,奴忽切。涩,所立切。**四人相与游于世,胥如志也;穷年不相晓悟**,伯峻案:秦本"穷年"下有"而"字。**自以为才之得也。**〔解〕各自以为才能。**眠**〔注〕莫典反。**娗**、〔注〕徒茧反。〔解〕无精采之状也。○释文"眠"作"䁆",云:眠上声。娗音殄。方言:䁆娗,欺慢之语也。郭璞云:谓以言相轻噛弄也。又不开通貌。○任大椿曰:今本"䁆"作"眠"。方言,眠娗,莫典反,今本作眠,是也。敬顺释文本"眠"作"䁆"。考玉篇,䁆古视字。䁆,上支切,视也,均与"眠娗"之"眠"异义。"䁆"字当即"眠"字,唐人讳"民"字,故从氏耳。释文云"眠上声",此"眠"字乃衍文也。**䏶**〔注〕止累反。**诿**、〔注〕如伪反。〔解〕并烦重之貌。○"莫典""徒茧""止累""如伪"四切音下之"反"字,依元本、世德堂本增。○释文:䏶,之睡切。诿,口恚切,又如伪切。钝滞也。尔雅云:䏶诿,累去也。郭璞云:谓以事相属累以䏶诿也。又烦重也。**勇敢**、〔解〕雄健之状也。○释文云:勇敢,勇猛果敢。**怯疑**〔注〕眠娗,不开通之貌。䏶诿,烦重之貌。〔解〕懦弱不决之状。○释文云:怯疑,怯慎持疑。**四人相与游于世,胥如志也;穷年不相谪发**,○释文云:谪,知革切。谪谓责其过也,发谓攻其恶也。**自以行无戾也。**〔解〕各自以为适宜得中之道也。○释文云：行，下孟切。无戾，无违戾也。**多偶**、〔解〕和同之状也。○释文云：多偶谓多与人相和谐也。广雅云：偶，谐也。**自专**、〔解〕独任之状也。○释文云：自专谓自专擅不与众同也。**乘权**、〔解〕用势之状也。○伯峻案：秦本"乘"作"秉"。○释文云：乘权谓乘用权势也。**只立**〔解〕孤介之状也。○释文云：只立，独孤自立。**四人相与游于世，胥如志也；穷年不相顾眄，**○释文云：眄音麫。**自以时之适也。此众态也，**○释文云：态，他爱切。**其貌不一，**○本无"其"字，今依吉府本、世德堂本增。**而咸之于道，命所归也。**〔解〕变诈、巧辩、愚拙、佞直，众态不同，而皆以为命者，理不然矣。今说者言受气有厚薄，故如此不同，一皆委之于天更无可奈何者，此不知者也。故知道之士养其神，含其真，易其虑，变其身。彼形骸自我而造也，力其行，移其命，此皆生生者之功美矣。然则因形以辩命，则力不如命；因力以征形，则命不如力也。

佹佹成者，俏成也，〔注〕俏音肖。俏，似也。○秦恩复曰：卢注作"魏魏"，与张湛本不同。伯峻案："俏成"下疑有"者"字，方与下文句法一律。六书故八引正作"俏成者也"。○释文云：佹，姑危切，几欲之貌。俏与肖字同。**初非成也。**〔解〕魏魏者，几欲之状也。俏者，似也。**佹佹败者，俏败者也，初非败也。**〔注〕世有几得几失之言，而理实无几也。〔解〕已欲成而不成者，似于成而非成也；垂欲败而不败者，似于败而非败也。○释文云：幾音祈，下同。**故迷生于俏，**〔注〕惑其以成败而不能辩迷之所由也。○卢文弨曰：注"以"藏本作"似"。**俏之际昧然。**○释文云：为句。**于俏而不昧然，**〔注〕际犹会也，言冥昧难分耳。〔解〕人之所迷生于似者也，不了也。不了则昧然矣。若相似而不昧然，斯谓明也。○卢文弨曰：注"昧"下藏本有"而"字。**则不骇外祸，**○释文"骇"作"駴"，云：与骇字同。**不喜内福；**〔注〕祸福岂有内外，皆理之玄定者也。见其卒起，因谓外至;见其渐著,因谓内成也。○释文云:卒,村入声。**随时动,随时止,智不能知也。**〔注〕动止非我,则非智所识也。〔解〕所谓明者了于性,通于神,力之所以生,命之所以成;故无外祸可骇惧,无内福可忻喜;动止随时,不须智度也。**信命者于彼我无二心。**〔注〕无喜惧之情也。**于彼我而有二心者,不若掩目塞耳,背坂面隍亦不坠仆也。**〔注〕此明用智计之不如任自然也。〔解〕若能彼我无二心,则吉凶悔吝不生矣。苟不能知命任理,则全身远害,且免倾坠颠仆也。是以世人不忘于力求,而不能委于命也。○卢文弨曰:注"如"字藏本作"若"。○释文"背坂"作"背城","坠"作"队",云:掩音奄。背城一本作坂。队音坠。仆音赴。**故曰:死生自命也,**〔注〕若其非命,则仁智者必寿,凶愚者必夭,而未必然也。**贫穷自时也。**〔注〕若其非时,则勤俭者必富,而奢惰者必贫,亦未必然。〔解〕子夏曰:"死生有命,富贵在天。"天者,时也。阳和布气,群物皆生;圣人利见,含灵俱畅。自我而定谓之命,因化所及谓之时也。○卢文弨曰:注末藏本有"也"字。○陶鸿庆曰:"贫穷"当作"贫富",与上句"死生自命也"语意一律。张注云云,是其所见本正作"贫富"。今本涉下文"怨贫穷者"而误。○释文云:贫穷自时也一本作富贵自时也。**怨夭折者,不知命者也;**○释文云:折,之舌切。**怨贫穷者,不知时者也。**〔注〕此皆不识自然之理。**当死不惧,在穷不戚,知命安时也。**〔解〕知命安时,德之大也。时来不可拒,命至不可却,故曰安时而处顺,忧乐不能入。迷生于肖似,戚生于不知时焉。**其使多智之人量利害,料虚实,**○释文云:料音聊。**度人情,**○释文云:度,徒落切,下同。**得亦中,**○释文云:中,陟冲切,半也,下同。或作陟仲反,非也。**亡亦中。**〔注〕中,半也。**其少智之人不量利害,不料虚实,不度人情,得亦中,亡亦中。量与不量,料与不料,度与不度,奚以异?**〔解〕凡料天下之事十得五中者,必为善料也。而少智不料亦得半矣,有何异也?**唯亡所量,**〔注〕不役智也。**亡所不量,**〔注〕任智之所知也。**则全而亡丧。**○释文云:亡音无。丧,息浪切,下同。**亦非知全,**○释文云:知音智,下知丧同。**亦非知丧。自全也,自亡也,自丧也。**〔注〕自全者,非用心之所能;自败者,非行失之所致也。〔解〕假使勤心苦志,料得其半,则不如无料而全其生。劳思虑者不知命,无所料者不知力。不知力者乃近于道矣,故去彼取此而已。○俞樾曰:"自亡也"三字疑为衍文。上文云"唯亡所量,亡所不量,则全而亡丧。亦非知全,亦非知丧"。皆以"全""丧"对言,此云"自全也,自丧也",文义已足。增出"自亡也"三字,则与上文不合矣。盖涉上有三"亡"字而误衍此句;不知上三"亡"字皆"有无"之"无",非"丧亡"之"亡"也。○释文云:行,下孟切。

齐景公游于牛山,○释文云:牛山,今北海郡临淄县是。**北临其国城而流涕曰:"美哉国乎!郁郁芊芊,**○释文云:芊音千。广雅云:芊芊,茂盛貌。**若何滴滴去此国而死乎?**○卢文弨曰:"滴滴"藏本作"滳滳"。○释文云:滴滴或作滂滂,并音普郎切,流荡貌。○任大椿曰:夫滂滂一字但言普郎反已明,不必云并音也。盖谓正文之"滴"与或作之"滂"并音普郎反。但"滴"无普郎反。考荀子赋国篇,"汸汸如海",杨倞注,"汸读为滂,水多貌也",则"滴"字疑"汸"字之误。伯峻案:列子释文之例,甲字应作乙字,或者义同乙字者,即以乙字音之,不论两字之音理可通假不也。下文云,行假音何暇,盖谓行当作何,非谓行字有何字之音。滴之与滂同音亦同此例。任氏之说未了。**使古无死者,寡人将去斯而之何?"**○卢文弨曰:韩诗外传"之何"作"何之"。**史孔梁丘据皆从而泣曰:**○释文"史孔"作"艾孔",云:艾,五盖切,一本作史孔。**"臣赖君之赐,疏食恶肉可得而食,**○北宋本"疏"作"跪",汪本从之,今从吉府本、世德堂本订正。○释文"疏"作"跪",云:跪当作疏。食音嗣。韩诗外传全有此章,云:疏食恶肉,可得食。疏食,菜食。**驽马棱车可得而乘也**;○"驽"世德堂本作"怒"。○释文云:驽音奴。棱当作栈。晏子春秋及诸书皆作栈车,谓编木为之。栈,士限反。**且犹不欲死,而况吾君乎?"晏子独笑于旁。**○释文"晏子"作"晏婴",云:晏婴,莱之夷维人也。**公雪涕而顾晏子曰:**伯峻案:吕览观表篇云:"吴起雪泣而应之。"高诱注:"雪,拭也。"家语子路初见篇云:"袺者所以雪挑。"注云:"雪,拭也。""**寡人今日之游悲,**○释文云:为句。**孔与据皆从寡人而泣,子之独笑,何也?"晏子对曰:"使贤者常守之,则太公桓公将常守之矣;使有勇者而常守之,则庄公灵公将常守之矣。**伯峻案:"而常守之"犹言"能常守之"。而能古音同,故可通假。**数君者将守之,**○释文云:数,色主切。**吾君方将被蓑笠而立乎畎亩之中,**○释文云:蓑,先和切。**唯事之恤,行假念死乎?**〔注〕行假当作何暇。〔解〕死而复生者,人咸归于释论,道书与儒教髣髴而不明言之。今此云吾君方将被蓑笠而立乎畎亩之中者,则死生之理灼然可详矣。是知力以成命,成命而后生;则生生之功可见矣。○王重民曰:"行假"韩诗外传作"何暇"。○释文云:行假音何暇。**则吾君又安得此位而立焉?以其迭处之迭去之,**○释文云:迭音姪。**至于君也,而独为之流涕,是不仁也。**○释文云:为,于伪切,下文同。**见不仁之君,见谄谀之臣。**○释文云:谀音臾。**臣见此二者,臣之所为独窃笑也。"**伯峻案:为犹以也。所为独笑,言所以独笑也。说详王氏释词。**景公惭焉,举觞自罚。罚二臣者各二觞焉。**

魏人有东门吴者,其子死而不忧。○王叔岷曰:御览五一八,记纂渊海四八、五一,事文类聚后集七,合璧事类前集三二,引"者"下并有

"年四十"三字。"其子死而不忧",并作"有一子,丧之而不忧"。**其相室曰:**伯峻案:礼记曲礼下"士不名家相、长妾",相室疑即家相,疏所谓助知家事者。○释文云:相,息亮切。**"公之爱子**伯峻案:御览五一八引"子"下有"也"字。**天下无有。今子死不忧,何也?"东门吴曰:"吾常无子,**○卢文弨曰:"常"当作"尝"。**无子之时不忧。今子死,乃与向无子同,**○释文"向"作"乡",云:音向。**臣奚忧焉?"**○王重民曰:吉府本"臣"作"讵",疑本作"奚巨忧焉"。奚巨复词,读者不达其义,遂以意移于奚字之上也。伯峻案:御览五一八引作"又奚忧焉"。又案:战国策秦策应侯答秦昭王亦用此事,伪作列子者盖本之。又案:颜氏家训劝学篇:"王夷甫悼子,悲不自胜,异东门之达也",即用此事。

农赴时,商趣利,○释文云:趣音趋。**工追术,仕逐势,势使然也。然农有水旱,商有得失,工有成败,仕有遇否,**○释文云:否,蒲鄙切。**命使然也。**〔注〕自然冥运也。〔解〕夫士、农、工、商各趣利而逐势者,力所为也。水旱、成败、否泰者,力所不能成,则委命以自安之。是收其樸榆而不损护也。世人皆以无可奈何乃推之于命耳。不能力求者,迷于似得者也。东门吴善安于命者也,非谓善于知命者也。若生者有生生者,是得夫所以造吾命也;复安肯委命于生者,是得夫所以迭处迭去也。若知命者,当委命而任力焉。○秦恩复曰:卢注"樸榆"句未详。○孙诒让曰:解"樸"当作"桑","损护"当作"陨获",见礼记儒行。伯峻案:据卢解云云,似重玄本以"农赴时"以下仍接上段。但依文义,农赴时以下自成一节,为总结全篇篇旨之语,故仍提行。

列子集释卷第七

杨朱第七〔注〕夫生者,一气之暂聚,一物之暂灵。暂聚者终散,暂灵者归虚。而好逸恶劳,物之常性。故当生之所乐者,厚味、美服、好色、音声而已耳。而复不能肆性情之所安,耳目之所娱,以仁义为关键,用礼教为衿带,自枯槁于当年,求馀名于后世者,是不达乎生生之趣也。〔解〕夫君子殉名,小人殉利。唯名与利,皆情之所溺,俗人所争焉。故体道之人也,为善不近名,不趋俗人之所竞;为恶不近刑,不行俗人之所非。违道以求名,溺情以从欲,俱失其中也。故有道者不居焉。此言似反,学者多疑。然则杨朱之篇亦何殊于盗跖也?○释文云:杨朱,或云字子居,战国时人,后于墨子。杨朱与禽滑釐辩论,其说在爱己,不拔一毛以利天下,与墨子相反。陆德明云,"杨戎字子居",恐子居非杨朱也。好,呼报切。恶,乌路切。复,扶又切。键音件。衿音今。槁,口老切。○梁玉绳曰:庄子应帝王,阳子居,释文,"李云,居,名也。子,男子通称。"又寓言篇释文,"姓杨,名朱,字子居",与老子相问答,何以指为杨朱?伯峻案:杨朱与杨子居是否一人,古今颇有争论文字。汪中述学老子考异之附注以为两人,衍而至于近人唐钺,作杨朱考,载于东方杂志二十二卷五期中,力言杨朱非杨子居。以为两人者近是。

杨朱游于鲁,舍于孟氏。孟氏问曰:"人而已矣,奚以名为?"曰:"以名者为富。""既富矣,奚不已焉?"曰:"为贵。""既贵矣，奚不已焉？"曰："为死。""既死矣，奚为焉？"曰："为子孙。"〔注〕夫事为无已，故情无厌足。○释文云：为富、为贵、为死、奚为焉、为子孙之为，并于伪切。厌，一盐切。"名奚益于子孙？**"曰："**名乃苦其身，燋其心。**〔注〕夫名者，因伪以求真，假虚以招实，矫性而行之，有为而为之者，岂得无勤忧之弊邪？○释文云：燋音椒。**乘其名者，泽及宗族，利兼乡党；况子孙乎？**"○陶鸿庆曰："名乃苦其身燋其心"八字当在上文"孟氏问曰人而已矣奚以名为"之下，以见名之害而为名者之愚。又云"既富矣，奚不已焉？既贵矣，奚不已焉"，正谓苦身燋心而不止也。今误脱在此，则上文词意不足；而此文方论为名之益，乃先举为名之害，语气为不伦矣。"**凡为名者必廉，廉斯贫；为名者必让，让斯贱。**"〔注〕此难家之辞也。今有廉让之名而不免贫贱者，此为善而不求利也。〔解〕夫人之生世也，唯名与利。圣人以名利钧之，则小人死于利，君子死于名，无有不至者也。善恶虽殊，俱有求也。然而求名而不遂者，岂唯取富贵，乃荣及子孙，利兼乡党矣。虽苦身燋心勤于廉让者，志有所望而情有所忘，俱失中也。○释文云：难，乃旦切。曰："**管仲之相齐也，**○释文云：相，息亮切，下同。**君淫亦淫，君奢亦奢。**〔注〕言不专美恶于己。伯峻案：论语八佾："管氏有三归，官事不摄；邦君树塞门，管氏亦树塞门；邦君为两君之好，有反坫，管氏亦有反坫。"此皆亦淫亦奢之证也。**志合言从，道行国霸。死之后，管氏而已。**〔解〕实名之利薄也。**田氏之相齐也，**伯峻案：御览四八五引"田氏"上有"其后"两字。**君盈则己降，君敛则己施。**〔注〕此推恶于君也。○释文云：敛，收聚也。施，始豉切。**民皆归之，因有齐国；子孙享之，至今不绝。**〔解〕伪名之利深也。**若实名贫，伪名富。**"〔注〕为善不以为名，名自生者，实名也。为名以招利而世莫知者，伪名也。伪名则得利者也。○注"名自生者"藏本作

"而自生者"。○俞樾曰："若实名贫伪名富"下当有"实名贱伪名贵"二句。上文曰："凡为名者必廉,廉斯贫;为名者必让,让斯贱",故此引管仲陈氏事证为实名则贫贱,为伪名则富贵也。○陶鸿庆曰:俞氏云此下当有"实名贱伪名贵"二句,其说是已。而以此与上言管仲田氏事为一人之辞,则非也。上文云"凡为名者必廉,廉斯贫;为名者必让,让斯贱"。张注以为难家之辞,是也。此云"若实名贫,伪名富;实名贱,伪名贵",亦难家之辞。若犹此也,说详王氏经传释词("若"下或当有"然"字,下文"孟孙阳曰若然,速亡愈于久生"。说符篇:"若然,死者奚为不能言生术哉?"是其例)。言管仲子孙以实名而贫贱,田氏子孙以伪名而富贵,是则名果足以致贫贱也。难者之意谓实者真名而伪者非名也。下文又答之曰,"实无名,名无实,名者伪而已矣"。言实与名不并立,既谓之名,名皆有伪而无实,是则名果足以致富贵也。答者之意谓伪者为名而实者非名也。下文答辞特著"曰"字以别之,则此为难辞无疑。若以此与上下文为一人之辞,则下文"实无名名无实"云云皆枝辞赘语,不知其用意所在矣。自"既富矣奚不已焉"以下凡难者之辞皆省"曰"字,读者当玩其义而自得之。**曰:"实无名,**○释文"无"作"亡",云:音无。**名无实。名者,伪而已矣。**〔注〕不伪则不足以招利。〔解〕行实者无其名,求名者无其实,故不伪则利不彰也。**昔者**伯峻案:御览四二四、类聚二十一引并无"者"字。**尧舜伪以天下让许由善卷,而不失天下,享祚百年。**〔注〕伪实之迹因事而生。致伪者由尧舜之迹,而圣人无伪也。伯峻案:尧以天下让许由,事又见庄子逍遥游篇;舜让天下于善卷,亦见庄子让王篇及盗跖篇。**伯夷叔齐实以孤竹君让而终亡其国,**伯峻案:御览四二四、类聚二十一引并无"君"字,是也。**饿死于首阳之山。实、伪之辩,如此其省也。"**〔注〕省犹察也。〔解〕伪者取名而无实,真者实行而忘名。尧舜之与夷齐,炳然如此。真伪之迹耳,不易察哉?世人若不殉名利而失真,则溺情欲而忘道矣。天下善人少,不善人多,则殉名者稀,从欲者众。虽有智者,亦无可奈何。盖俱失中也。○释文云:省,思井切。

杨朱曰:"百年,寿之大齐。○释文云:齐,去声,限也。得百年者千无一焉。○释文"无"作"亡",云:音无。设有一者,孩抱以逮昏老,幾居其半矣。○释文云:幾音祈,下同。夜眠之所弭,○释文云:弭,绵婢切。昼觉之所遗,○释文云:觉音教。又幾居其半矣。痛疾哀苦,亡失忧惧,又幾居其半矣。○卢文弨曰:"痛疾"意林引作"疾病"。○王叔岷曰:文选陆士衡长歌行注引亦作"疾病"。量十数年之中,逌然而自得亡介焉之虑者,○释文云:亡音无,下同。介音界,微也。亦亡一时之中尔。则人之生也奚为哉?奚乐哉?○释文云:乐音洛。为美厚尔,○释文云:为,于伪切。为声色尔。而美厚复不可常厌足,○"厌"世德堂本作"猒",此本字也。○释文云:复,扶又切,下同。厌,一盐切;本或作饜,音同。声色不可常玩闻。乃复为刑赏之所禁劝,名法之所进退;遑遑尔竞一时之虚誉,规死后之馀荣;偊偊尔顺耳目之观听,○"顺",道藏白文本、林希逸本、元本、世德堂本并作"慎"。意林引同。○秦恩复曰:古"顺""慎"二字通。易,"履霜坚冰,盖言顺也","顺"即"慎"。释文"顺"作"慎",云:偊,丘羽切。慎耳一本作顺耳。○任大椿曰:荀子修身篇"顺墨",杨倞训为慎墨。君子篇:"忠者,惇慎此者也。"杨倞注,"慎读如顺"。庄子列御寇篇释文,"慎于兵,慎或作顺"。"有顺懁而达者,顺一作慎"。大戴礼保傅篇:"以其所为慎于人也。"卢辨注,"皆得民心也",慎即顺也。曾子大孝篇:"父母既没,慎行其身。"慎一作顺。慎德篇,"以慎天法"。注,"天道不可成,顺之而已",则慎即顺。文王官人篇:"无辨而自慎。"慎读为顺。"顺耳"作"慎耳"犹存古字。惜身意之是非;徒失当年之至乐,不能自肆于一时。重囚纍梏,○释文云:纍音累。梏,古沃切,手械也。

何以异哉?〔注〕异,異也,古字。〔解〕举俗之人咸以百年为一生之期,而复昼夜哀苦之所减矣,泰然称情者无多时焉。称情之事不过称声色美味,而复以刑赏名教之所束缚,不得肆其情,亦何以异乎囚系桎梏者?此皆滞情之言也。○释文云:异古異字。**太古之人知生之暂来,**○释文"太"作"大",云:音泰。**知死之暂往;**〔注〕生实暂来,死实长往,是世俗长谈;而云死复暂往,卒然览之,有似字误。然此书大旨,自以为存亡往复,形气转续,生死变化,未始绝灭也。注天瑞篇中已具详其义矣。○秦刻卢解本"死"上无"知"字。○释文云:卒,七忽切。**故从心而动,**○释文云:从音纵,下同。**不违自然所好;**○释文云:好,呼报切,下同。**当身之娱非所去也,**○俞樾曰:"当身"乃"当生"之误。下云,"死后之名非所取也","当生"与"死后"正相对。下文云,"且趣当生,奚遑死后",是其证。○释文云:去,丘吕切。**故不为名所劝。**〔注〕为善不近名者。○北宋本、汪本、四解本"劝"作"观",今依吉府本、道藏白文本、世德堂本正。○释文云:劝一本作观。**从性而游,不逆万物所好;死后之名非所取也,故不为刑所及。**〔注〕为恶不近刑者。伯峻案:不逆万物所好,则不犯人;不犯人,则不作恶,故不为刑所及。张注语焉而不详。○释文云:近,去声,下同。刑,害也。**名誉先后,年命多少,非所量也。**"〔解〕举太古之人者,适其中也。夫有生有死者,形也;出生入死者,神也。知死生之暂来暂往也,则不急急以求名;知神明之不死不生也,则不遑遑以为道。故从心而动,不违自然所好也;娱身而已矣,何用于名焉?故从性而游,不逆万物所嗜也;适意而已矣,何惧于刑焉?是以名誉、年命非所料量也。娱身适意者,动与道合,非溺于情也。

杨朱曰:"万物所异者生也,所同者死也。生则有贤愚、贵贱,是所异也;死则有臭腐、消灭,○释文云:腐音辅。是所同也。虽然,贤愚、贵贱非所能也,臭腐、消灭亦非所能也。故生非所生,死非所死;贤非所贤,愚非所愚,贵非所贵,贱非所贱。〔注〕皆自然尔,非能之所为也。伯峻案:"故生非所生"诸"所"字下疑皆脱"能"字,此数语紧承"贤愚贵贱非所能也,臭腐消灭亦非所能也"而言。细绎张注及下文卢解,似其所见本俱有"能"字。然而万物齐生齐死,齐贤齐愚,齐贵齐贱。〔注〕皆同归于自然。十年亦死,百年亦死。仁圣亦死,凶愚亦死。生则尧舜,死则腐骨;生则桀纣,死则腐骨。腐骨一矣,孰知其异?且趣当生,奚遑死后?"〔注〕此讥计后者之惑。夫不谋其前,不虑其后,无恋当今者,德之至也。〔解〕生者,一身之报也;死者,一报之尽也。贤愚贵贱,生物之殊也,故为异焉。臭腐消灭,死物之常也,故为同焉。世人皆指形以为死生,不知形外之有神。神之去也,一无知耳。故贤愚贵贱臭腐消灭皆形所自能也。不自能,则含生之质未尝不齐。人皆知其所齐,不知其所以异。且竞当生,不暇养所生,故有道者不同于兹矣。

杨朱曰:"伯夷非亡欲,○释文云:为句。亡音无。矜清之郵,〔注〕音尤。○北宋本"郵"作"卸",汪本从之,秦刻卢解本同,今依吉府本、世德堂本正,下同。○释文云:郵音尤。尔雅云:尤,过也。伯峻案:今本尔雅作"郵过也"。以放饿死。〔注〕守饿至死。○释文云:公羊传曰:放死不立。刘兆注曰:放,至也。展季非亡情,矜贞之郵,以放寡宗。○释文云:寡宗,少宗系也。清贞之误善之若此!"〔注〕此诬贤负实之言,然欲有所抑扬,不得不寄责于高胜者耳。〔解〕殉名之过实以至于此,非所以体真全道,忘名证实者也。

杨朱曰:"原宪窭于鲁,伯峻案:"窭"当从"宀"作"寠"。说文、玉篇、广韵、集韵、韵会皆作"寠",不作"窭"。类篇作"窭"。集韵亦有"窭"字,而训为瓯窭。疑作"窭"者皆唐以后人所改,唐以前无窭字也。诗北门

"终窭且贫",尔雅"窭,贫也",曲礼"主人辞以窭",荀子尧问篇"是以窭小也",诸"窭"字皆当作"寠"。○释文云:窭,其羽切。**子贡殖于卫。**〔注〕窭,贫也。殖,货殖。**原宪之窭损生,子贡之殖累身。**"○释文云:累,去声。"**然则窭亦不可,殖亦不可;其可焉在?**"○释文云:焉,於虔切。曰:"**可在乐生,可在逸身。故善乐生者不窭,**〔注〕足己之所资,不至乏匮也。**善逸身者不殖。**"〔注〕不劳心以营货财也。〔解〕固穷而不力求,损于生者也;货殖而为命,累于身者也。唯有道者不货殖以逸其身,不守穷以苦其生;乐道全真,应物无滞也。

杨朱曰:"古语有之:'生相怜,死相捐。'伯峻案:捐古音在文部,怜古音在真部,古合韵最近,此捐怜为韵。○释文"捐"作"损",云:音捐。**此语至矣。相怜之道,非唯情也;勤能使逸,饥能使饱,寒能使温,穷能使达也。相捐之道,非不相哀也;不含珠玉,**○释文云:含音憾。**不服文锦,不陈牺牲,不设明器也。**〔解〕知相怜相捐之道为至矣,皆人不能至焉。何则?相怜在于赡济乎生,相捐在于无累乎形,此为至当矣。若生不能赡之令安,死则徒埋珠宝以眩名,招寇盗以重伤,是失其宜矣。**晏平仲问养生于管夷吾。管夷吾曰:'肆之而已,勿壅勿阏。'**○释文云:壅音拥。阏,安葛切,与遏同。**晏平仲曰:'其目奈何?'夷吾曰:'恣耳之所欲听,恣目之所欲视,恣鼻之所欲向,恣口之所欲言,恣体之所欲安,恣意之所欲行。**〔注〕管仲功名人耳,相齐致霸,动因威谋。任运之道既非所宜,且于事势不容此言。又上篇复能劝桓公适终北之国,恐此皆寓言也。○释文云:相,息亮切。复,扶又切。**夫耳之所欲闻者音声,而不得听,谓之阏聪;目之所欲见者美色,而不得视,谓之阏明;鼻之所欲向者椒兰,而不得嗅,谓之阏颤;**〔注〕鼻通曰颤。颤音舒延反。○释文云:嗅,许救切。颤与膻字同,须延切。**口之所欲道者是非,而不得言,谓之阏智;体之所欲安者美厚,而不得从,谓之阏适;意之所欲为者放逸,而不得行,谓之阏性。**○"性"元本、世德堂本作"往",误。**凡此诸阏,废虐之主。**〔注〕废,大也。○释文云:废虐,毁残也。**去废虐之主,**○释文云:去,丘吕切。**熙熙然以俟死,**○释文云:熙,许其切,纵情欲也。**一日、一月、一年、十年,吾所谓养。**〔注〕任情极性,穷欢尽娱,虽近期促年,且得尽当生之乐也。**拘此废虐之主,**○释文云:拘音俱。**录而不舍,**○宋翔凤曰:录有禁义。小尔雅:"禁,录也。"伯峻案:荀子修身篇:"程役而不录。"杨倞注,"录,检束也",即是此义。○释文云:舍音捨。**戚戚然以至久生,百年、千年、万年,非吾所谓养。'**〔注〕惜名拘礼,内怀于矜惧忧苦以至死者,长年遐期,非所贵也。〔解〕夷吾之才足以相霸主,振颓纲,而布奢淫之情足以忤将来,败风俗。故夫子赏其才也,则曰:"微管仲,吾其被发左衽矣"。恶其失礼也,则曰:"管仲之器小哉!管氏而知礼,孰不知礼"。列子因才高之人以极其嗜欲之志,令有道者知其失焉。然纵耳目之情,穷声色之欲者,俗人之常心也。故极而肆之,以彰其恶耳;非所以垂训来世,法则后人者也。**管夷吾曰:'吾既告子养生矣,送死奈何?'晏平仲曰:'送死略矣,将何以告焉?'管夷吾曰:'吾固欲闻之。'平仲曰:'既死,岂在我哉?焚之亦可,沉之亦可,瘗之亦可,**○释文云:瘗,於例切。**露之亦可,衣薪而弃诸沟壑亦可,**○释文云:衣,於既切。**衮衣绣裳而纳诸石椁亦可,**○释文"衮衣"作"衮文",云:衮,古本切。**唯所遇焉。'**〔注〕晏婴,墨者也,自以俭省治身,动遵法度,非达生死之分。所以举此二贤以明治身者,唯取其奢俭之异耳。〔解〕俗人殉欲之志深,送死之情薄。薄则易为节,深则难为情。故厚其生,则众心之所喜;薄其死,则群情所易从。列子乃因侈者以肆情,因俭者以节礼,故王孙之辈,良吏谴之,失其中道也。○释文"俭省"作"俭啬",云:啬音色,一本作省。分,符问切。**管夷吾顾谓鲍叔黄子曰:'生死之道,吾二人进之矣。'"**〔注〕当其有知,则制不由物;及其无知,则非我所闻也。〔解〕既不由我矣,则任物以处之,此世人谓死为无知者也。若由我者,肆情以乐之,此世人谓顺情为贵者也。若然者,尧舜周孔不足为俗人重,桀纣盗跖可为后代师矣。岂有道者所处也? 至人忘情,圣人制礼。情忘也,则嗜欲不存矣,何声色之可耽耶?礼制也,则生死迹著矣,何焚露之可薄耶? 纵情之言,皆失道也。○释文云:进音尽。

子产相郑,○释文云:子产,郑大夫公孙侨也。铸刑法于鼎,事在昭六年。相,息亮切。**专国之政;三年,善者服其化,恶者畏其禁,郑国以治。**○释文云:治,直吏切,下治矣必治之治同。**诸侯惮之。而有兄曰公孙朝,**○释文云:朝依字。**有弟曰公孙穆。朝好酒,**○释文云:好,呼报切。**穆好色。朝之室也聚酒千锺,**○北宋本作"钟",汪本从之,世德堂本同。今从四解本、吉府本。书钞一四八、御览四九七又八四六、事类赋十七、记纂渊海九十、天中记二九引并作"锺"。**积麴成封,**○释文"麴"作"麵",云:本又作麴。**望门百步**伯峻案:广雅释诂云:"望,至也。"○释文云:望音亡。**糟浆之气逆于人鼻。**○道藏白文本、林希逸本"糟"并作"醴",此处以作"糟"为长。○释文作"醴浆",云:醴音遭,本又作糟。**方其荒于酒也,不知世道之安危,人理之悔吝,**○"吝"北宋本作"丞",汪本从之,藏本、秦本同,今从世德堂本。**室内之有亡,**○释文云:亡音无。**九族之亲疏,存亡之哀乐也。**○释文云:乐音洛。**虽水火兵刃交于前,弗知也。穆之后庭比房数十,**○释文云:比,频密切。**皆择稚齿矮婿者**〔注〕矮音乌果切。婿音奴坐切。**以盈之。**○释文云:矮,乌果切。婧,奴坐切。**方其耽于色也,**○"耽"北宋本、吉府本、世德堂本皆作"聃",下"耽于嗜欲"同。○释文云:耽本又作妉,丁南切。○任大椿曰:玉篇、类篇无妉字,有妡字,为媅字重文,云,乐也。释文"本又作妉"之"妉"乃"妡"字之讹。**屏亲昵,**○释文云:屏,上声。昵,尼质切。**绝交游,逃于后庭,以昼足夜;**○释文云:足,即且切,益也。伯峻案:广韵遇韵,"足,添物也",则读去声。**三月一出,意犹未惬。**○释文云:惬,口蝶切。**乡有处子之娥姣者,**○释文云:娥音俄。姣音绞,广雅云,好也。**必贿而招之,**○释文云:贿,呼猥切。**媒而挑之,**○释文云:挑,他尧切。苍颉篇云:挑谓招呼也。说文作誂,相诱也。誂,大了切。**弗获而后已。**伯峻案:"弗"字疑衍,或者为"必"字之误。**子产日夜以为戚,密造邓析而谋之,曰:**○释文"造"作"速",云:本作造,七到切。析音锡。**"侨闻治身以及家,治家以及国,此言自于近至于远也。侨为国则治矣,而家则乱矣。其道逆邪?将奚方以救二子?子其诏之!"邓析曰:"吾怪之久矣,未敢先言。子奚不时其治也,喻以性命之重,诱以礼义之尊乎?"**〔解〕喻以性命,诱以礼义者,欲止其贪逸之情,陷其轩冕之位,此皆世俗名利之要归也。**子产用邓析之言,因閒以谒其兄弟,而告之曰:**○释文云:閒音闲。**"人之所以贵于禽兽者,智虑。智虑之所将者,礼义。礼义成,则名位至矣。若触情而动,耽于嗜欲,则性命危矣。子纳侨之言,则朝自悔而夕食禄矣。"朝穆曰:"吾知之久矣,择之亦久矣,**〔注〕觉事行多端,选所好而为之耳。○释文云:行,下孟切。好,呼报切。**岂待若言而后识之哉?凡生之难遇而死之易及。**○释文云:易,以豉切,下同。**以难遇之生,俟易及之死,**○释文云:俟一本作傒。**可孰念哉?而欲尊礼义以夸人,**○释文"夸"作"跨",云:口花切,下同;一本作夸。**矫情性以招名,吾以此为弗若死矣。**〔注〕达哉此言!若夫刻意从俗,违性顺物,失当身之暂乐,怀长愁于一世,虽支体具存,实邻于死者。○释文云:乐音洛,下同。**为欲尽一生之欢,**○"欢"元本、世德堂本作"观",误。**穷当年之乐。唯患腹溢而不得恣口之饮,力惫而不得肆情于色;**○释文云:惫,皮界切。**不遑忧名声之丑,性命之危也。且若以治国之能夸物,欲以说辞乱我之心,**○释文云:说辞一本作伪辞。**荣禄喜我之意,不亦鄙而可怜哉?我又欲与若别之。**〔注〕别之犹辨也。○释文云:别,彼列切,注同。**夫善治外者,物未必治,而身交苦;善治内者,物未必乱,而性交逸。以若之治外,其法可暂行于一国,未合于人心;以我之治内,可推之于天下,君臣之道息矣。吾常欲以此术而喻之,若反以彼术而教我哉?**伯峻案:"喻之"当作"喻若"。本作"吾常欲以此术而喻若,若反以彼术而教我哉"?"若"字重叠。古人于重叠处辄省其下文,而画二笔以识之。钞者不察,以二笔误作之,"若若"遂讹作"若之"。浅人又谓"若之"不可通,乃乙转成为"之若",遂铸成此错矣。**子产忙然无以应之。**〔解〕殉情耽欲之人,诡辞邪辩足以塞圣贤之口,乱天下法。故桀纣之智足以饰非,少卯之辞足以惑众。虽不屈于一时,亦鼓倡于当代。故夫子屈盗跖之说,子产困于朝穆之言,不足多悔也。而惑者以为列子叙之以畅其情,张湛注之以为达其理,斯乃鄙俗之常好,岂道流之雅术乎?○胡怀琛曰:"忙然"今通作"茫然"。伯峻案:解"夫子屈盗跖之说"当作"夫子屈于盗跖之说",事见庄子盗跖篇。○释文"忙"作"茫",云:茫音忙。**他日以告邓析。邓析曰:"子与真人居而不知也,孰谓子**

智者乎？郑国之治偶耳，非子之功也。"〔注〕不知真人则不能治国，治国者偶尔。此一篇辞义太径挺抑抗，不似君子之音气。然其旨欲去自拘束者之累，故有过逸之言者耳。〔解〕夫当才而赏之，择德而任之，则贤者日进而不肖者退矣。任必以才，善人之道亨通矣；退必不肖，小人之道不怨矣。使贤不肖各安其分，适其志，则郑国之治当矣。彼二子酣酒而爱色，礼义所不修，不因父兄之势以干时，纵心嗜欲而不悔，此诚真人也。而乃欲矫其迹，为其心，取禄位以私之，是国偶然有以理，非子之至公也，岂得为智乎？此言真人者，非真圣之人，乃真不才之人。○注"太"世德堂本作"大"。○卢文弨曰：注"径挺"庄子作"径庭"，又作"俓侹"。○秦恩复曰：解"为其心"，"为""伪"古字通。荀子性恶篇杨倞注："伪，为也，矫也。凡非天性而人作为之者谓之伪，故伪字人傍为，亦会意字也。"○释文"径挺"作"径廷"，云：廷音聽。抗，苦浪切。去，丘吕切。累，去声。

<u>卫端木叔者，子贡之世也</u>。伯峻案：秦策："泽可以遗世。"注云："世，后世也。"晋语："非德不及世。"注云："世，嗣也。""子贡之世"谓子贡之后。下云"藉其先赀"，谓藉子贡之赀，以子贡善货殖故也。浅人不达世字之义，妄加父字。御览四七七又四九三引皆作"世父"，其实非也。但八三〇引无"父"字，未误。亦有妄加"子"字者，如白孔六帖十九所引。<u>藉其先赀</u>，伯峻案：管子内业篇："彼自来可藉与谋。"注云："藉，因也。"○释文云：赀音髭。<u>家累万金。不治世故，放意所好</u>。○释文云：好，呼报切，下同。<u>其生民之所欲为，人意之所欲玩者，无不为也，无不玩也。墙屋台榭，园囿池沼，饮食车服，声乐嫔御，拟齐楚之君焉。至其情所欲好，耳所欲听，目所欲视，口所欲尝，虽殊方偏国</u>，〔注〕偏，边。<u>非齐土之所产育者，无不必致之</u>；○俞樾曰：下文云："虽山川阻险，涂径修远，无不必之"。则此文当云"无不必致"，误衍"之"字。<u>犹藩墙之物也</u>。○释文"藩"作"蕃"，云：

甫袁切。○任大椿曰：周礼大司徒注云："杜子春读蕃乐为藩乐。"诗"折柳樊圃"，释文，"樊，藩也，本又作蕃"。韩奕释文同。左传昭二十八年释文，"藩亦作蕃"。楚语，"为之关籥蕃篱"，韦昭注，"蕃篱，壁落也。蕃篱即藩篱也"，则藩蕃通。**及其游也，虽山川阻险，**○释文"阻险"作"岨崄"，云：岨与阻同，崄与险同。○任大椿曰：水经注"阻险"多作"岨崄"，与释文同。**涂径修远，无不必之，犹人之行咫步也。**○释文云：咫音纸。**宾客在庭者日百住，**○俞樾曰："住"当为"数"，声之误也。黄帝篇："沤鸟之至者百住而不止。"张注曰："住当作数。"是其证矣。此篇卢重玄本作"往"，则是误字。○释文云：住，色主切，或作往。**庖厨之下不绝烟火，**○释文"庖"作"胞"，云：胞，蒲交切，本又作庖。○任大椿曰：考祭统，"胞者，肉吏之贱者也。"注："胞音庖。"庄子庚桑楚篇："是故汤以胞厨笼伊尹。"汉书东方朔传："胞人臣偃。"师古曰，"胞与庖同义"，故庖胞通也。**堂庑之上不绝声乐。**○释文云：庑音武。**奉养之馀，先散之宗族；宗族之馀，次散之邑里；邑里之馀，乃散之一国。行年六十，气幹将衰，弃其家事，都散其库藏、珍宝、车服、妾媵。**○释文云：藏，徂浪切。媵，以证切。**一年之中尽焉，不为子孙留财。**○释文云：为，于伪切。**及其病也，无药石之储；及其死也，无瘗埋之资。**

〔注〕达于理者，知万物之无常，财货之暂聚。聚之，非我之功也，且尽奉养之宜；散之，非我之施也，且明物不常聚。若斯人者，岂名誉所劝，礼法所拘哉？

○释文云：施，始豉切，下同。**一国之人受其施者，**○王重民曰：御览四百九十三引"之"下无"人"字。**相与赋而藏之，**○俞樾曰：赋者，计口出钱也。周官大宰职郑注曰："赋，口率出泉也。"汉书食货志师古注，"赋谓计口发财"，是其义矣。藏犹言葬也，礼记檀弓篇，"葬也者，藏也"，故葬与藏得相通。周易系辞传，"葬之中野"，汉书刘向传引作"藏之中野"，臧即藏字也。端木叔死无瘗埋之资,故受其施者相与赋钱而葬之也。**反其子孙之财焉。禽骨**〔注〕又屈。**釐闻之,曰:**○释文"禽骨釐"作"禽屈釐",云:屈釐音骨狸,墨子弟子也。**"端木叔,狂人也,辱其祖矣。"段干生闻之,曰:"端木叔,达人也,德过其祖矣。**○王重民曰:御览四百九十三引"段干生"作"段干木",当从之。○释文云:过音戈。**其所行也,其所为也,众意所惊,而诚理所取。卫之君子多以礼教自持,固未足以得此人之心也。"**

孟孙阳问杨朱曰:"有人于此,贵生爱身,以蕲不死,可乎?"○释文云:蕲音祈。**曰:"理无不死。""以蕲久生,可乎?"曰:"理无久生。生非贵之所能存,身非爱之所能厚。且久生奚为?**〔注〕设令久生,亦非所愿。**五情好恶,**○释文云:好恶并去声,注同。**古犹今也;四体安危,古犹今也;世事苦乐,**○释文云:乐音洛,下同。**古犹今也;变易治乱,**○释文"治乱"作"乱治",云:治,直吏切。**古犹今也。既闻之矣,既见之矣,既更之矣,**伯峻案:更,经历之意。史记大宛列传:"汉方欲事灭胡,闻此言,因欲通使。道必更匈奴中。"索隐云:"更,经也。"路程之经历与生活之经历固可同用一词也。○释文云:更音庚。**百年犹厌其多,况久生之苦也乎?"**〔注〕夫一生之经历如此而已,或好或恶,或安或危,如循环之无穷。若以为乐邪?则重来之物无所复欣。若以为苦邪?则切己之患不可再经。故生弥久而忧弥积也。○释文云:重,柱用切。复,扶又切。**孟孙阳曰:"若然,速亡愈于久生;则践锋刃,**○释文云:锋音烽。践一本作蹈。**入汤火,得所志矣。"杨子曰:"不然;既生,则废而任之,究其所欲,以俟于死。**〔注〕但当肆其情以待终耳。**将死,则废而任之,**

究其所之,以放于尽。〔注〕制不在我,则无所顾恋也。无不废,无不任,何遽迟速于其间乎?"

杨朱曰:"伯成子高不以一毫利物,舍国而隐耕。○释文云:舍有捨。伯峻案:"有"当为"音"字之误。大禹不以一身自利,○释文云:不以一身自利一本作不以一身利物。一体偏枯。古之人损一毫利天下不与也,悉天下奉一身不取也。人人不损一毫,人人不利天下,天下治矣。"○容斋续笔十四引"不利"上无"人人"二字。○释文云:治,直吏切。禽子问杨朱曰:"去子体之一毛以济一世,○释文云:去,丘吕切。汝为之乎?"〔注〕疑杨子贵身太过,故发此问也。○注释文"太"作"大",云:音泰。杨子曰:"世固非一毛之所济。"〔注〕嫌其不达己趣,故亦相答对也。禽子曰:"假济,为之乎?"伯峻案:孟子尽心上:"杨子取为我,拔一毛而利天下,不为也",盖此问答所本。杨子弗应。禽子出语孟孙阳。○释文云:语,鱼據切。孟孙阳曰:"子不达夫子之心,吾请言之。有侵若肌肤获万金者,若为之乎?"曰:"为之。"孟孙阳曰:"有断若一节得一国,○释文云:断音短。子为之乎?"伯峻案:文选阮瑀为曹公作书与孙权"非相侵肌肤有所割损也",疑为伪作此语者所本。禽子默然有间。孟孙阳曰:"一毛微于肌肤,肌肤微于一节,省矣。〔注〕省,察。○释文云:省,息并切。然则积一毛以成肌肤,积肌肤以成一节。伯峻案:则犹而也,此"然则"作"然而"用也。下"然则"同。一毛固一体万分中之一物,奈何轻之乎?"禽子曰:"吾不能所以答子。然则以子之言问老聃关尹,则子言当矣;〔注〕聃尹之教,贵身而贱物也。○释文云:当,丁浪切。以吾言问大禹墨翟,○

释文云：翟音狄。则吾言当矣。"〔注〕禹翟之教，忘己而济物也。孟孙阳因顾与其徒说他事。

杨朱曰："天下之美归之舜、禹、周、孔，天下之恶归之桀纣。然而舜耕于河阳，陶于雷泽，○释文云：案史记曰，舜耕于历山，陶于河滨。今濮阳雷泽县。四体不得暂安，口腹不得美厚；父母之所不爱，弟妹之所不亲。行年三十，不告而娶。○释文云：告，古沃切。告上曰告，发下曰诰。及受尧之禅，年已长，○释文云：长，张丈切。智已衰。商钧不才，○释文云：钧音均。禅位于禹，戚戚然以至于死：此天人之穷毒者也。○北宋本无"之"字。○蒋超伯曰：庄子徐无鬼篇师其意而变其词云："卷娄者舜也。舜有膻行，百姓悦之。尧闻舜之贤，举之童土之地，年齿长矣，聪明衰矣，而不得归休，所谓卷娄者也。"鲧治水土，○释文云：鲧，古本切，禹父名，本又作鮌。绩用不就，殛诸羽山。禹纂业事雠，○释文云：纂音缵。惟荒土功，子产不字，过门不入；○释文云：过音戈。身体偏枯，手足胼胝。○释文"胼胝"作"跰趾"，云：跰，步千切。趾，丁泥切。及受舜禅，○释文云：禅音善。卑宫室，○释文"卑"作"蔽"，云：音弊，音卑。○任大椿曰："卑""蔽"音相通，故蔽既音敝，又音卑。考工记释文："轮人轮箄，一音薄计反。"史记淮阴侯传："从间道箄山而望。"如淳曰："箄音蔽。依山自覆蔽。"箄草从卑声，而皆读为蔽。故蔽有敝音，又有卑音。卑宫室之作蔽宫室，以卑蔽音相近而通耳。美绂冕，○释文云：绂冕音弗冕。戚戚然以至于死：此天人之忧苦者也。武王既终，成王幼弱，周公摄天子之政。邵公不悦，四国流言。居东三年，诛兄放弟，仅免其身，○释文云：仅音觐。戚戚然以至于死：此天人之危惧者也。

孔子明帝王之道，应时君之聘，伐树于宋，削迹于卫，穷于商周，围于陈蔡，○"围"秦刻卢解本作"困"。○俞樾曰："围"乃"困"字之误。受屈于季氏，见辱于阳虎，戚戚然以至于死：此天民之遑遽者也。凡彼四圣者，生无一日之欢，死有万世之名。名者，固非实之所取也。虽称之弗知，虽赏之不知，与株块无以异矣。〔注〕观形即事，忧危之迹著矣。求诸方寸，未有不婴拂其心者。将明至理之言，必举美恶之极以相对偶者也。○释文云：株音诛。块，口对切。桀藉累世之资，居南面之尊，智足以距群下，威足以震海内；恣耳目之所娱，穷意虑之所为，熙熙然以至于死：此天民之逸荡者也。纣亦藉累世之资，居南面之尊；威无不行，志无不从；肆情于倾宫，纵欲于长夜；○释文"纵"作"从"，云：从音纵，下同。不以礼义自苦，熙熙然以至于诛：此天民之放纵者也。彼二凶也，生有从欲之欢，死被愚暴之名。实者，固非名之所与也，虽毁之不知，虽称之弗知，○俞樾曰：上文言舜禹周孔曰，"虽称之弗知，虽赏之不知"，则此言桀纣，宜云"虽毁之不知，虽罚之弗知"。"毁之"对"称之"言，"罚之"对"赏之"言，方与下文"彼四圣虽美之所归，彼二凶虽恶之所归"文义相应。"称之赏之"是美之所归也，"毁之罚之"是恶之所归也。今涉上文而亦作"称之"，义不可通矣。此与株块奚以异矣。〔注〕尽骄奢之极，恣无厌之性，虽养以四海，未始惬其心。此乃忧苦穷年也。○释文云：尽，子忍切。厌，一盐切。惬，口帖切。彼四圣虽美之所归，苦以至终，同归于死矣。彼二凶虽恶之所归，乐以至终，○释文云：乐音洛。亦同归于死矣。"

杨朱见梁王，言治天下如运诸掌。○王重民曰：类聚九十四引作"梁惠王",下文"梁王曰"无"梁"字。○王叔岷曰:事类赋二二引"杨朱"上有"初"字。文选东方曼倩答客难注、事文类聚后集三九、韵府群玉六、天中记五四引"梁"下亦并有"惠"字。**梁王曰:"先生有一妻一妾而不能治,三亩之园而不能芸;而言治天下如运诸掌,何也?"对曰:"君见其牧羊者乎?** ○王重民曰:"见其"误倒。类聚九十四引"其"作"夫"亦通(说苑政理篇作"君不见夫羊乎")。伯峻案:其,彼也。"君见其牧羊者乎"犹言"君见彼牧羊者乎"。其之训彼,说见仲父所著高等国文法及词诠。**百羊而群,使五尺童子荷箠而随之,** ○王重民曰:类聚九十四引上"而"字作"为",疑作"为"者是也。为古文作而,与而相似易讹。本书黄帝篇"夫得是而穷之者,焉得为正焉",庄子达生篇作"物焉得而止焉",吉府本列子作"焉得而正焉",是其证。○王叔岷曰:御览八三三、事文类聚后集三九、天中记五四引"而群"亦并作"为群",王说是也。**欲东而东,欲西而西。使尧牵一羊,舜荷箠而随之,则不能前矣。且臣闻之:吞舟之鱼不游枝流;鸿鹄高飞,不集污池。何则?其极远也。** ○王叔岷曰:说苑政理篇、金楼子立言下篇"其"下并有"志"字,当从之。下文"何则?其音疏也"。"志"与"音"对言。**黄钟大吕不可从烦奏之舞。何则?其音疏也。** ○"钟"汪本作"锺",吉府本同,今从各本正。○陶鸿庆曰:"奏"当为"凑"。凑,会合也。**将治大者不治细,成大功者不成小,此之谓矣。"**

杨朱曰:"太古之事灭矣,孰志之哉?三皇之事若存若亡,五帝之事若觉若梦, ○释文云:觉音教。**三王之事或隐或显,亿不识一。** ○释文云:识如字,又音志,下同。**当身之事或闻或见,万不识一。目前之事或存或废,千不识一。太古至于今日,年数固不可胜纪。但伏羲已来三十馀万岁,贤愚、好丑,成**

败、是非，无不消灭；但迟速之间耳。〔注〕以迟速而致惑，奔竞而不已，岂不鄙哉？矜一时之毁誉，以焦苦其神形，要死后数百年中馀名，○释文云：要，一遥切。岂足润枯骨？何生之乐哉？"

杨朱曰："人肖天地之类，怀五常之性，〔注〕肖，似也。类同阴阳，性禀五行也。○释文"肖"作"俏"，云：音笑，本或作肖。○任大椿曰：淮南子，"浸想宵类。"高诱注："宵，物似也。"汉书刑法志："凡人宵天地之貌。"师古以宵为肖，然则肖俏宵并通。有生之最灵者也。○北宋本、汪本、吉府本、世德堂本"者"下俱衍"人"字，今依藏本、四解本删。人者，爪牙不足以供守卫，肌肤不足以自捍御，○释文"捍"作"扞"，云：音汗。御，鱼举切。趋走不足以从利逃害，○本作"逃利害"，今从敦煌斯七七七六朝写本订正。伯峻案：说文："赱，趋也。"释名曰："徐行曰步，疾行曰趋，疾趋曰走。"吕览权勋篇："齐王走莒。"注："走，奔也。"○释文"趋"作"趣"，云：音趋。无毛羽以御寒暑，必将资物以为养，○各本"养"下有"性"字，今从敦煌斯七七七六朝写本残卷删。任智而不恃力。故智之所贵，存我为贵；力之所贱，侵物为贱。然身非我有也，既生，不得不全之；物非我有也，既有，不得而去之。○"不得而去之"北宋本、汪本、秦刻卢解本、世德堂本皆作"不得不去之"。○俞樾曰：当作"不得而去之"，故下文曰"虽不去物，不可有其物"也。今作"不得不去"，与下文不合矣。盖涉上文"既生不得不全之"，故误"而"为"不"。伯峻案：俞说是也，道藏白文本、林希逸本、吉府本正作而，今订正。○释文"而去"作"不去"，云：去，丘吕切。身固生之主，物亦养之主。虽全生，○各本"生"下有"身"字，今从敦煌斯七七七六朝残卷删。不可有其身；虽不去物，不可有其物。有其物，有其身，是横私天下之身，○释文云：横，去声，下同。横私天下之物。不横私天下之身,不横私天下物者,○各本无此十四字,今从敦煌残卷增。**其唯圣人乎!**〔注〕知身不可私物不可有者,唯圣人可也。○陶鸿庆曰:张注云云失其读。"其唯圣人乎"当连下读之,乃倒句也。"其唯圣人乎,公天下之身,公天下之物,其唯至人矣!"盖既叹其圣,又许以至也。易乾卦文言"其唯圣人乎!知进退存亡而不失其正者,其唯圣人乎!"句法正同。伯峻案:陶所据本脱"不横私"等十四字,故云云。今补此十四字,则陶说不足信矣。○释文云:从此句下其唯至人矣连为一段。**公天下之身,公天下之物,其唯至人矣!此之谓至至者也。"**〔注〕天下之身同之我身,天下之物同之我物,非至人如何?既觉私之为非,又知公之为是,故曰至至也。

杨朱曰:"生民之不得休息,为四事故:○释文云:为,于伪切,下同。**一为寿,**〔注〕不敢恣其嗜欲。**二为名,**〔注〕不敢恣其所行。**三为位,**〔注〕曲意求通。○注"曲"世德堂本作"出",误。**四为货。**〔注〕专利惜费。**有此四者,畏鬼,畏人,畏威,畏刑:此谓之遁民也。**〔注〕违其自然者也。○"民"本作"人",敦煌残卷作"民"。○王重民曰:"人"应作"民",宋本未回改唐讳。伯峻案:王说是,今从之改正。王重民又曰:意林引作"此之谓遁人也",当从之。下文云:"此之谓顺民也",句法相同。王叔岷曰:江适解:"此之谓遁人",所见本"之谓"二字亦未误倒。○释文云:遁音钝。**可杀可活,制命在外。**〔注〕全则不系于己。伯峻案:活外为韵,古音同在祭部。**不逆命,何羡寿?不矜贵,何羡名?不要势,**○释文云:要,一遥切。**何羡位?不贪富,何羡货?此之谓顺民也。**〔注〕得其生理。**天下无对,制命在内。**〔注〕外物所不能制。伯峻案:对内为韵,古音同在脂部。**故语有之曰:人不婚宦,情欲失半;人不衣食,君臣道息。**○江有诰曰:宦半为韵,古音同在元部。食息为韵,古音同在之部。**周谚曰:**○释文云:谚音彦。**'田父可坐杀。'○释文云:父音甫,下同。**晨出夜入,自以性之恒;啜菽茹藿,**○王叔岷曰:记纂渊海五七引"菽"作"水"。○释文云:啜,川劣切。茹,去声。藿音霍。**自以味之极;肌肉麤厚,**○释文云:麤,仓胡切。**筋节𢪂急,**〔注〕𢪂音区位切。○释文"𢪂"作"膇",云:筋音斤。音喟,筋节急也。或作臃𢪂,上音权,下区位切。膇丑,筋急貌。○秦恩复曰:释文"音喟"者,膇字音喟也。"𢪂"当作"膇"。膇,癸声,故音区位反。若"𢪂"字则当音之春反矣。玉篇:"臃膇,丑貌。"臃从月,雚声;𢪂从月,卷声。雚卷声之转也。淮南子修务训作"啳睽",高诱注:"啳读权衡之权,急气言之。睽读夔。"读夔是区位反之明证。尔雅:"其萌虇",郭音繾绻,是膇即臃字之明证。"𢪂"张湛本作"崼",淮南子作"啳"。从山从口皆非,当从月。○任大椿曰:"𢪂"无区位切之音,当为"膇"之误。又"筋急貌"三字下世德堂本又有"曰膇音区位切"六字,道藏本脱去此六字非也。盖列子别本或作"臃膇",释文因分释"臃膇"二字。其云"膇丑",释"臃"字之义。玉篇、广雅、广韵皆云"臃膇丑貌",故以膇丑释臃字。其云"筋急貌曰膇音区位切",欲明"膇"之与"臃"音义之不同也。今道藏本脱去"曰膇"以下六字,则竟似以筋急貌释膇丑矣。膇丑无筋急之训也。伯峻案:任说非也。"膇音区位切"五字本张注,世德堂本溷与释文为一,任据世德堂本补释文,不可信。又玉篇广韵之"臃膇丑貌"(广雅释诂作"臃膇丑也"),当以"臃膇"连读。王氏广雅疏证引淮南子修务训"啳睽哆嚤",即广雅之"頿嚤啳睽",即此"臃膇"也。任氏以"膇丑"为读,非也。然释文亦有错脱。**一朝处以柔毛绨幕,**○释文云:绨幕音啼莫。**荐以粱肉兰橘,心㾓体烦,内热生病矣。**○释文云:㾓,一铅切。**商鲁之君与田父侔地,**○释文云:侔,莫侯切。**则亦不盈一时而惫矣。**〔注〕言有所安习者,皆不可卒改易,况自然乎?○释文云:卒,村入声。**故野人之所安,野人之所美,谓天下无过者。昔者宋国有田夫,常衣缊黂,**〔注〕黂,乱麻。○"黂"世德堂本作"黂",

误。○释文云:衣,於既切。缊,一问切。黂,房未切。缊黂,谓分弊麻絮衣也。韩诗外传云,异色之衣也。又音汾。**仅以过冬。暨春东作**,伯峻案:尧典云:"寅宾出日,平秩东作。"伪孔传云:"岁起于东而始就耕,谓之东作。"赵岐孟子注云:"书曰平秩东作,谓治农事也。"汉书王莽传云:"每县则耕以劝东作。"后汉质帝纪、续汉书礼仪志皆云:"方春东作",更其明证。○释文云:暨音洎。**自曝于日**,○王叔岷曰:事类赋一、御览三、天中记一引"自曝于日"并作"曝日于野","野"下更有"美之"二字。○释文云:曝,蒲木切。**不知天下之有广厦隩室,绵纩狐貉**。○释文云:隩音奥。貉音鹤。**顾谓其妻曰:'负日之暄**,伯峻案:暄,煖或字。○释文云:暄音萱。**人莫知者**;○王叔岷曰:文选与山巨源绝交书注、记纂渊海二、事文类聚别集二二、合璧事类前集一引"者"并作"之"。**以献吾君,将有重赏。'里之富室告之曰:'昔人有美戎菽,甘枲茎芹萍子者,对乡豪称之**。〔注〕乡豪,里之贵者。○释文"萍"作"荓",云:戎菽已解力命篇。枲,胥里切。枲,胡枲也。苍颉篇云:蓂耳也。一名苍耳。枲俗音此。蓂,思上声。尔雅云:萍,荓也。又苹,籁萧也。郭注,今籁蒿也,初生亦可食也。**乡豪取而尝之,蜇于口**,○释文云:蜇音哲。**惨于腹**,○释文云:惨,千感切。惨,蜇,痛也。**众哂而怨之**,○释文云:哂,式忍切。**其人大惭。子,此类也。'"**伯峻案:文选嵇康与山巨源绝交书"野人有快炙背而美芹子者,欲献之至尊",可见本有此传说,作列子者用以入此章。

杨朱曰:"丰屋、美服、厚味、姣色,○蒋超伯曰:说文,"亶,大屋也"。引易曰,"亶其屋"。则作亶亦可。○释文云:姣音绞。**有此四者,何求于外?有此而求外者,无厌之性**。○"厌"北宋本、世德堂本作"猒"。○释文"厌"作"厴",云:厴,一盐切。**无厌之性,阴阳之蠹也**。〔注〕非但累其身,乃侵损正气。○注"其"世德堂本作"正",误。○

释文云:蠹音妒。累,去声。忠不足以安君,适足以危身;义不足以利物,适足以害生。安上不由于忠,而忠名灭焉;利物不由于义,而义名绝焉。君臣皆安,物我兼利,古之道也。鬻子曰:'去名者无忧。'○释文云:去,丘吕切,下同。老子曰:'名者实之宾。'伯峻案:今老子无此语,而见于庄子逍遥游篇。而悠悠者趋名不已。名固不可去,名固不可宾邪?今有名则尊荣,亡名则卑辱。○释文作"者亡",云:亡音无,下同。尊荣则逸乐,○释文云:乐音洛,下同。卑辱则忧苦。忧苦,犯性者也;逸乐,顺性者也。斯实之所系矣。名胡可去?名胡可宾?但恶夫守名而累实。○释文云:恶,乌路切。夫音符。累,去声。守名而累实,将恤危亡之不救,岂徒逸乐忧苦之间哉?"○秦恩复曰:自"卫端木叔者"以下卢解缺佚,无从补正。

列子集释卷第八

说符第八〔注〕夫事故无方,倚伏相推,言而验之者,摄乎变通之会。〔解〕本篇去末明本,约形辩神。立事以显真,因名以求实;然后知徇情之失道,从欲以丧真。故知道者不失其自时,任能者不必远害。○秦恩复曰:解中"自"字疑衍。

子列子学于壶丘子林。壶丘子林曰:"子知持后,则可言持身矣。"〔注〕老子曰:"后其身而身先。"**列子曰:"愿闻持后。"曰:"顾若影,则知之。"列子顾而观影:形枉则影曲,形直则影正。然则枉直随形而不在影,屈申任物而不在我。此之谓持后而处先。**〔注〕物莫能与争,故常处先。此语以壶子答而不条显,列子一得持后之义因而自释之,壶子即以为解,故不复答列子也。〔解〕夫影由形立,曲直在于形生;形由神存,真伪在于神用。若见影而形辩,知形而神彰;不责影以正身,不执身以明道,观其末而知其本,因其著而识其微,然后能常处先矣。○注"以壶子答"道藏本、元本并作"似壶子答"。伯峻案:淮南子缪称训云:"列子学壶子,观景柱而知持后矣。"○释文云:争音诤。解音蟹。复,扶又切。**关尹谓子列子曰:"言美则响美,言恶则响恶;身长则影长,身短则影短。名也者,响也;身也者,影也。**〔注〕夫美恶报应譬之影响,理无差焉。○陶鸿庆曰:上句云"名也者响也",承上"言美则响美,言恶则响恶"而言;是响出于言,而言非响也。

此句承上"身长则影长,身短则影短"而言;是影出于身,而身非影也。今云"身也者影也",义颇难通。此"身"字乃指受报之身言之,与上文"身长身短"意义迥别。下文云,"度在身,稽在人。人爱我,我必爱之;人恶我,我必恶之",意谓观人之爱我恶我,则知我之爱人恶人。爱人恶人者,身也;人爱人恶之身则影也。故曰:身也者,影也。○王叔岷曰:"身"当作"行",下文"慎尔行,将有随之",即承此言。今本作"身",涉上文"身长则影长,身短则影短"而误。御览四百三十引尸子作"行者影也",可为旁证。伯峻案:王说可取,陶氏曲为之说,颇嫌迂僻。**故曰:慎尔言,将有和之;**○"和"北宋本作"知",汪本从之,今从吉府本、世德堂本订正。○释文云:和,胡卧切,一作知。**慎尔行,**○释文云:行,下孟切,注同。**将有随之。**〔注〕所谓出其言,善,千里应之;行乎迩,见乎远。○江有诰曰:和随为韵,古音同在歌部。○释文云:见,贤遍切。**是故圣人见出以知入,观往以知来,此其所以先知之理也。**〔注〕见言出则响入,形往则影来,明报应之理不异于此也。而物所未悟,故曰先知之耳。〔解〕响之因声,声善则响美;名之因实,实善则名真。故名者声之响,身者神之影也。声出而响和,行习而神随;故圣人闻响以知声,见行而知道也。**度在身,**○释文云:度依字读。**稽在人。人爱我,我必爱之;人恶我,**○释文云:恶,乌路切。**我必恶之。**〔注〕礼度在身,考验由人。爱恶从之,物不负己。**汤武爱天下,故王;**○"故王"北宋本作"兹王",汪本从之,今从各本正。○释文云:王,于放切。**桀纣恶天下,故亡,**〔注〕此则成验。**此所稽也。**〔解〕礼度在于身,稽考在于人,若影之应乎形,响之应乎声。汤武、桀纣其迹可稽也,其度可明也。爱恶之心不可不慎也。**稽度皆明而不道也,譬之出不由门,行不从径也。**〔注〕稽度之理既明,而复道不行者,则出可不由户,行不从径也。○释文云:径一本作衢,一本作术。复,扶又切。**以是求利,不亦难乎?**〔注〕违理而得利未之有。〔解〕稽度之事可明而不为道者,譬行不由门户与街衢耳。欲以求利身于天下者,不亦难乎?○秦恩复曰:据解则卢本"径"作"衢"。尝观之神农有炎之德,稽之虞、夏、商、周之书,度诸法士贤人之言,○释文云:度,徒洛切,量也。所以存亡废兴而非由此道者,未之有也。"〔注〕自古迄今无不符验。〔解〕考其行,稽其迹,自古帝王贤圣之言犹人,存亡废兴粲然可明。若不由此道而为理者,未之有也。严恢曰:"所为问道者为富。〔注〕问犹学也。○释文云:为,于伪切。今得珠亦富矣,安用道?"〔注〕道,富之本也;珠,富之末也。有本故末存,存末则失本也。○注"富之末也"北宋本无"也"字,汪本从之,今依四解本增。子列子曰:"桀纣唯重利而轻道,是以亡。〔注〕非不富,失本则亡身。幸哉余未汝语也。○释文云:语,鱼据切。人而无义,唯食而已,〔注〕义者,宜也。得理之宜者,物不能夺也。是鸡狗也。强食靡角,○俞樾曰:"靡"读为"摩"。庄子马蹄篇:"喜则交颈相靡。"释文引李云,"摩也",是靡与摩义通。"靡角"之"靡"即"交颈相靡"之"靡",谓以角相靡也。○王叔岷曰:俞说是也。御览四二一引作"磨"。磨、摩、靡古并通用。○释文云:靡,文彼切。韩诗外传云:"靡,共也。"吕氏春秋云:角,试力也。此言人重利而轻道,唯食而已,亦犹禽兽饱食而相共角力以求胜也。胜者为制,是禽兽也。〔注〕以力求胜,非人道也。○王重民曰:"制"字义不可通,盖当作"利",字之误也。御览四百二十一引作"胜者为利",可证。为鸡狗禽兽矣,而欲人之尊己,不可得也。〔注〕岂欲人之尊己,道在则自尊耳。人不尊己,则危辱及之矣。"〔注〕乐推而不厌,尊己之谓。苟违斯义,亡将至。〔解〕无乏少者谓之富,非谓求利之富也。若重利轻道,桀纣所以亡也。鸡犬禽兽不知仁义,争食恃力,不知其他。行此则危辱及身,欲人之尊己,岂可得矣?此谓因名求实。

列子学射中矣,〔注〕率尔自中,非能期中者也。○释文云:中,丁仲切,下同。**请于关尹子。尹子曰:**○王重民曰:御览七百四十五引叠一"关"字,是也。古书或称"关尹",无称为"尹子"者,下同。○王叔岷曰:王说是也。吕氏春秋审己篇亦作"关尹子曰"。下同。**"子知子之所以中者乎?"对曰:"弗知也。"关尹子曰:"未可。"**〔注〕虽中而未知所以中,故曰未可也。**退而习之。三年,又以报关尹子。尹子曰:"子知子之所以中乎?"列子曰:"知之矣。"关尹子曰:"可矣;守而勿失也。**〔注〕心平体正,内求诸己,得所以中之道,则前期命矢,发无遗矣。**非独射也,为国与身亦皆如之。故圣人不察存亡而察其所以然。"**〔注〕射虽中而不知所以中,则非中之道;身虽存不知所以存,则非存之理。故夫射者,能拙俱中,而知所以中者异;贤愚俱存,而知所以存者殊也。〔解〕不知所以中者,非善之善者也。得之于手,应之于心,命中而中者,斯得矣。得而守之,是谓之道也。能知其道,非独射焉,为国为身亦皆如是也。善知射者不贵其中,贵其所以必中也;善知理国理身者亦不贵其存,贵其所以必存。故贤愚理乱可知者,有道也。

列子曰:"色盛者骄,力盛者奋,未可以语道也。〔注〕色力是常人所矜也。○释文云:语,鱼據切。**故不班白语道,失,**○释文云:为句。失一本作矣,恐误。**而况行之乎?**〔注〕色力既衰,方欲言道,悟之已晚。言之犹未能得,而况行之乎?○俞樾曰:上文曰"色盛者骄,力盛者奋,未可以语道也"。然则色力方盛之人不可以语道,必待班白之人方可语之。若不班白而语道,未有不失者矣。所谓"不班白语道失"也。张注云云,核之本文与上文,义皆不合。○王重民曰:俞说殊为牵强。疑"故不班白"上有脱文。"失"字北宋本作"矣","故不班白语道矣"与下句"而况行之乎"正相应。"失"字为"矣"之阙误。伯峻案:王说不可信,张注云"言之未能得","言之"正释"语道","未能得"正释"失"字。下文卢解云,"白首闻道犹不能得",亦以"不能得"解释"失"字。可见张湛及卢重玄两人所见本都作"失"

字。作"矣"者乃字之误。俞说近之。**故自奋则人莫之告。人莫之告,则孤而无辅矣。**〔注〕骄奋者虽告而不受,则有忌物之心,耳目自塞,谁其相之? ○陶鸿庆曰:"自奋"上夺"自骄"二字。"自骄自奋"承上"色盛者骄力盛者奋"而言,张注云"骄奋者虽告而不受",是其所见本不误。○释文云:相,息亮切。**贤者任人,故年老而不衰,智尽而不乱。**〔注〕不专己知,则物愿为己用矣。○注北宋本"专"作"以","物"作"勿","愿为"作"以为";汪本"专"作"以","愿为"作"以为";今依道藏四解本正。○释文云:为,于伪切,下同。**故治国之难在于知贤而不在自贤。**"〔注〕自贤者即上所谓孤而无辅;知贤则智者为之谋,能者为之使;物无弃才,则国易治也。〔解〕俗之所恃者色与力也。恃色则骄怠之心厚,恃力则奋击之志多,不可以语其道也。色力衰者为斑白。白首闻道犹不能得,况能行之乎? 故守卑弱者道必亲之,自强奋者人不肯告。人不肯告,宁有辅佐者乎? 贤者任于人,故穷年而神不衰,尽智而心不乱。以此理国者,知贤而任之,则贤才为之用。自贤而无辅,则失人矣。○释文云:易,以豉切。

宋人有为其君以玉为楮叶者,○秦恩复曰:"玉"淮南子作"象"。高诱注:象牙也。伯峻案:韩非喻老篇亦作"象"。○释文云:为,于伪切。楮,敕吕切。**三年而成。锋杀茎柯,**伯峻案:"锋"韩非子作"丰"。王先慎云,"作丰是。丰杀谓肥瘦也"。**毫芒繁泽,**○释文云:杀,所拜切。芒音亡。**乱之楮叶中而不可别也。**○释文云:别,彼列切。**此人遂以巧食宋国。子列子闻之,曰:"使天地之生物,三年而成一叶,则物之有叶者寡矣。故圣人恃道化而不恃智巧。"**〔注〕此明用巧能不足以赡物,因道而化则无不周。〔解〕夫斫雕为朴,还淳之道也。故曰,善约者不用胶漆,善闭者不用关钥。是以大辩若讷,大巧若拙耳。若三年成一叶,与真叶不殊,岂理国全道之巧乎? 是以圣人恃其道化,如和气布而万物生,不恃智巧也。若违天理而伪巧出,此之为未明本末也。○注"巧能"藏本、四解本作"功能"。"赡物"北宋本作"婚物","婚"当是误字。○释文云:赡,市艳切。

子列子穷,容貌有饥色。客有言之郑子阳者曰: 伯峻案:吕览观世篇高注云:"子阳,郑相也。一曰郑君。""**列御寇盖有道之士也,居君之国而穷,君无乃为不好士乎?**"○释文云:好,呼报切。**郑子阳即令官遗之粟。**○释文云:遗,唯季切,下同。**子列子出见使者,再拜而辞。使者去。子列子入,其妻望之而拊心曰:**○王重民曰:"之"字衍文。汉书汲黯传:"黯褊心不能无稍望。"师古曰:"望,怨也。"其妻怨望,故拊心。吕览观世篇、新序节士篇并无"之"字可证。庄子让王篇有"之"字者,疑亦后人据列子误增也。"**妾闻为有道者之妻子皆得佚乐。**○释文云:佚乐音逸乐字。**今有饥色,君过而遗先生食。**○"过"各本作"遇"与释文本合。今从道藏白文本、林希逸本、江遹本,其义较长。○释文"过"作"遇",云:遇一本作过,或作适。**先生不受,岂不命也哉?**"**子列子笑谓之曰:"君非自知我也。以人之言而遗我粟,至其罪我也,又且以人之言,此吾所以不受也。"**伯峻案:新序节士篇下有"且受人之养不死其难,不义也;死其难,是死无道之人,岂义哉?"数句。**其卒,民果作难而杀子阳。**
〔解〕夫食人之禄,忧人之事。君不知我,因人之言而赐之;若罪我也,亦因人之言而责我也。吾所贵夫知我者,真悟道之士也。及子阳难作而不见害,此真所谓不为外物之所伤累者也。伯峻案:史记郑世家云:"繻公二十五年,郑君杀其相子阳。"吕览适威篇云:"子阳好严(依陈昌齐、俞樾、陶鸿庆三说删极也二字),有过而折弓者,恐必死,遂应猘狗而弑子阳。"○释文云:难,乃旦切,一作乱。

鲁施氏有二子,其一好学,其一好兵。○释文云:好,呼报切,下同。好学者以术干齐侯;齐侯纳之,以为诸公子之傅。○元本、世德堂本无"以"字。好兵者之楚,以法干楚王;王悦之,以为军正。○王重民曰:御览六百四十八引"王"上有"楚"字,是也。上文"以术干齐侯,齐侯纳之"句法相同。又吉府本御览六百四十八引"正"并作"政"。正政通用。○释文"悦"作"说",云:音悦。禄富其家,爵荣其亲。施氏之邻人孟氏同有二子,所业亦同,○王重民曰:御览六百四十八引无上"同"字。而窭于贫。○释文云:窭,渠殒切。羡施氏之有,〔注〕有犹富也。因从请进趋之方。○北宋本、秦刻卢解本、汪本"请"作"谓",今从吉府本正。○释文云:请一本作谓,恐误。二子以实告孟氏。孟氏之一子之秦,以术干秦王。秦王曰:"当今诸侯力争,○释文云:争音净。所务兵食而已。若用仁义治吾国,是灭亡之道。"遂宫而放之。其一子之卫,以法干卫侯。卫侯曰:"吾弱国也,而摄乎大国之间。大国吾事之,小国吾抚之,是求安之道。若赖兵权,灭亡可待矣。若全而归之,适于他国,为吾之患不轻矣。"遂刖之,而还诸鲁。○释文云:刖音月。既反,孟氏之父子叩胸而让施氏。○释文云:叩,口候切。施氏曰:"凡得时者昌,失时者亡。子道与吾同,而功与吾异,失时者也,非行之谬也。且天下理无常是,事无常非。〔注〕应机则是,失会则非。先日所用,今或弃之;今之所弃,后或用之。此用与不用,无定是非也。投隙抵时,○释文云:隙音郤。抵,当洗切。应事无方,属乎智。〔注〕虽有仁义礼法之术,而智不适时,则动而失会者矣。○释文云:属音烛。智苟不足,○北宋本无"不"字,汪本从之,今依道藏各本、吉府本、元本、世德堂本增。○释文云:一本无不字。**使若博如孔丘,**○世德堂本"若"作"君"。**术如吕尚,焉往而不穷哉?"**〔注〕二子之所以穷,不以其博与术,以其不得随时之宜。○释文云:焉,於虔切。**孟氏父子舍然无愠容,**○陶鸿庆曰:"舍然"即"释然",舍释古通用。○释文云:舍音捨。愠,一问切。**曰:"吾知之矣。子勿重言!"**〔解〕学仁义之道,善韬略之能,文武虽殊,同归于才行之用,必因智之适时。智者道之用,任智则非道矣。夫投必中隙,抵必适时,应变无方,皆为智也。故适时者无窘才,明道者无乏智。智若不足也,虽文若孔丘,武若吕尚,不免乎穷困也。孟氏既悟,故曰勿重言耳。

晋文公出会,欲伐卫,○王重民曰:意林引无"出会"二字。**公子锄仰天而笑。**○仲父曰:说苑正谏作"赵简子攻齐,公卢大笑"。盖即一事而记者互异。卢锄音读相近。○释文云:锄,士鱼切。**公问何笑。曰:"臣笑邻之人有送其妻适私家者,**伯峻案:艺文类聚二四、意林、御览三百五引"曰"上并有"对"字。又御览九五五及三百五引作"笑臣邻之人也,邻之人有送其妻适私家者"。又四五七引作"笑臣之邻人也,臣之邻人有送其妻适家者"。又类聚二十四引作"笑臣之邻人也,臣之邻人有送其妻适私家者"。疑此文当作"笑臣之邻人也,臣之邻人有送其妻适私家者"。今本脱误。**道见桑妇,悦而与言。**○王重民曰:意林、御览三百零五引"言"上并有"之"字。**然顾视其妻,亦有招之者矣。臣窃笑此也。"公寤其言,乃止。**○王重民曰:类聚八十八、御览三百零五又四百五十七引"寤"并作"悟"。○释文云:寤音悟。**引师而还,未至,而有伐其北鄙者矣。**〔注〕夫我之所行,人亦行之。而欲骋己之志,谓物不生心,惑于彼此之情也。〔解〕夫贪于得而不知得有所守者,俗人之常情也。故嗜欲无穷而真道日丧矣。所以贵夫知道者,内守其道而不失,外用于物而不遗。世人则不然矣,外贪欲色,他妇是悦也;内失于道者,而己妻见招矣。○秦恩复曰:解中"得有所守""得"字疑是衍文。

晋国苦盗。有郤雍者,伯峻案:"郤"当作"郄"。说文,"郄,晋大夫叔虎之邑也。"段注云:"叔虎之子曰郄芮,以邑为氏。"治要引正作"郄",下同,当从之。邵瑛群经正字云:"俗又讹作郤者,亦郄之变。汉学师宋恩等题名,师郄遑",偏旁从⿱合廾,与㐫相似,俗遂变作郤。玉篇云:"郄俗从㐫。"○释文云:郄,去逆切。雍音邕。**能视盗之貌,**○"貌"本作"眼",今从吉府本、世德堂本正。御览四百九十九引亦作"貌"。○释文云:貌一本作眼。**察其眉睫之间,而得其情。**○释文云:睫音接。**晋侯使视盗,千百无遗一焉。晋侯大喜,告赵文子曰:"吾得一人,而一国盗为尽矣,**伯峻案:御览四九九引"为"下有"之"字。○释文云:为,于伪切。**奚用多为?"文子曰:"吾君恃伺察而得盗,盗不尽矣,且郤雍必不得其死焉。"俄而群盗谋曰:"吾所穷者郤雍也。"**○王重民曰:御览四百九十九引"所"下有"以"字,是也。**遂共盗而残之。**〔注〕残贼杀之。○王重民曰:治要、御览四百九十九引"残"并作"戕",疑作"戕"者近是。说文,"它国臣来弑君曰戕",故张注曰"贼杀之"。○释文"残"作"戕",云:音墙,注同;一本作残。**晋侯闻而大骇,**○释文"骇"作"駴",云:与骇同。**立召文子而告之曰:"果如子言,郤雍死矣!然取盗何方?"**○秦刻卢解本无"盗"字。**文子曰:"周谚有言:察见渊鱼者不祥,智料隐匿者有殃。**〔注〕此答所以致死。○江有诰曰:祥殃为韵,古音同在阳部。伯峻案:韩非子说林上云:"古者有谚曰,知渊中之鱼者不祥。"○释文云:料,去声。**且君欲无盗,莫若举贤而任之;使教明于上,化行于下,民有耻心,则何盗之为?"**〔注〕此答所以止盗之方。**于是用随会知政,而群盗奔秦焉。**〔注〕用聪明以察是非者,群诈之所逃;用先识以擿奸伏者,众恶之所疾。智之为患,岂虚言哉?〔解〕教者,迹也,众人所以履而行焉。化者,道也,众人所以日用而心伏。心伏则有耻,迹明则教成。举贤任才,盗斯奔矣。或问曰:<u>庄子</u>云:"圣人生而大盗起。"此云举贤任才而群盗去,何谓邪? 答曰:求虚名而丧其实者,大盗斯起矣;得其实而去为名者,群盗斯去矣。故举贤而任才者,求名也;用随会者,得实也。理不相违,何疑之有耶? ○注"用先识"<u>治要</u>引"先"作"少",近是。○<u>释文</u>云:擿,陟革切。

孔子自卫反鲁,息驾乎河梁而观焉。有悬水三十仞,○"十"<u>世德堂</u>本作"千",误。**圜流九十里,**○<u>释文</u>云:圜与圆同。**鱼鳖弗能游,鼋鼍弗能居,有一丈夫方将厉之。**○<u>治要</u>引无"一"字。○<u>释文</u>云:厉,涉水也。**孔子使人並涯止之,曰:**○<u>治要</u>引无"並涯"二字。○<u>释文</u>云:並,蒲浪切。涯音崖。**"此悬水三十仞,圜流九十里,鱼鳖弗能游,鼋鼍弗能居也。**○<u>治要</u>引无"弗能游"三字。**意者难可以济乎?"丈夫不以错意,**○<u>治要</u>引"错"作"措"。○<u>释文</u>云:错,七故切。**遂度而出。孔子问之曰:"巧乎? 有道术乎?**○<u>王叔岷</u>曰:<u>家语致思</u>篇、<u>说苑杂言</u>篇"巧乎"上并有"子"字,文意较完,当从之。本书<u>黄帝</u>篇:"子巧乎! 有道耶?"<u>庄子知北游</u>篇:"子巧与? 有道与?"并与此文例同。**所以能入而出者,何也?"丈夫对曰:"始吾之入也,先以忠信;及吾之出也,又从以忠信。忠信错吾躯于波流,而吾不敢用私,**○<u>治要</u>引"错"作"措"。○<u>俞樾</u>曰:"忠信错吾躯于波流","忠信"字涉上句衍。○<u>王叔岷</u>曰:<u>俞</u>说是也。<u>治要</u>引正无"忠信"二字。**所以能入而复出者,以此也。"孔子谓弟子曰:"二三子识之!** ○<u>释文</u>云:识音志。**水且犹可以忠信诚身亲之,而况人乎?"**〔注〕<u>黄帝</u>篇中已有此章而小不同,所明亦无以异,故不复释其义也。

〔解〕夫忠者同于物,信者无所疑。同而不疑,不私其己,故能入而复出也。然则同而不疑,不私其己,知道矣夫!黄帝篇中已有此章。伯峻案:此章专以忠信二字为主,"诚身"二字疑衍。治要引正无"诚身"二字可证也。○释文云:复,扶又切。

白公问孔子曰:"人可与微言乎?" ○王重民曰:吕览精谕篇、淮南道应篇"问"下并有"于"字,御览五十八引"问"下亦有"于"字,今本脱误。**孔子不应。**〔注〕白公,楚平王之孙,太子建之子也。其父为费无极所谮,出奔郑,郑人杀之。胜欲令尹子西司马子期伐郑,许而未行。晋伐郑,子西子期将救郑。胜怒曰:郑人在此,雠不远矣。欲杀子西子期,故问孔子。孔子知之,故不应。微言犹密谋也。〔解〕微言者,密言也,令人不能知也。白公,楚平王之孙,太子建之子。建出奔郑,白公欲乱,故孔子不应耳。○卢文弨曰:注"胜欲令尹子西司马子期伐郑","欲"藏本作"报"。伯峻案:作"报"者误。史记楚世家云:"白公故以此怨郑,欲伐之",可证欲字之不误。吕览精谕篇高诱注作"胜与庶父令尹子西司马子期伐郑,许而未行"。"与"亦当作"欲"。张注多用高注,此注亦节略高注之文也。○释文"欲令"作"报令",云:费,房未切。胜,诗证切。白公名。令,郎定切。**白公问曰:"若以石投水,何如?"** ○王叔岷曰:"问"字涉上文"白公问孔子曰"而衍。事类赋七、御览五八、记纂渊海一、天中记九引皆无"问"字。吕氏春秋精谕篇、淮南道应篇并同。**孔子曰:"吴之善没者能取之。"**〔注〕石之投水则没,喻其微言不可觉;故孔子答以善没者能得之,明物不可隐者也。○卢文弨曰:注藏本"言"下有"人"字,"不可觉"作"不能觉"。**曰:"若以水投水何如?"孔子曰:"淄渑之合,易牙尝而知之。"**〔注〕复为善味者所别也。〔解〕以石投水,喻迹不可见;以水投水,喻合不可隐也。味者分淄渑,不可合也,唯神契理会然后得也。○释文云:淄,侧其切。渑音乘。复,扶又切。别,彼列切。**白公曰:"人固不可与微言乎?"** ○"固"北宋本、汪本、四解本作"故"。○王重民曰：道藏白文本、吉府本、淮南道应篇、御览五十八引"故"并作"固"。伯峻案：作"固"者是，今正。孔子曰："何为不可？唯知言之谓者乎！〔注〕谓者所以发言之旨趣。发言之旨趣，则是言之微者。形之于事，则无所隐。○释文云：趣音趋。夫知言之谓者：不以言言也。〔注〕言言则无微隐。〔解〕夫情生而事彰，味殊而可尝，唯神之无方。知言之谓者，神会也。争鱼者濡，逐兽者趋，非乐之也。〔注〕自然之势自应濡走。伯峻案：吕览举难篇云："救溺者濡，追逃者趋。"○释文云：乐音洛。故至言去言，〔注〕理自明，化自行。○释文云：去，丘吕切。至为无为。〔注〕理自成，物自从。夫浅知之所争者末矣。"〔注〕失本存末，事著而后争解，鲜不及也。〔解〕鱼在于水，争之者濡；兽走于野，逐之者趋，非乐之也，其势使然也。故至言者不在言，至为者无所为也。浅智逐末，常失其理。道之所行，物无不当者矣。○释文云：知音智。鲜，息浅切。白公不得已，遂死于浴室。〔注〕不知言之所谓，遂便作乱，故及于难。〔解〕忿而非理，死以快意，下愚之所以乱常也。○俞樾曰："已"字乃"也"字之误。淮南子道应篇作"白公不得也"，吕氏春秋精谕篇作"白公弗得也"，并其证矣。张注曰，"不知言之所谓，遂便作乱，故及于难"，正解"不得"之义。○释文云：难，乃旦切。

赵襄子使新稺穆子攻翟，〔注〕穆子，襄子家臣新稺狗也。翟，鲜虞也。伯峻案：此事又见晋语九、吕览慎大篇、淮南道应训。○释文云：穆子，晋大夫新稺狗也。翟音狄。**胜之，**○释文为句。**取左人中人；**〔注〕左人中人，鲜虞二邑名。**使遽人来谒之。**〔注〕遽，传也。谒，告也。〔解〕急来告捷也。○世德堂本无"来"字。○释文云：遽音巨。传，去声。**襄子方食而有忧色。左右曰："一朝而两城下，此人之所喜也；今君有忧色。何也？"襄子曰："夫江河之大也，不过三**

日;〔注〕谓潮水有大小。**飘风暴雨不终朝,**○释文云:飘,符宵切。**日中不须臾。**〔注〕势盛者必退也。伯峻案:吕览淮南子俱无"不终朝"三字。梁履绳曰:老子曰,"飘风不终朝,骤雨不终日",此襄子语义所本。**今赵氏之德行无所施於积,**〔注〕无积德而有重功,不可不戒惧也。○俞樾曰:"施"衍字,盖即"於"字之误而复者。吕氏春秋慎大篇亦有此文,正无"施"字。○王重民曰:俞说是也。淮南道应篇亦有此文,亦无"施"字。○释文云:行,下孟切。**一朝而两城下,亡其及我哉!"**〔注〕不忘亡则不亡之也。〔解〕不能积德累行而以强力下二城。夫物盛必衰,不亡何待耶?故贪不以忻,贤者所以惧。知苟得之所以惧也,然后能积其德矣。**孔子闻之曰:"赵氏其昌乎! 夫忧者所以为昌也,**〔注〕戒之深也。**喜者所以为亡也。**〔注〕将致矜伐。**胜非其难者也;持之,其难者也。**○伯峻案:吕览高注云:"持犹守。"贤主以此持胜,故其福及后世。**齐、楚、吴、越皆尝胜矣,然卒取亡焉,**○梁启超曰:观此语,可见此书必有后人附益。列子与郑驷阳同时,时吴越虽亡,齐楚固在也。记楚之亡,虽非秦始皇二十四年以后,亦当在乐毅入临淄、白起入郢后矣。○释文"卒"作"卒然",云:卒,子律切。**不达乎持胜也。唯有道之主为能持胜。"**〔注〕胜敌者皆比国,而有以不能持胜,故危亡及之。〔解〕矜功伐能,所以亡也;忧得诚强,所以昌也。贤者以此福及后代,道者以此泽被含生,此之谓持胜。持胜者,持此诚慎胜彼强梁,唯有道者所能行也。**孔子之劲能拓国门之关,而不肯以力闻。**〔注〕劲,力也。拓,举也。孔力能举门关而力名不闻者,不用其力也。○孙诒让曰:左传襄十年:"偪阳人启门,诸侯之士门焉。县门发,郰人纥抉之以出门者。"疑流俗传讹,以郰大夫事为孔子也。○胡怀琛曰:诸子中引此事亦多作孔子。吕氏春秋慎大览、淮南子道应篇、颜氏家训诫兵篇皆作孔子。史通雅ださ上亦然。校书者多未置辩,惟毕沅校吕氏春秋尝言及焉。是在当时仲尼父亦通称孔子欤？抑相因袭讹误也？○王重民曰：释文曰，"拓一本作招"，案：作招者是也。淮南主术篇："孔子之通智过于苌弘，勇服于孟贲，足蹑郊菟，力招城关，能亦多矣。"高注曰："招，举也。"吕氏春秋慎大篇："孔子之劲能举国门之关。"高注曰："以一手捉城门关倾而举之。""捉"字当是"招"字之误。此又以"招"释"举"也。张注："拓，举也。"盖"拓"亦"招"字之误，则列子本作"招"明矣。文选吴都赋注引正作"招"。意林引作"举"，虽得其义，殆非列子之旧矣。○释文云：劲，居盛切，力也。拓一本作招。李善注文选吴都赋曰："招与翘同。"淮南子作"杓"。许慎云：杓，引也。古者县门下，从上杓引之者难也。**墨子为守攻，公输般服，而不肯以兵知。**〔注〕公输般善为攻器，墨子设守能却之，为般所服。而不称知兵者，不有其能也。○释文云：般音班。**故善持胜者以强为弱。**〔注〕得为攻之母也。〔解〕夫子之力能举关，墨子之善能制敌，不以力谋显而以道德闻者，善此持胜以强为弱也。夫艺成者必为人所役，好胜者必遇于强敌；唯道德仁义者可以役物而兴化者也。

宋人有好行仁义者，○释文云：好，呼报切。**三世不懈。**○王叔岷曰：记纂渊海五六、事文类聚别集三十、合璧事类续集五五引"三世"并作"三年"。○释文云：懈，古卖切。**家无故黑牛生白犊，以问孔子。**伯峻案：孔子，淮南子人间训作"先生"，论衡福虚篇作"孔子"。**孔子曰："此吉祥也，以荐上帝。"居一年，其父无故而盲。其牛又复生白犊，**○释文云：复，扶又切。**其父又复令其子问孔子。其子曰："前问之而失明，又何问乎？"父曰："圣人之言先迕后合。**○释文云：迕音误。**其事未究，姑复问之。"其子又复问孔子。孔子曰："吉祥也。"复教以祭。其子归致命。其父曰："行孔子之言也。"居一年，其子又无故而盲。其后楚攻宋，围其城；○"围"北宋本作"国"，汪本从之，今从藏本、吉府本、世德堂本订正。○释文云：许慎注淮南子云：楚庄王时围宋九月。一本作国，非是。民易子而食之，析骸而炊之；伯峻案：左传宣公十四年云："敝邑易子而食，析骸以爨。"○释文云：析音锡。丁壮者皆乘城而战，死者太半。○秦刻卢解本、世德堂本"太"作"大"。○释文"太"作"大"，云：音泰。此人以父子有疾皆免。及围解而疾俱复。〔注〕此所谓祸福相倚也。〔解〕夫仁者爱人，义者济物。三世不息，其于积善深矣。若有其才则招禄，无其才则致福，此馀庆之所锺也。吉祥之应，为善之征，克全其生而获其利。积行之报，岂虚言也哉？○王重民曰：御览七百四十引"疾"上有"盲"字。

宋有兰子者，〔注〕凡人物不知生出主谓之兰也。○注"主"世德堂本作"者"。○任大椿曰：注"凡人物不知生出者谓之兰也"，"生"字疑"妄"字之讹。○俞樾曰：说文门部："闌，妄入宫掖也，读若阑。"是兰子之兰即闌之引申义。苏时学曰：兰子义未详，旧注释兰为妄，亦未了。今世俗谓无赖子为烂仔，其义疑本于此。○释文云：史记注云：无符传出入为阑。应劭曰：阑，妄也。此所谓阑子者，是以技妄游者也。疑兰字与阑同。○任大椿曰：兰阑古多通用。汉书息夫躬传："涕泣流兮萑兰。"臣瓒曰："莞兰，泣涕阑干也。"则兰与阑同。王莽传："与牛马同兰。"师古云："兰谓遮兰，即牛马兰圈。"玉篇、广韵阑下训云，"遮也，牢也"，即王莽传注遮兰兰圈之谓也。后汉书公孙述传："又造十层赤楼帛兰船。"注云："以帛饰其阑槛。"则阑即兰也。管子中匡篇："兰盾輪革。"注："兰即所谓兰锜，兵架也。"水经注："县有蜀王兵阑。"华阳国志："蜀有兵阑。"兰盾兰锜即兵阑也。盖阑多借兰。列子此文阑之作兰，与诸书训义虽异，而通假则同。以技干宋元。○王重民曰：类聚六十、御览三百四十四、又四百八十三引"宋元"下并有"君"字。○王叔岷曰：书钞一二二，六帖三三、六一，御览五六九引亦并有"君"字。事类赋十三引列子传同。伯峻案："宋元"当从书钞、御览、类聚诸书所引补"君"字,宋元君疑即褚少孙补史记龟策列传之宋元王。司马贞索隐称宋元王为宋元君,是其例也。宋至偃始称王,即为齐所灭,无谥,私谥为康王(国策及吕览淫辞),或献王(荀子),即元君欤?钱穆先秦诸子系年考辨宋元王考则谓宋元王为王偃太子,亦是悬揣之词。吕览君守篇,"鲁鄙人遗宋元王闭",宋元王当与此同。又宋有元公,平公之子也,非此元君。○释文"技"作"妓",云:渠绮切。**宋元召而使见。**伯峻案:"元"下疑挩"君"字。下文皆作"元君"可证。○释文云:见,贤遍切。**其技以双枝,长倍其身,属其胫,**伯峻案:"枝"世德堂本作"技",御览三百四十四又四百八十三引作"杖",又五百六十九引作"枝"。○释文云:倍依字。属音烛。胫音胫。**并趋并驰,弄七剑迭而跃之,五剑常在空中。元君大惊,立赐金帛。又有兰子又能燕戏者,**〔注〕如今之绝倒投狭者。○王重民曰:下"又"字当衍,御览四百八十三引无。○王叔岷曰:六帖三三、御览五六九引亦并无下"又"字。**闻之,复以干元君。**○释文云:复,扶又切,下同。**元君大怒曰:"昔有异技干寡人者,**〔注〕谓先伎人。○卢文弨曰:郭璞注山海经长股国云,"今伎家乔人盖象此",伎乔通用。○释文云:侨,音乔,寄也。**技无庸,**○释文云:为句。**适值寡人有欢心,故赐金帛。彼必闻此而进,复望吾赏。"拘而拟戮之,**○北宋本脱"拟"字,汪本从之,今从各本增。六帖六一引"拘"上有"将"字,御览五六九引"拘"上有"乃"字。○释文云:一本漏拟字。**经月乃放。**〔注〕此技同而时异,则功赏不可预要也。〔解〕夫积仁义以守道者,福可全也;恃力技以侥幸,不常禄也。列子两举其事,以彰德行之为益耳。○释文"预要"作"豫要",云:要,一遥切。

秦穆公谓伯乐曰:"子之年长矣,〔注〕伯乐,善相马者。○释文云:长,张丈切。相,息亮切,下同。**子姓有可使求马者乎?"**〔注〕

问伯乐之种姓有能相马继乐者不。○孙诒让曰：特牲馈食礼云："子姓兄弟如主人之服。"郑注云："所祭者之子孙。言子姓者，子之所生。"丧大记云："卿大夫父兄子姓立于东方。"注云："子姓谓众子孙也。姓之言生也。"国语楚语："帅其子姓。"韦注云："众子姓，同姓也。"**伯乐对曰："良马可形容筋骨相也。**〔注〕马之良者可以形骨取也。○王重民曰：类聚九十三引"可"下有"以"字，是也。淮南道应篇同。○释文云：筋音斤。**天下之马者，若灭若没，若亡若失。**〔注〕天下之绝伦者，不于形骨毛色中求，故髣髴恍惚，若存若亡，难得知也。○释文云：髣髴上音昉，下芳味切。慌惚音怳忽。**若此者绝尘弭辙。**〔注〕言迅速之极。○释文云：弭，亡尔切。辙，迹也，一本作彻。**臣之子皆下才也，**○汪莱曰：据下卢解"子姓者子弟之同姓者也"，则"臣之子"下脱"姓"字。伯峻案：淮南子道应训"臣之子"下亦无"姓"字，汪说未谛。**可告以良马，不可告以天下之马也。臣有所与共担纆薪菜者，**〔注〕负索薪菜，盖贱役者。○"纆"各本皆作"缠"。○王念孙曰："缠"字之义诸书或训为绕（说文），或训为束（广雅），无训为索者，"缠"当为"纆"字之误也。说文作繣，云：索也。字或作纆，坎上六："系用徽纆"。马融曰："徽纆，索也。"刘表曰："三股曰徽，两股曰纆。"盖世人多见缠，少见纆，故传写多误耳。唯道藏本列子释文作纆，音墨，足正今本之误。○朱珔曰：哀十四年公羊传，"然则孰狩之，薪采者也。"大雅毛传："刍荛，薪采者。""薪采"即"采薪"，采或作菜。列子"担缠薪菜"。○俞樾曰："共"乃"供"之叚字。释文一作供，是也。盖担缠薪菜皆此人供之耳。"担缠薪菜"是两事，担缠者，负荷什物；薪菜者，以给炊也。缠乃纆字之误，菜当作采，古字通用。○释文云：共，同也，一本作供。担，丁甘切。纆音墨。**有九方皋，**○淮南子及吕览观表篇作"九方堙"。○胡怀琛曰：九方，姓；皋，名。庄子有九方歅。通志谓九方皋、九方歅是一个人。余窃谓九与鬼声近通用。史记殷本纪"以西伯、九侯、鄂侯三公"，徐广注："一作鬼侯"，是其证。然则九方即殷时鬼方,以地为姓也。皋、歔是否一人,尚待考。伯峻案:文选张协七命"方堙不能睹其若灭",李善注引吕氏春秋,谓景阳用吕览也。○王叔岷曰:淮南道应篇"九"上无"有"字。此文"有"字疑涉上"有"字而衍。艺文类聚九三、事类赋二一、御览八九六、记纂渊海九八、事文类聚后集三八引"九"上皆无"有"字。○释文云:皋音高。**此其于马非臣之下也。**○"此"各本作"比",道藏白文本、林希逸本、元本、世德堂本作"此",淮南子亦作"此"。○卢文弨曰:比,发语辞。孟子,"比天之所以与我者",贾谊,"比物此志也",皆同。伯峻案:卢说不可信。孟子之比训皆,贾谊传之比物,犹比类也(从王先谦汉书补注说)。比字不能用为发语辞。且孟子之"比"今本多作"此",贾谊传之"比",新书作"此",可见古书"比""此"二字常以形近致混。此处当作"此",不当作"比",今依道藏白文本订正。○释文云:一本作比。**请见之。**〔注〕非臣之下言有过于己。〔解〕担缠薪菜者,贱役者也。子姓者,子弟之同姓者也。○释文云:见,贤遍切,下同。过,古卧切。**穆公见之,使行求马。三月而反报曰:"已得之矣,在沙丘。"**〔注〕地名。**穆公曰:"何马也?"对曰:"牝而黄。"**○释文云:牝,频忍切。**使人往取之,牡而骊。**○释文云:牡,牟后切。骊,力移切。**穆公不说,**○释文云:说音悦。**召伯乐而谓之曰:"败矣,子所使求马者!**〔注〕谓九方皋。○王叔岷曰:艺文类聚九三、事类赋二一、御览八九六、记纂渊海九八、事文类聚后集三八引"子"下并有"之"字,淮南道应篇同,当从之。**色物、牝牡尚弗能知,**○卢文弨云:"色物"御览八百九十六引作"物色"。伯峻案:"色",淮南子道应训作"毛",当从之。毛,纯色;物,杂色,详杨树达积微居小学述林释物。**又何马之能知也?"伯乐喟然太息曰:"一至于此乎!是乃其所以千万臣而无数者也。**〔注〕言其相马之妙乃如此也,是以胜臣千万而不可量。〔解〕皋之相马,相其神,不相其形也。形者,常人之所辩也。伯乐叹其忘形而得神,用心一至于此,自以为不及皋之无数倍也。故穆公以为败,伯乐以为能也。**若皋之所观天机也,**〔注〕天机,形骨之表所以使蹄足者;得之于心,不显其见。**得其精而忘其粗,**○北宋本、汪本、四解本无"而"字,御览八百九十六、类聚九十三引同,今从道藏白文本、林希逸本、吉府本、世德堂本增。艺文类聚九三、埤雅十五、事文类聚后集三八、韵府群玉三、天中记五五、经济类篇九八引并有"而"字。○释文云:粗与麤同。**在其内而忘其外;**〔注〕精内谓天机,粗外谓牝牡毛色。○许维遹曰:在犹察也。**见其所见,**〔注〕所见者,唯天机也。**不见其所不见;**〔注〕所不见,毛色牝牡也。**视其所视,**〔注〕视所宜视者,不忘其所视。○注藏本"所"上有"其"字。**而遗其所不视。**〔注〕所不应视者,不以经意也。**若皋之相者,乃有贵乎马者也。"**〔注〕言皋之此术岂止于相马而已,神明所得,必有贵于相马者,言其妙也。○"相者"四解本作"相马"。○王重民曰:北宋本、道藏本、吉府本并作"者",疑作"者"是也。因上下文诸马字而误。淮南道应篇作"若彼之所相者乃有贵乎马者"。**马至,果天下之马也。**〔解〕夫形质者,万物之著也;神气者,无象之微也。运有形者,无象也;用无象者,形物也。终日用之而不知其功,终年运之而不以为劳,知而养之者,道之主也。皋之见乎所见者以神也。契其神者而贵于马也,代人皆不知所贵矣。

楚庄王问詹何曰:○释文云:詹音占。**"治国奈何!"**〔注〕詹何,盖隐者也。**詹何对曰:"臣明于治身而不明于治国也。"**○治要引"臣"作"何",吕览执一篇亦作"何闻为身不闻为国",淮南道应训"臣"亦作"何"。**楚庄王曰**:○王叔岷曰:"庄"字衍文。上文已言楚庄王,此不必更出"庄"字。治要引正无"庄"字。淮南道应篇同。**"寡人得奉宗庙社稷,愿学所以守之。"詹何对曰:"臣未尝闻身治而**

国乱者也,伯峻案:此两语又见淮南诠言训。○释文云:治,直吏切,国治同。又未尝闻身乱而国治者也。故本在身,不敢对以末。"楚王曰:"善。"〔解〕损物以厚生,小人之常情也;损生以利物,好名之诡行也。安社稷者,后其身也。善理身者,国自理之矣。君者国之主,神者形之主。理国在乎安君,理身在乎安神。神安则道崇,道崇则国理。神者身之本,道者神之功,故不敢以末对。

狐丘丈人谓孙叔敖〔注〕楚大夫也。伯峻案:说苑敬慎篇载此事,与此异。○释文云:敖,五劳切。孙叔敖,楚大夫也。**曰:"人有三怨,子知之乎?"**〔注〕狐丘,邑名。丈人,长老者。○释文云:长,张丈切。**孙叔敖曰:"何谓也?"对曰:"爵高者,人妒之;官大者,主恶之;**○释文云:恶,乌路切。**禄厚者,怨逮之。"**○俞樾曰:淮南子道应篇作"禄厚者怨处之",是也。"怨处之"谓怨雠之所处也,犹曰为怨府也。处与妒恶为韵。若作"逮",则失其韵矣。盖由浅人不达处字之义而臆改。○王重民曰:俞说是也,御览四百五十九引"逮"正作"处"。北宋本作"远",误(意林引作"禄厚者人怨之")。**孙叔敖曰:"吾爵益高,吾志益下;吾官益大,吾心益小;吾禄益厚,吾施益博。**○王重民曰:意林引"博"作"溥",疑作"溥"者是也。○释文云:施,始豉切。**以是免于三怨,可乎?"**〔解〕夫心益下者,道之用也;施益博者,德之用也。用道以下身者,无怨恶也;用德以周施者,主恩惠也。向之三怨复从何而生哉?○王叔岷曰:此处叙事未毕,疑有挩文。韩诗外传七此下更有"狐丘丈人曰:善哉言乎!尧舜其犹病诸"十五字,疑当从之。

孙叔敖疾,将死,戒其子曰:"王亟封我矣,伯峻案:本连上,今依文意分段。**吾不受也。**○俞樾曰:亟者数也,言王数封我而吾不受也。下文"城市患其亟也",注曰:"亟,数也",此亦当与同训。伯峻案:俞说是也,吕览异宝篇作"王数封我矣吾不受也",可证。○释文云:亟,纪力切,急也。**为我死,王则封汝。汝必无受利地!** ○王念孙曰:"为"犹"如"也,言"如我死而王封汝,汝必无受利地"也。古或谓如曰为。管子戒篇:"管仲寝疾,桓公往问之。管仲曰:夫江黄之国近于楚,为臣死乎,君必归之楚而寄之。"言如臣死也。秦策:"秦宣太后病,将死,出令曰:为我葬,必以魏子为殉。"言如我葬也。○释文云:为,于伪切。**楚越之间有寝丘者,此地不利而名甚恶。** 伯峻案:据"名甚恶","寝"当读为史记魏其武安侯传"武安貌侵"之"侵",谓丑恶也,可参淮南子证闻人间训。**楚人鬼而越人禨,**〔注〕信鬼神与禨祥。〔解〕禨字巨衣切,又居希切。淮南传曰:"吴人鬼,越人禨"。禨,祥也。○秦恩复曰:今本淮南子"吴"作"荆","禨"作"禨"。说文解字禨字下引淮南传曰:"吴人鬼,越人禨。""禨"乃"禨"字之误。○释文云:禨音机,祥也;又音畿。**可长有者唯此也。"孙叔敖死,王果以美地封其子。子辞而不受;请寝丘,**○释文云:寝丘在固始。史记云:"孙叔敖善优孟,后优孟言于庄王,王召其子,封之寝丘。"**与之,至今不失。**〔注〕汉萧何亦云,子孙无令势家所夺,即此类也。〔解〕人所争者,有力必取之。利之薄者,人所不用焉。不争之物则久有其利,必争之物则不能常保。人知利厚而共争,不知长有而利深。故嗜欲者,必争之地也;全道者,长久之方也。善于道者,触类而长之,何适而非道?伯峻案:淮南子人间训、吕览文与此大同。惟韩非子喻老云,"楚庄王既胜,狩于河雍,归而赏孙叔敖。孙叔敖请汉间之地沙石之处。楚邦之法,禄臣再世而收其地;唯孙叔敖独在。"

牛缺者,○释文云:缺,倾雪切。**上地之大儒也,下之邯郸,**○释文云:邯郸音寒丹。**遇盗于耦沙之中,**○梁玉绳曰:汉地理志及说文,渦水出赵国襄国县县西北,师古音藕。寰宇记五十九,渦水在邢州沙河县西北十七里,俱名沙河水,即耦沙也。伯峻案:沙河水在河北邢台市沙河县旧治南,今治已移驻褡裢镇,则沙河在县治北。尽取其衣装车,牛步而去。○俞樾曰:此当作"尽取其衣装车马,牛缺步而去"。吕氏春秋必己篇作"求其车马,则与之;求其衣被,则与之;牛缺出而去",是其证也。"出"即"步"字之误耳。此文脱"马"字"缺"字,遂以"车牛"连文,失之矣。视之欢然无忧吝之色。盗追而问其故。曰:"君子不以所养害其所养。"○陶鸿庆曰:下"所"字衍,淮南人间训作"圣人不以所养害养",可据正。○王重民曰:陶说恐非是,疑上"所"字下脱"以"字耳。庄子让王篇云:"且吾闻之,不以所用养害所养。"吕览审为篇"用"作"以",用犹以也。御览四百九十九引作"君子不以所养害所以养",义不可通。疑下"所"字下"以"字本在上"所"字之下,引者误移也。盗曰:"嘻!贤矣夫!"○释文云:嘻,许其切。夫音符。既而相谓曰:"以彼之贤,往见赵君,使以我为,必困我。○"使"秦刻卢解本作"便"。○陶鸿庆曰:"使以我为"下脱"事"字。淮南子人间训云,"以此而见王者,必且以我为事也",可据补。○王重民曰:陶说是也。御览四百零二、又四百九十九引"为"下并有"事"字。○释文作"往见赵君,以我为事,必困我",云:为句。一本云,往见赵君便以我为必困。不如杀之。"乃相与追而杀之。燕人闻之,聚族相戒,曰:"遇盗,莫如上地之牛缺也!"皆受教。俄而其弟适秦。至關下,○北宋本、汪本、四解本作"阙",道藏白文本、林希逸本、江遹本、元本、世德堂本作"關",今正。韩非子存韩篇"韩反与诸侯先为雁行以向秦军于关下矣",乾道本"關"作"阙",王先慎曰:"阙乃關字形近而讹,即函谷关。"○释文云:一本作阙。果遇盗;忆其兄之戒,○释文"忆"作"意",云:本亦作忆。因与盗力争。○释文云:争音净。既而不如,伯峻案:"如"当作"与"。又追而以卑辞请物。盗怒曰:"吾活汝弘矣,○"弘"秦刻卢解本作"宏"。而追吾不已,迹将箸焉。既为盗矣,仁将焉在?"○释文云:焉,於虔切。**遂杀之,又傍害其党四五人焉。**〔注〕牛缺以无恡招患,燕人假有惜受祸,安危之不可预图皆此类。〔解〕夫知时应理者,事至而不惑,时来而不失,动契其真,运合于变矣。若见名示迹,不适其时,则无往不败也。牛缺不知时,其弟亦过分,亦犹孟氏之二子出于文武哉!矫名过当者,未尝不如此也。

虞氏者,梁之富人也,家充殷盛,伯峻案:淮南人间训"充"下有"盈"字。**钱帛无量,**○释文云:量,去声。**财货无訾。**○王重民曰:类聚三十三、御览四百七十二引并作"家既充盛,钱帛无量,财货无比"。○释文云:訾音髭,言不可度量也。贾逵注国语云:赀,量也。**登高楼,临大路,设乐陈酒,击博楼上。**○释文云:击,打也,如今双陆棋也。韦昭博弈论云设木而击之是也。古博经曰:博法,二人相对,坐向局,分为十二道,两头当中名为水。用棋十二枚,六白六黑;又用鱼二枚置于水中。其掷采以琼为之。琼昃方寸三分,长寸五分,锐其头,钻刻琼四面为眼,亦名为齿。二人互掷采行棋。棋行到处即竖之,名为骁棋,即入水食鱼,亦名牵鱼。每牵一鱼获二筹,翻一鱼获三筹。若已牵两鱼而不胜者,名曰被翻双鱼。彼家获六筹为大胜也。昃音侧。**侠客相随而行。楼上博者射,**○王重民曰:"楼上"当作"楼下",此谓虞氏于高楼设乐陈酒击博赌胜之时,侠客相随,行经楼下,适有飞鸢坠腐鼠而中之,因疑虞氏在楼上所故而以为辱也。若侠客已行至楼上,则不得有此误会矣。此盖因上文"击博楼上"句而误。类聚九十五引作"游侠相随行楼下博者射中而笑"。文虽简略,而"楼下"字固不误也。伯峻案:今以"楼上"两字属下读,则侠客相随者在楼下可知矣。○释文云:博者射为句。射,食亦切。**明琼张中,反两㹂鱼而笑。**〔注〕明琼,齿五白也。射五白得之,反两鱼获胜,故大笑。○秦本"㹂"作"擒",藏本"㹂"下有"吐合切"三字注,今依北宋本删。○释文"㹂"作"擒",云:中,丁仲切。反音翻。擒,他臘切。凡戏争能取中皆曰射,亦曰投。裴骃曰:"报采获鱼也。"擒字案真经本或作鱼,案大博经作鲽,比目鱼也。盖谓两鱼勇之比目也。此言报采获中,翻得两鱼,大胜而笑也。鲽,他臘反。今本云擒鱼者,是多一字也。据义用鲽不用鱼,用鱼不用鲽字。飞鸢适坠其腐鼠而中之。○释文坠作队,云:鸢音缘。适音隻。队音坠。侠客相与言曰:"虞氏富乐之日久矣,○王叔岷曰:六帖十、合璧事类别集十六、天中记十四引"久"上并有"已"字。○释文云:乐音洛。而常有轻易人之志。○释文云:易,以豉切。吾不侵犯之,而乃辱我以腐鼠。此而不报,无以立懻于天下。〔注〕懻,勇。○释文云:懻音勤,勇也。请与若等戮力一志,率徒属必灭其家为等伦。"○"戮"四解本作"勠"。○释文"戮"作"勠",云:音留,并力也。皆许诺。至期日之夜,聚众积兵以攻虞氏,大灭其家。〔注〕骄奢之致祸败不以一涂。虞氏无心于陵物而家破者,亦由谦退之行不素著故也。〔解〕前章言学义三代以致祥,此章言积骄奢一朝以招祸。行之不著,飞灾所锺。祸福无门,惟人所召。此之双举,诚之深焉。○释文"积兵"作"精兵",云:一本作积兵。行,下孟切。

东方有人焉○王叔岷曰:吕氏春秋介立篇、新序节士篇、金楼子杂记上篇"人"并作"士"。曰爰旌目,○蒋超伯曰:"爰旌目"张衡应间作"旌眥",其词云:"于心有猜,则箪飧豆饎犹不屑餐,旌眥以之"。伯峻案:张衡传注引"旌"作"精"。刘子新论妄瑕篇袁孝政注、北山录释宾问篇注、又异学篇注引"旌"并作"精"。将有适也,○王叔岷曰:御览四九九引"适"上有"所"字,文意较完。新序节士篇亦有"所"字。而饿于道。狐父之盗曰丘,见而下壶餐以餔之。○卢文弨曰:"餐"藏本作"飧"。○释文"餐"作"飧",云:父音甫,下同。飧音孙,水浇饭也。餔音脯。爰旌目三餔而后能视,曰:"子何为者也?"伯峻案:新序节士篇作"子谁也"。曰:"我狐父之人丘也。"○蒋超伯曰:狐父,乃地名。荀子荣辱篇:"所谓以狐父之戈钃牛矢也。"杨倞注:"狐父,地名。史记'伍被曰:吴王兵败于狐父。'徐广曰'梁砀之间也。'"爰旌目曰:"譆! ○释文云:譆音熙。汝非盗邪? 胡为而食我? ○"食"本作"餐",今从世德堂本正。吕览介立篇亦作"食"。○释文云:食音嗣。吾义不食子之食也。"两手据地而欧之,○道藏白文本"欧"作"呕"。说文:"欧,吐也。"呕乃俗字。○释文云:欧,一口切。不出,喀喀然,遂伏而死。○王叔岷曰:释文本有"地"字,当从之。吕氏春秋介立篇、新序节士篇、金楼子杂记上篇亦并有"地"字。○释文作"伏地而死",云:喀音客。一本无地字。狐父之人则盗矣,而食非盗也。以人之盗因谓食为盗而不敢食,是失名实者也。〔解〕求名失实,违道丧生,其爰旌目之谓乎! 有道者不然矣。使盗者变其心成乎仁也,身行其道,人沐其化。君子济危,食之两全也;欧则双失,又喀喀而吐,伪愚也哉!

柱厉叔事莒敖公,自为不知己,去,居海上。 ○北宋本、汪本、秦刻卢解本、世德堂本"去"作"者"。○卢文弨曰:藏本"自"下有"去"字。○陶鸿庆曰:"自"下当有"以"字,"者"当作"去",以草书相似而误。其文云:"自以为不知己,去,居海上。"下文"其友曰,子自以为不知己,故去";又"柱厉叔曰,不然,自以为不知故去,今死,是果不知我也",并其证。伯峻案:陶说是也,吕氏恃君览作"自以为不知而去居于海上"可证。今依道藏白文本、林希逸本、江遹本、吉府本改"者"作"去"。又说苑立节篇"柱厉叔"作"朱厉附","敖公"作"穆公"。○释文作"自以为不知己者居海上",云:己音纪。居海上一本作而去海上。**夏日则食菱芰,** ○许维遹曰:吕氏春秋恃君览"菱芰"一作"菱芡"。高诱注:"菱,芰也。芡,鸡头也,一名雁头,生水中。"淮南说山篇注:"鸡头,水中芡,幽州谓之雁头。"古今注,"芡叶似荷而大,叶蹙皱如沸,实有芒刺,其中如米,可以度饥。" ○释文云:菱音陵。芰,奇上声,一本作芡。**冬日则食橡栗。** ○释文云:橡音象。**莒敖公有**

难，○释文云：难，乃旦切。柱厉叔辞其友而往死之。其友曰："子自以为不知己，○释文云：己音纪。故去。今往死之，是知与不知无辨也。"柱厉叔曰："不然；自以为不知，故去。○陶鸿庆曰："自以为不知"下当有"己"字，写者脱之。伯峻案：吕氏恃君览亦无"己"字。今死，○释文作"今死而弗死"，云：一本无而弗死三字。是果不知我也。吾将死之，以丑后世之人主不知其臣者也。"凡知则死之，不知则弗死，此直道而行者也。柱厉叔可谓怼以忘其身者也。〔解〕彼终不知己也，乃死其身，以明彼之不知己，岂有道者所处乎？名之累愚多若是矣，与夫全生宝道者远矣。○释文云：怼音坠。忘一本作亡。

杨朱曰："利出者实及，○俞樾曰："及"乃"反"字之误。"出"与"反"犹"往"与"来"，相对成文。孟子曰："出乎尔者反乎尔者也。"○释文"实及"作"实反"，云：反一本作及，非也。怨往者害来。〔注〕利不独往，怨不偏行，自然之势。发于此而应于外者唯请，〔注〕请当作情。情所感无远近幽深。○洪颐煊曰："言"古文"𢜫"，与心字篆文"𠃤"字形相近，故情字多为请。○释文云：请音精。字林云：精，诚也。一本音情，说文云：人之阴气有所欲也。徐广曰：古情字或假借作请。是故贤者慎所出。"〔注〕善著则吉应，恶积则祸臻。〔解〕唯请者，若自召之也。祸福之来若影与响耳，故贤者慎其所出也。今之慕道者皆脱略名教，轻弃礼法，放情任己，以为达生；以仁义为桎梏，以屋宅为裈袴；忽彼报应，人事不修；故嵇康之徒死亡而不暇，嗣宗之辈世疾如仇雠，而不知真理乎！

杨子之邻人亡羊，伯峻案：御览一九五引无"人"字。既率其党，又请杨子之竖追之。杨子曰："嘻！亡一羊何追者之众？"邻人曰："多歧路。"既反，问："获羊乎？"曰："亡之矣。"曰："奚亡之？"曰："歧路之中又有歧焉，吾不知所之，所以反也。"○王叔岷曰：鹖冠子天权篇注引"所以"作"是以"。**杨子戚然变容**，○释文云：戚，子六切。**不言者移时，不笑者竟日。门人怪之，请曰："羊，贱畜**；○释文云：畜，丑救切。**又非夫子之有，而损言笑者，何哉？"杨子不答。门人不获所命。弟子孟孙阳出以告心都子。心都子他日与孟孙阳偕入，而问曰："昔有昆弟三人，游齐鲁之间，同师而学，进仁义之道而归。其父曰：'仁义之道若何？'伯曰：'仁义使我爱身而后名。'**〔注〕身体发肤不敢毁伤也。伯峻案：注语乃约孝经开宗明义章文。**仲曰：'仁义使我杀身以成名。'**〔注〕无求生以害仁，有杀身以成仁也。伯峻案：注用论语卫灵公孔丘语。**叔曰：'仁义使我身名并全。'**〔注〕既明且哲，以保其身。伯峻案：注用诗大雅烝民句。**彼三术相反，而同出于儒。孰是孰非邪？"杨子曰："人有滨河而居者，习于水，勇于泅，**○释文云：泅音囚。**操舟鬻渡，**○释文云：操，七刀切。**利供百口。裹粮就学者成徒，而溺死者几半。**○释文云：几音祈。**本学泅，不学溺，而利害如此。若以为孰是孰非？"心都子嘿然而出。**○"嘿"吉府本作"默"。**孟孙阳让之曰："何吾子问之迂，夫子答之僻？**○卢文弨曰：藏本"僻"作"辟"。○释文"僻"作"辟"，云：迂音于，曲也。辟音僻。**吾惑愈甚。"心都子曰："大道以多歧亡羊，学者以多方丧生。**○释文云：丧，息浪切，下同。**学非本不同，非本不一，而末异若是。**伯峻案：全晋文三四卢谌与司空刘琨书云"盖本同末异，杨朱兴哀"，伪作列子者或本此，或当时古书已有此章，作列子者用之也。**唯归同反一，为亡得丧。**○释文云:亡音无,下同。**子长先生之门,**○释文云:长,张丈切。**习先生之道,而不达先生之况也,**○释文云:况,词也。伯峻案:汉书高惠高后文功臣表:"以往况今,甚可悲伤。"师古曰:"况,譬也。"此况字亦当训譬,比喻也。不过彼用为动词,此则用为名词耳。释文云,况,词也,不详何据。**哀哉!"**〔解〕羊以喻神,守神不失为道也。一失其羊,而奔波歧路,不可得矣。但守其神为无丧无得而为无待也。多方于仁义者亦若是矣。

杨朱之弟曰布,衣素衣而出。○释文云:衣素之衣,於既切,下衣缁衣同。素衣之衣依字。**天雨,解素衣,衣缁衣而反。其狗不知,迎而吠之。杨布怒,将扑之。**○卢文弨曰:藏本"扑"作"朴",下同。○释文"扑"作"朴",云:片卜切。**杨朱曰:"子无扑矣!子亦犹是也。向者使汝狗白而往,黑而来,岂能无怪哉?"**〔注〕此篇明己身变异,则外物所不达,故有是非之义。不内求诸己而厚责于人,亦犹杨布服异而怪狗之吠也。〔解〕夫守真归一,则海鸥可驯;若失道变常,则家犬生怖矣。○注"厚责"藏本作"专责"。○许维遹曰:韩非子说林下"岂"上有"子"字,于义较长。○释文"向者使汝狗"作"乡者使汝见狗",云:乡音向。一本无见字。○王叔岷曰:林希逸口义:"人若见白狗而为黑",疑所见本亦有"见"字。

杨朱曰:"行善不以为名,而名从之;名不与利期,而利归之;利不与争期,而争及之;○释文云:争音诤,下同。**故君子必慎为善。"**〔注〕在智则人与之讼,在力则人与之争,此自然之势也。未有处名利之冲,患难不至者也。语有之曰,"为善无近名",岂不信哉!〔解〕求名之善,人所必争,故曰为善无近名者,不与人争利也。行人之所不能行而不伐者,慎为善也。○卢文弨曰:注"名利之冲"藏本作"利名之中"。又"中"下有"而"字。伯峻案:说苑敬慎篇载魏公子牟语,意与此大同。○释文云：难，乃旦切。

昔人言有知不死之道者，○道藏白文本、林希逸本、吉府本"人"下有"有"字，北宋本、道藏四解本、江遹本、世德堂本、汪本并无之。○陶鸿庆曰："言有"二字误倒。○王重民曰：陶说非是，"人"下脱"有"字耳。道藏本、吉府本"人"下并有"有"字。伯峻案：依王说，若作"昔人有言有知不死之道者"，则知不死之道者为一人，言者又为一人。如此，则与下文言者死云云文义不相合矣。恐非。陶说近是。**燕君使人受之，不捷，而言者死。**伯峻案：韩非外储说左上作"所使学者未及学而客死，王大怒，诛之"。○释文云：捷，以接切。**燕君甚怒，其使者将加诛焉。**○释文云：使，所吏切。**幸臣谏曰："人所忧者莫急乎死，己所重者莫过乎生。彼自丧其生，**○释文云：丧，息浪切。**安能令君不死也？"乃不诛。有齐子亦欲学其道，闻言者之死，乃抚膺而恨。富子闻而笑之曰："夫所欲学不死，其人已死而犹恨之，是不知所以为学。"胡子曰："富子之言非也。凡人有术不能行者有矣，能行而无其术者亦有矣。卫人有善数者，临死，以决喻其子。**○"决"道藏白文本、林希逸本、世德堂本、吉府本并作"诀"。伯峻案：说文新附："诀，别也。一曰法也。"但决可通诀，如文选鲍照诗"将去复还诀"，李善注，"诀与决同"。此决即诀，法也。**其子志其言而不能行也。他人问之，以其父所言告之。问者用其言而行其术，与其父无差焉。若然，死者奚为不能言生术哉？"**〔注〕物有能言而不能行，能行而不能言，才性之殊也。〔解〕或人有非术者云，徒能说虚词以辩理，未有自能行而证之者，故疑其所言以为不实耳。故此章言有知之者，有能知而未能行者，有能行而不知者。然则知而不行，行而不知，不行不知，虽俱能悟，非无差别矣。况闻斯行诸，因知而获悟者,岂不贤于不知言者乎?○释文云:为,于伪切。

邯郸之民以正月之旦献鸠于简子,○释文云:邯郸音寒丹。**简子大悦,厚赏之。客问其故。简子曰:"正旦放生,示有恩也。"客曰:"民知君之欲放之,**伯峻案:御览二十九引作"民知君欲放之"。**故竞而捕之,死者众矣。**○四解本、世德堂本无"故"字。○王重民曰:玉烛宝典卷一引叠"竞而捕之"四字。**君如欲生之,不若禁民勿捕。**○王重民曰:御览二十九引"如"作"而",字通。**捕而放之,恩过不相补矣。"简子曰:"然。"**〔解〕夫人知所以善者,皆事之末也。若理其本,则众所不能知,而功倍于理末者,皆若此也。故小慈是大慈之贼耳。名教之迹,理其末也;大道之功,理其本也。众人皆睹其小而不识其大者焉,故略举放鸠以明此大旨也。○王重民曰:御览二十九引"然"作"善",玉烛宝典一引作"诺"。

齐田氏祖于庭,食客千人。中坐有献鱼雁者,○毕沅曰:说文云:"雁,鹅也。"此与鸿雁异。吕氏春秋云:"庄子舍故人之家,故人令竖子为杀雁飨之。"亦见庄子。新序刺奢云,"邹穆公有令,食凫雁必以粃,无得以粟",皆即鹅也。今江东人呼鹅犹曰雁鹅。**田氏视之,乃叹曰:"天之于民厚矣!殖五谷,生鱼鸟以为之用。"**○伯峻案:友人彭铎曰:用犹食也。下文云"人取可食者而食之",此云"殖五谷、生鱼鸟以为之用",鱼鸟、五谷皆人所食之物也。今谓谒客吃饭为用饭,乃古语之遗。韩非子外储说左下"孔子侍坐于鲁哀公,哀公赐之桃与黍。哀公曰:请用。"家语子路初见篇"请用"作"请食"。孔丛子连丛子下篇:"季彦见刘公,客适有献鱼者,公熟视鱼,叹曰:厚哉,天之于人也!生五谷以为食。"主名虽异,句法正同。用之为食,更其确证。**众客和之如响。**○释文云:和,胡卧切。**鲍氏之子年十二,预于次,进曰:"不如君言。天地万物与我**

并生,类也。类无贵贱,〔注〕同是生类,但自贵而相贱。○注世德堂本作"同生是类,但自贵而自贱"。徒以小大智力而相制,迭相食;非相为而生之。○释文云:为,于伪切,下同。人取可食者而食之,岂天本为人生之?且蚊蚋噆肤,○释文云:蚊音文。蚋音汭。噆,子臘切。虎狼食肉,非天本为蚊蚋生人、虎狼生肉者哉?"
〔解〕夫食肉之类,更相吞噉,灭天理也,岂天意乎?鲍子之言,得理之当也。尝有俗士言伏羲为网罟,燧人熟肉而食;彼二皇者,皆圣人也。圣人与虎食肉何远耶?释氏之经非中国圣人约人为教,利人而已矣。释氏是六通圣人,约识为教,通利有情焉。今列子之书乃复宜明此指,则大道之教未尝不同也。○卢文弨曰:"非天本为蚊蚋生人","非"疑当作"岂"。○王叔岷曰:林希逸云:"非字合作岂字"。案:林说是也。今本"非"字,疑涉上文"非相为而生之"而误。伯峻案:论衡物势篇:"天生万物,欲令相为用,不得不相贼害也。则生虎狼蝮蛇及蜂虿之虫,皆贼害人,天又欲使人为之用耶?"与鲍氏之子言同意。

齐有贫者,常乞于城市。城市患其亟也,○释文云:亟,去吏切,数也。众莫之与。遂适田氏之厩,○释文云:厩音救。从马医作役而假食。伯峻案:御览四八五引"马医"作"马竖",下同。郭中人戏之曰:"从马医而食,不以辱乎?"伯峻案:以,太也。乞儿曰:"天下之辱莫过于乞。乞犹不辱,岂辱马医哉?"〔注〕不以从马医为耻辱也。此章言物一处极地,分既以定,则无复廉耻;况自然能夷得失者乎?〔解〕士有折支舐痔而取进用者,亦求衣食也。役于贱医之门者,亦求衣食也。获多利则以为荣,获少利则以为耻。代人亦孰知荣耻之实者乎?○秦恩复曰:解中折支即折枝。孟子:"为长者折枝。"赵岐注:"折枝案摩折手节解罢枝也。"○释文云:分,符问切。复,扶又切。

宋人有游于道、得人遗契者,〔注〕遗,弃。○王重民曰:御览四百九十九引无"游"字。○释文云:宋人有游于道一本作宋人有于道。契,口计切,刻木以记事者。**归而藏之,密数其齿**。〔注〕刻处似齿。○汪中曰:依注义,则书契之契正谓刻也,与锲同。伯峻案:符契之合处在齿,所以别真伪也。易林云:"符左契右,相与合齿。"故此人得契则密数其齿。○释文云:数,色主切。**告邻人曰:"吾富可待矣。"**〔注〕假空名以求实者,亦如执遗契以求富也。〔解〕举俗之人迷于空名,失于真理,皆如拾遗失之木契,计刻齿之数以待富焉;亦犹不耻乞匄于市而耻受役于人矣;亦何异乎人间逃奴弃其主而别事于人;执劳不异也,而自以为不系属于人。随妄情而失实义,其类皆如是矣。

人有枯梧树者,其邻父言枯梧之树不祥,伯峻案:吕氏春秋去宥篇"祥"作"善"。○释文云:父音甫,下同。**其邻人遽而伐之。**〔注〕言之虽公,而失厝言之所也。○俞樾曰:"邻"字衍文也。上云"人有枯梧树者",此云"其人",即此人也。上下文所云"邻父",谓此人之邻也,岂得又就邻人言之而谓此人为邻人乎?下文"其人乃不悦曰",亦无"邻"字,可证此"邻"字之衍。**邻人父因请以为薪。**〔注〕又践可疑之涂。○王叔岷曰:六帖十六引无"人"字,今本"人"字疑涉上下文而衍。吕氏春秋去宥篇亦无"人"字。**其人乃不悦,曰:**○释文"乃"作"迺",云:古乃字。**"邻人之父徒欲为薪而教吾伐之也。**〔注〕在可疑之地,物所不信也。**与我邻,若此其险,岂可哉?"**〔解〕劝之伐树,公言也;请以为薪,理当也。劝伐而请,疑过生焉。故曰,人之所畏,不可不畏。勿谓无伤,其祸将长:此之谓也。伯峻案:解"疑过生焉""过"疑"遂"字之误。

人有亡鈇者,〔注〕鈇,钺也。○释文云:鈇音斧,钺也。**意其邻之子,**伯峻案:"邻"下当有"人"字,下文亦作"邻人之子"可证。御览七六三引作"邻人子",虽脱"之"字,人字固未夺也。**视其行步,窃鈇也;**○四解本无"行"字。**颜色,窃鈇也;言语,窃鈇也;动作态度无为**

而不窃鈇也。○"动作"各本皆作"作动"。○王重民曰:"作动"二字御览七百六十三引作"动作",是也。下文云"他日复见其邻人之子,动作态度无似窃鈇者"。伯峻案:吕览去尤篇亦作"动作态度",王说是也。今依卢重玄本、道藏四解本订正。事文类聚别集十八、合璧事类续集三三引亦作"动作"。**俄而抇其谷而得其鈇,**〔注〕抇音掘。○释文云:抇,胡没切,古掘字,又其月切。一本作相,非也。**他日复见其邻人之子,**○王叔岷曰:御览七六三,记纂渊海五五、五九,事文类聚别集十八,合璧事类续集三三引并无"人"字。**动作态度无似窃鈇者。**〔注〕意所偏惑,则随志念而转易。及其甚者,则白黑等色,方圆共形,岂外物之变?故语有之曰,万事纷错,皆从意生。〔解〕事有疑似而招祸者多矣。自飞鸢坠鼠皆疑似成患。唯积德守道无情不私者,乃能无思焉。故失鈇疑邻,其事一也。○注"岂外物之变"藏本作"岂外物之所能变乎"。○释文云:复,扶又切。

白公胜虑乱,〔注〕虑犹度也,谋度作乱。○释文云:胜,诗证切。**罢朝而立,倒杖策,鐝上贯颐,**〔注〕鐝,杖末锋。伯峻案:韩非喻老篇作"罢朝倒杖而策锐贯顊"。○释文云:鐝,张劣反。许慎注淮南子云:"马策端有利铁,所以刺不前也。"**血流至地而弗知也。郑人闻之曰:"颐之忘,将何不忘哉?"**○"颐"北宋本、世德堂本作"头"。**意之所属箸,其行足踬株埳,**○释文云:属音烛。著,直略切。踬音致,碍也。埳音坎。**头抵植木,而不自知也。**伯峻案:"意之所属"数句又见淮南子原道训。○释文云:抵,丁礼切。

昔齐人有欲金者,○王重民曰:意林引"欲"下有"得"字,吕氏春秋去宥篇同。**清旦衣冠而之市,**○释文云:衣冠并去声。**适鬻金者之所,**○释文云:鬻音育。**因攫其金而去。**○释文云:攫音钁。**吏捕得之,**○释文"得之"作"倡之",云:倡音昌,戏弄也;一本作得之。**问曰:**

"人皆在焉,子攫人之金何?"○王重民曰:类聚八十三、御览八百一十引"何"下并有"故"字,吕氏春秋同。○王叔岷曰:六帖八,事类赋九,记纂渊海一、五五,事文类聚续集二五,天中记五十引亦皆有故字。淮南子氾论篇"何故"作"何也"。○释文作"子攫人之金何故",云:一本无故字。对曰:"取金之时,不见人,徒见金。"〔注〕嗜欲之乱人心如此之甚也。故古人有言:察秋毫之末者,不见太山之形;调五音之和者,不闻雷霆之声。夫意万物所系迷著外物者,虽形声之大而有遗矣。况心乘于理,检情摄念,泊然凝定者,岂万物动之所能乱者乎?〔解〕张湛云:"嗜欲之乱人心如此之甚也,故曰察秋毫之末者不见泰山之形,听五音之和者不闻雷霆之声"。心有所存,形有所忘,皆若此者也。此章言嗜欲不可纵,丧身灭性之大也。今以丧其身之物,意欲厚其身也。若能无其身,复何用金为?所言无身非谓灭身也,盖不厚而已矣。○注"岂"下四解本有"因"字,恐误。卢文弨曰:注"物"字疑衍。伯峻案:卢说未确。疑"万物动之"当作"万物之动","动之"两字倒。○释文云:著,直略切。泊音魄,安靖之貌。

附录一 张湛事迹辑略

〔世说新语任诞篇注引晋东宫官名〕湛字处度,高平人。

〔又引张氏谱〕湛祖嶷,正员郎。父旷,镇军司马。湛仕至中书郎。

〔世说新语任诞篇〕张湛好于斋前种松柏。时袁山松出游,每好令左右作挽歌。时人谓张"屋下陈尸",袁"道上行殡"。又见晋书卷八十三袁山松传。

〔又注引裴启语林〕张湛好于斋前种松养鸲鹆。

〔晋书范甯传〕初,甯尝患目痛,就中书侍郎张湛求方。湛因嘲之曰:"古方宋阳里子少得其术以授鲁东门伯,鲁东门伯以授左邱明,遂世世相传。及汉杜子夏郑康成、魏高堂隆、晋左太冲,凡此诸贤并有目疾。得此方云:用损读书一,减思虑二,专内视三,简外观四,旦晚起五,夜早眠六。凡六物,熬以神火,下以气筛,蕴于胸中七日,然后纳诸方寸。修之一时,近能数其目睫;远视尺捶之馀。长服不已,洞见墙壁之外。非但明目,乃亦延年。"案:宋叶梦得避暑录话下卷引有张湛授范甯目痛方。

〔宋书良吏传〕高平张祐,以吏材见知。祐祖湛,晋孝武时以才学为中书侍郎、光禄勋。

〔隋书经籍志〕列子郑之隐人列御寇撰东晋光禄勋张湛注。

〔又〕养生要集十卷张湛撰新旧唐志同。丁国钧补晋书艺文志曰:疑此系魏书列传中之张湛,非注列子者。伯峻案:此说毫无根据,且魏之张湛未必知医(魏书以及北史张湛传俱不曾提及),而晋之张湛能医,尤可证丁氏之说不可信。黄逢元补晋书艺文志云:初学记四、又三十七,文选注二十一、又五十二,御览二十九、又三十一、又八百三十九、又八百四十一、又九百三均引存。伯峻案:汤用彤(一八九三——一九六四)读道藏札记云:养生延年锦序谓"余因止观微暇,聊复披览养生要集,其集乃钱彦、张湛、道林之徒,翟平、黄山之辈,咸是好事英奇,志在宝育"云云,可见养生要集或为张湛录当时诸家之说而成。又云:养性延命录卷上第九有张湛养生集叙。

〔新唐书艺文志〕张湛延年秘录十二卷旧唐志不著撰人。

伯峻案:文选辩命论李善注引庄子张湛注,文廷式补晋书艺文志因谓张湛有庄子注,又自疑之。汤用彤读道藏札记谓养性延命录引庄子达生篇,皆有张湛之注,可知张湛曾注庄子。又据商务印书馆影宋六臣注文选,卷一、十三、廿一、三十六、四十、五十、五十三俱曾引文子及张湛注,文廷式因谓张湛有文子注。

附录二　重要序论汇录

(一)刘向　列子新书目录<small>小字夹注者为唐殷敬顺释文以及宋陈景元之释文补遗,而任大椿之释文考异则略而未录。○姓列,名御寇,或名圄寇。先庄子,故庄子称之。天宝初,奉旨册为冲虚真人,其书改题曰冲虚真经,名冠八篇之首。此是刘向取二十篇除合而成,都名新书焉。大宋景德四年,敕加至德二字,号曰冲虚至德真经。</small>

天瑞第一　　　黄帝第二　　　周穆王第三
仲尼第四<small>一曰极智</small>　汤问第五　　　力命第六
杨朱第七<small>一曰达生</small>　说符第八

右新书定著八章。护左都水使者光禄大夫臣向<small>姓刘名向,字子正,汉楚元王交玄孙,校定此书也。</small>言:<small>所校音教中书列子五</small>篇,臣向谨与<small>释文"与"作"欤",云:音与,经中与字多如此作。</small>长社尉臣参<small>七南切。刘向管子新书目录云:臣参书四十一篇。</small>校雠<small>音酬。校谓两本相对覆校也。雠谓如仇雠报也。</small>太常书三篇,太史书四篇,臣向书六篇,臣参书二篇,内外书凡二十篇,以校除复扶又切重十二篇,定著八篇。中书多,外书少。章乱布在诸篇中。或字误,以尽子忍切,极也;下同。为进,以贤为形,如此者众。及在新书有栈。音剪,谓虫蠹断灭也。略作划,又作榍,皆与剪字同。周礼有剪氏,掌除虫鱼蠹书。校雠从中书已定,皆以杀青,谓汗简刮去青皮也。书可繕写。列子者,郑人也,与郑缪公缪音穆。与鲁哀公同时。同时,盖有道者也。其学本于黄帝老子,号曰道家。道家者,秉要执本,清虚无为,及其治身接物,务崇不竞,合于六经。而穆王、汤问二篇,迂诞迂音于。诞,徒旱切。迂诞,疏远之大言也。恢诡,恢,口回切。诡,孔委切。恢诡,大怪异之言也。非君子之言也。至于力命篇,一推分符问切。命;杨子之篇,唯贵放逸,二义乖背,音佩。不似一家之书。然各有所明,亦有可观者。孝景汉帝,讳启。皇帝时贵黄老术,此书颇普可切。行于世。及后遗落,散在民间,未有传者。且多寓言,"寓"释文作"偶",云:音遇。刘向别录云,偶言者,作人姓名,使相与语。史记读为寓。与庄周相类,故太史公司马迁不为列传。列传经传之类皆音去声。谨第录。臣向昧死上。时掌切。护左都水使者光禄大夫臣向所校列子书录。永始汉成帝年号。三年八月壬寅上。

（二）张湛　列子序小字注者为释文。

湛闻之张湛字处度,东晋光禄勋,注此真经。先父曰:吾先君与刘正舆、音余,晋扬州刺史,名陶。傅颖根,名敷,北地人。晋丞相从事中郎。皆王氏之甥也,并少诗照切。游外家。舅始周,姓王,张湛祖之舅。始周从兄从,疾用切。正宗、王宏字正宗,高平人,晋尚书。伯峻案:博物志云:"蔡邕有书万卷,汉末年,载数车与王粲。粲亡后,相国掾魏讽谋反,粲子与焉,既被诛,邕所与粲书悉入粲族子业,字长绪,即正宗父。正宗即辅嗣兄也。"辅嗣王弼字辅嗣,山阳人,魏尚书郎。皆好集文籍,先悉荐切,下同。并卑正切。得仲宣王粲字仲宣,山阳人,魏侍中。家书,幾音祈,近也。将万卷。傅氏亦世为学门。三君总角诗云:总角卯兮,谓童子结发之时也。竞录奇书。及长,丁丈切。遭永嘉之乱,与颖根同避难乃但切。南行,车重各称尺证切。力,并有所载。而寇虏音鲁弥盛,前途尚远。张谓傅曰:"今将不能尽子忍切全所载,且共料音聊,理也,量也。简世所希有者,各各保录,令无遗弃。"颖根于是唯赍音跻其祖玄、父咸子集。傅玄字休奕,北地人,著子书一百二十篇,有集五十卷。咸字长威,有集二十卷。父子俱为晋司隶校尉、鹑觚侯。先君所录书中有列子八篇。及至江南,仅音觐,少也。有存者。列子唯馀杨朱、说符、目录三卷。比必利切乱,正舆为扬州刺州,先来过江,复扶又切。在其家得四卷。寻从辅嗣女婿赵季子家得六卷。参校有无,始得全备。

其书大略明群有以至虚为宗,万品以终灭为验;神惠以凝寂常全,想念以著直略切。物自丧;息浪切。生觉音教与化梦等情,巨细不限一域;穷达无假智力,治身贵于肆任;而鸠切。此例稍多,后以意取之。顺性则所之皆适,水火可蹈;忘怀则无幽不照。此其旨也。然所明往往与佛经相参,犹云佛经往往与列子相参,此为文者辞语互陈也。大归同于老庄。属音烛辞引类特与庄子名周,字子休,宋人也,为梁漆园吏,著书五十二篇。郭象合为三十三篇以注之。天宝初册为南华真人,其书曰南华真经。经中往往有冲虚真人之语。相似。庄子、慎到、赵人也,先申韩,申韩称之。著书四十二篇。其学本师黄老。韩非、韩之诸公子,使秦,李斯害而杀之。著书五十五篇。其学本师黄老。尸子、名佼,音绞,鲁人。秦相商君师之。鞅死后逃入蜀。著书二十篇。淮南子、刘安,汉武孙,淮南厉王长子也。招致宾客作内书二十一篇,多真经之语。又外书三十三篇,论新语。伯峻案:释文"汉武孙",当作"汉高孙"。刘安于汉武为叔,于汉高始为孙。玄示、道家有玉龟胎中玄示经四十卷,又陈留韩祉作玄示八篇,演解五千文。旨归汉严遵字君平,作指归十四篇,演解五千文。多称其言,遂注之云尔。

(三)卢重玄 列子叙论

刘向云:"列子者,郑人也,与郑穆公同时,盖有道者也。其学本于黄帝、老子,号曰道家。道家者,秉要执本,清虚无为,及其理身接物,务崇不竞,合于六经。而穆王、汤问二篇,迂诞恢诡,非君子之言也。至于力命篇,一推分命,杨子篇唯贵放逸,二义乖背,不似一家之书。然各有所明,亦颇有可观者。且多寓言,与庄周相类,故太史公司马迁不为列传。"张湛序云:"其书大略明群有以至虚为宗,万品以终灭为验;神慧以凝寂常全,想念以著物自丧;生觉与化梦等情,巨细不限一域,穷达无假智力,理身贵于肆任;顺性则所之皆适,水火可蹈;忘怀则无幽不照。此其旨也。然所明往往与佛经相参,大归同于老庄。"重玄以为黄老论道久矣,代无晓之者。咸以情智辩其真宗,则所谕虽多,同归于不了;所诠虽众,但详其糟粕。莫不以大道玄远,遥指于太虚之中;道体精微,妙绝于言诠之表。遂使真宗幽翳,空传于文字;至理虚无,但存其言说。曾不知道之自我,假言以为诠;得意忘言,离言以求证。徒以是非生灭之思虑,因情动用之俗心,矜彼道华,求名丧实。我<u>开元圣文神武皇帝</u>知道为生本,至德非言,广招四方,傍询万宇,冀有达其玄理,将欲济于含生。小臣无知,偶慕斯道;再承圣旨,重考微言。谨寻<u>列子</u>之书,辄诠注其宗要。窃怀智此,

<u>秦恩复</u>曰,此字疑误。<u>汪莱</u>曰:智此当作知北,<u>庄子</u>有知北游篇。非欲指南。倘默契于希夷,犹玄珠于象罔。是所愿也,非敢望焉。

论曰:夫生者何耶?神与形会也。死者何耶?神与形离也。形有生死,神无死生;故<u>老子</u>曰,"谷神不死","死而不亡者寿也"。然此之死生,但约形而说耳。若于神用,都无死生。神本虚玄,契真者为性;形本质碍,受染者为情。至人忘情归性则近道,凡迷矜性殉情则丧真。是故黜支黜聪,道者之恒性;贪生恶死,在物之常情。不矜爱以损生,不祈名而弃实,故<u>庄子</u>曰,"为善无近名,为恶无近刑,缘督以为经,可以养生,可以尽年"也。代人以不求于名,则纵心为恶;此又失之远矣。何则?人笑亦笑,人号亦号;人之所畏,不可不畏;复安得为不善耶?是知神为生主,形报神功。神有济物之功,形有尊崇之报;神有害物之用,报有贱陋之形。故神运无穷,形有修短。报尽则为死,功著则别生;亦由清白者迁荣,贪残者降黜。约位而说也,

形不变则位殊;约神而辩也,神不易而形改。至人了知其道,故有而宝真。真神无形,心智为用。用有染净,凡圣所以分。在染溺者则为凡,居清净者则为道。道无形质,但离其情,岂求之于冥漠之中辩之于恍惚之外耳?故老子曰,"吾道甚易知,甚易行。"而不能知不能行,其故何也?代人但约形以为生,不知神者为生主;约气以为死,不知神者为气根。系形则有情,迷神则失道。封有惑本,溺丧忘归。圣人嗟其滞执之如此也,乃叹夫知道者不易逢矣。故曰,"千里一贤,犹如比肩;万代有知,不殊朝暮"者,惜之深矣。岂不然耶?倘因此论以用心,去情智以归本,损之又损,为于无为,然后观列子之书,斯亦思过之半矣。

(四)陈景元　列子冲虚至德真经释文序

夫庄子之未生,而列子之道已汪洋汗漫充满于太虚,而无形畤可闻也,故著书发扬黄老之幽隐,剖抉生死之根柢。堕肢解帙,决疣溃痈。语其自然而不知其然;意其无为而任其所为。辞旨纵横,若木叶乾壳,乘风东西,飘飘乎天地之间,无所不至。而后庄子多称其言,载于论说。故世称老庄而不称老列者,是繇庄子合异为同,义指一贯;离坚分白,有无并包也。昔列子陆沈圃田四十年而人莫识,藏形众庶在国而君不知,天隐者也。人有道而人莫誉,道岂细也夫?书有理而世罕称,理岂粗也夫?人也,之书也,深矣!远矣!与物返矣!不其高哉!

仆自总角好读是书,患无音义解所闇惑。及长,游天台山桐柏，于司马微水帐之下获烂书两卷。标题隐约，乃列子释文。纸墨败坏，不任展玩。而急手钞录，其脱落蠹碎，墁灭栈损，十已四五矣。而纸尾题云："唐当涂县丞殷敬顺纂。衡岳墨希子书。"遂草写藏于巾衍。后于潜山览有唐道士徐灵府手写列子洎卢重玄注，就于藏室繙景德年中国子监印本，参有校无，会得帖异。比得国子监印本经并注脱误长乙共一百六十字，集成讹谬同异一卷，附于释文之后。已而补亡拾遗，复其旧目。前人所称最善者如程是豹之别名，离裔乃泰丙两字古文，此其博学而多识者。其有越略，惟竢同志损益启悟。熙宁二年九月九日碧虚子题序。伯峻案：陈景元，字太初，玄号碧虚子，家世建昌，所藏内外道书数千卷，皆素所校正。卒于绍圣元年，年七十。宋薛致玄述道德真经藏室纂微开题科文疏有其事略。又宋韩淲涧泉日记卷上云："秘书监王钦臣奏差真靖大师陈景元校黄本道书，范祖禹封还，(中略)遂罢景元"云云。

(五)任大椿　列子释文考异序

通考载列子释文一卷，唐当涂县丞殷敬顺撰。其书引荀子杨倞注，则宪宗以后人也。余于乾隆戊戌教学淮阴，尝过淮渎庙，见有道藏残帙数架，遂检得此本。书分上下二卷，与通志同。体例仿陆氏经典释文。凡所征引多为前代逸书；又于正文之下附载异文，率皆当时流传旧本。夫藏书之家得一宋元佳刻，已若璆璧；况此书所载一作又作之本更在唐以前耶？道家诸子，庄列并称；奇词隐义，最尚音释。庄子释文列诸经典之末，遂克盛行；列子释文秘在道藏，故见之者希。考今本列子目录之前虽并标张湛注及敬顺释文,而每卷篇首乃独标湛注,更不辨何者为释文矣。试以道藏本证之,则注自为注,释文自为释文,不待研索而知也。又今本列子所载释文阙佚甚多,其于湛注加音释者咸省汰焉。讹文错简弥复不少,皆不及道藏本之完善。是书与庄子释文后先辉映,允宜并行于时。余故仿照道藏原本别为专刻,使之流布艺林。又取古今本之异同标其崖略,附一卷于书后。至于以尽为进,以贤为形,析疑辨误如刘向所云者,则未之幾及也。乾隆五十二年十月兴化任大椿书。

（六）秦恩复　列子卢重玄注序 原文"重玄"皆作"重元","玄孙"作"元孙",盖避"玄烨"之二名,今皆复原。

列子先于庄子而书最后出,史迁不为立传,学者遂疑为依托。以故注南华者不下数十家,独冲虚只张湛一注孤行于世。唐当涂县丞殷敬顺为之释文,宋碧虚子陈景元补其遗。景元序称曾于潜山得见徐灵府手写列子洎卢重玄注。考新唐书宰相表重玄为卢思道玄孙,藏用之弟。藏用注老子二卷,庄子十二卷;重玄有梦书四卷,均载艺文志中,今并不传。惟重玄所注列子自唐艺文志以下皆不著录。至郑樵通志、焦竑经籍志始有其目。余于南北藏书家访求卢注十馀年,今始得于金陵道院。书凡八卷,杨朱一篇注佚其半。其书羽翼张注,颇有可采者。间有征引,皆与古本相合。宰相表云:重玄仕至司勋郎中。今称通事舍人者,就其注书时而标题也。沈汾续仙传云:开元二十三年命中书舍人徐峤、通事舍人卢重玄赍玺书迎张果于常州,则知重玄奉诏注书之时正官通事舍人之时也。由唐迄今几及千载,历代搜奇好古之士网罗放失,不遗馀力,而卢注未经采录。夹漈、弱侯号称淹博,缥缃什袭,又不广为流通。向非入之道家,递相纂述,不几终遭沉晦邪?传写日久,讹谬滋多。为之是正文字,辨张、卢字句之异同,补殷、陈释文所未备。其有乌马鱼鲁灼然可知者,随加刊正,不复存疑。或辞义难通,字文牵混,仍其旧本,未敢以臆为断,别加考证以相参检而已。校刻既竣,复得歙县汪君孝婴补正数条,附录卷末,以竢将来。惧蹈班生露才扬已之讥,庶守宣圣多闻阙疑之义云尔。嘉庆九年甲子正月七日江都秦恩复序。

(七)汪继培　列子序

世所传列子八卷与汉书艺文志篇帙符合。其文或浅近卑弱,于韩策所称贵正,尸子、吕氏春秋所称贵虚之旨,持之不坚,故先儒多疑其伪。张湛序谓所明往往与佛经相参,大归同于老庄,又云庄子、慎到、韩非、尸子、淮南、玄示、旨归多称其言。实则原书散帙,后人依采诸子而稍附益之,其会稡补缀之迹,诸书见在者可覆按也。湛注明简,昔人方之王弼郭象之注老庄。唐殷敬顺因湛注为释文,二家各自为书。元明以来,刊本皆以释文入注,溷殽不别。余从钱塘何君元锡所得张注影宋钞本,又录释文专本于吴山道藏,二书乃复釐然。同邑陈君春读而善之,因取以付梓,属余参订。影宋本间有缺误,以纂图互注本、世德堂本、虞九章王震亨同订本、卢学士文弨群书拾补所载道藏本补正数字。释文所称一作此多与之合,虽为脱误,旧本如是,不敢辄改也。宋本六十叶,每叶廿八行,行廿六字,注双行,行卅字。张湛序、刘向叙录原脱,据别本补之卷首。原题冲虚至德真经,今作列子,以还旧称云。癸酉四月十二日萧山汪继培识于环碧山房。

附录三　辨伪文字辑略

（一）柳宗元　辨列子

刘向古称博极群书,然其录列子,独曰郑缪公时人。缪公在孔子前几百岁,列子书言郑国皆云子产邓析,不知向何以言之如此？史记郑繻公二十四年,楚悼王四年,围郑,郑杀其相驷子阳,子阳正与列子同时,是岁周安王三年,秦惠王、韩烈侯、赵武侯二年,魏文侯二十七年,燕釐公五年,齐康公七年,宋悼公六年,鲁缪公十年,不知向言鲁缪公时遂误为郑耶？不然,何乖错至如是？其后张湛徒知怪列子书言缪公后事,亦不能推知其时。然其书亦多增窜非其实,要之庄周为放依其辞。其称夏棘、狙公、纪渻子、季咸皆出列子,不可尽纪。虽不概于孔子道,然而虚泊寥阔,居乱世远于利,祸不得逮乎身,而其心不穷,易之遁世无闷者,其近是与？余故取焉。其文辞类庄子,而尤质厚,少伪作,好文者可废耶？其杨朱力命疑其杨子书。其言魏牟、孔穿皆出列子后,不可信。然观其辞,亦足通知古之多异术也。读焉者慎取之而已矣。

(二)朱熹　观列子偶书朱文公文集卷六七(摘钞)

又观其言精神入其门,骨骸反其根,我尚何存者,即佛书四大各离,今者妄身当在何处之所由出也。他若此类甚众,聊记其一二于此,可见剽掠之端云。

(三)高似孙　子略(摘钞)

刘向论列子书,穆王汤问之事,迂诞恢诡,非君子之言。又观穆王与化人游,若清都、紫微、钧天广乐、帝之所居;夏革所言,四海之外,天地之表,无极无尽;传记所书固有是事也。人见其荒唐幻异,固以为诞。然观太史公史殊不传列子,如庄周所载许由、务光之事。汉去古未远也,许由、务光往往可稽,迁独疑之;所谓御寇之说,独见于寓言耳,迁于此讵得不致疑耶!

周之末篇叙墨翟、禽滑釐、慎到、田骈、关尹之徒以及于周,而御寇独不在其列。岂御寇者,其亦所谓鸿蒙、列缺者欤?然则是书与庄子合者十七章,其间尤有浅近迂僻者,特出于后人会萃而成之耳。

至于"西方之人有圣者焉,不言而自信,不化而自行,"此故有及于佛,而世犹疑之。夫"天毒之国纪于山海,竺乾之师闻于柱史",此杨文公之文也。佛之为教已见于是,何待于此者乎!然其可疑可怪者不在此也。

(四)叶大庆　考古质疑(摘钞)

刘向校定列子书，定著八篇，云："列子，郑人，与穆公同时，盖有道者也。孝景时贵黄老术，此书颇行于世。"大庆案：缪公原注：以下缪公即上郑穆公。二字古通用。原本未画一，今姑仍之。立于鲁僖三十二年，薨于鲁宣三年，正与鲁文公并世。列子书杨朱篇云："孔子伐木于宋，围于陈蔡。"夫孔子生于鲁襄二十二年，缪公之薨五十五年矣。陈蔡之厄，孔子六十三岁。统而言之，已一百十八年。列子缪公时人，必不及知陈蔡之事明矣。况其载魏文侯、子夏之问答则又后于孔子者也。不特此尔。第二篇载宋康王之事，第四篇载公孙龙之言，是皆战国时事，上距郑缪公三百年矣。晋张湛为之注，亦觉其非。独于公孙龙事乃云"后人增益，无所乖错而足有所明，亦何伤乎？如此皆存而不除。"大庆窃有疑焉。因观庄子让王篇云："子列子穷，貌有饥色。客有言于郑子阳曰：列御寇，有道之士也，居君之国而穷，君无乃为不好士乎？子阳即令官遗之粟。列子再拜而辞。使者去。其妻曰：妾闻为有道者之妻子皆得佚乐，今有饥色。君过而遗先生食，先生不受，岂不命邪？列子笑曰：君非自知我也。以人之言而遗我粟；至其罪我也，又且以人之言，此吾所以不受也。其卒，民果作难而杀子阳。"观此，则列子与郑子阳同时。及考史记郑世家，子阳乃繻公二十五年杀其相子阳，即周安王四年癸未岁也。然则列子与子阳乃繻公时人。刘向以为缪公，意者误以繻为缪欤？虽然，大庆未敢遽以向为误，姑隐之于心。续见苏子由古史列子传亦引辞粟之事,以为御寇与繻公同时。又观吕东莱大事记云:安王四年,郑杀其相驷子阳。遂及列御寇之事,然后因此以自信。盖列与庄相去不远。庄乃齐宣梁惠同时,列先于庄,故庄子著书多取其言也。若列子为郑繻公时人,彼公孙龙乃平原之客。赧王十七年赵王封其弟胜为平原君,则公孙龙之事盖后于子阳之死一百年矣。而宋康王事又后于公孙龙十馀年,列子乌得而预书之?信乎后人所增有如张湛之言矣。然则刘向之误,观者不可不察;而公孙龙、宋康王之事为后人所增益,尤不可以不知。

(五)黄震　黄氏日钞(摘钞)

列子才颖逸而性冲澹,生乱离而思寂寞。默察造化消息之运,于是乎轻死生;轻视人间生死之常,于是乎遗世事。其静退似老聃,而实不为老聃;老聃用阴术,而列子无之。其诞谩似庄周,而亦不为庄周;庄周侮前圣,而列子无之。不过爱身自利,其学全类杨朱,故其书有杨朱篇,凡杨朱之言论备焉。而张湛序其书,乃谓往往与佛经相参。今按列子郑人,而班马不以预列传。其书八篇,虽与刘向校雠之数合,实则典午氏渡江后方杂出于诸家。其皆列子之本真与否,殆未可知。今考辞旨所及,疑于佛氏者凡二章。其一谓周穆王时西域有化人来,殆于指佛。然是时佛犹未生,而所谓腾而上中天化人之宫者,乃称神游,归于说梦,本非指佛也。其一谓商太宰问圣人于孔子,孔子历举三皇五帝非圣,而以圣者归之西方之人,殆于指佛,然孔子决不黜三五圣人，而顾泛指西方为圣，且谓西方不化自行，荡荡无能名，盖寓言华胥国之类，绝与寂灭者不侔，亦非指佛也。使此言果出于列子，不过寓言，不宜因后世佛偶生西域，而遂以牵合。使此言不出于列子，则晋人好佛，因列子多诞，始寄影其间，冀为佛氏张本尔。何相参之有哉？且西域之名，始于汉武，列子预言西域，其说尤更可疑。佛本言戒行，而后世易之以不必持戒者，其说皆阴主列子，皆斯言实祸之。不有卓识，孰能无惑耶？伯峻案：宋人于列子致疑者尚有，如李石方舟集卷十三有列子辨上、下二篇，然仅云"必有能辩之者"，故不录。

（六）宋濂　诸子辨（摘钞）

列子八卷，凡二十篇，郑人列御寇撰。刘向校定八篇，谓御寇与郑缪公同时。柳宗元云，"郑缪公在孔子前几百载，御寇书言郑杀其相驷子阳，则郑繻公二十四年，当鲁缪公之十年；向盖因鲁缪公而误为郑尔。"其说要为有据。高氏以其书多寓言而并其人疑之，"所谓御寇者有如鸿蒙列缺之属，"误矣。

书本黄老言，决非御寇所自著，必后人会萃而成者。中载孔穿、魏公子牟及"西方圣人"之事皆出御寇后。天瑞、黄帝二篇虽多设辞，而其"离形去智，泊然虚无，飘然与大化游，"实道家之要言。至于杨朱、力命则"为我"之意多；疑即古杨朱书，其未亡者剿附于此。御寇先庄周，周著书多取其说；若书事简劲宏妙则似胜于周。

间尝熟读古书，又与浮屠言合。所谓"内外进矣；而后眼如耳,耳如鼻,鼻如口,无弗同也;心凝形释,骨肉都融,不觉形之所倚,足之所履",非"大乘圆行说"乎?"鲵旋之潘(合作番)为渊,止水之潘为渊,流水之潘为渊,滥水之潘为渊,沃水之潘为渊,沈水之潘为渊,雍水之潘为渊,汧水之潘为渊,肥水之潘为渊",非"修习教观说"乎?"有生之气,有形之状,尽幻也。造化之所始,阴阳之所变者,谓之生,谓之死;穷数达变,因形移易者,谓之化,谓之幻。造物者,其巧妙,其功深,故难穷难终;因形者,其巧显,其功浅,故随起随灭;知幻化之不异生死也,始可以学幻",非"幻化生灭说"乎?"厥昭生乎湿,醯鸡生乎酒,羊奚比乎不笋;久竹生青宁,青宁生程,程生马,马生人,人久入于机;万物皆出于机,皆入于机",非"轮回不息说"乎?"人胥知生之乐,未知生之苦;知死之恶,未知死之息",非"寂灭为乐说"乎?"精神入其门,骨骸反其根,我尚何存",非"圆觉四大说"乎?中国之与西竺,相去一二万里,而其说若合符节,何也?岂其得于心者亦有同然欤?近世大儒谓华梵译师皆窃庄列之精微以文西域之卑陋者,恐未为至论也。

(七)姚际恒(一六四七——约一七一五) 古今伪书考(摘钞)

称列御寇撰。刘向校定八篇;汉志因之。向云,"郑人也,与郑缪公同时。"柳子厚曰,"刘向古称博极群书,然其录列子,独曰'郑缪公时人。'郑缪公在孔子前几百载,列子书言……'郑杀其相驷子阳……'则郑繻公二十四年,当鲁缪公之十年。向盖因鲁缪公而误为郑尔。"案,柳之驳向诚是;晋张湛注已疑之。若其谓因鲁而误为郑,则非也。向明云郑人,故因言郑缪公,岂鲁缪公乎! 况书中孔穿、魏牟亦在鲁缪公后,则又岂得为鲁缪公乎! 高似孙曰,"太史公……不传列子。如庄周所载许由、务光……迁犹疑之。所谓列御寇之说,独见于寓言耳;迁于此讵得不致疑耶! 庄周末篇叙墨翟、禽滑釐、慎到、田骈、关尹之徒,以及于周,而御寇独不在其列:岂御寇者其亦所谓鸿蒙、列缺者欤? 然则是书与庄子合者十七章,其间尤有浅近迂僻者,出于后人会粹而成之耳。"案高氏此说最为有见。然意战国时本有其书,或庄子之徒依托为之者;但自无多,其馀尽后人所附益也。以庄称列,则列在庄前,故多取庄书以入之。至其言"西方圣人",则直指佛氏;殆属明帝后人所附益无疑。佛氏无论战国未有,即刘向时又宁有耶! 则向之序亦安知不为其人所托而传乎? 夫向博极群书,不应有郑缪公之谬,此亦可证其为非向作也。后人不察,咸以庄子中有列子,谓庄子用列子;不知实列子用庄子也。庄子之书,洸洋自恣,独有千古,岂蹈袭人作者! 其为文,舒徐曼衍中仍寓拗折奇变,不可方物;列子则明媚近人,气脉降矣。又庄子之叙事,回环郁勃,不即了了,故为真古文;列子叙事,简净有法,是名作家耳! 后人反言列愈于庄。柳子厚曰,"列较庄尤质厚。"洪景卢曰,"列子书事,简劲宏妙,多出庄子之右。"宋景濂曰,"列子书简劲宏妙,似胜于周。"王元美曰,"列子与庄子同叙事,而简劲有力。"如此之类,代代相仍,依声学古。噫! 以诸公号能文者而于文字尚不能尽知,况识别古书乎! 又况其下者乎!

〔附录〕顾颉刚古今伪书考跋曰:若其论辨,谓"列子云'西方圣人'直指佛氏,属明帝后人所附益,"则诗言"彼美人兮,西方之人兮,"将何以解焉?……此论辨舛驳之可议者也。

又顾实有重考古今伪书考(上海大东书局一九二六年排印本)且谓"据张湛序文,则此书原出湛手,其即为湛托无疑"。

(八)钱大昕　十驾斋养新录卷八"释氏轮回之说"条

列子天瑞篇:"林类曰,死之与生,一往一反,故死于是者,安知不生于彼。"释氏轮回之说,盖出于此。列子书晋时始行,恐即晋人依托。

(九)姚鼐(一七三一——一八一五)　跋列子惜抱轩文后集卷二

庄子、列子皆非尽本书,有后人所附益。然附益庄子者,周秦人所为。若今世列子书,盖有汉魏后人所加。其文句固有异于古者。且三代驾车以驷马,自天子至卿大夫一也。六马为天子大驾,盖出于秦汉君之侈,周曷有是哉? 白虎通附会为说曰:"天子之马六者,示有事于天地四方。"此谬言也。列子周穆王篇,王驾八骏,分于二车,皆两服两骖。此列子文之真也。至汤问篇言泰豆教造父御六辔不乱,而二十四蹄所投无差。此非周人语也。且既二十四蹄矣,辔在手者安止六乎?伪为古文尚书者取说苑"腐索御奔马"之文,而更曰"朽索御六马",皆由班氏误之耳。古书惟荀子有"伯牙鼓琴,六马仰秣"语。此言在厩秣马有六,闻音舍秣仰听,与驾车时不相涉。自晋南渡,古书多亡缺,或辄以意附益。列子出于张湛,安知非湛有矫入者乎?吾谓刘向所校列子八篇,非尽如今之八篇也。

(十)钮树玉(一七六〇——一八二七)　列子跋
匪石先生文集卷下

列子八篇,汉艺文志同。刘向为之序。余读而异焉。善乎太史公序庄而不序列也。盖列子之书见于庄子者十有七条,泛称黄帝五条,鬻子四条,邓析、关尹喜、亢仓、公孙龙或一二见,或三四见;而见于吕览者四条。其辞气不古,疑后人杂取他书而成其说。至周穆王篇、汤问篇所载,语意怪诞,则他书所无。或言西方圣人,或言海外神仙,以启后人求仙佞佛之端,此书其滥觞矣。孟子辟杨、墨,今墨书尚有,而杨朱之说仅见于此书,故博稽者不废览观。然太史公曰,"百家言黄帝,其文不雅驯,搢绅先生难言之。"其卓见不亦超绝哉?

(十一)吴德旋(一七六七——一八四〇)　辨列子
初月楼文续钞卷一

列子书非列子所自作,殆后人剽剥老庄之旨而兼采杂家言傅合成之。中惟周穆王篇旨奥词奇,笔势迥出,固是能者为之，但未知果出<u>列子</u>否耳。<u>柳子厚</u>以<u>刘向</u>称<u>列子</u><u>郑穆公</u>时人，谓与书词所称引事不合；而<u>姚惜抱</u>则云，今世所传<u>列子</u>书多有<u>汉</u><u>魏</u>后人加之者。吾因是颇疑<u>列子</u>实<u>郑穆公</u>时人，向所见<u>列子</u>八篇中当有与<u>郑穆公</u>问答语耶？抑出处时事有可考而知耶？不然，向何至疏谬若此？<u>柳子</u>又以<u>庄周</u>为放依其词。第即<u>周穆王</u>篇言之则可；至如<u>汤问</u>、<u>杨朱</u>、<u>力命</u>等篇，乃不逮<u>庄生</u>书远甚。而其词与<u>庄生</u>相出入者，又未知孰为后先矣。夫以<u>柳子</u>之识，而犹有此蔽，则信乎辨古书之真伪者难其人也。

（十二）<u>俞正燮</u>（一七七五——一八四〇） <u>癸巳存稿</u>卷十"火浣布说"条

（上略）见<u>汤问</u>篇集释引<u>抱朴子</u>论仙云：<u>魏文帝</u>"谓天下无切玉之刀、火浣之布。及著<u>典论</u>，尝据言此事其间。未期二物毕至，帝乃叹息，遽毁斯论。"今案<u>文帝</u>谓世称火鼠毛为布，垢则火浣如新者，妄也。火无生育之性，鼠焉得生其间？为<u>典论</u>，刻之太学。<u>明帝</u>世有奉此布来贡者，乃刊去此碑。而<u>列子</u><u>汤问</u>篇云："<u>周穆王</u>征<u>西戎</u>，得锟铻之剑，火浣之布。布浣则投之火，出火而振之，皓然疑乎雪。<u>皇子</u>以为无此物，传之者妄也。<u>萧叔</u>曰：<u>皇子</u>果于自信，果于诬理哉！"<u>列子</u><u>晋</u>人<u>王浮</u>、<u>葛洪</u>以后书也。以<u>仲尼</u>篇言圣者，<u>汤问</u>篇言火浣布知之。

（十三）<u>何治运</u> 书列子后<u>何氏学</u>卷四

余少读<u>列子</u>，见其言不能洪深，疑其伪而不敢质。后读十驾斋养新录,疑为魏晋人伪撰,而后知有识者果不异人意也。列子称"四海"、"四荒"、"四极",则其书出尔雅后矣。又称"太初"、"太始"、"太素",则其书出易纬后矣。又称"西极化人"、"西方有人焉,不知其果圣欤,果不圣欤",则其书出佛法入中国后矣。又称火浣布事"皇子以为传之者妄。萧叔曰:皇子果于自信,果于诬理哉。"案:魏文博极群书,使得见此书,则典论中所云云者早已刊削,是其书又出典论后矣。又晋世清谭之流于老庄佛之外,未尝及此书一字,此亦杜预注春秋不见晚出尚书之比。且庄子颇诋孔子,此自道家门户不同儒家之故。而此书以黄帝孔子并称圣人,则又出于二汉圣学昌明之后,必非战国之书也。魏晋时多伪书,如古文尚书、孔子家语、孔丛子,皆列子之类也。而三书之文作不得列子一脚指,则以清谈自是晋人胜场,难与争锋也。

(十四)李慈铭(一八三〇——一八九四) 越缦堂日记光绪甲申十二月初七日

列子一书,后人所缀辑,盖出于东晋以后,观湛所述甚明,本非汉志之旧。其书自唐开元后始大行,故裴世期注魏志、章怀注后汉书,于火浣布皆不引列子。此条缀于汤问篇末,盖裴、李诸人尚未见之,疑出于张湛以后,其注云云,亦非湛语也。

(十五)光聪谐 有不为斋随笔卷己(摘钞)

列子史记无传,难定其时世。刘子政以为与郑穆公同时,柳子厚辨之,王元美又以为传写字误,哂子厚辨其不必辨。要之,庄子书中既称引列子,则其时世不后于庄。其书多增窜入后事,张处度作注时已言之,顾人犹信增窜者率皆先秦以上人。今考汤问篇末言火浣布,皇子以为无此物,传之者妄,正指魏文典论中非火浣布事。皇子者,魏文也。是建安时尚有人增窜,则距处度作注时不远矣。

古书辞皆不相袭,李习之答王载言书论之当矣。今古书由后追叙前事,左氏曰"初",史迁曰"先是",他古书更无曰"初"、曰"先是"者,独列子仲尼篇称"初,子列子好游",其为后人增窜,此亦一证。

(十六)陈三立 读列子 原载一九一七年九月东方杂志十四卷九号

吾读列子,恣睢诞肆过庄周;然其词隽,其于义也狭,非庄子伦比。篇中数称杨朱。既为杨朱篇,又终始一趣,不殊杨朱贵身任生之旨,其诸杨朱之徒为之欤？世言战国衰灭,杨与墨俱绝;然以观汉世所称道家杨王孙之伦,皆厚自奉养,魏晋清谈兴,益务藐天下,遗万物,适己自恣,偷一身之便,一用杨朱之术之效也。而世乃以蔽之列子云。吾又观列子天瑞篇"死之与生,一往一反,故死于是者,安知不生于彼？"仲尼篇"西方之人,有圣者焉,不治而不乱,不言而自信,不化而自行,"轮回之说,释迦之证,粲著明白。其言"运转无已,天地密移",复颇与泰西地动之说合。尸子、苍颉、考灵曜、元命苞、括地象皆言地动,列子此语亦相类。岂道无故术,言无故家,所操者约,而所验者博欤？吾终疑季汉魏晋之士,窥见浮屠之书,就杨朱之徒所依托,益增窜其间,且又非刘向之所尝见者;张湛盖颇知之而未之深辨也。又汉志道家称其先庄子,乃列于庄子之后,明非本真。而柳宗元方谓"庄子要为放依其辞,于庄子尤质厚少伪作。"於戏！盖未为知言尔已。

(十七)梁启超　古书真伪及其年代(摘钞)

有一种书完全是假的,其毛病更大。学术源流都给弄乱了。譬如列子乃东晋时张湛——即列子注的作者——采集道家之言凑合而成。真列子有八篇,汉书艺文志尚存其目,后佚。张湛依八篇之目假造成书,并载刘向一序。大家以为刘向曾见过,当然不会错了。按理,列御寇是庄周的前辈,其学说当然不带后代色彩。但列子中多讲两晋间之佛教思想,并杂以许多佛家神话,显系后人伪托无疑。……张湛生当两晋,遍读佛教经典,所以能融化佛家思想,连神话一并用上。若不知其然,误以为真属列御寇所作,而且根据它来讲庄列异同,说列子比庄子更精深,这个笑话可就大了。

假造列子的张湛觉得当时学者对于老庄的注解甚多,若不别开生面,不能出风头。而列御寇这个人,庄子中说及过;汉书艺文志又有列子八篇之目。于是搜集前说,附以己见,作为列子一书。自编自注,果然因此大出风头。在未曾认为假书以前,他的声名与王弼、向秀、何晏并称。

这算是走偏锋以炫名,竟能如愿以偿。

所谓来历暧昧不明……如张湛注列子,前面有一篇叙,说是当"五胡乱华"时从他的外祖王家得来的孤本。后来南渡长江失了五篇,后又从一个姓王的得来三篇,后来又怎样得来二篇,真是像煞有介事。若真列子果是真书,怎么西晋人都不知道有这样一部书?像这种奇离的出现,我们不可不细细的审查根究。而且还可以径从其奇离而断定为作伪之确证。

凡造伪的不能不抄袭旧文。我们观察他的文法,便知从何处抄来。……又如庄子和列子相同的,前人说是庄子抄列子。前文已讲过庄子不是抄书的人,现在又可从文法再来证明。庄子应帝王篇曾引壶子说"……是殆见吾衡气机也。鲵桓之审为渊,止水之审为渊,流水之审为渊。渊有九名,此处三焉。"大约因衡气机很难形容,拿这三渊做象征。但有三渊便尽够了。伪造列子的因为尔雅有九渊之名,想表示他的博学,在黄帝篇便说:"……是殆见吾衡气机也。鲵旋之潘为渊,止水之潘为渊,流水之潘为渊,滥水之潘为渊,沃水之潘为渊,氿水之潘为渊,雍水之潘为渊,汧水之潘为渊,肥水之潘为渊,是为九渊焉。"竟把引书的原意失掉了,莫是弄巧反拙?谁能相信列子在庄子之前呢?

(十八)马叙伦　列子伪书考(节录)_{天马山房丛著}

(上略)余籀读所得,知其书必出伪造。兹举证二十事如左:

一事，考庄子让王篇，列子与郑子阳同时，陆德明释文云："子阳郑相。"然吕氏春秋首时篇观世篇高诱注云："子阳，郑相也。一曰，郑君。"诱知郑君者，因韩非子说疑篇云："郑子阳身杀国分为三"也。但史无郑君名子阳者，日本人津田凤卿之韩非子解诂谓："子阳似郑君遇弑不谥者。"考史记郑世家注徐广曰："一本云立幽公弟乙阳为君，是为康公。"然则子阳岂即郑康公耶？其年与缪公相承。刘向言列子为缪公时人，岂指其始居郑时耶？然让王篇苏轼以为伪作，盖所记列子子阳事，本之吕氏春秋。按子阳当作子驷，因驷子阳而误。考庄子德充符篇，子产师伯昏无人，田子方篇云，"列子为伯昏无人射，"又吕氏春秋下贤篇云："子产见壶丘子林"，庄子应帝王篇言列子见壶子，司马彪云："壶子，名林，郑人。"是列子又与子产同师。庄子达生篇、吕氏春秋审己篇并言列子问于关尹子，关尹子与老子同时，则列子并子产时可信，子驷正与子产同时。博闻如向，岂不省此？然则叙录亦出依托也。

二事，尸子广泽篇、吕氏春秋不二篇并云"列子贵虚"，庄子应帝王篇云："列子三年不出，……一以是终，无为名尸，……亦虚而已。"而向序云："穆王汤问二篇，迂诞恢诡，非君子之言也。至于力命篇一推分命，杨子篇唯贵放逸，二义相乖，不似一家之书。"则不与三子之言相应，而别录曷为入于道家？汉初百家未尽出，太史公未见列子书，不为传，何伤？顾云"孝景时其书颇行"，则汉初人引列子书者又何寡也？太史公安得以寓言与庄子相类，而不称？斯则缘其剿袭庄生，用为弥缝者也。

三事，张湛云："八篇出其外家王氏"，晋世玄言极畅之时，列子求之不难，何以既失复得，不离王氏？

四事，天瑞篇"有太易有太始有太素"一章，湛曰："全是周易乾凿度。"乾凿度出于战国之际，列子何缘得知？作伪篡入耳。

五事，周穆王篇有驾八骏见西王母事，与穆天子传合。穆传出晋太康中，列子又何缘得知？或云史记略有所载，然未若此之诡诞也。盖汲冢书初出，虽杜预信而记之，作伪者艳异矜新，欲以此欺蒙后世，不瘠其败事也。

六事，周穆王篇言梦，与周官占梦合。周官汉世方显，则其剿窃明矣。

七事，周穆王篇记儒生治华子之疾，儒生之名，汉世所通行，先秦未之闻也。

八事，仲尼篇言西方之人有圣者，乃作伪者缘晋言名理，剽取浮屠。作伪者囿于习尚，遂有斯失。

九事，汤问篇与山海经同者颇多，山海经乃晚出之书，则亦艳异矜新，取掇可知。

十事，汤问篇言方壶、瀛州、蓬莱，殷敬顺释文引史记云："此三神山在渤海中。"此事出于秦代，引以为注，足征前无所征。

十一事，汤问篇云："渤海之东，不知其亿万里，有大壑,实为无底之谷。"案山海经云:"东海之外有大壑,"郭璞注云:诗含神雾曰:"东注无底之谷",谓此壑也。此乃显窃山海经、注两文而成。不然,郭何为不引此而反援诗纬?

十二事,力命篇言颜渊寿十八,与史记等不一致。其说见于淮南精神训高注及后汉书郎𫖯传。此由作伪者耳目所近,喜其说新,忘其牾实也。

十三事,汤问篇记皇子以火浣布为妄,魏文帝著论不信有火浣布,疑为作伪者所本。

十四事,汤问篇记伯牙与锺子期事,汪中证锺子期即史记魏世家之中旗、秦策之中期、韩非子难势篇之锺期,则楚怀王顷襄王时人,列子何缘得知?由作伪者既诬列子为六国时人,故一切六国时事,辄附之而不疑耳。

十五事,黄帝篇列九渊,庄子应帝王篇唯举其三,他无所用,伪作者从尔雅补足,并举九渊,失其文旨。

十六事,力命篇记邓析被诛于子产,与左传被杀于驷歂不合,夫列子郑人,事又相及,何故歧误如此?盖作伪者用吕氏春秋离谓篇邓析难子产事影撰此文,故不瘝与左氏抵牾也。

十七事,汤问篇载孔子见小儿辩日事,桓谭新论所载略同。谭云,"小时闻间巷言",不云出列子。博物志五亦记此事,末云亦出列子。则华所据为新论,疑"亦出列子"四字为读者注语。不然,华当据列子先见之书也。此为窃新论影撰。对校谭记,塙然无疑。

十八事,汤问篇言"菌芝朝生晦死",陆德明庄子释文引崔譔曰:"粪上芝,朝生暮死。晦者不及朔,朔者不及晦。"此乃影射庄子之文,而实用崔氏之说。

十九事,力命篇言彭祖寿八百,庄子言"彭祖上及有虞下及五伯",则其寿不止八百。宋忠世本注、王逸楚辞注、高诱吕氏春秋淮南子注乃有七百八百之说,作伪者因以袭用。

二十事,天瑞篇曰:"列姑射山在海河洲中,山上有神人焉。"庄子言藐姑射之山有神人,不云在海河洲中,此乃袭山海经海内北经文也。彼文郭璞注曰,"庄子所谓藐姑射之山也,"使列子非伪,郭何为不引此以注乎?

由此言之,世传列子书八篇,非汉志著录之旧,较然可知。况其文不出前书者,率不似周秦人词气,颇缀裂不条贯。又如天瑞篇言"天地空中之一细物,有中之最巨者,"周穆王篇言"西极之国有化人来,入水火,贯金石,反山川,移城邑,乘虚不坠,触实不硋,千变万化,不可穷极,既已变物之形,又且易人之虑"。汤问篇言"其山高下周旋三万里,其顶平处九千里,山之中间相去七万里,以为邻居焉。其上台观皆金玉,其上禽兽皆纯缟,珠玕之树皆丛生,菜实皆有滋味,食之皆不老不死,所居之人皆仙圣之种,一日一夕飞相往来者不可数焉。"此并取资于浮屠之书,尤其较著者也。若汤问篇之"六鳌焦螟",放庄子之"鲲鹏蛮触";黄帝篇之"海上沤鸟",放吕览之"好蜻",如此者不可胜数。崔述谓其称孔子观于吕梁而遇丈夫厉河水,又称息驾于河梁而遇丈夫厉河水,此本庄周寓言。盖有采其事而稍窜易其文者,伪撰列子者误以为两事而遂两载之也。汪继培谓其"会萃补缀之迹,诸书见在,可覆按也。"知言哉!盖列子书出晚而亡早,故不甚称于作者。魏晋以来,好事之徒,聚敛管子、晏子、论语、山海经、墨子、庄子、尸佼、韩非、吕氏春秋、韩诗外传、淮南、说苑、新序、新论之言,附益晚说,成此八篇,假为向叙以见重。而刘勰乃称其气伟采奇,柳宗元谓其质厚少伪,洪迈、宋濂、王世贞且以为简劲出庄子右,刘埙谓漆园之言,皆郑圃之馀,岂盲于目者耶?夫辅嗣为易注多取诸老庄,而此书亦出王氏,岂弼之徒所为与?

〔附〕日本武义内雄列子冤词 原载江侠庵之先秦经籍考三六〇——三七三页。今依张心澂伪书通考二摘录大要。

向序非伪,列子八篇非御寇之笔,且多经后人删改。然大体上尚存向校定时面目,非王弼之徒所伪作。姚氏以郑缪公之误,断为序非向作,因一字之误,而疑序之全体,颇不合理。况由后人之伪写,抑由向自误,尚未可知。

次对马氏之说辨之如下:

(一)让王篇之记事,未可与壶丘子林伯昏无人等一例视之。庄书多寓言,所谓壶丘子林及伯昏无人又见于列子,亦是寓言。以此寓言为盾,而没去让王篇之记事,实非正当。此篇是否庄周所作,与史料之价值如何,实无关系。

（二）尸子、吕氏春秋、庄子谓列子贵虚,而向序亦谓列子八篇驳杂,但举此以证八篇非御寇真作则可,不能以之证向序为伪。贵虚当认为道家者流,然穆王、汤问之恢诡,及力命、杨朱有与御寇之学乖背,故谓不似一家之书,而别录犹入之道家,想因此乖背者亦道者流之支裔也。向序谓列子之书于景帝时流行,其后不传,盖向校定时,上距景帝约一百二十年。如序所云,可见当时传本稍完全者已不可见。司马迁史记之终时在景帝后约五十年,比向校上列子约先七十年,正淮南王所上庄子最流行而不顾列子之时,则迁不撰列子传,与当时人不引用,又何足怪？要之,向序言列子之传来与性质甚明,若舍此而置疑,则不可不有确据。

（三）马氏所举各证之中（四）（五）（六）（七）（八）（九）（十）及（十四）,大意在不信向序之认八篇为御寇自作,引御寇年代与子产同时,以作疑问。然通读向序文,不认八篇为一家之书,人则无问题。又（十二）及（十五）据传闻相异古书中事,为决定列子之真伪资料,颇非容易。（十三）不过马氏之想像。（十五）据古书疑义举例、札迻,是袭何治运之说,此文宁看为庄列均由他文窜入。（八）从周穆王篇载"穆王敬事西极之化人"一语考之,则仲尼篇之西方圣人,乃道家之理想人物,与佛教无关。惟(三)列子八篇只存于与王弼关系之家张氏,(十七)(二十)之桓谭郭璞皆未见过列子,是列子后出说之好资料。然张湛序质实无饰,又如仲尼篇子列子之学云云一章,注曰:"既见于黄帝篇,"不删去之。又如中山公子牟一条,注曰:"公子牟公孙龙是在列子之后,此章是后人所增益。"对于保存旧面目一点于此可见。当寇虏强盛仅以身免之际,列子八篇犹不忍弃,则此为希有之珍籍,自向校上之后,馀风寥寂,业可想见。从而桓谭郭璞不得寓目,亦何足怪?若信向序与湛序,则此书不足疑怪。

以前疑列子之人,多标举庄子以立论,然皆郭象删定本之庄子,而非汉初之原形,原本如从陆德明所引郭象之言,谓妄窜奇说者十之三,其中驳杂有似山海经及占梦书者,此等不纯之点,与今之列子不分甲乙。反之,如郭象删定列子,而不著手于庄子,则后人却由列子以疑庄子矣。

伯峻案:岑仲勉有列子非晋人伪作一文,主要内容亦驳马氏,初载于一九四八年一月东方杂志四四卷一号,后收入其两周文史论丛,文既繁冗,且多强词,故不录。

(十九)顾实 汉书艺文志讲疏(摘钞)

(上略)然以王弼老子注与张湛序互证,王注老子曰:"常无欲,可以观其始物之妙;常有欲,可以观其终物之徼。"与张湛序称列子书

"大略明群有以至虚为宗,万品以终灭为验"适相照应。虽可推定为殃伪作;而周穆王篇取穆天子传,疑此书即湛所缀拾而成也。若刘向叙附随本书,不在七略别录,故后人得伪为也。且淮南子曰:"兼爱、尚贤、右鬼、非命,墨子之所立也,而杨子非之。全性保真,不以物累形,杨子之所立也,而孟子非之。"氾论训以墨子兼爱、尚贤诸篇目例之,必全性、保真皆杨朱书篇名。本志不载杨朱书,而淮南犹及见之。全性保真者,谓守清静,离情欲,淮南子原道训高注云:"出生道谓去清净也;入死道谓匿情欲也"可证。而列子杨朱篇乃一意纵恣肉欲,仰企桀、纣若弗及,直是为恶近刑,岂不大相刺谬哉?此篇尤当出湛臆造,非有本已。

(二十)吕思勉　列子解题经子解题摘录

此书前列张湛序,述得书源流,殊不可信。而云"所明往往与佛经相参,大同归于老、庄","属辞引类,特与庄子相似。庄子、慎到、韩非、尸子、淮南子、玄示、指归,多称其言",则不啻自写供招。湛盖亦以佛与老、庄之道为可通,乃伪造此书,以通两者之邮也。篇首刘向语,更不可信。

(二十一)刘汝霖　周秦诸子考(摘钞)

(上略)由此(张湛序)知道张湛的本子是由几种残缺的本子相合而成。他的原本只有杨朱说符两篇,此书既经一次变乱,各篇的残缺,必定不少。里面就不免有许多后人补充的材料,真伪搀杂,所以后人因之怀疑全书。我现只举一个很显明是后人加入的例子于下。汤问篇载:

周穆王大征西戎,西戎献锟铻之剑,火浣之布。其剑长尺有咫,练钢赤刃,用之切玉如切泥焉。火浣之布,浣之必投于火,布则火色,垢则布色。出火而振之,皓然疑乎雪。皇子以为无此物,传之者妄。萧叔曰:"皇子果于自信果于诬理哉!"

抱朴子论仙说:

> 魏文帝谓天下无切玉之刀,火浣之布。及著典论,常据言此事其间。未期二物毕至,帝乃叹息,遽毁斯论。

魏志景初三年二月,西域重译献火浣布,注曰:

> 汉世西域旧献此布,中间久绝。至魏初,时人疑其无有。文帝以为火性酷烈,无含生之气,著之典论,明其不然之事,绝智者之听。……至是西域使至而献火浣布焉,于是刊灭此论,而天下笑之。

可以知道列子所说皇子的事情就是魏文帝的事情。再考魏文帝著典论的时候。意林引典论道:

> 余蒙隆宠,忝当上嗣,忧惶踧踖,上书自陈,欲繁辞博称,则父子之间不文也。

可以知道典论之作,正在魏文帝为太子时。由太子或王子的名子转为皇子,补列子的人,误把皇子认作人名。所以把这段采入。

后人以列子书由张湛保存下来,就疑心此书是张湛伪造。我看仲尼篇"孤犊未尝有母"句下注道:"未详此义。"

杨朱篇晏平仲问养生于夷吾条下注道:"管仲功名人,可相齐致霸,动因成谋,任运之道既非所宜,于事势不容此言。又上篇复能劝桓公适终北之国,恐此皆寓言也。"此书若是张湛伪造,他竟写出自己都不能明白的话,又写出与事实不合的事情而加以解释,这种骗人的伎俩,未免太笨了。杨朱篇末尾载:老子曰:"名者实之宾,"这本是庄子逍遥游的话却错加在老子身上。老庄的书,本是魏晋人日常读的,若是魏晋人作伪书,断不至有这样错误。

我们在此处不得不信张湛序中的话,他说过江的时候只存得杨朱、说符、目录三卷,后来又在朋友家得两种残本才合成全书。可知列子的后两篇是张氏的原本,前六篇是杂凑成功。既由杂凑而成,所以不免有前后重复的话,又有时显出补缀的痕迹,如黄帝篇载"孔子观于吕梁,悬水三十仞……"一段故事,又见说符篇。又如仲尼篇"子列子学也……"一段是由黄帝篇钞来,看中间"夫子始一引吾并席而坐"句,似乎是列子自己的话;但看"子列子学也"一句,又不像列子本人的话。我们由此可以悟出这段自"三年之后"句下本是黄帝篇"列子师老商氏友伯高子"一段的脱简,被张湛误补在此处,后来又觉得这段上面有脱文,就顺便添上"子列子学也"一句,却不想到和后面的口气不合。

列子原书成立的年代,也很有研究的价值。我看此书虽不是魏晋人伪造,却也不是先秦的作品。周穆王篇称儒生,儒生是秦以后的称呼。汤问篇引岱舆、员乔、方壶、瀛州、蓬莱,后三山始见于史记,就是神仙家骗秦始皇所称的三神山。又称女娲氏练五色石补天的故事,俱盛行于汉代,可以断定此书是汉时的作品。艺文志已见著录,所以至晚是西汉晚年的作品。

(二十二)陈旦 "列子杨朱篇"伪书新证(节录)原文载一九二四年国学丛刊二卷一期

杨朱篇,列子书中之第七篇也。列子一书,自宋高似孙以来,学者都致疑义。吾家斟玄师复举数事,以证成其托伪之迹,即按其开宗明义,言"有生不生,有化不化"一节,乃引申老子"天地不自生,故能长生"及"天地万物生于有,有生于无"之旨。所引黄帝书"谷神不死"诸言,剽窃道德经成语。而"有太易,有太初,有太素"云云,全袭周易乾凿度文。又云,"种有幾,若蝇若鹑,得水为继"云云,直剿庄子至乐篇。末复云,"列子贵虚,"本诸吕氏春秋不二篇、尸子广泽篇,亦同此说。今仅就天瑞一篇言之,其托伪之迹,已不可掩;苟广为疏证,虽累帙不能尽。故断其出于魏晋间好事之徒,绝非原书。

列子既属伪托,则杨朱一书,绳以论理,其为伪书,尚复奚疑。

以余考之,伪造杨朱篇者,则受印度思想之激荡,而又渗透老子哲理,其袭取之印度佛教,实为小乘教理,即当时流行最广丛书体裁之四阿含经。今所传之长阿含经,为姚秦时佛陀耶舍与竺佛念共译。其中第三分沙门果经,东晋时竺昙无兰已有译本,名寂志果经,收入小乘藏,中国此时无刻本单行。此经异译同本,即长阿含经第三分沙门果经。足征今本长阿含经,虽曰姚秦时译出,实则东晋时已有译本流行;或竟在魏晋时已有若干单行初译本风行社会。魏晋间读书人,喜研索老庄,高谈玄理,岂有不被佛教之影响。故杨朱篇剽窃阿含经之思想,实有赃证可据,非空言诬之也。如长阿含经卷第十七第三分沙门果经,记阿阇世王(Agatasatte)与世尊问答之语,述所闻于诸种外道之言。有一段曰:

白佛言,我(阿阇世王自称)昔一时,至散若毗罗黎子所(Sangaya of the Belattha clan)问言:"大德! 如人乘象马车,习于兵法,乃至种种营生,皆现有果报。今者此众现在修道,现得报否?"彼(指外道)答我言:"现有沙门果报,问如是答,此事如是,此事实,此事异,此事不异,此事非异,非不异。大王! 现无沙门果报,问如是答,此事如是,此事实,此事异,此事非异,非不异。大王! 现非有非无沙门果报,问如是答,此事如是,此事实,此事异,此事非异,非不异。"

此段译文,倘以 Max Müller 氏所翻译之寂志果经(The Fruits of the Life of a Recluse)转抄此段如下,读者当能更明其所意云何。(见 Sacred Books of the Buddhists, Vol. II)

When, one day, I had thus asked Sangaya of the Belattha clan, he said: "If you ask me whether there is another world—well, if I thought there were, I would say so. But I don't say so. And I don't say there neither is, nor is not, another world. And if you ask me about the beings produced by chance; or whether there is any fruit, any result, of good or bad actions; or whether a man who has won the truth continues, or not, after death—to each or any of these questions do I give the same reply."

此非杨朱篇第一段杨朱与孟氏设为问答之词。所谓"实无名,名无实;名者,伪而已矣。"亦即"太古之人,知生之暂来,死之暂往,故从心而动,不违自然所好;当身之娱,非所去也,故不为名所劝。从性而游,不逆万物所好,死后之名,非所取也;故不为刑所及。名誉先后,年命多少,非所重也"之意乎?故杨朱篇之无名主义,实糅杂佛老之说。

且尤可异者,伪造杨朱篇者,竟直译寂志果经一段,而攘为己有。大类今人节译西书一二段,即自号著书也。其心术虽不同,其方法则一。

杨朱曰:"万物所异者,生也;所同者,死也。生则有贤愚贵贱,是所异也;死则有臭腐消灭,是所同也。虽然,贤愚贵贱,非所能也。臭腐消灭,亦非所能也。故生非所生,死非所死,贤非所贤,愚非所愚,贵非所贵,贱非所贱。然而万物齐生齐死,齐贤齐愚,齐贵齐贱;十年亦死,百年亦死;仁圣亦死,凶愚亦死。生则尧舜,死则腐骨;生则桀纣,死则腐骨,腐骨一矣。孰知其异,且趣当生,奚遑死后!"

读者试将沙门果经下面一段文字,与上文杨朱篇一段相较,自可透漏此中消息。

我于一时,至阿夷多翅舍钦婆罗所,(Agita of the garment of hair) 问言……彼报我言,受四大人,取命终者。地大还归地,水还归水,火还归火,风还归风,皆悉坏败,诸根归空。若人死时,床舁举身,置于冢间,火烧其骨,如鸽色,或变为尘土;若愚若智,取命终者,皆悉坏败,为断灭法。

上文恐于原本梵文为意译,故词句甚简洁。东晋昙无兰所译寂志果经,词句或与今本有异。今籀读 Max Müller 氏英译本,意义更显明。节抄如下:

When, one day, I had thus asked Agita of the garment of hair, he said: "There is no such thing, O King, as alms or sacrifice or offering. There is neither fruit nor result of good or evil deeds. There is no such thing as this world or the next. There is neither father nor mother, nor being springing into life without them. There are in the world no recluses or Brahmans who have reached the highest point, who walk perfectly, and who having understood and realized, make their wisdom known to others.

A human being is built up of the four elements when he dies the earthy in him returns and relapses to the earth, the fluid to the water, the heat to the fire, the windy to the air, and his faculties pass into space. The four bearers, on the bier as a fifth, take his dead body away; till they reach the burning-ground men utter forth eulogies, but there his bones are bleached, and his offerings end in ashes. It is a doctrine of fools, this talk of gifts. It is an empty lie, mere idle talk, when men say there is profit therein. Fools and wise alike, on the dissolution of the body, are cut off, annihilated, and after death they are not."

刘向校录云,"穆王汤问二篇,迂诞恢诡,非君子之言也。至于力命篇,一推分命。杨子之篇,唯贵放逸,二义乖背,不似一家之书。"实则向叙乃伪造列子者假托以见重,而又故设此迷离恍惚之辞,以乱人目,由今考证,力命杨朱两篇,同出一源,其蜕化袭取之迹,固班班可考也。如 Max Müller 所译之寂志果经有外道云:

When, one day, I had thus asked Makkhali of the cow-pen, he said: "There is, O King, no cause, either ultimate or remote, for the depravity of beings; they become depraved without reason and without cause. There is no cause, either proximate or remote, for the rectitude of being; they become pure without reason and without cause. The attainment of any given condition, of any character, does not depend either on one's own acts, or on the acts of another, or on human effort. There is no such thing as power or energy, or human strength or human vigour. All animals, all creatures(with one, two, or more senses), all being(produced from eggs or in a womb), all souls(in plants) are without force and power and energy of their own. They are bent this way and that by their fate, by the necessary conditions of the class to which they belong, by their individual nature: and it is according to their position in one or other of the six classes that they experience ease or pain."

中译长阿含经中沙门果经译文次第,与英译本不同;且有例错,未审梵文次第如何?中译本末伽棃拘舍棃之答语,误为波浮陁迦旃延语。今节抄中译本如下,备两方观校也。

我昔一时,至波浮陁迦旃延所,彼答我言,大王;无力无精进,人无力无方便,无因无缘,众生染着,无因无缘,众生清洁,一切众生有命之类,皆悉无力,不得自在,无有怨雠。定在数中。于此六生中,爰诸苦乐。

赃物获矣,人证何在,请读供词。

其书大略明群有以至虚为宗,万品以终灭为验,神惠以凝寂常全,想念以著物自表,生觉与化梦等情。巨细不限一域,穷达无假智力,治身贵于肆仕,顺性则所至皆适,水火可蹈。忘怀则无幽不照,此其旨也。然所明往往与佛经相参,大归同于老庄,属辞引类,特与庄子相似。庄子、慎到、韩非、尸子、淮南子、玄示、旨归多称其言。(张湛列子序)

此正张湛自写供状,明言其取资之源。但张不肯自居著作之名。彼盖于无名主义,深造有得者。故更游移其词,遂成千古疑案。然尚肯诚实写出取资之源,待深思之士,默识其著书伪托之苦心,非欲以欺尽来学。故吾虽于人赃并获之际,并不以是为张氏之罪案也。

(二十三)陈文波　伪造"列子"者之一证(节录)原载一九二四年清华学报一卷一期

据张湛列子序言,"列子原为八篇,及后汇集,并目录共十三卷。"古人所谓卷,往往指为篇;然则比原来列子多数卷——篇——矣。或者,当时张湛辈所汇集者,甚杂且富,因而删削以符原文八篇之数,亦未可知也。

书中称引老子之言,则曰:"黄帝";引阴阳梦寐之解,则出于灵枢;而孔子观于吕梁,刘向说苑亦同载其文;又如"击石拊石,百兽率舞,"钞舜典之句;——古文尚书无舜典,阎百诗古文尚书疏证已详言。——此外杂录庄子凡十七章。张湛谓:"所明往往与佛经相参,大归同于老庄;属辞引类,与庄子相似。庄子、慎到、韩非、尸子、淮南子、玄示、旨归,多称其言。"不知实列子录庄子,而张故引诸子以尊其文,而蒙蔽后人之目,如何其可?

盖魏晋而后,佛学已蔚然大国;而黄老之学,亦浸淫并佛而合为一流。吾国哲学思想丁此时实开一新方向。而列子篇中思想之玄,与夫纵性纵欲之言,颇似魏晋时之出品。

何以证明之?第一:如认列子为战国以前作品,何以庄子天下篇,对于此一大哲学家,独缺而不列?——庄子逍遥游虽有"列子御风而行"之文,然不详其为人。——退一步论,韩非子之显学,详论儒墨;而淮南子之要略,言诸子所由来;皆未提及列子。第二:太史公创史,关于古代学习思想之变迁,多立传或世家以张其绪,独于列子不传何也?第三:即认为刘向所汇纂;而汉志亦载列子八篇。何以书中周穆王一篇,溶合晋太康二年汲冢所出之穆天子传而成?

周穆王篇大半撼取穆天子传;其馀亦采灵枢。穆天子传凡六篇,周穆王篇乃融会六篇之事而成,特未载盛姬之死耳。——盛姬周穆王美人。——穆天子传杂记之事甚多,而每事之上,多冠干支以记其时。周穆王则专取穆王远游,及与西王母会晤之事实,加"化人"一段冠篇首,以圆其说。兹就列子周穆王篇钞袭穆天子传之处,引证如下,然后可以推论其说。

段数	列子周穆王	穆天子传	卷数
一	肆意远游,命驾八骏之乘,右服䮖骝,而左绿耳;右骖赤骥,而左白䭶。主车,造父为御,禼商为右;次车之乘,右服渠黄,而左逾轮;左骖盗骊,而右山子柏夭。主车参百为御,奔戎为右,驱驰千里,至于巨蒐氏之国。巨蒐氏乃献白鹄之血,以饮王;具牛马之湩,洗王之足,及二乘之人。	癸酉,天子命驾八骏之乘,右服䮖骝,而左绿耳;右骖赤骥,而左白仪。天子主车,造父为御,禼禼为右;次车之乘,右服渠黄,而左逾轮;右骖盗骊,而左山子。柏夭主车,参百为御,奔戎为右。天子乃遂东南翔行,驱驰千里。至于巨蒐之人。䝉奴乃献白鹄之血,以饮天子,因具牛羊之湩,以洗天子之足,及二乘之人。	卷四
二	已饮而行,遂宿于昆仑之阿,赤水之阳。别日升昆仑之丘,以观黄帝之宫,而封之以诒后世。	天子已饮而行,遂宿于昆仑之阿,赤水之阳。……辛酉,天子升于昆仑之丘,以观黄帝之宫,而封国隆之葬,以诏后世。	卷二
三	遂宾于西王母,觞于瑶池之上。西王母为王谣。王和之,其辞哀焉。	天子宾于西王母,……乙丑,天子觞西王母于瑶池之上。西王母为天子谣曰:……天子答之曰:……	卷三
四	王乃叹曰:於乎!予一人不盈于德,而谐于乐,后世其追数吾过乎!	天子曰:"於乎!予一人不盈于德,而辨于乐,后世亦追数吾过乎!"	卷一

上表比较,可以得其钞袭穆天子传之迹。但其异点区别甚小。

第一段:穆天子传,除马名文字疏写不同外,有"癸酉天子""遂东南翔行","巨蒐之人","牛羊","䝉奴",与列子周穆王稍异。

第二段:穆天子传"已饮"前加"天子"字,升昆仑加"辛酉天子"字,而末句则多"国隆……葬"三字,"诒"字则为"诏"。

第三段:穆天子传多"天子","乙丑天子"及西王母之谣,穆王答辞。而列子周穆王则统而言之曰:"其辞哀焉"。

第四段:穆天子传为"天子曰",稍异。

观乎此,可知列子有一部分已钞汲冢之穆天子传矣。穆天子传,出自汲冢。——晋书束晳传"太康二年,汲郡人不準,盗发魏襄王墓,或言魏安釐王冢,得竹书数十车,皆漆书科斗字。武帝以其书付秘阁,校缀次第,以今文写之。"——其中有七十五篇,今世所传之穆天子传亦其一也。"其事本左传'穆王欲肆其心,周行天下,将皆有车辙马迹'及史记秦纪'造父为穆王得骥、温骊、骅騮、騄耳之驷,西巡狩,乐而忘归'诸说以为之。多用山海经语,体制亦似起居注——起居注始明德马皇后——故知为汉后人作。"(姚际恒古今伪书考)此书之不真,后世已多疑议,谓非汲冢之旧。则列子周穆王之为晋人所杂纂彰彰矣。

列子书大宗来源为庄子,所钞亦最多。庄子,秦以前书,摭取其文,固不必详证。最可怪者,书中又有与汉以后之书文字相同者:

甲、与史记管晏传相同者:

a. 管仲曰:吾始困时,尝与鲍叔贾,分财利多自与。鲍叔不以我为贪,知我贫也。吾尝为鲍叔谋事而更穷困,鲍叔不以我为愚,知时有利有不利也。吾尝三仕三见逐于君,鲍叔不以我为不肖,知我不遭时也。吾尝三战三走,鲍叔不以我为怯,知我有老母也。公子纠败,召忽死之,吾幽囚受辱。鲍叔不以我为无耻,知我不差小节,而耻功名之不显于天下也。生我者父母,知我者鲍叔也。(史记管晏列传)

b. 管仲叹曰：吾少穷困时，尝与鲍叔贾，分财多自与，鲍叔不以我为贪，知我贫也。吾尝为鲍叔谋事，而大穷困，鲍叔不以我为愚，知时有利有不利也。吾三仕三见逐于君，鲍叔不以我为不肖，知我不遭时也。吾尝三战三北，鲍叔不以我为怯，知我有老母也。公子纠败，召忽死之，吾幽囚受辱。鲍叔不以我为无耻，知我不羞小节，而耻功名不显于天下也。生我者父母，知我者鲍叔也。（列子力命篇）

乙、与灵枢经文字相同者：

a. 故阴气壮则梦涉大水而恐惧；阳气壮则梦大火而燔焫；阴阳俱壮则梦生杀；甚饱则梦与，甚饥则梦取。是以浮虚为疾者则梦扬，以沉实为疾者则梦溺；藉带而寝，则梦蛇；飞鸟衔发则梦飞；将阴梦火；将疾梦食；饮酒者忧；歌儛者哭。（列子周穆王篇）

b. 阴气盛则梦涉大水而恐惧；阳气甚则梦大火而燔焫；阴阳俱盛则梦相杀；上盛则梦飞；下盛则梦堕；甚饥则梦取；甚饱则梦予；肝气盛则梦怒；肺气盛则梦恐惧哭泣飞扬；心气盛则梦善笑恐畏；脾气盛则梦歌乐，身体不举；肾气盛则梦腰脊两解不属。（灵枢经）

按以上两段，史记则全录原文，灵枢则字句小异。灵枢，汉志未录其名。唐王砅注黄帝素问，砅以汉志有内经十八卷，乃以素问九卷，——隋志始有黄帝素问九卷。——灵枢九卷，当内经十八卷。而灵枢乃内经仓公论之一部分。——"晁子止曰:好事者于皇甫谧所集内经仓公论中抄出之。"则灵枢之出世,当在皇甫谧时。谧晋人。列子之钞灵枢,即晋人钞晋人。此实一剿袭最便利,而又最可笑之事!

(二十四)杨伯峻　从汉语史的角度来鉴定中国古籍写作年代的一个实例——"列子"著述年代考

(一)

从汉语史的角度来鉴定中国古籍的真伪以及它的写作年代应该是科学方法之一。这道理是容易明白的。生在某一时代的人,他的思想活动不能不以当日的语言为基础,谁也不能摆脱他所处时代的语言的影响。尽管古书的伪造者在竭尽全力地向古人学舌,务使他的伪造品足以乱真,但在摇笔成文的时候,无论如何仍然不可能完全阻止当日的语言的向笔底侵袭。这种侵袭不但是不自觉的,甚至有时是不可能自觉的。因为极端谨慎地运用语言,避免在语言上露出作伪的痕迹,这一种观念未必是所有古书的伪造者人人都具有的,或者非常敏感地、强烈地具有的。纵使这一种观念是他们都具有的,甚至非常敏感地、强烈地具有的,然而那些古书的伪造者未必是,也难以是汉语史专家,精通每一词、每一词义、每一语法形式的历史沿革,能够选择恰合于所伪的时代的语言,避免产生在那所伪的时代以后的语言。这种能力和高度的自觉性都不是古人所能完全具有的。纵是有,也都不能完全阻止他所处时代的语言的向笔底侵袭。由此,我们可以肯定,如果我们精通汉语史,任何一部伪造的古籍,不管伪造者如何巧妙,都能在语言上找出他的破绽来。我们根据这些破绽,便可以判明它是伪书,甚至鉴定它的写作年代。所以我说,从汉语史的角度来鉴定古籍是科学方法之一。可惜的是,这一种方法并未被以前的学者所高度重视,广泛地、充分地运用。虽然如此,凡真能科学地运用这一方法的,其所得结论经常是正确的,并且是使任何狡辩者所无法逞其狡辩的。我可以举出前人关于"老子"一书的辩伪情况作为例子。

"老子"的写作年代在孔子以前,还是以后;在春秋,还是在战国,这是一个争论很多的问题。梁任公(启超)先生写了一篇论"老子"书作于战国之末的文章,发表于一九二二年三月十三日到十七日的北京晨报副刊,系统地提出了许多论证。不久,张怡荪(煦)先生用法官的口吻写了一篇文章来反驳,题为梁任公提诉老子时代一案判决书,发表于同年同月二十二日到二十四日的同一刊物上。这两篇文章后来又同被收入于古史辨第四册。梁任公先生所提出来的论证,只有极少数是难以成立的;但是张怡荪先生都逞其"辩才无碍"的口才,极尽狡辩之能事。纵是如此,仍然有一条不能不被张先生所接受,所承认。这一条正是从汉语词汇史来论证的。梁先生说:

还有"偏将军居左,上将军居右"这种官名,都是战国的,前人已经说过了:这是第六件可疑。

梁先生其他的从老子履历、从老子子孙世系、从老子与其他古书的比较、从老子一书所体现的思想以及由此思想所体现的社会情况所论证的若干条,纵然振振有词,张先生仍然可以"辩才无碍"。只是这一条,张先生却难以强词夺理了,不能不说:

> 老子一书,有人考过其中文字多有窜乱。……前人已经见到"偏将军"、"上将军"是杂入之注疏,不成问题。

"偏将军"和"上将军"这种官名为春秋所无,仅通行于战国,这一事实,谁也不能不承认。但为什么却出现于所谓春秋时的作品老子一书中呢?因此只能得出两种结论中的任何一种。这两种结论,一种是老子不是春秋时代的书,而是战国时代的书。一种是老子一书多经窜乱。张先生只能在这两种结论中任取一种,无法同时避免。"两害相权取其轻",于是被逼地承认了后一种。由此可以肯定,从语言史的角度来鉴定古书,方法是科学的,正确的论证是具有高度的说服力的。这里不过是略举一隅以见例吧了。古人也曾经偶尔运用过这一方法。譬如程廷祚的论证尚书大禹谟之为伪古文,便曾从"道德"两字的词义沿革来考察(见王先谦尚书孔传参正卷三)。到后来,又有发展,如王静安(国维)先生的考证商颂是宗周中叶以后的作品(见观堂集林卷二),郭沫若先生的怀疑尚书中的某些篇(见金文丛考中的金文所无考),主要论证都是从语言上着眼的。从语言上着眼,不仅可以鉴别古籍的真伪,审定它的写作年代,还可以从方言的角度考察作者的籍贯或者国别。前人也有运用这一方法的,如清人江永和郭沫若先生的论定考工记为春秋时代齐国的书籍(江说见其所著周礼疑义举要,孙诒让周礼正义卷七十四曾加征引并且加了"江说近是"的案语;郭说见其所著考工记的年代与国别,最初发表于开明书店二十周年纪念文集中,后来又收入于天地玄黄中),他们的论证既很坚强,因之结论自然正确。至于瑞典人高本汉(Bernhard Karlgren)的左传真伪考,虽然也是从语言上,尤其是语法上立言,表面看来很科学化,其实是从他主观的假设上立论的。如果他那假设不可靠,也就是前提不可靠,结论自然难以站得住脚了。所以又当别论。

　　从前人考证列子的真伪也曾运用这一方法。如宋人黄震的日钞说:"西域之名始于汉武,列子预言西域,其说尤为可疑。"马夷初(叙伦)先生说:"穆王篇记儒生治华子之疾,儒生之名盖汉世所通行,先秦未之闻也。"刘泽民(汝霖)先生说:"汤问篇引岱舆、员乔、方壶、瀛洲、蓬莱,后三山始见于史记,就是神仙家骗秦始皇所称的三神山。"这些论证都是相当强硬的。

　　列子是部伪书,这已经为一般学者所肯定;它是一部魏晋时代的伪书,也已经为大多数学者所肯定。但所有前人的论证,除开上文所叙述的以外,很少是从语言的角度来考查的。我这篇论文则是完全运用汉语史的知识来鉴定它的作伪年代。自然,我的结论是和多数学者所作的结论相符的,一致的。虽然在结论方面不能在前人的研究成果上增加些新东西;但是,在方法方面,不仅仅若干词的历史沿革,语法形式的历史沿革是作为我的研究心得而提出来的,最重要的是,这一篇论文可以看成从汉语史的角度来鉴定中国古籍的一个实例。

(二)

天瑞篇:"今顿识既往,数十年来存亡、得失、哀乐、好恶,扰扰万绪起矣。"

这一"数十年来"的说法值得注意。先秦没有这种说法。先把先秦的说法举例如下:

自生民以来未有孔子也。(孟子公孙丑上)

由周而来七百有馀岁矣。(又尽心下)

楚自克庸以来其君无日不讨国人而训之于民生之不易……(左传宣公十二年)

自古以来未之或失也。(又昭公十三年)

自襄以来未之改也。(又哀公十三年)

自古之及今生民而来未尝有也。(墨子兼爱下)

自古以及今生民以来者亦尝见命之物、闻命之声者乎?则未尝有也。(又非命中)

从上面所举例句中可以把这类短语归纳成这样一个格式:介词"自"或者"由"加表示时间的词或者短语加连词"而"或者"以"加"来"字(或者"往"字)。在这格式中,表示时间的词语以及"来"字固然是主要的表义成分,无论如何不能省略的;即"自"、"由"诸介词以及"而"、"以"诸连词,也是不能省略的。这是先秦的情况。到了汉朝,一般仍然沿用这一格式,但偶然有省略介词"自"、"由"诸词的:

臣迁仅记高祖以来至太初诸侯,谱其下益损之时,令后世得览。(史记汉兴以来诸侯年表序)

故汉得天下以来常欲善治,而至今不能胜残去杀者,失之当更化而不能更化也。(汉书礼乐志)

它们虽然省略了"自"、"由"诸词,"以"字却仍然不省。至于"数十年来"却连"以"字都省去了。这"数十年来"的精简形式从什么时候开始的呢,我还未作深入研究。但非西汉以前人所有是可以大致肯定的。世说新语有这么一句:

顾长康画有苍生来所无。(巧艺篇)

这里"有苍生来"就是先秦"自生民以来"、"自古以来"的意思。然而他不说"自有苍生以来",也不说"有苍生以来",而精简地说一声"有苍生来",是和列子的"数十年来"的格式一致的。从此也就可以看出列子的真正作者所运用的语法形式和世说新语的作者所运用的语法形式有其相通之处了。

当然,若仔细比较"自……以来"和"数十年来"的两种语法形式,仍然有其不同之处。"自……以来,""自"字之下只能是表示时点之词或者短语,不能是表示时段的短语;可是"数十年来"的"数十年"却是表示时段的短语。时段和时点不同,因之"数十年来"之前不能用"自"、"由"诸字。若要用"自"、"由"诸字,则必须改说为"自数十年前来",但是这种说法是非常笨拙的,也是实际语言中所没有的。那么,我为什么却要用"自……以来"的格式来证明"数十年来"的格式的后起呢?问题就在于:第一,"数十年来"的这种格式是先秦古书所未有的。而且,"数十年来"这种意义的语言不是很难于获得出现的机会的,依情理说,应该是容易被人频繁地使用的。这样,为什么在真正的先秦古书中却找不出这种说法呢?可见这种说法为当时所无,而都被"自……以来"所代替了。第二,"数十年来"这种说法的产生最早在什么时候,我虽然还没有作深入研究,但不会在西汉甚至东汉以前,大概可以推测地作初步假定。我们姑且撇开"数十年"这种使用表示时段短语的格式不谈,专谈"来"字。如果这种说法出现于两汉或者两汉以前,依据当时的格式,也应该讲成"数十年以来,""以"字不应省略。而"数十年来"的说法恰和世说新语的"有苍生来"的说法同样省去"以"字,这便是他们之间相通的地方。这便是这一问题的实质所在。

（三）

天瑞篇：" 事之破磌（毁）而后有舞仁义者，弗能复也。"

仲尼篇："圃泽之役有伯丰子者，行过东里，遇邓析。邓析顾其徒而笑曰：'为若舞，彼来者奚若？'"

这里有两个"舞"字——"舞仁义"和"为若舞"。第一个"舞"字，张湛的注解当"鼓舞"讲，是错了的。陶鸿庆读列子札记把它解为"舞弄"，是正确的。第二个"舞"字，张湛注为"舞弄"，是正确的。朱骏声说文通训定声说，"舞借为侮"，不但单文孤证难以成立，而且也是多馀而不必要的。

这两个"舞"字虽然都作"舞弄"解，其实际意义仍有差别。"舞仁义"的"舞"正和"舞文弄法"的"舞"一样。庄子马蹄篇："及至圣人，蹩躠为仁，踶跂为义，而天下始疑矣。"又说："毁道德以为仁义，圣人之过也。"列子的"舞仁义"可能即是庄子的"蹩躠为仁，踶跂为义"。至于"为若舞"的"舞"字却是戏弄、欺侮的意思。无论哪一种"舞弄"，"舞"字这种意义都是先秦所不曾有过的。这便是问题所在。

"舞"字的第一个意义，根据我所掌握的资料，西汉便已通行。史记货殖列传："吏士舞文弄法"。汉书汲黯传："好兴事，舞文法。"都是证据。但第二种意义，却连两汉都不曾见。我认为"舞"字的有戏弄之意，是由于以"舞"

训"弄",为"弄"字所感染而来的。"弄"字本像两手持玉,说文云:"玩也。"诗经小雅斯干:"乃生男子,载寝之床,载衣之裳,载弄之璋。"左传僖公九年:"夷吾弱不好弄。"都是本义。又襄公四年:"愚弄其民,"这意义又是较有引伸的了。至于汉书东方朔传:"自公卿在位,朔皆敖(傲)弄,无所为屈。"这一"弄"字,正和"为若舞"的"舞"字一样,同是戏弄、嘲笑、调戏的意思,那么,"舞"字之有戏弄之义,而且它的出现并不在汉书东方朔传以前,则很大可能即由汉书东方朔传这一"弄"字的意义感染而来的。由此可知这"舞"字的用法是较晚的事了。

(四)

黄帝篇:"心凝神释,骨肉都融。"

周穆王篇:"而积年之疾,一朝都除。"

力命篇:"信命者亡寿夭,信理者亡是非,信心者亡逆顺,信性者亡安危;则谓之都亡所信,都亡所不信。"

杨朱篇:"都散其库藏珍宝车服妾媵。"

这里的"都"字很可注意。

"都"字在这里当"全"字解,用于动词前,作副词用,这是先秦古书所未有,即在两汉也是希有罕见的。吴闿生说:"'心凝形释,骨肉都融',此八字决非周秦人语,虽汉代亦无之。周穆王篇又云'积年之疾,一朝都除'与此同,六朝人伪撰之确据也。"杨遇夫先生的词诠引有汉书食货志一条,转抄于下:

置平准于京师,都受天下委输。

这一"都"字又和现代汉语的"都"字有相同处,也有相异处。同表数目之全,是相同处,但现代汉语的"都",一般表示主语的情况,如"我们都是好人",因之凡用"都"字的句子,主语都是多数。而魏晋六朝的用法却不尽然。它经常表示动作的情况,主语固然可以是多数,但也可以是单数,而且经常是单数,这是相异处。这字在魏晋六朝,已成为常语。我只将见于世说新语的摘抄若干条如下:

王中郎令伏玄度、习凿齿论青楚人物。临成,以示韩康伯,康伯都无言。(言语篇)

后正会,值积雪始晴,听事前除雪后犹湿。于是悉用木屑覆之,都无所妨。(政事篇)

卫玠始渡江,见王大将军,因夜坐。大将军命谢幼舆玠见,谢甚说之,都不复顾王。(文学篇)

孙问深公:"上人当是逆风家,向来何以都不信?"(又)

提婆初至,为东亭第讲阿毗昙。始发讲,坐裁半,僧弥便云:"都已晓。"……提婆讲竟。东亭问法冈道人曰:"弟子都未解,阿弥那得已解?"(又)

袁宏始作东征赋,都不道陶公。(又)

既前,都不问病。(方正篇)

小人都不可与作缘。(又)

须臾食下,二王都不得餐。(雅量篇)

二儿共叙客主之言,都无遗失。(夙慧篇)

武帝唤时贤共言伎艺事,人皆多有所知,唯王都无所关。(豪爽篇)

王夷甫容貌整丽,妙于谈玄。恒捉白玉柄麈尾,与手都无分别。(容止篇)

庾长仁与诸弟入吴,欲往亭中宿。诸弟先上,见群小满屋,都无相避意。(又)

王子猷、子敬俱病笃,而子敬先亡。子猷问左右:"何以都不闻消息?此已丧矣!"语时了不悲。便索舆来奔,都不哭。(伤逝篇)

郗尚书与谢居士善,常称谢庆绪:"识见虽不绝人,可以累心处都尽。"(栖逸篇)

王经……被收,涕泣辞母……母都无戚容。(贤媛篇)

王江州夫人语谢遏曰:"汝何以都不复进?为是尘务经心,天分有限。"(又)

殷中军妙解经脉,中年都废。(术解篇)

监司见船小装狭,谓卒狂醉,都不复疑。(任诞篇)

因召集诸将,都无所说,直以如意指四坐云:"诸君皆是劲卒。"(简傲篇)

王右军年减十岁时,大将军甚爱之,恒置帐中眠。大将军尝先出,右军犹未起。须臾,钱凤入,屏人论

事,都忘右军在帐中。(假谲篇)

桓怅然失望。向之虚伫一时都尽。(又)

卫江州在寻阳,有知旧人投之,都不料理。(俭啬篇)

于是结恨释氏,宿命都除。(尤悔篇)

列子的"都"字用法完全和世说新语的一样。其所以不同的是,一个是明标着的六朝人的作品,一个是伪托的周秦人的古籍。明标六朝人的作品的,自无意避免当时口语,甚至特意使用当时口语,以见其文字的生动。伪托为周秦人古籍的,而竟流露出魏晋六朝人的词语,则可见这一词语的深入人心,竟成为难以避免的了。("都"字如此用法,也常见于本书张湛之注,尤其可见。)

(五)

说符篇:"歧路之中,又有歧焉,吾不知所之,所以反也。"

"所以"这两个字的用法值得注意。不错,在先秦古书中,"所以"两字是常见的。但是,它的用法和这个不一样。列子的这一用法,和今日一样。这在先秦,只用"是以"、"是故"、"故"诸词,不用"所以"。先秦的"所以",不能看做一个词,而应该看做一个由"所"与"以"相结合的常语。这一常语,因为"以"字意义的繁复,于是生出若干歧义。如以下诸句,是可以用各种意义来解释的:

公输盘诎,而曰:"吾知所以距子矣。"(墨子公输

篇）

> 君子不以其所以养人者害人。（孟子梁惠王下）
> 人之所以异于禽兽者几希。（孟子离娄下）

这三句的"以"字都可以解作"用"字，因上下文不同，若改写成为现代汉语，可用不同的词来表示。"所以距子"可以讲为"抵抗你的方法"；"所以养人者"最好即讲为"生活资料"，若机械地讲解，便可以讲为"用来养人的东西"；"所以异于禽兽者"则又要讲为"不同于禽兽之处"了。在这种场合的"所以"不容易和今天的"所以"（当"是故"解的）相混。

如果把"以"字解作"因为"，则"所以"则有"的原因"的意思。如：

> 三代之得天下也以仁，其失天下也以不仁。国之所以废兴存亡者亦然。（孟子离娄上）——国家兴衰存亡的道理也如此。
>
> 吾乃今知所以亡。（左传哀公二十七年）——我今日才知我逃亡的原因。

这种用法也是容易明白而不会含混的。但像下种句子：

> 诗云："既醉以酒，既饱以德。"言饱乎仁义也，所以不愿人之膏粱之味也。令闻广誉施于身，所以不愿人之文绣也。（孟子告子上）

这种"所以"，形式上和今天的用法相似，自马氏文通以来,多以古之"所以"同于"是以"、"因此",亦犹"故"或"是故",这种"所以"难道真是纯粹表果连词,和"故"、"是故"相同的吗?我认为不如此。如果更深地加一番研究,就会知道这"所以"的用法仍是"的道理"的意思。"所以不愿人之膏粱之味也"是"此其所以不愿人之膏粱之味也"的省略,"所以不愿人之文绣也"也是"此其所以不愿人之文绣也"的省略。这都是判断句,不能看做表结果的叙述句。证据何在?就在孟子中可以找到。请看下面的句子:

> 设为庠、序、学、校以教之。庠者,养也;校者,教也;序者,射也。夏曰校,殷曰序,周曰庠,学则三代共之。皆所以明人伦也。(孟子滕文公上)

"皆所以明人伦也"等于说"这些都是明人伦的办法"。这个"所以"意义为"的办法"。然而这句的谓语还有一个"皆"字,在形式上仍不能看做表结果的叙述句,必得把它看做判断句。但是又请看下面一句:

> 夫滕,壤地褊小,将为君子焉,将为野人焉。无君子莫治野人,无野人莫养君子。请野,九一而助;国中,什一使自赋。……方里而井,井九百亩,其中为公田。八家皆私百亩,同养公田。公事毕,然后敢治私事。所以别野人也。(孟子滕文公上)

这一段话正是承接上一例句那段话而来的。"所以别野人也"即在形式上也和"所以不愿人之文绣也"相似,但这句只能解释为"这些都是区别君子和野人的办法"，不过原文有所省略吧了。这种只留表语而用"所以"起头的判断句在古书中是常见的，再在孟子中举两例：

  尽其心者，知其性也。知其性，则知天矣。存其心，养其性，所以事天也（这是事天的方式）。夭寿不贰，修身以俟之，所以立命也（这是立命的办法）。（孟子尽心上）

既然"所以事天也"可以解释为"这是事天的方式"，则"所以不愿人之膏粱之味也""所以不愿人之文绣也"为什么不能解释为"这是不希望照别人一样吃膏粱，穿文绣的道理"呢？

在左传中这类的句子尤其多，切不可误看作表结果的叙述句，因而把"所以"看作"纯粹的表果连词"；只能把它看为省去主语（上古汉语多不用系词）的判断句，"所以"仍是"的原因"、"的道理"、"的方式"、"的办法"的意思。酌举数例如下：

  且夫贱妨贵，少陵长，远间亲，新间旧，小加大，淫破义，所谓六逆也。君义臣行，父慈子孝，兄爱弟敬，所谓六顺也。去顺效逆，所以速祸也（这就是使祸害快来的原因）。（左传隐公三年）

  既不能强，又不能弱，所以毙也（这就是灭亡的原因）。（又僖公七年）

  岁云秋矣，我落其实而取其材，所以克也（这就

是打胜仗的道理)。(又僖公十五年)

　　凡诸侯小国,晋楚所以兵威之。畏而后上下慈和,慈和而后能安靖其国家,以事大国,所以存也(这是使国家不被灭亡的原因或方法)。无威则骄,骄则乱生,乱生必灭,所以亡也(这是国家灭亡的原因)。天生五材,民并用之,废一不可。谁能去兵?兵之设久矣,所以威不轨而昭文德也(武备就是威不轨而昭文德的工具)。(又襄公廿七年)

从形式上看,"所以存也"、"所以亡也"、"所以毙也"、"所以克也"和列子的"所以反也"几乎一模一样。但实质不同。前者是说明文字,"存"、"亡"、"毙"、"克"只是在社会中某种现象,而说话的人只是说明这种现象所以产生的原因。"所以反也"则不然,这是表明一事的具体结果。两者之间是有差别的。

　　即在对过去某一具体情况的分析中,古人也用"所以"作结,仍然不能看做"表果连词"。请看下面的一段文字:

　　昔阖庐食不二味,居不重席,室不崇坛,器不彤镂,宫室不观,舟车不饰;衣服财物择不取费。在国,天有菑疠,亲巡其孤寡,而共其乏困;在军,熟食者分而后敢食,其所尝者,卒乘与焉。勤恤其民,而与之劳逸;是以民不罢劳,死知不旷。吾先大夫子常易之,所以败我也(这些就是他上次把我打败的道理)。(左传哀公元年)

这"所以败我也"的"所以"自然也不能看做和"是故""故"相同的连词。因之,我们可以肯定地说,在先秦古籍中,"所以"只能看做短语,不能看做词。更没有把它作为表果连词用的。因之,凡用"所以"起头的判断句,一般都用"也"字结束,这是上古汉语省却主语与系词的判断句的一般句法。至于像下面的句子:

> 区区微节,无所获申。岂得复全交友之道,重亏忠孝之名乎?所以忍悲挥戈,收泪告绝。(后汉书臧洪传答陈琳书)

> 锺毓兄弟小时值父昼寝,因共偷服药酒。其父时觉,且托寐以观之。毓拜而后饮,会饮而不拜。既而问毓何以拜。毓曰:"酒以成礼,不敢不拜。"又问会何以不拜。会曰:"偷本非礼,所以不拜。"(世说新语言语篇)

这种"所以",才真正是"纯粹的表果连词",而列子的"所以反也"的"所以"也正是这种用法。虽然它也用"也"字结尾,但这"也"字不过表示语气的终结吧了。这不是判断句,从上下文去看便可以了然。这种"所以"的用法,也是后汉才兴起的。

(六)

说符篇:"齐田氏祖于庭,食客千人。中坐有献鱼雁者,田氏视之,乃叹曰:天之于民厚矣;殖五谷,生鱼鸟以为之用。众客和之如响。鲍氏之子年十二,预于次,进曰:不如君言。天地万物与我并生,类也。……"

我认为"不如"的用法是作伪者破绽所在。在上古汉语里,"如"字若作为动词用,便有一个有趣的现象:如果"如"字之上不加否定副词"不""弗",这"如"字一定只当"像"字讲。如果"如"字之上有否定副词"不""弗",这"如"字一定只当"及"字讲。"如"和"不如""弗如"不能构成肯定、否定的一对,而是不同的两个词。"如"不能有否定;"不如"和"不肖"一样,不能有肯定。让我先举当"像"字讲的例子:

> 吾与回言终日,不违如愚。(论语为政)
> 祭神如神在。(又八佾)
> 十室之邑必有忠信如丘者焉。(又公冶长)
> 不义而富且贵,于我如浮云。(又述而)
> 战战兢兢,如临深渊,如履薄冰。(又泰伯引诗)
> 学如不及,犹恐失之。(又)
> 子在川上,曰:"逝者如斯夫!不舍昼夜。"(又子罕)
> 入公门,鞠躬如也,如不容。……执圭,鞠躬如也,如不胜。上如揖,下如授。(又乡党)
> 从之者如归市。(孟子梁惠王下)
> 管仲得君如彼其专也,行乎国政如彼其久也,功烈如彼其卑也。(又公孙丑上)
> 以德服人者,中心悦而诚服也,如七十子之服孔

子也。(同上)

立于恶人之朝,与恶人言,如以朝衣朝冠坐于涂炭。(同上)

总之,这种句例是举不胜举的。问题在是否有例外。作者大致考察了论语、孟子、春秋三传、国语、庄子、墨子诸书,没有发现例外。

现在再举"弗如""不如"的例子:

无友不如己者!(论语学而)

弗如也。吾与女弗如也。(又公冶长)

知之者不如好之者,好之者不如乐之者。(又雍也)

后生可畏,焉知来者之不如今也。(又子罕)

樊迟请学稼。子曰:"吾不如老农。"请学为圃。曰:"吾不如老圃。"(又子路)

吾尝终日不食,终夜不寝,以思,无益,不如学也。(又卫灵公)

虽有周亲,不如仁人。(又尧曰)

虽有智慧,不如乘势;虽有镃基,不如待时。(孟子公孙丑上)

孟施舍之守气,又不如曾子之守约也。(同上)

天时不如地利,地利不如人和。(又公孙丑下)

五谷者,种之美也。苟为不熟,不如荑稗。(又告子上)

仁言不如仁声之入人深也,善政不如善教之得民也。(又尽心上)

尽信书不如无书。(又尽心下)

姜氏何厌之有?不如早为之所。(左传隐公元年)

圉人荦自墙外与之戏。子般怒,使鞭之。公曰:"不如杀之。"(又庄公三十二年)

太子不得立矣。分之都城,而位以卿。先为之极,又焉得立?不如逃之。(又闵公元年)

筮短龟长,不如从长。(又僖公四年)

将奔狄。郤芮曰:"后出同走罪也。不如之梁。"(又六年)

且人之欲善,谁不如我。(又九年)

荀息将死之。人曰:"不如立卓子而辅之。"(又)

所获不如所亡。(又襄公三年)

明日,徐公来。熟视之,自以为不如;窥镜而自视,又弗如远甚。(战国策齐策)

这些"不如"都应该作"不及"解。论语的"十室之邑,必有忠信如丘者焉,不如丘之好学也。"左传的"且人之欲善,谁不如我",固然解作"不像"也可以通,但这"不像"仍与"不及"之意相近,解作"不及",更为直捷了当。惟有左传僖公十五年的"古者大事必乘其产。生其水土而知其人心,安其教训而服习其道。唯所纳之,无不如志"的"无不如志"是另一意义,应解作"没有不合意的"。但这句是"无不"连文,不是"不如"连文,因之也不能说是例外。我也大致考察了论语、孟子、春秋三传、国语、庄子、荀子、墨子等书,没有发现例外。这一结论可以说是合于历史情况的。

然则在先秦若要讲"不像"又如何办呢?有时则用"不似"两字,如左传襄公三十一年云:"赵孟将死矣。其语偷,不似民主。"

到了汉代,"不如"才又有新的意义。史记魏其武安侯列传:"武安曰:天下幸而安乐无事,蚡得为肺腑,所好音乐、狗马、田宅,蚡所爱倡优巧匠之属。不如魏其、灌夫日夜招聚天下豪杰壮士,与议论,腹诽而心谤,不仰视天而俯画地,辟倪两宫间,幸天下有变而欲有大功。臣乃不知魏其等所为。"这一"不如",才是"不像"的意思。列子的"不如君言",当然应该解作"不像您所说的";史记的"不如魏其、灌夫……"也应解作"不像魏其、灌夫他们那样。"这两个"不如"是有其相同处,而又是和先秦的说法不相侔的。孟子公孙丑下"其尊德乐道不如是,不足与有为也",这一"不如"应该解为"不像",但只能用在偏正复句的偏句中,因之不能与此并论。

(七)

总结以上所论,第一,考察了"数十年来"这一说法,它不但和先秦的说法不合,也和两汉的说法不合,却和世说新语的某一说法相合。第二,又考察了"舞"字的两种用法,一种用法和两汉人的用法相同,一种用法甚至要出现于西汉以后。第三,又考察了"都"字作为副词,只是魏晋六朝的常用词。第四,又考察了"所以"的作为连词,绝不是先秦的"所以"的用法,而只是后汉以后的用法。第五,又考察了"不如"一语,也和先秦的"不如"不一样。这种用法,也只是汉朝才有的。

其余关于六朝人常语还不少,如杨朱篇"不治世故,放意所好","放意"便是。陶潜咏二疏诗:"放意乐馀年,遑恤身后虑",颜氏家训文章篇"凡为文章,犹人乘骐骥,虽有逸气,当衔勒制之,勿使流乱轨躅,放意填坑岸也"。放意都作肆意解。又如"人不婚宦,情欲失半","婚宦"即婚姻仕宦,亦六朝常语。世说新语栖逸"不肯婚宦",宋书郑鲜之传"不废婚宦",颜氏家训教子"年登婚宦",又后娶"爱及婚宦"皆可证。

列子托名为先秦古籍,却找出了不少汉以后的词汇,甚至是魏晋以后的词汇,这是无论如何说不过去的。托名春秋作品的老子出现了战国的官名,有人为之解脱,说是"杂入之注疏",虽然"遁词知其所穷",但仍不失为"遁词"。列子的这种现象,恐怕连这种遁词都不可能有了。除掉得出列子是魏晋人的赝品以外,不可能再有别的结论。而且,根据列子的张湛序文,杨朱说符两篇是张湛逃亡散失以后的仅存者,那末,这两篇的可信程度似乎较高。但从这篇论文所举发的情况看来,杨朱篇有"都",说符篇有"所以"、"不如",都不是先秦的用法,这也就可见这两篇也和其他六篇同样地不可靠了。

那么,列子是不是张湛所伪造的呢？据我看,张湛的嫌疑很大,但是从他的列子注来看,他还未必是真正的作伪者。因为他还有很多对列子本文误解的地方。任何人是不会不懂得他本人的文章的。因此,我怀疑,他可能也是上当者。

列子是否还保留着断片的真正的先秦文献呢？因为作伪者不是毫无所本的,其中若干来源,我们既已经从现存的先秦古籍中找着了,是不是还有若干已经亡佚的文献而由此保存着呢？这一问题,我目前尚不能确实作答。但是,我总的印象是,纵使有,也不会多。因为列子的内容不见于其他古书的已经不算多,而在这不多的文献中,又有很多是(如杨朱篇)显明的魏晋时代的东西了。

后　记

一、列子著述年代考这一论文最初发表于新建设杂志一九五六年七月号，其中还有论"被"字的一条。当初我主观地认为"被"字之作为表被动的助动词起源也不在先秦。武汉大学周光午教授十月二十一日来信说："大著从汉语史角度鉴定列子著述年代一文论证极精，但所提被动式的'被'字不是证据。弟近研究古今的被动式，在先秦资料中获六例（内韩非子三，国策二，吕氏春秋一）"云云，因此这里便将那一条删去。今年三月二十九日周教授又来信告我："弟昨偶阅列子天瑞篇有句云：'忧其坏者诚为大远，言其不坏者亦为未是。'按'未是'字先秦无此用法，实始见之于汉魏以后。如（一）夫蒙恬之言既非，而太史公非之亦未是。（论衡祸虚篇）（二）公卿不为郡，二千石不为县，未是也。（申鉴）（三）时庭下有一老榆，君山指而谓曰：此树无情欲可忍，无耳目可阖，然犹枯槁腐朽，而子骏乃言可不衰竭,非谈也。君山援榆喻之,未是也。(曹植辩道论)(四)尚书何晏、太常夏侯泰初难曰:夫嫂叔宜服,诚自有形。然小功章娣姒妇为嫂叔文,则恐未是也。(魏蒋齐万机论)以供兄日后增补大作列子著述年代考一文之参考"云云。特为录志,惜光午于此书出版时因病逝世了。

二、最近读到季羡林教授列子与佛典一文,他揭发汤问篇偃师之巧的故事和西晋竺法护所译的生经(Jātaka-nidāna)卷三里的一个故事"内容几乎完全相同",因而证明这一故事是"列子钞袭佛典恐怕也就没有什么疑问了"。季文收在中印文化关系史论丛(一九五七年人民出版社版)中,希望读者一去参阅,也可为列子为伪书的一个佐证。

三、此文略有增订,颇得王利器同志启发,附此致谢。

撰者

一九五七年五月二十日初稿,

一九七八年五月二十日改稿。